古書の森　逍遥

明治・大正・昭和の
愛しき
雑書たち

黒岩比佐子

工作舎

古書の森 逍遥 目次

●凡例

本書は著者のブログ「古書の森日記」(http://blog.livedoor.jp/hisako9618/)二〇〇四年九月二五日から二〇〇九年一一月一二日までに紹介された約七七〇冊の書籍・雑誌・新聞・冊子の中から、著者監修のもとに編集部が二二〇冊を選び、編集の後、著者が加筆訂正を行った原稿で構成されている。

収録にあたっては、取り上げられた書籍を発行年順に並び替えた。巻頭から時代順に読み進めることで、明治・大正・昭和の時代性と出版文化の関連を読み取ることができる。

また書籍には001から220までのコード番号をふり、各書籍の紹介文の文末に、次の関連書籍を明示するリンク・コードをつけた。このリンク・コードをたどることで、著者が関心を持つテーマの軌跡に沿って、発行年順とは異なるルートで二二〇冊を一巡することができる。

●書籍コード番号

●ブログ掲載の年月日（複数のブログ項目をまとめた場合はその旨も明記した）

●年表項目（見開き内で紹介する書籍の発行年／月に近い年表項目を掲げた）

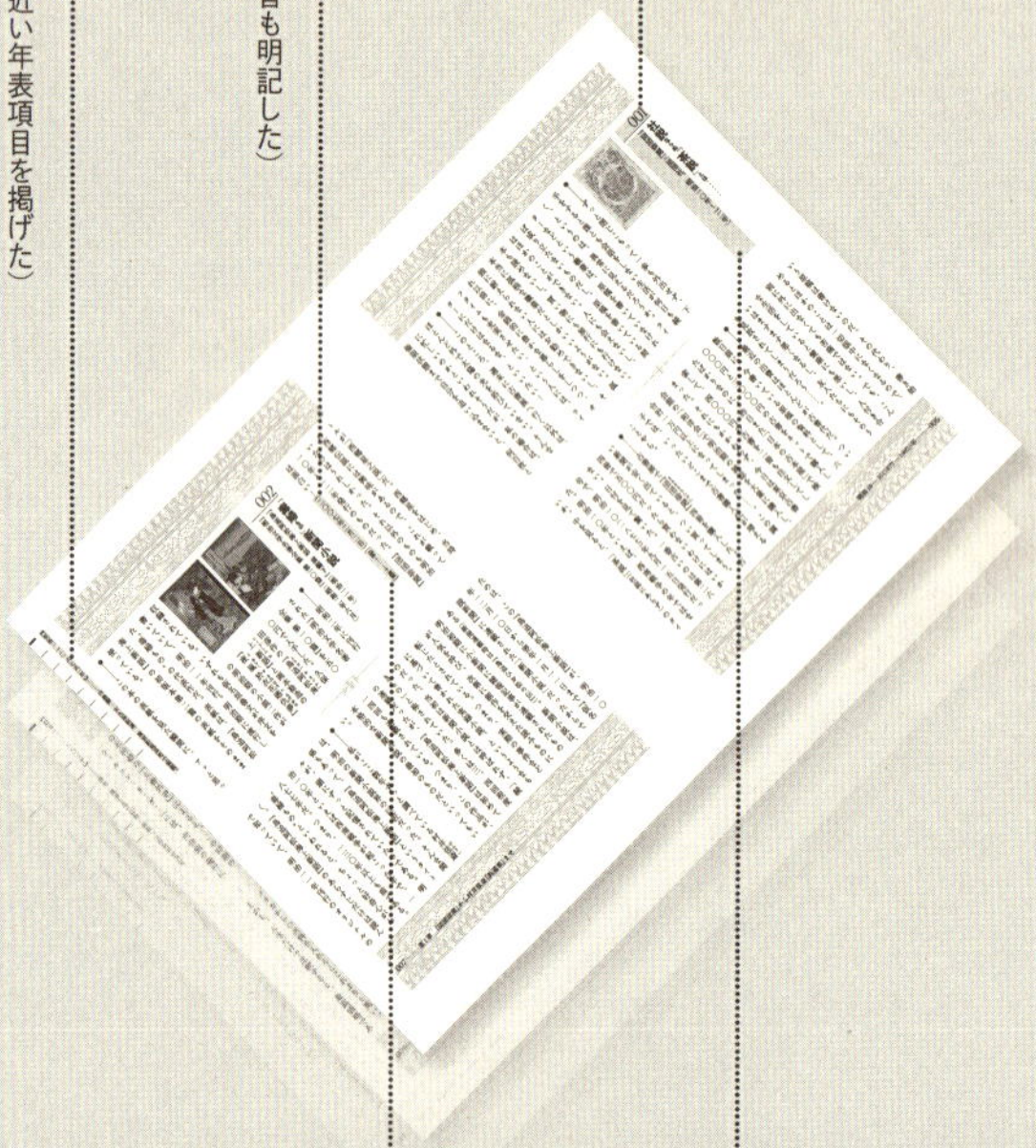

●書籍名と出版社名、発行年（初版の発行年／月のほかに、著者が所有する版が重版の場合も明記した。また雑誌の場合は発行月／日も明記した。ちなみに明治・大正・昭和初期の雑誌の場合は、表紙や奥付の発行月／日と実際の発行月／日がほぼ一致している）

●リンク・コード（関連する書籍のコード番号を前後二つ掲げた）

第1章

『団団珍聞』から村井弦斎『釣道楽』まで

──明治一〇～三五（一八七七～一九〇二）年

001──『団団珍聞』
002──『鳥追阿松海上新話 前編下』
003──『THE FIRST READER』
004──『内地雑居論 全1冊』
005──『日本之時事』第4号
006──『時事新報』
007──森盈流（尾崎紅葉）『夏小袖』
008──『家庭雑誌』創刊号
009──村井弦斎『近江聖人』
010──崎山元吉『英語教授書 第1巻』
011──村井弦斎『関東武士』
012──中村正直『改正 西国立志編』
013──『戦国写真画報』創刊号
014──坪内逍遙『桐一葉』
015──村井弦斎『小弓御所』
016──坪谷善四郎『日本女礼式大全 上下巻』
017──村井弦斎『風船縁』
018──村井弦斎・福良竹亭共編『西郷隆盛一代記 第1巻』
019──下田歌子『料理手引草』
020──島崎赤太郎編『オルガン教則本 壹』
021──徳冨蘆花『不如帰』、英語版『Nami-ko』
022──佐瀬得三『続々 当世活人画』
023──村井弦斎『伝書鳩』
024──『太陽』国木田独歩「置土産」掲載号
025──池村鶴吉『新撰 和洋料理精通 全』
026──堺利彦『家庭の新風味 1』
027──宇保野昆陽『新はがき用文』
028──矢野龍溪『新社会』
029──河村北溟『断食絶食実験譚』
030──稲岡奴之助『獅子王』
031──『文芸俱楽部』
032──『少年世界』
033──村井弦斎『釣道楽 上下巻』

001
社説ならぬ「茶説」とは……
『団団珍聞』（団団社、明治一〇年〜一二年）

●――ずっと閉じこもって一歩も外出せず、下手をすると誰とも会話をしない生活が何日も続く、というのは、異常に見えるだろうか。ライターなどという職業は、原稿を書いていなければ成り立たないものだし、原稿を書いている間はほかのことができない。人にも会えないし、本も読めないし、買い物にも旅行にも行けない。本当に孤独な職業だとしかいいようがない。孤独に耐えられない人にはお勧めできないし、それ以前に、金銭的に豊かな暮らしをしつつ、オフタイムも充実させたい、という人には、ライターにだけはなるな、といいたい！

●――このところ、週末に古書展へ行く以外は、ほとんど外で太陽の光を浴びていない。そんなに忙しいのかといわれそうだが、私の場合は、極限状態まで自分を追い込まないと、何百枚という原稿は書けないのだ。その代わり、書き始めるとほかのことは一切眼中になくなるので、別に外に出なくても苦痛ではない。でも、こんな生活をしていると健康にも悪いし、人付き合いはますます悪くなるし、友人たちにもそのうち見放されてしまうだろう……。

●――最近の出費はほとんどが古書代だ。つい数日前に、今書いている原稿の資料として、六〇〇〇円と三〇〇〇円の古書をネットで購入したばかりなのに、昨日また「日本の古本屋」で検索して、四〇〇〇円の古書を二冊も注文してしまった。それにもかかわらず、今日は東京古書会館の「和洋会」で明治期の雑誌を大量に購入し、合計一万円以上になってしまった……。この調子では、いったいどこまで古書購入代が増えることやら。

●――古書展で『団団珍聞《まるまるちんぶん》』四冊を購入した。古い新聞が安く出ていると、つい買ってしまう。四冊で五〇〇〇円だったら買わないわけにはいかない。

●――日付を見て驚いた。一番古いのは第二六号で、明治一〇（一八七七）年九月一五日発行だった。明治一〇年といえば、西南戦争の年ではないか。中を見ると、「茶説」（社説にあらず）のタイトルが「西郷星之説」だ。西郷星をはじめ、当時の西郷伝説には興味があるので、これが載っていたのはうれしかった。それ以外のものも明治一〇年と一一年発行のものだった。『団団珍聞』は面白い！（二〇〇七年一一月一一日）［156←・→006］

002 「毒婦もの」新聞小説

『鳥追阿松海上新話　前編下』（明治一一年）
『明治文学名著全集　第一〇篇』（昭和二年六月）

［明治11年刊］

●――昭和二年に刊行された『明治文学名著全集　第一〇篇』を五〇〇円で入手した。久保田彦作の『鳥追阿松海《とりおいおまつかい》上新話《じょうしんわ》』と岡本勘造の『夜嵐於衣花廼仇夢《よあらしおきぬはなのあだゆめ》』の明治期の小説二作が収録されている。いずれも仮名垣魯文が序文を書いていて、明治一一年刊行。明治期に流行した〝毒婦もの〟の代表作だ。表紙は、『鳥追阿松海上新話』の初版本第二篇の表紙をそのまま使っている。

●――この本の表紙を見た瞬間に、アッと思ったのは、この『鳥追阿松海上新話』が、明治一〇年一二月一〇日から翌年一月一一日まで『仮名読新聞』に連載された「新聞小説」だったからである（新聞連載時は『鳥追ひお松の伝』）。新聞小説は、明治初期に小《こ》新聞に雑報記事が連載されたものが人気を呼び、次第に創作を交えた読みものに転じたとされている。つまり、実際の事件などに基づいて書かれた実録小説、というようなものだった。当初は新聞小説とは呼ばれず、「続きもの」と称されていた。多くは三、四回程度の連載だったが、『鳥追阿松海上新話』は初めて一四回も連載されている。つまり、この作品が、本格的な新聞小説の最初のものだといってもいいだろう。

●――私がここ数年ずっと調べている村井弦斎《げんさい》は、明治の新聞小説界の巨匠だった。そんな関係もあって、『鳥追阿松海上新話』というタイトルが、頭にずっと記憶されていたのである。明治一〇年といえば、一三〇年以上も前だ。〝毒婦もの〟といわれると、ちょっと好奇心がわく。『鳥追阿松海上新話』のあらすじだけは読んで知っていて、明治一一年刊行のオリジナルの草

【明治一一（一八七八）年】――内務卿・大久保利通、東京紀尾井町で刺殺。

双紙合巻『鳥追阿松海上新話　前編下』も一〇〇〇円で購入できたが、もう一篇の『夜嵐於衣花廼仇夢』は、ストーリーをほとんど知らない。どんな毒婦が登場するのか楽しみだ。（二〇〇五年一一月一〇日）［136←・→004］

003 六人の出版人の共同会社

『THE FIRST READER』（六合館、明治一三年一〇月七日翻刻御届）

●――また明治の英語の教科書（読本）を買ってしまった。一般には「ウィルソン・リーダー」と呼ばれているものだ。手元にはすでに明治一九年、二一年、三八年の英語の読本がある。もちろん、内容はそれぞれ違うのだが……。でも、これを手に取って驚いた。奥付に明治一三（一八八〇）年、とある。明治一三年！　それだけで買ってしまう。古いものが好きというのも、困ったものだ。

●――教科書類は、使用目的からいっても、かなり使い込まれていたり、書き込みがあることが多い。しかし、この『THE FIRST READER』は、わずかに虫食いはあるものの、中はきれいなものだった。出版社はというと、奥付に「翻刻人」として六人の名前が並んでいる。

●――その六人とは、「土屋　松井忠兵衛」「大和屋　西宮松之助」「慶雲堂　伊藤徳太郎」「丸屋善七」「瑞穂屋　清水卯三郎」「島屋　塩島一介」である。今、この屋号を見て、出版を手がける会社だと思う人がいるだろうか。

●――そういえば、丸屋善七というのは「丸善」の創業者ではなかったか？　そう思って調べてみると、やはりそうだった。早矢《はや》仕《し》有的《ゆうてき》が丸屋善七と名乗って丸屋を開業したのが、丸善の始まり。それ以外の五人も、その後、出版業を続けているようだ。清水卯三郎は「かな文字論者」として知られている。この時期に英語の本を出版するのは、大変なことだったにちがいない。いったい誰が校正したのだろう。

●――手元に木村毅《き》の『丸善外史』（丸善）があるのを思い出して、その目次を見ると、「ウィルソン・リーダー」という小見出しが目に入った。さらに、その先の「ニュー・ナショナル・リーダー」の部分を読んでみると、日本で英語読本の翻刻が行われ出したのは西南戦争が終わってからで、それ以前のものは、慶應義塾が「サージェント・リーダー」を復刻したのが唯一の例外で、ほかには見つからない、と書かれている。そして、今見つかっている翻刻英語読本で、書店刊行の最も古いのは、伊藤徳太郎の名前で発行された「明治十一年十二月五日翻刻御届」と印刷されているものだという。伊藤徳太郎は、前出の六人の中に入っている。

●——さらに、木村毅によれば、それと同じ組版を用いたにちがいないウィルソン第一読本が、「明治十三年十月十七日翻刻御届」と奥付に印刷されていて、翻刻人として六人の名前がある、とのこと。その六人の名前とは……そう、私が上に書いた六人の名前と完全に一致している！　しかも、木村毅の誤記でなければ、私の手元にあるこの本のほうが一〇日早い日付だ。ということは、この「ウィルソン・リーダー」は、日本で翻刻された英語読本の中でも、ごく初期のものだということになる。だからどうなの？　といわれると、困るのだが……。

●——発行は「Bookselling Company」となっているので、奥付に名前が載っている六人が手を組んで、出版共同体をつくっていたらしい。前出の木村毅の『丸善外史』によると、この時期の「ウィルソン・リーダー」には、六合館の発行になっているものもあるという。六人が共同で会社を設立して、六合館と名づけたのだろう。

●——明治一〇年代の本の挿絵は、精細な銅版画が多い。各ページに一点から数点の挿絵が入っていて、目を楽しませてくれる。原書の挿絵を見ながら真似して描いたのだろうが、すごい職人芸だ。（二〇〇七年二月二〇日）［197←・→010］

004 四カ月後の複製本の謎

『内地雑居論　全一冊』（文泉堂、明治二〇年四月初版）

●——ついに、古書購入の禁断（？）の領域に足を踏み込んでしまった。明治二〇（一八八七）年に刊行された古い本だが、一冊わずか一三八ページの薄い本を、二万八〇〇〇円も払って買ってしまったのだ。これまでに購入した古書の中では、村井弦斎の英文小説『HANA』（巻頭口絵参照）がアメリカからの送料を入れるとこれよりも高い。しかし、本体だけで比較すると、

最高価格である。

●――普通の人なら絶対に、こんな値段で一二〇年も前の本など買わないだろう。しかし、私にとっては特別な本だった。この本の中には、村井弦斎が書いた論文（新聞の懸賞論文募集に応募して入選したもの）が、ほかの執筆者の論文と共に全文収録されている。こうした単行本の形になっていることは、これまでまったく知られていなかったし、神奈川近代文学館が所蔵する村井弦斎関係の資料の中からも漏れていた。かつて出した村井弦斎の評伝の中にも書けなかった新発見の本である。弦斎の書いた文章で単行本に収録されたのは、これが初めてということになる。

●――偶然、数週間前にネットで神保町のある古書店の目録の中にその本を発見して、弦斎の論文が載っているとわかったときの驚きは、言葉では表現できない。そんな本が存在しているとは、過去に弦斎に興味を持って調べていた人も、誰も知らなかっただろう。その価格を見てまたもや驚愕。「美本」と書かれてはいるものの、なんと八万五〇〇〇円だった。フリーのライターにはとても手の届く価格ではない。

●――半ば諦めていたところ、灯台下暗しとはよくいったもので、自宅から歩いて六分の小さな古書店にその本があったのである！ 信じられないことだが、本当だ。これはもう、古本の神様が買えといっているにちがいない、と即断即決して購入したという次第。値段を交渉することさえすっかり忘れていた。

●――とはいえ、二万八〇〇〇円はさすがに痛い。今月は古書を買うのを少し控えざるを得なくなった。でも、手に入れられてうれしい。

●――表紙を見ると、勝海舟先生題辞、沼間守一先生校閲、肥塚龍先生校正、島田三郎先生立案、岡村梅太郎君筆記とあって、なんとも仰々しい。その下に「附」とある横に、谷新太郎、華厳居士、村井寛《ゆたか》、三君論文、大橋安治郎編集と書かれている。実は、この中の村井寛は、村井弦斎の本名なのである。

●――同書に収録された「内地雑居論」の三編の論文は、明治一九（一八八六）年に『毎日新聞』が募集した懸賞つき論文の入選作。谷新太郎が一等、華厳居士が二等で、村井弦斎は残念ながら三等だった。とはいえ、応募総数は一二七編なので、上位三編に入っただけでも大変なことではある。一等から三等までそれぞれ賞品は異なり、三等は賞金五円と新聞三カ月分だった。この懸賞論文は、同紙が『東京横浜毎日新聞』から『毎日新聞』に改題したのを記念して実施されたもので、当時、弦斎は二二歳の若者である。

●――この本は『毎日新聞』の島田三郎による入選作の論評と、彼自身の「内地雑居論」を前半に載せ、入選した三論文を後半に併載している。弦斎が書いた論文は、明治一九年九月一日の『毎日新聞』附録に収録されているので、それをコピーして読むことができた。弦斎は雑誌に投稿した短い論文が採用されているので、文章が初めて活字になったのはこれよりもっと早い。だが、彼の文章が単行本に収録された最初はこの本だ、という理由だけで買ってしまったのだった。

●――ところが、調べてみるとこの本にはいくつか不思議な点があった。国会図書館にはこの本ともう一冊、明治一九年一二月に刊行された『内地雑居論 全一冊』があり、その版元は「東京 巌々堂」である。私が買った本は、その本の四カ月後に出たことになる。二冊を比べてみると次のようになっていた。

一、表紙は、囲み罫の模様と版元の名前を除くと、後は全部同じ。

二、中の文章は同じで、ページ割りも同じ。ただし、変体仮名が普通の仮名になっているところだけが違う。

三、明治一九年の「巌々堂」版に載っている広告が、二〇年の「文泉堂」版には載っていない。

四、定価は同じ三〇銭。

五、「巌々堂」は明治三六年まで本を出しているので、倒産して「文泉堂」が引き継いだとは考えられない。「巌々堂」と「文泉堂」は住所も違うので、別の出版社である。

●――奥付をよく見ると、「文泉堂」のほうは明治二〇年一月六日「翻刻御届」とあり、同年四月出版発行になっている。そして、「発行人」ではなく「翻刻人」とあって、その下に村上真助という名前が書かれている。つまり、「巌々堂」が明治一九年一二月に出版した本を、「文泉堂」が翌月一月六日に早くも翻刻願いを出して、四カ月後にはそっくりの複製本を出した、ということらしい。当時はこうしたことが珍しくなかったのだろうか？　それとも、この本がよく売れた、ということなのだろうか？

●——それにしても、二万八〇〇〇円も出して買った本が、復刻版だと思うとちょっと……。参考までに、「日本の古本屋」で検索すると、A書店さんだけが巌々堂刊の明治一九年版の『内地雑居論』を持っていて、値段は一四万七〇〇〇円だった。（二〇〇五年五月一八日・二〇〇七年一月一七日）［002←・→048］

005 弦斎の処女作「加利保留尼亜」

『日本之時事』第四号（博文館、明治二一年七月）

●——東京古書会館で買った二〇〇〇円の雑誌二冊のひとつがこの『日本之時事』。博文館から明治二一（一八八八）年七月に発行された第四号だ。英文タイトルが「JAPAN TIMES」とあるように、おそらくロンドン・タイムズを意識して、知識人層対象に創刊したものなのだろうが、創刊された翌年の一二月で終刊している。菊判でモノクロ八〇ページ余り。

●——文字ばかりで挿絵もほとんどない雑誌を、二〇〇〇円も出して買ったのには理由がある。実は、村井弦斎の小説の処女作「加利保留尼亜《カリフォルニア》」の初出誌がこの『日本之時事』で、創刊号から第五号まで連載しているのだ。つまり、この号には「加利保留尼亜」の第四回が掲載されている。「加利保留尼亜」は単行本にはなっていないため、弦斎の評伝を書くときはバックナンバーをコピーして読んだ。そのため、マイクロフィッシュで閲覧しただけで、実物に触れたことはない。古書展でもこれまで見たことがなかった。こうして実物を見ると、表紙の飾り罫などずいぶん細密な銅版画で描かれている。

●——タイトルからしてかなり高尚なこの雑誌に、まだまったく無名の村井弦斎の小説が創刊号から連載されたのは、報知社社長の矢野龍溪の推薦だったことは、ほぼ間違いないだろう。このときはまだ、本名の「村井寛」で掲載されている。この号の目次を見ると、「国策私議」「自主の精神を振起せよ」「言論集会二条例ノ改正ヲ聞ク」「我国議論家の論理思想」等々、堅い論題が並んでいる。村井弦斎はその後、新聞を舞台に小説を書いていくことになるが、大衆から人気を得たことで、文壇からは逆に通俗作家として蔑視されるようになる。それを思うと、弦斎の小説家としての第一歩が、この雑誌から始まったという事実は面白い。（二〇〇六年七月一六日）［113←・→009］

006 求婚広告の反響は？

『時事新報』（時事新報社、明治二四年三月二五日、明治三七年一月二九日）

●——先だっての古書展での戦利品がいまひとつだったので、雪辱を期して（？）東京古書会館へ向かった。朝一〇時台の熱気は、相変わらずすごい。入ってすぐに、明治・大正期の雑誌が何種類も並んでいるのが見えたので、何か見つかるのではないか……と期待が高まる。ただし、それはここに来ている誰しもが抱く期待なので、肝心のその棚の前には二重の人垣ができていて、手を伸ばすことができない。

●——仕方なく、ほかから見始めることにした。結果としてはそれほどたくさんの冊数は買わなかった。いや、買いたかったが、書籍四冊、雑誌二冊その他で計五八〇〇円になってしまったため、打ち止めにしたのだ。

●——買った中で、変わったものといえば、古新聞ひと袋で五〇〇円というもの。古新聞などなぜ買うのか、といわれても困るのだが、昭和期のものには興味はない。村井弦斎が新聞小説家として活躍していた明治期の新聞が出ていると、できるだけ買うようにしている。

●——国会図書館で明治期の新聞のバックナンバーを調べても、マイクロフィルム化されたものしか見ることはできない。実際のサイズとか、紙質とかインクの色はわからないのだ。雑誌の場合も同じ。そのため、実物がリーズナブルな価格で出ていれば、買っておくにこしたことはない。広告などで意外な発見もある。

●——この五〇〇円袋はなかなか面白かった。上になっていた『時事新報』の日付が明治二四（一八九一）年三月二五日だったことと、古そうな英字新聞まで入っているのを見て、後は確認せずに、帰宅してから広げてみた。すると、明治期のものは、前述した『時事新報』の明治二四年が一番古く、後は明治三七（一九〇四）年の『時事新報』二枚と明治三九（一九〇六）年と四〇（一九〇七）年の『大阪時事新報』（一枚は不完全）。後は昭和期のもので、英字新聞は『THE JAPAN TIMES』

の一九三三年のものが二枚。それ以外の日付は、昭和一九（一九四四）年の一枚を除くと、後はどういうわけか全部昭和二一（一九四六）年のものだった。『毎日新聞』と『朝日新聞』が数枚ずつと、『大阪時事新報』と『神港夕刊』という聞いたことがない新聞が各一枚。このごちゃごちゃというか、何の脈絡もない新聞の束が、合計五〇〇円で入手できたわけだ。おそらく、別の所から出てきた新聞が、一緒の袋に入れられていたのだろう。

●――ちなみに、明治二四年三月二五日の『時事新報』には、まだ健在だった福沢諭吉の「社説」が載っている。さらに、明治三七年の『時事新報』の一面には、「よろづ案内」という欄があるのだが、これが面白い。求人、求職、不動産広告などのほかに、「求婚」なんていうのも載っている。

●求婚　女年廿四《にじゅうし》初縁身元血統正容貌好《よ》き方普通教育あり官吏会社員等を望む
●求婚　知友年齢廿七係累なし財産拾余万円血統正しき身体健全年齢廿一か廿二の淑女を求む写真あらば送られたし

●――実際にこういう欄で、うまく結婚相手が見つかったのだろうか。「容貌好《よ》き方」と書いてあったのに、会ってみるとそうではなかった、と相手が怒りそうな場合も想像できる。まさか、「容貌悪《あ》し」とは書けないだろうから。（二〇〇五年六月一八日）［001←・→060］

007 森盈流の正体とは？

森盈流（尾崎紅葉）『夏小袖』（春陽堂、明治二五年九月初版）

●――古書歴がそれほど長くない私は、自分が見つけた古書でそれほど〝珍品〟といえるようなものはない。せいぜい三〇〇円とか四〇〇円で買ったものが、ネットで検索してみて八〇〇〇円とか一万円の値段がついていると、へえーとびっくりするくらいだ。

●――少し前に買った古書で面白いものがあった。表紙が大きく破れているのだが、明治二五

（一八九二）年という刊行年と、裏表紙に「作者不知」と書かれていて、版元が春陽堂だったので、興味を惹かれて手に取った。四〇〇円だったということもある。タイトルは『夏小袖』。奥付に作者名はないが、本文内題の署名は「森盈流」となっている。戯曲として書かれていて、見るからに滑稽なストーリーらしいが、このタイトルにはどこかで聞き覚えがある——と思って後で調べて見ると、これが珍品だった。

●——「森盈流」とは、フランスの喜劇作家モリエールを暗示する筆名で、作者は尾崎紅葉だったのである。モリエールの『守銭奴』を翻案したものらしい。本の販売戦略として「作者あて懸賞クイズ」ということを実施して、あえて明治の文豪・尾崎紅葉の名を伏せて刊行したものだったのだ。この本は、明治二五年九月一日出版の初版本。一二月の第三版で、初めて作者が「尾崎紅葉」であることを明かしたそうだ。

●——さすがに紅葉らしく、高利貸しの父親とその息子と娘の結婚話のドタバタが、テンポよく描かれている。ほとんど落語のようだ。紅葉の初版本だとわかったときは、ちょっと興奮した。（二〇〇五年六月二三日）[182←・→012]

008 「家庭」が流行語だった時代

『家庭雑誌』創刊号
（家庭雑誌社、明治二五年九月二五日）

●——先だっての古書展には、明治期の古い雑誌がいろいろ出ていたので、値段が高くて買えないものも、見て楽しませてもらった。

●——雑誌のバックナンバーを閲覧するのは国会図書館が便利だが、明治期の雑誌はほとんどマイクロ化されていて、実物に触れることはできない。しかも、長時間見ていると、〃マイクロ病〃とでもいうべき吐き気に襲われる。こうして直接手で触れることができるのは、非常にありがたい。

●——入手したのは徳富蘇峰が明治二五（一八九二）年九月二五日に刊行した『家庭雑誌』の創刊号だ。上に「三版」とあるので、売り切れて三刷したらしい。

●——この『家庭雑誌』は復刻版も出ている。少し前に書いた原稿のテーマが明治の「家庭」に関

【明治二五（一八九二）年】——芥川龍之介、佐藤春夫誕生。

係するものだったため、復刻版で創刊号からずっと目を通したばかりだった。

●——もう原稿は書き終えたので、その意味では別に持っている必要はなかったのだが、雑誌の創刊号は編集人の思いがこもっているという意味で特別なものだ。復刻版にはない明治期の香り(?)を味わいたくて、買ってしまった。値段は八〇〇円。

●——図書館で閲覧しているときには、目当ての記事しか見ないことが多いが、こうして実物を見ると、以前は気づかなかったことにも目が向く。たとえば表紙画。モノクロだったこともあって、これまで誰の絵だということは気にとめていなかったが、よく見ると「米仙」という落款がある。目次には作者名が書かれていないが、これは当時、従軍画家としても活躍していた久保田米僊(米仙)だろう。次の口絵も同じだ。

●——巻頭の社説「家庭教育の事」は無署名だが、おそらく徳富蘇峰が自ら書いたのではないかと思う。その他の記事も、執筆者名があるものは号のみで、匿名と無署名が多い。見当がつくのは、「愛山」が山路愛山で、「美妙」が山田美妙だ、というくらいだ。

●——『家庭雑誌』といいながら、執筆陣は全員男性らしい。内容も、男性の目から見た「家庭」と「良妻賢母」としての女性、という感じがする。とはいえ、日本人の「家庭」というものへの認識が、この頃から変わって行くのはたしかである。その意味でも、「THE HOME JOURNAL」と銘打ったこの雑誌の意味は大きい。

●——ちなみに、この『家庭雑誌』に続いて、次々に「家庭」という文字をつけた雑誌が創刊されることになる。『日本之家庭』、『家庭教育』、『家庭之友』、『明治の家庭』等々。また、堺利彦は同じ『家庭雑誌』という題号の雑誌を、蘇峰の『家庭雑誌』が終刊した後に創刊している。その後、博文館からも『家庭雑誌』が出ていた時期がある。「家庭」という言葉が新鮮で、一種の流行語として使われていた時代があったことが、なんとなく不思議だ。「家庭婦人」といわれても、今は誰も喜ばないだろう。(二〇〇六年六年四日)

[201←・→030]

【明治二五（一八九二）年】——東京府、各学校に天皇ご真影奉置を命ず。

009
谷崎が感動した弦斎の小説
村井弦斎『近江聖人』
（博文館、明治二五年一〇月初版、三三年三月一三版）

●——博文館の「少年文学」シリーズの村井弦斎『近江聖人』を、ネットで一五〇〇円で購入した。『近江聖人』は、「少年文学」シリーズの第一四編として書かれ、初版は明治二五（一八九二）年。『博文館五十年史』によれば、「少年文学」シリーズで最も多く部数が出たのがこの『近江聖人』で、明治三九（一九〇六）年までに二九版も版を重ねているという。『食道楽』に次ぐ弦斎のヒット作は、この『近江聖人』だと思う。

●——『近江聖人』の主人公は、江戸時代の儒学者の中江藤樹である。表紙が「藤の花」の絵で飾られているのはそのためだ。親孝行で知られた中江藤樹の子供時代のエピソードを中心に書かれたもので、非常に評判が高かったため、昭和初期まで、繰り返し修身と国語の教科書に抜粋して掲載されている。

●——父が亡くなって、母一人子一人となった藤樹が母と別れ、叔父のもとで勉学に励んでいるとき、慣れない水仕事のために、母があかぎれに苦しんでいることを知る。一二、三歳だった母親思いの藤樹少年は、母を思うあまり、あかぎれの良薬を手に入れると、母との約束を破ってひそかに叔父の家を抜けだし、遠路をはるばる母のもとへ戻る。途中でさまざまな苦労をしながらようやくたどり着くと、なんと母は藤樹を家の中にも入れずに、帰ってきたことを叱る。しかも、叔父のもとへ帰れと、追い返すのだ。藤樹少年は泣きながら、せめてあかぎれの薬だけは受け取って欲しいと母に手渡すと、母の目にも涙があふれていた——というものだ。

●——このエピソードは、教科書に載ったことで広く知られるようになり、中江藤樹といえば、親孝行の鑑《かがみ》といわれるようになる。

●——だが、面白いことに、多くの子供たちを感動させたこの藤樹のエピソードは、実は弦斎の創作で史実ではない。これは〝小説〟で伝記ではないのだが、歴史上の人物を取り上げて、エピソードそのものを創作するという大胆なことをしたのは、このシリーズの中でも弦斎くらいかもしれない。

●——子供時代に『近江聖人』を読んで感動したという著名人には、谷崎潤一郎や和辻哲郎などがいる。二人とも、いかにこれを愛読したかをくわしく語っているが、とくに、谷崎の『近江聖人』への傾倒ぶりは印象的だ。弦斎が『近江聖人』を書いたのは、母を病気で失った二年後だった。弦斎は、自分に対して厳しかった母への追慕の念から、この小説を書いたのだと思われる。

●——谷崎もまた、自分の母への憧れから、この『近江聖人』の藤樹の母に強く惹かれて読んでいたようだ。自叙伝的要素の強い『神童』の中で、学校の先生に将来の希望を聞かれた谷崎は、「僕は将来聖人になりたいと思ひます」と答えている。ここにも『近江聖人』の影響が感じられて興味深い。（二〇〇五年九月一六日）［005←・→011］

010

「彼女」はナイフを持っている

崎山元吉『英語教授書 第一巻』

（崎山敏輔、明治二六年六月初版、三二年一一月九版）

●——この本も東京古書会館で購入。三〇〇〇円。こんなものを買って、何かをしようというわけではないのだが、前述のように明治期の英語のリーダー類はほかにも何冊か買っている。当時の中学生たちも英語を学ぶのは大変だったことだろうと想像しながら、ページをめくっている。

●——面白いのは、練習問題として掲載されている英作文の日本語の文章だ。

・アノ犬ハ実ニ大キクアル。
・コノ猫ハ甚タ小サクアル。
・ソノ馬及ヒ犬ハ実ニ良クアル。
・汝等ハ達者デアルカ。
・君ノ兄弟ハ何レニ居ルカ。
・彼レハマダ食事中デゴザリマス。
・君ハ私ニ少シク金子ヲ貸シテ下タサル

コトガデキマセウカ。

・ヨロシ（然リ）私ハ君ニ若干貸シマセウ。

●――日本語とは対照的に、この本に載っている一〇〇年以上前の英語の日常会話文が、現在とほとんど変わっていないのも面白い。最初のページに出てくる英語の文例は以下の通り。

一．I have a pen.
二．You have a book.
三．He has a house.
四．She has a knife.
五．We have a garden and a house.

●――ちなみに私が使った中学校の英語の教科書の最初は、「This is a pen.」「That is a pencil.」だった。右では、なぜ「彼」が持っているのは家で、「彼女」が持っているのはナイフなのだろう？

●――この本で驚いたのは、巻頭の「自序」。縦書きにもかかわらず、〝左から右〟へと読ませるようになっているのだ！　読もうとしてみたが、うまく読めなかった。やはり、縦書きの場合は、右から左にして欲しい。当時、日本語でこんな文章の組み方が、普通に行われていたのだろうか？　なぜ、横書きにしなかったのだろう。（二〇〇七年七月一六日）［003←・→035］

011 弦斎の伝奇歴史小説

村井弦斎『関東武士』（金松堂、明治二七年四月初版／春陽堂、四一年二月訂正再版）

●――村井弦斎の小説は、『食道楽』や『酒道楽』を除けばほとんど復刊されていないため、読むのが難しい。昭和期以降に復刊されて、古書市場で入手しやすいものといえば、改造社の『現代日本文学全集　第三四編　歴史・家庭小説集』（一九二八）所収の『小松嶋』、春陽堂の『明治大正文学全集　第一五巻』（一九三〇）所収の『桜の御所』『小弓御所』『両美人』『飛乗太郎』、中央公論社の『大悲劇名作全集　第四巻』（一九三五）の『小猫』、講談社の『大衆文学大系三』（一九七二）所収の『桜の御所』、三一書房の『少年小説大系　第一三巻』（一九九六）所収の『紀文大尽』『近江聖人』『桑之弓』

【明治二六（一八九三）年】――「君が代」が儀式の唱歌として制定。

『風船縁』『伝書鳩』『飛乗太郎』『大福帳』あたりだろう。

●――『関東武士』も入手しにくい一冊だ。この小説が『郵便報知新聞』に連載されたのは明治二五（一八九二）年。大ヒットした『小猫』の後編が書かれたのと同じ年で、二八歳の弦斎が、文壇でも人気作家として認められていた頃である。新聞の題号も『報知新聞』に変わる二年前だ。実は、『関東武士』は最初、弦斎の小説としては珍しく、春陽堂ではなく金松堂から明治二七（一八九四）年に出ている。だが、絶版になったらしく、その後、明治四一（一九〇八）年になって春陽堂から再版された。私の手元にあるのも春陽堂版の『関東武士』（巻頭口絵参照）である。

●――弦斎は『食道楽』のような現代物の一方、歴史小説の書き手としても人気があった。『関東武士』は徳川三代将軍家光の時代の話である。大坂城落城後、徳川の天下となったが、鹿児島の島津家の動向が気になった家光は、お気に入りの近習である一八歳の大河内市之丞に、ひそかに鹿児島の様子を探らせる。実は、大坂夏の陣で自害したとされていた豊臣秀頼は、真田幸村らと共に城を抜け出して、鹿児島の島津公のもとで庇護されていた。そして、江戸城に攻め上る機会を虎視眈々とうかがっていた――。

●――鹿児島へ単身で潜入した大河内市之丞のスパイ活動、彼を助ける鹿児島の娘や、彼の許嫁の娘などによって、波瀾のストーリーが展開する。鹿児島弁は、他藩からの侵入者を見分けるために、あのようにわかりにくい言葉を使うようになったといわれているが、大河内市之丞はそのため、口がきけない唖者のふりをする。しかし、素性が露見してあわやという危機も訪れるが助かり、最後は秀頼とその忠臣の幸村たちが自害して果てる。

●――弦斎は、こうした人々の間で信じられていた伝説――豊臣秀頼は大坂夏の陣では死ななかったとか、源義経は大陸に渡ってジンギスカンになったとか――を小説のテーマに取り入れていて、その点でもこの作品は興味がつきない。

（二〇〇五年七月一一日）[009←・→017]

【明治二七(一八九四)年】——清国に宣戦布告、日清戦争始まる。

012 明治の若者たちの愛読書

中村正直『改正 西国立志編』

(博文館、明治二七年七月初版、三五年三月二二版)

[口絵]

●——この前の五反田の古書展で一〇五〇円で購入した本。明治の出版界では、福沢諭吉の『学問のすゝめ』と並んで有名な中村正直の『西国立志編』だ。『学問のすゝめ』より、この『西国立志編』のほうがよく売れた、と誰かが書いていた気がする。ただし、これは最初の版ではなく、博文館から刊行された『改正 西国立志編』だ。

●——『西国立志編』といえば、国木田独歩の『非凡なる凡人』に登場することでも知られている。桂正作という人物が語られているのだが、語り手の「僕」は桂を「非凡人ではない。けれども凡人でもない。さりとて偏物でもなく、奇人でもない。非凡なる凡人といふが最も適評かと僕は思つて居る」と述べている。その桂の愛読書が『西国立志編』なのだ。最初、桂はこの本を先生に借りて読んだが、どうしても自分で一冊買いたいと思った。以下は『非凡なる凡人』より。

其後桂は遂に西国立志編を一冊買ひ求めたが、其本といふは粗末至極な洋綴で、一度読み了《おわ》らない中に既にバラ〳〵になりさうな代物ゆゑ、彼はこれを丈夫な麻糸で綴直した。

此時が僕も桂も数へ年の十四歳。桂は一度西国立志編の美味を知つて以後は、何度此書を読んだか知れない、殆ど暗誦するほど熟読したらしい、そして今日と雖《いえど》も常にこれを座右に置いて居る。げに桂正作は活きた西国立志編と言つてよからう、桂自身でもさう言つて居る。

『若し僕が西国立志編を読なかつたら如何であつたらう。僕の今日あるのは全く此書のお蔭だ』と。

●——明治の若者には、ここまで熟読し、今の自分があるのはこの本のおかげだ、といい切れるほど大きな影響を受けた書物があった。『西国立志編』しかり、『学問のすゝめ』しかり、『経国美談』しかり——。現在の日本の若者に、そうした本を挙げてくださいと尋ねても、なかなか答えは返ってこないのではないか。

●——表紙に「原名 自助論」とあるように、『西国立志編』はイギリスのサミュエル・スマイルズ著『Self-Help』を訳したものだが、巻頭には原著者ではなく中村正直の写真が大きく掲載されている。読者は、翻訳書としてではなく、中村の著作として読んでいたのだろう。(二〇〇九年四月二三日)

追記／一週間後に、明治九年版も九〇〇円で入手した。[007←・→021]

013 戦争とメディアの展開

『戦国写真画報』創刊号(春陽堂、明治二七年一〇月)

●——日清戦争開戦と同時に春陽堂から刊行された『戦国写真画報』。戦争とメディアの展開、というテーマの中で、「写真」や「絵画」を中心にした雑誌＝画報(グラフ誌)はたいへん興味深い。

グラフ誌の歴史を通観してくれている解説書がないので、近事画報社を中心にいろいろ調べ始めたのだが、題号に「写真」と銘打った画報の最初は、この春陽堂の『戦国写真画報』だといっていいだろう。

●——日清戦争は短期間で終わったので、『戦国写真画報』という題号も終戦とともに消え、その後は特集号を出したり、『写真画報』と改題して継続しようとしたようだが、結局、戦争が終わると売れなくなったらしく、終刊する。一〇年後に博文館が出した『日露戦争写真画報』が、終戦後はやはり『写真画報』と改題して生き残りを図ったが、グラフ誌としては続かずに、『冒険世界』に転換して継続したのと、ほとんど同じパターンだったといえる。大判サイズの本格的なグラフ誌を目指した国木田独歩編集長の『戦時画報』も、日露戦争終戦後に元の『近事画報』に復題したが、戦争が終わると売れ行きが悪くなり、二年後に終刊してしまう。

●——そんなわけで、『日露戦争写真画報』や『戦時画報』に先行するこの『戦国写真画報』のバックナンバーは、東大明治文庫で実物を閲覧していた。けれども、なにしろ日清戦争当時の雑誌で、部数もそれほど多くはないと思われるので、古書展で見つかるとは思ってもいなかった。これも「和洋会」で購入したのだが、あまりの状態の良さに、復刻版ではないか、と一瞬思ったほど。けれども、まさに明治二七（一八九四）年刊行のオリジナルだった（ほかの号も何冊かあった）。折れ目ひとつついていない。よほど大事に保管されていたらしい。値段は二五〇〇円だったが、これは仕方がない。もう二度とお目にかかれないかもしれないのだから……。

●——サイズは菊判で、写真は前半のページに計二八点。人物の顔写真や、軍艦の写真や、風景写真がほとんどで、いわゆる報道写真は一点もない。日清戦争では、まだ従軍カメラマンよりも、むしろ〝従軍画家〟の活躍が目立っていた。報道写真ではなく、報道画が戦争の様子を〝生々しく〟伝えたのである。絵画が〝生々しく〟というのはおかしく聞こえるだろうが、当時はテレビや映画もないわけで、絵を見て現場を想像する、というのが普通だったのだ。読者の意識としては、まだ江戸時代の瓦版を見るような感じだったのだろう。

●——ちなみに、『戦国写真画報』の写真以外のページは、本文記事として組まれてはいるものの、内容は写真説明の文章、いわゆるキャプションである。目次もそのように対応させている。キャプション以外の記事はない点が、一〇年後の『日露戦争写真画報』や『戦時画報』とは異なっている。また、『戦国写真画報』の表紙は、特集号を除けば、創刊号からずっと同じで、デザインを工夫するということはしていない。（二〇〇六年八月一二日）［160←・→042］

014 逍遙作にして悪評紛紛

坪内逍遙『桐一葉』（春陽堂、明治二九年一月初版、三八年七月七版）

●——先だっての古書展では、明治期に刊行された本や雑誌を全部数百円で入手することができた。『桐一葉』もその一冊。もし初版（明治二九年）で美本なら、いったいいくらするのか。この本は第七版で、口絵が欠けていて、奥付と目

次のところを前の所有者がカッターで四角く切り取っていた。蔵書印を削ったらしい。そのため三〇〇円。ただし、初版本でないことにもメリットはある。この本の場合、巻末に一七ページにもわたって新聞・雑誌の書評が掲載されていたが、これが面白い。ちなみに新聞では『日本』がこんなふうに書いている。

「細君」以来声をひそめて老いぼれたの卑怯のと世人に言はれし春の舎氏はこゝに桐一葉といふ脚本をものせられぬ。これにて吾人は猶同氏に著作の勇気のあることを知りぬ。

●――以下、一一カ条に分けて、細かくこの作品の難点を挙げている。「処々に駄洒落を用う。亦《また》理屈ばかりて可笑し。駄洒落会の会員が会則により無理に洒落れたらんが如し」なんてことまで書いている。全体に、どの書評を読んでも「ほめていない」。あの坪内逍遙にして、苦心して書き上げた作品に対してこれほどまでの悪評を受けていたのか――と思うと、ちょっと勇気が出てくる。凡人は、ほめられるなんて期待するほうがおこがましい、と肝に銘じた。（二〇〇五年九月一〇日）[089↑・↓040]

015 ヒロインは「鳩遣いの姫」

村井弦斎『小弓御所』（春陽堂、明治二九年七月初版、三〇年五月三版）

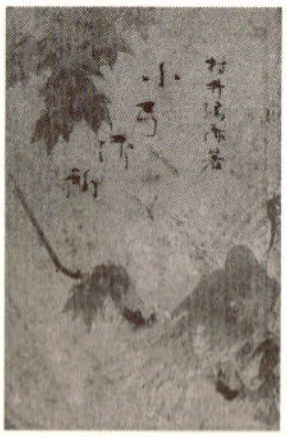

●――これは、たまたま運よく、東京古書会館の古書展で八〇〇円で見つけた。全体的に少々汚れてはいるものの、木版画もついている。

●――『小弓《おゆみ》御所』の表紙は伝書鳩ともみじで、同じ村井弦斎の『伝書鳩』（明治三三年）の表紙とモチーフが共通している。『小弓御所』は明治二八（一八九五）年に『報知新聞』に連載された小説である。その前年、弦斎は約一年間、報知社から都新聞社に移籍して、『都新聞』に小説を書いていた。この間のくわしい事情はわからないが、報知社の経営難の時期に当たっていることから、弦斎は都新聞社に請われて移ったらしい。

●――その『都新聞』時代に大当たりを取った小

説が、『桜の御所』である。これが大受けに受けたため、弦斎は翌年『報知新聞』に戻ってから、その姉妹編のような『小弓御所』を書いた。どちらも歴史小説で、小説としては似ている。あらすじは省略するが、人気の理由は、ヒロインが絶世の美女であり、なおかつ〝スーパーウーマン〟のような活躍をする点にあったのだろう。ストーリーにも劇画的な面白さがある。

●——一回、一回短い文章の中で山場をつくり、読者に続きを早く読みたいと思わせるのが「新聞小説の鉄則」だが、この二篇はまさにその条件を満たしている。とくに『桜の御所』は、弦斎が病気で二、三日小説を休載したところ、愛読者が酔っぱらって、「明日も小説を怠けるなら、ここを叩き壊すぞ！」と新聞社に怒鳴り込んできた、という有名なエピソードがあるほどだ。

●——『桜の御所』のヒロイン小桜姫が七十人力の勇婦だったのに対して、『小弓御所』のヒロイン玉照姫は〝鳩遣いの姫〟というところにポイントがある。玉照姫は伝書鳩を思いのままに操って、文書を運ばせたり、芸までさせることができるのだ。視覚的にも想像が広がって、非常に面白い設定である。時代的に見て、明治二八年（単行本は翌年）というのは、伝書鳩という存在が西洋から伝えられてまだ日が浅い。その時期に、すでに弦斎が伝書鳩を小説に取り入れて書いていたことは、私には驚きだった。（二〇〇五年七月一六日）［193←・→023］

016 明治の「花嫁マニュアル」

坪谷善四郎『日本女礼式大全 上下巻』
（博文館、明治三〇年九月初版、四〇年八月一三版）

●——この『日本女礼式大全』は、黒漆に金の蒔絵で松と川が描かれた木箱入りの本だ。著者は坪谷善四郎、版元は博文館である。値段は三〇〇〇円。

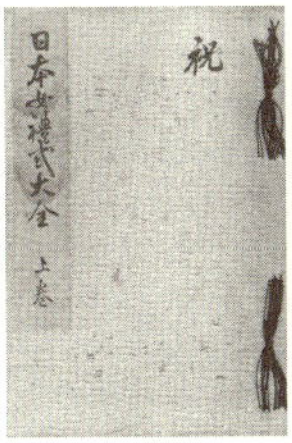

［木箱］

●——購入したときは、金の蒔絵の上に汚れがこびりついていて、ほとんど絵柄もわからない状態だった。その汚れを取ると、下から松の木が鮮やかに浮かび上がってきたのである。漆はあちこちはがれているが、つくられた当時は、もっとずっと美しいものだったことだろう。女学校の同窓会が、卒業生に記念品として贈ったものらしい。

●――この贅沢な木箱入りの本の内容は、いったいどのようなものか。明治時代において、日本女性にもとめられたもの(知識、心得、マナー等)が、マニュアル化されている。目次からその細目を書き出すと、婚姻礼式、出産、小児の教育、奉仕(夫や親への奉仕)、交際、料理、身じまい(髪の結い方や化粧のこと)、作文、和歌、茶道、生花、盆石、香、琴、手芸(編み物、裁縫など)、家事経済、奉公人使役、衛生、進物贈答、金銭出納……などである。

●――おそらく、嫁入り前の娘に対してこの種の本を授ける、というのが当時の慣例になっていたのだろう。ある程度、上流階級の子女が対象だったかもしれないが、それにしても、明治の家庭の婦人はなんと大変だったのだろうか。

●――何しろ、家事を楽にしてくれる電化製品などはない。使用人がいたとはいえ、洗濯機も掃除機も冷蔵庫も電子レンジも存在しない。しかも、こうした家事一切をとりしきった上に、花も生け、和歌も詠み、お茶もたて、琴も奏でられなければならなかったわけだ。婦人としてのたしなみ、教養も求められていたのである。

●――今、日本でこうした〝花嫁マニュアル〟みたいなものをつくるとしたら、はたしてどんな内容になるだろうか。若い女性たちには、「ウッソー!」と一蹴されそうだが……。そんなことを想像しながら読んでいると、明治の女の強さ、というものがなんとなくわかるような気がした。

(二〇〇四年一〇月一五日)[205←・→046]

017 風船がとりもつ恋愛物語

村井弦斎『風船縁』(春陽堂、明治三三年一月初版)

●――この『風船縁』は初出が不明である。村井弦斎は報知社に入社して以来、一時期『都新聞』に移ったのを除けば、『郵便報知新聞』(後に『報知新聞』と改題)に小説を連載している。『風船縁』も春陽堂から単行本(巻頭口絵参照)になっているが、おそらく書き下ろしではなく、以前、どこかの地方新聞か雑誌に連載したものだろう。

●――この小説には、西洋の小説を翻案したのではないか、と思わせるようなところがある。複数の若い男女の結婚物語なのだが、コミカルでもあり、人情話的な部分もあり、よどみなくラストへと向かっていって、その結末も非常にすがすがしい。

●——ここに登場するヒロインの金井藤子は、生まれつき足に障害がある上にあばた顔で、いわゆる「醜女」である。そのため、彼女は結婚を諦めて、文学の道に一心に精進し、すでに二六歳になっている。三〇過ぎても結婚しない女性が多い現代とは違って、当時は一八歳くらいからせいぜい二二歳くらいで嫁入りしないと世間体が悪い、という時代だった。弦斎の小説のヒロインは、ほとんどが才色兼備なので、その点でも『風船縁』は異色だといえる。

●——『風船縁』というタイトルは、西洋の縁結びの風習をまねたものだという。風船に手紙をつけて飛ばし、それを拾った人は飛ばした人と結ばれるというのである。工科大学出の工学士二人（当時の学士様といえば超エリート）がそれを面白半分に飛ばしたところ、最初に拾ったのは美人姉妹二人だった。しかし、二人は手紙を読んで気味が悪いといって、気にしつつもそれを捨ててしまう。その風船を子供が膨らませて飛ばしたため、二度目に落ちたのを拾ったのが、ヒロインの藤子だった。

●——姉妹の両親、藤子の父、飛ばした工学士の石岡と桂木、その友人、石岡の両親、登場人物のうち、一人も悪人が出てこない。風船を縁にして彼らは出会い、さまざまな偶然が重なって、姉妹の姉は石岡を、妹は桂木を好ましく思い、姉妹の父も二人がそれぞれ工学士と結婚してくれればいいと期待するようになる。藤子だけは、風船を手にしながらも、結婚など自分には一生縁がないことだ、と諦めている。しかし、藤子の父は娘が風船を手にしたことと、飛ばしたのが石岡と桂木だということを知って、なんとか娘を幸せにしてやりたい、と思う。

●——桂木は、もとより女性は美人でなければならないという主義で、藤子のことなどは眼中にない。彼は望み通り、一目見て気に入った姉妹の妹のほうと結婚することになる。しかし、石岡は藤子が風船を手にしたこととは関係なく、藤子の書いた文章や翻訳した作品などに惹かれる。そして、周囲が「いくらでももっと良縁があるのに」と呆れるのもかまわず、藤子に結婚を申し込む。そんなこととは知らず、姉妹の姉をぜひ石岡と結婚させたいといって、姉妹の父は桂木に仲介を頼む。一方、石岡の両親は、息子から結婚したい相手として藤子を紹介されるが、「いくらなんでもあの容姿では、親戚に披露もできない」とがっかりしてしまう。その上、桂木が姉妹の姉の話をして、姉妹の姿を見る機会があったので、石岡の両親はその縁談に大乗り気になってしまうのである。当時の人々の意識として、親の反対を押し切ってまで勝手に結婚することはできず、石岡は苦境に立たされてしまう。

●――しかし、責められるべき悪人はいない。問題になっているのは藤子の容姿と障害だけだ。何とも藤子にとっては酷な話である。読みながら、やはり藤子に感情移入せずにはいられない。結局、女性は美しく生まれなかったということだけで、幸せにはなれないのか――。

●――いったい最後をどう締めくくるのかと思っていると、藤子は自分から潔く身を引くのである。自分の幸せよりも、石岡の幸せを願ってのことだった。まさに、外面の美を超えた内面の精神の美や、愛する人のための自己犠牲、そうしたものが藤子の行為によって描かれる。

●――石岡はついに藤子に説得されて、彼女との結婚を諦め、姉妹の姉のほうと結ばれることになる。そして、結婚後、しばらくして藤子のことを打ち明けるのだ。すると、石岡の新妻はすべてを察し、すぐに藤子に会いに行こうとする。すると、石岡は「私も一緒に行こう」といい、二人は藤子に会いに行く。このセリフがいい。そして、最後の一行で、石岡夫婦と藤子が兄弟姉妹よりも睦まじい親友になった、と記されるのである。（二〇〇五年七月一三日）［011←・→018］

018 人気作家に無断で刊行した本

村井弦斎・福良竹亭共編『西郷隆盛一代記 第一巻』（報知社、明治三一年五月初版）

●――昨日の午前中はやはり東京古書会館へ行った。それほどの収穫ではなかったものの、持っていなかった村井弦斎の『西郷隆盛一代記』の第一巻を六〇〇円で発見。これだけで満足できた。図書館の廃棄本でかなり傷んでいるが、六〇〇円は安い。これは、『報知新聞』で部下だった福良竹亭との共著だ。実は、取材のほと

んどは福良竹亭が駆け回ってネタを集めてきて原稿を書き、弦斎がそれに手を入れて仕上げた、ということだったらしい。この『西郷隆盛一代記』は、もともと『報知新聞』の附録として読者に配布されたものである。

●——もう一人の弦斎の部下だった篠田鉱造の証言によると、弦斎はこの作品を、春陽堂から出版する約束をしていたらしい。ところが、読者からの好評に気を好くした報知社の社長が、弦斎に無断で、自社から単行本として刊行してしまった、というのである。入手した本は、その報知社から出たものだ。当然、弦斎は怒った。結局、このとき両者は和解して、同じ作品が春陽堂からも『西郷隆盛詳伝』というタイトルで刊行されることになった。弦斎は、本を出せばかなりの売れ行きが期待できる大衆人気作家であり、出版業界ではこのように、当時からいろいろなことがあったようだ。（二〇〇五年一一月二六日）[017←・→103]

019 軽視された「料理」教育

下田歌子『料理手引草』（博文館、明治三一年六月初版、三九年六月八版）

●——江戸時代から、日本でもさまざまな料理の本が書かれている。しかし、そのほとんどは料理の専門家のためのもので、村井弦斎が目指したように、家庭料理を新しく変えるとか、家庭料理の重要性を人々に啓蒙しようとしたものではない。弦斎は『食道楽』の中で、これからは妻と共に夫も料理をつくるべきだ、と書いている。「男子厨房に入らず」が当然だった時代に、これは驚くべきことだといえよう。

●——意外にも、女子教育という観点から見ても、当時、「料理」は「裁縫」に比べて非常に軽視されていた。常見育男氏の『家庭科教育史』（光生館、一九五九）によれば、明治以降の「家庭科」教育の内容に対する軽重の点からは、「極端に裁縫技術が偏重されて料理や洗濯等が軽視されてい」るという。これは、欧米では裁縫と同時に料理と洗濯が早く課せられているのに対して、大きく異なっているらしい。その理由について、常見氏は「これは日本人の衣食住に対する価値観念の錯誤に基因するであろうし、食べることを賤しみ、料理に工夫することを贅沢と誤解した古い観念によるであろう。次に洗濯が教科内容として尊重されないのは、和服という特異性のためであり、汚れるまでは洗濯しないという日本人の風習のためであろう」と述べている。

●——この本の巻末には、明治時代から昭和一九年までの「家庭科教育文献目録」が掲載されているが、これを見ても裁縫や衣服に関する文献が食物に関する文献の六倍以上ある。女子への教育に費やされた時間も、おそらくそれに比例していたにちがいない。

●——面白いことに、この中で「食物・食物史・栄養料理」の項目には、弦斎の『食道楽』四巻が入っていた(「村井玄斉」と表記)。この本が、小説としてではなく、料理を学ぶ実用書とみなされていたことを示しているようだ。しかも、ここには、弦斎の『食道楽』の前に出た文献はわずか五冊しか挙げられていない。文部省『百科全書食物製法』明治七(一八七四)年、川辺新三郎『日用総菜之栞』明治二六(一八九三)年、民友社『簡易料理』明治二七(一八九四)年、石塚左玄『化学的栄養長寿論』明治二九(一八九六)年(正しくは『化学的食養長寿論』)、下田歌子『料理手引草』明治三二(一八九九)年である。

●——この中の一冊、下田歌子の『料理手引草』は、常見氏の本では「明治三二年」となっているが、私の手もとにある本の奥付を見ると「明治三一年六月八日発行　明治三九年六月二〇日八版発行」になっている。その目次を見ると、最初に「料理に就きての心得」として、衛生、経済、器具の注意、食品の選び方などについて書かれていて、その後に、本邦料理(日本料理)と西洋料理のつくり方の記述がある。西洋料理は日本料理の半分くらいのページを使っているが、イラストで西洋料理の器具の説明もしている。

●——この『料理手引草』が、『食道楽』の四年前に出ていることや、当時、弦斎の本も刊行していた博文館が版元であることなどを考えると、弦斎は『食道楽』を書くヒントを、ある程度この『料理手引草』から得ていたのではないか、とも想像できる。(二〇〇四年一一月一六日)[211↑・↓025]

【明治三二(一八九九)年】——日本最初の蓄音機専門店、浅草に開業。

020

独歩が使ったオルガン楽譜？

島崎赤太郎編『オルガン教則本 壹』(共益商社楽器店、明治三二年二月初版、三七年五月一〇版)

●——明治三二(一八九九)年に初版が刊行された『オルガン教則本 壹』である。五年後に一〇版になっているので、オルガンを習う人たちにはポピュラーな楽譜だったのかもしれない。発行所は、東京市京橋区の共益商社楽器店。表紙は実用本位で、まったく飾り気がない。本文は三六ページあり、オルガンの初心者用に、右手練習、左手練習から始まっている。私も三歳のとき、こういう簡単な楽譜でピアノを練習した記憶があるので、なつかしい。

●——なぜ、デザインに面白味もないこのオルガン教則本を買ったかといえば、拙著『編集者 国木田独歩の時代』(角川選書)の中に書いたように、独歩が明治三八(一九〇五)年頃にオルガンを弾いていたことを、妻の治子が回想していたからだ。『戦時画報』が好調に売れていたため、珍しく金回りが良かった独歩は、友人の正岡芸陽に借金を申し込まれて快く金を貸した。ところが、正岡芸陽からは、返せる見込みが立たないので、とりあえず借金のカタとして受け取って欲しい、と一台のオルガンが運ばれてきたのである。

●——結局、貸した金は一銭も戻らなかったのだが、独歩はそんなことは気にせず、すっかりオルガンに夢中になって、自分で楽譜を買ってきて暇があれば弾いていた、と治子は証言している。オルガンを弾いている独歩とは！ 想像すると笑ってしまいそうだ。時期的にはピッタリなので、もしかすると、独歩が使ったオルガンの楽譜は、この『オルガン教則本 壹』かもしれない、と思ったのである。

●——ただし、後で国会図書館の所蔵を調べてみると、明治三八年当時にすでに発行されていたオルガンの教則本は、これ以外にも一、二種あった。でも、刊行年が明治二一(一八八八)年の『懐中ヲルガン奏法』と明治三六(一九〇三)年の『オルガンヴァイオリン独習書』なので、独歩が選ぶとしたら、やはりこの『オルガン教則本 壹』だという気がするのだが……。(二〇〇九

年一月一八日）［199←・→024］

021

世界に羽ばたく可憐なヒロイン

徳冨蘆花『不如帰』（民友社、明治三三年初版、四二年第百版）、英語版『Nami-ko』（明治三七年初版、三八年第四版）

［英語版］

●――「浪子」という名前を聞いても、今ではピンとくる人は少ないだろう。明治の小説の中で、おそらく最大のベストセラーといえるのが徳冨蘆花の『不如帰《ほととぎす》』である。そのヒロインの名前が浪子だった。

●――『不如帰』は明治三三（一九〇〇）年一月一五日に民友社から初版が出て以来、明治四二（一九〇九）年三月二〇日に百版に達し、当時、小説では初めての百版達成、と話題になっている。「小説では」と断っているのは、福沢諭吉の『学問のすゝめ』や中村正直訳『西国立志編』（底本はスマイルズ『自助論』）がそれ以前に存在するからだ。どちらも明治の大ベストセラーで数十万部出た。

●――私が古書展で入手したのは、表紙が汚れている『不如帰』の記念すべき第百版本で、一〇〇円だった。これには蘆花が「第百版不如帰の巻首に」という小文を書いている。そして、巻末の奥付の裏の一ページを使って、初版から百版にいたるまでの日付がすべて印刷されている。最近ではちょっと考えられないものだ。

●――現在と違って明治の出版は部数がごく少なく、普通は一版が千部だった。中野好夫氏の『蘆花徳冨健次郎』（筑摩書房）によれば、『不如帰』は初版が二〇〇〇部なので、百版でやっと一〇万一〇〇〇部ということになる。しかし、その後は民友社版だけでも五〇万部を突破。それ以降の部数を加えると、もはや計算ができないほどだという。

●――それほど日本で売れに売れた『不如帰』は、世界のさまざまな言語に翻訳されている。おそらく、日本の古典を除く（明治当時の）〝現代文学〟の中で、最も早く外国でも読まれたのがこの『不如帰』ではないか。日露戦争が始まった明治三七（一九〇四）年、まずアメリカとイギリスで同時に英訳本『Nami-ko』が出た。アメリカはH. B. Turner & Co.、イギリスはG. P. Putnam's Sonsが版元である。私が持っている英訳本は、これと日本の有楽社が出した『Nami-ko』の第四版(一九〇五)の二冊。訳者はどちらも塩谷栄とE. F. Edgett。

●――徳冨蘆花は日記を読むと、呆れるほど奇矯な人物だったことが知れるが、作品は多くの人に愛読された。そして、百年前の日露戦争で日本に世界の注目が集まる中で、浪子という日本の可憐なヒロインが世界に羽ばたく。

●――イギリス文壇は当時、世界の文学の中心ともいえる存在だが、その中でも権威がある『The Times Literary Supplement』(タイムズ文芸附録)に『Nami-ko』の書評が載っている(一九〇四年六月二四日)。今や、村上春樹やよしもとばななの小説が翻訳されて海外で人気を得ても、日本人はそれほど驚かなくなった。しかし、西洋の文学を日本語に翻訳して移入する一方だった明治の日本人にとっては、想像もできないことだったにちがいない。(二〇〇四年九月三〇日)[012←・→083]

022 明治のジャーナリスト兄弟

佐瀬得三『続々 当世活人画』(春陽堂、明治三三年四月初版)

●――明治期の本にこれだけ接していると、パッと見ただけで、明治に出たものか大正以後か、という区別ができるようになった。儘世という筆名に心当たりはなかったが、奥付を見ると、著者名は佐瀬得三となっている。これが本名らしいが、どこかで見たような記憶がある。思い出せないまま、発行が明治三三(一九〇〇)年だということと、五二五円という値段を見て、内容も確かめずにとりあえず買ったのだった。

●――国会図書館の著者名で引くと、佐瀬得三は号が酔梅《すいばい》で、生没年は一八六三年〜一九一七年となっている。この『当世活人画』は、酔梅ではなく儘世という別号で書いたことになる。『当世活人画』は小説ではなく、実在する人物を取り上げた人物評論集だった。これは「続々」なので、この前に正篇と続篇の二冊が出ているが、ほかにも『名流の面影』『黄金世界』『当代の傑物』の著作がある。以前、『当代の傑物』を読んだことがあったのを、ようやく思い出した。

●——ただし、佐瀬得三の経歴がわからない。文章や内容から新聞記者だろうと見当をつけて、宮武外骨・西田長寿による『明治新聞雑誌関係者略伝』(みすず書房)を見たが、佐瀬得三の名前はない。その代わりに佐瀬精一という人が載っていて、生没年は一八五六年〜一八九二年になっているので、別人であることはわかる。この佐瀬精一は新聞記者で、書家の佐瀬得所の次男にして、『新潟日日新聞』の主筆・社長をつとめた、と書かれている。佐瀬得所という名前は、見てわかるように佐瀬得三と一字違いである。となると、得三は佐瀬得所の三男坊で、佐瀬精一の弟ではないか。父の佐瀬得所は会津の人で、かなり有名な書家だったらしい。その息子たちが、明治中期にジャーナリストとして活躍していたのか。

●——さらにネットで検索してみると、佐藤垢《こう》石《せき》の「入社試験」というエッセイの中に、佐瀬得三の号の佐瀬酔梅が出てきた。佐藤垢石が明治四三年四月に『報知新聞』の入社試験を受けたとき、社内に美術記者として佐瀬酔梅がいたという。ちなみに、この佐藤に二、三年遅れて『報知新聞』に入ってきたのが、矢田挿雲、野村胡堂、本山荻舟《てきしゅう》らだそうだ。村井弦斎はすでに明治三九年前半頃に『報知新聞』を辞めているが、その後も報知はユニークな物書きたちを輩出したことになる。拙著『「食道楽」の人 村井弦斎』(岩波書店)にも書いたが、野村胡堂が入社したとき、編集部には「松居松葉は、六人前の仕事をしたが、村井弦斎は一二人分の仕事が出来た」という伝説めいた話が伝えられていたという(『胡堂百話』)。佐藤垢石も佐瀬得三(酔梅)も、そうした編集部の空気を吸いながら仕事をしていたことになる。

●——この『続々 当世活人画』の最初に登場するのは中上川《なかみがわ》彦次郎である。中上川は、自分の叔父に当たる福沢諭吉の慶應義塾で学び、諭吉を助けて『時事新報』の創刊にかかわり、編集と営業の両面を指揮して社長となって同紙を大きく発展させた。後半生はもっぱら財界で活躍するようになる。

●——面白かったのは、巻頭に折り込まれている時事新報時代の中上川自筆の原稿の写真だ。

【明治三三（一九〇〇）年】——与謝野鉄幹主宰、『明星』創刊。

写真の右端に「鹿鳴館の祝宴」という文字が見えるが、これは当時、雑報と呼ばれていた社会面の記事だろう。実に明治初期の新聞記者たちは、巻き紙に筆と墨で記事を書いていたのである！ 頭では理解しているつもりでも、なかなか実際にはイメージがわかないが、こうして実物の写真を見せられると、なるほどと思う。今の新聞記者が見たらびっくりするにちがいない。（二〇〇七年一月二七日）［196↑・↓050］

023 弦斎との出会いのきっかけ

村井弦斎『伝書鳩』（春陽堂、明治三三年一一月初版）

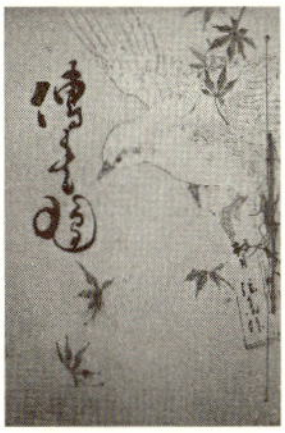

●——インターネットの「日本の古本屋」で、村井弦斎の小説本を五冊購入した。値段は五冊合計で約三万円。一冊平均六〇〇〇円の本を五冊も……と思うと、我ながら呆れてしまうが、弦斎の本は待っていてもなかなか手に入らないので、思い切って注文した。古書展に五回行けば、それくらいの金額を使ってしまうことになるので、そう思えばいいか——と自己弁護。さすがに、手元に届いたときはうれしかった。

●——中でも『伝書鳩』！ この思い出深い一冊を、ついに手に入れることができた。今回、それだけでも十分満足した。というのも、私が村井弦斎の名前を初めて知ったのは、実はこの『伝書鳩』だったのである。

●——発端は、二〇〇〇年一二月に文春新書から上梓した『伝書鳩——もうひとつのＩＴ』だ。昭和の伝書鳩ブームの頃（そんなものがあったなんて、信じられない人も多いだろうが）、〝鳩雑誌〟が何誌も刊行されていた。そのバックナンバーを調べていて、ある記事に目がとまった。「伝書鳩の飼い方について書かれた本はたくさんあるが、明治時代にすでに村井弦斎という人が書いたものがある」という意味の文章があったからだ。

●——今から思えば笑い話だが、私はそのとき、村井弦斎なる人物が何者なのかを知らなかったので、「日本で最初に伝書鳩に関する本を書いた人」だとすっかり信じてしまった。そこで、国会図書館へ足を運び、早速、村井弦斎の『伝書鳩』を閲覧したのだった。

●——ところが、弦斎の『伝書鳩』は実用書などではなく、小説だったのだ！　さては、あの雑誌の記事を書いた人は、原書に当たらずにタイトルだけでいい加減なことを書いたのだな、と呆れた。しかし、そのいい加減な記事がなければ、あえて調べようとはしなかったかもしれない。だから、今では、むしろその記事を書いた人に、感謝しなければならないと思っている。

●——ちなみに、『伝書鳩——もうひとつのIT』の三八ページで、村井弦斎が『伝書鳩』という小説を明治年間に書いていることに触れている。そこでは、『伝書鳩』というタイトルの小説を書いたのは、弦斎が「本邦初と思われる」と書いた。たしかにタイトルはそうだが、弦斎は『伝書鳩』の前にも、二篇の小説に伝書鳩を登場させていた。その事実は、弦斎の評伝を書き始めてから初めて知った。しかも、伝書鳩が小説の中で、かなり重要な役割を果たしている。弦斎は伝書鳩にずいぶん興味を持っていたらしい。

●——『伝書鳩』は、前に取り上げた『風船縁』と同様に初出がわかっていない。これも地方新聞に連載されたものだと思うのだが、今のところ不明。春陽堂から単行本が出たのは明治三三（一九〇〇）年だ。私にとってこの作品は、伝書鳩がすべてなので、あらすじは省略するが、『風船縁』と同じく、これも三一書房刊『少年小説大系　第一三巻』（一九九六）に収録されている。（二〇〇五年七月一五日）[015←・→049]

024
『太陽』はなぜ判型を小さくしたか

『太陽』国木田独歩「置土産」掲載号（博文館、明治三三年一二月一日）

●——東京古書会館の「趣味展」に、無理矢理時間をつくって出かけた。しかし、いつもより遅れて会場に着いたので、収穫といえるほどのものは買えなかった。

●——その中で買ったのが、この雑誌。表紙に執筆者の名前が載っているのだが、なんと田山花袋と国木田独歩が並んで載っていた。その周りには大町桂月、山田美妙、遅塚麗水《ちづかれいすい》などの名前も見える。二〇〇〇円という値段は、いつもなら買わないところだが、やはり、独歩の作品が載っているならということで購入。独歩の小説は「置土産」のほかに、「郊外」もこの年の『太陽』の別の号に載っている。

●——自分の不明を恥じることになったのが、『太陽』の判型である。「置土産」が載っているこの号は、後に独歩がサイズを拡大した『戦時画報』と同じ菊倍判なのだ。私は明治から大正に刊行された『太陽』を何冊か持っているが、それらは、これよりもひと回り小さい四六倍判（週刊誌サイズ）と、さらに小さい菊判だった。しかも、私が持っている明治三一（一八九八）年一二月の『太陽』は半分の大きさの菊判である。短期間のうちに、これほどサイズを大きく変えていたのだ。以前、『太陽』を創刊号からざっと閲覧したことがあり、そのときにサイズの変化には気づいていたはずなのに、すっかり忘れてしまっていた。

●——この『太陽』明治三三（一九〇〇）年一二月一日号は、「グラフ誌」とは謳っていないものの、大判サイズで、巻頭には写真ページを多数つけている。しかも、一ページに写真を一～二点大きくレイアウトしているところもあって、かなり迫力がある。自分の作品が掲載されているので、独歩は当然、この『太陽』を読んでいたはずだ。このサイズで写真をこうして組めばこう見える、ということはもちろん頭に入っていたにちがいない。独歩は『太陽』だけでなく、外国の雑誌もいろいろ見ていたわけだが、『太陽』の写真版の影響も無視できないだろう。やはり博文館を侮ってはいけない。

●——でも、不思議なのは、一度はこの菊倍判で発行していたのに、『太陽』はなぜ、サイズを小さくしてしまったのだろう。本文記事重視ということで、サイズが大きいと読者にとってはむしろ読みにくい、という理由なのだろうか。博文館の社史にそれについて何か書かれているのか、気になってきた。

●——国木田独歩の「置土産」の前に掲載されているのが、田山花袋がドーデーの作品を翻訳した「入寇」だった。普仏戦争がテーマになっているので、もしやと思って読んでいくと、予想を裏切らず、「軍用の伝書鳩」が出てきたのでうれしかった。普仏戦争といえば、プロシア軍に包囲されたパリ市民が、伝書鳩を使って通信をしたことで有名なのだ。まあ、どうでもいいような話だが。（二〇〇八年九月一四日）［020←・→063］

025 客をもてなす料理のつくり方

池村鶴吉『新撰　和洋料理精通　全』（光世堂、明治三四年五月初版、三九年九月七版）

［口絵］

●——村井弦斎の『食道楽』より前に刊行されている料理本。池村鶴吉という人が書いた『新撰　和洋料理精通　全』（光世堂、明治三四年）だ。弦斎が『報知新聞』に『食道楽』の連載を始めるのが明治三六（一九〇三）年一月だから、その一年半ほど前に出ていたことになる。八〇〇円だった。

●——巻頭には、客を自宅に招いて西洋料理でもてなす、という場面を想定してテーブルセッティングしたものらしい口絵写真が。場所は、座っている人たちが靴や草履を履いていることから見て、屋外だろうと思うのだが、庭を見ながら会食するという感じなのだろうか。左すみに、松の木の盆栽らしきものが一鉢飾ってあるのがなんとも面白い。白いテーブルクロスに白いナプキンが印象的だ。

●——同書では全体の約三分の二が日本料理、最後の三分の一が西洋料理に当てられ、イラスト入りでわかりやすく説明されている。日本料理の部では、精進料理や卓袱《しっぽく》料理などもあって、黄檗《おうばく》宗の普茶《ふちゃ》料理のつくり方まで載っていて驚いた。それ以外に、多少日常的な料理が「即席料理」として載っている。

●——西洋料理の部では、代表的な仏蘭西料理のフルコースのメニューが何種類か紹介された後、スープとは何か、シチューとは何か、といった説明をした上でつくり方を載せている。テーブルマナーに関する記述もある（句読点を補った）。

羹汁《スープ》は皿の向ふに具へ置かれたる匙を以て掬ひ、音をさせぬやふに吸ふべし。匙は己の前より使ひ、皿は傾けて残余の汁などを吸尽すべからず。

次に取るは魚肉なり。之が為に庖刀《ナイフ》、叉手《フォーク》など備へあるべき筈なれども、聊《いささか》老婆心に述ぶるのみ。若《もし》此具なきときは通常の叉《フォーク》を右の手に持ち麪包《パン》一片を左の手に持ちて食すべし。（中略）

【明治三四（一九〇一）年】——幸徳秋水、片山潜ら社会民主党結成、直ちに禁止。

客員皆食し終れば、主婦《あるじのつま》は上席の婦人に向ひて一礼を為すべし。此時婦人客は皆立ちて客室に入り、男客の到るを待つべし。主婦は衆客に後れて立つを例と為す。

婦人の座を立つときは、入口に接して坐したる客員は立ちて入口の扉を開くなり。此時、他の客員も皆立ちて婦人の出終るを待ち、再び坐に着き始めて菓子などを食し、酒を飲むを得べし。然れども長座すべからず。

●——こんなふうに、当時の料理の本というのは、あくまでも来客用の〝ハレ〟の日の料理を中心としていた。つまり料亭で出すような料理のつくり方を解説したものである。それに対して〝家庭料理〟ということを前面に打ち出した点で、村井弦斎の『食道楽』は新しかったといっていいだろう。（二〇〇四年一一月一七日）[019←・→033]

026 無事越年して読まれた本

堺利彦『家庭の新風味 一』（内外出版協会、明治三四年八月初版、九月再版）

●——堺利彦の号は「枯川《こせん》」。明治期の人物について書いていると、名前を本名で書くか号で書くか非常に困る。号をいくつも使っている人もいる。夏目漱石を夏目金之助と書いても、本名だと知らない人もいるだろう。幸徳秋水も幸徳伝次郎と書くと、別人のようだ。その親友の堺利彦については、私は本名を使っている。

●——というのは、日露戦争まで堺はほとんど「枯川」名で執筆しているのだが、本人がその後、雅号廃止を宣言している。しかも、明治三七（一九〇四）年当時を回想して、「枯川とは、その頃まで私の用ひてゐたペンネーム、すなはち号。この名も今の私には変な気持を起させる」（堺利彦『楽天囚人』）と述べているからだ。ちなみに、堺のペンネームもいろいろあるが、最高傑作は「貝塚渋六《かいづかしぶろく》」だろう。これは、堺が明治四三（一九一〇）年九月まで入獄した（そのために大逆事件で逮捕されずに命拾いをした）千葉監獄の所在地の「貝塚」と、獄中の食事が四分六飯《しぶろく》（南京米が四割、麦が六割）だったのをもじってつけたものである。

●――堺利彦は『家庭の新風味』シリーズや『家庭雑誌』を発行し、家庭に関していろいろ書いている。『家庭の新風味』は本文一〇〇ページ足らずの小冊子で、全六冊のシリーズだが、バラとはいえ、これが古書展に三〇〇円で出ていたのは意外だった。

●――安かったのは、最初の見開きに、筆で書かれた次の文字があるためだろう。

明治卅四年十二月卅一日　無事越年ス

明治卅四年十二月卅一日午后十二時認む

●――無署名なので、書いた人が誰かはわからない。だが、この本が発行されたのと同じ明治三四（一九〇一）年の大晦日に、わざわざ「無事越年ス」と書くということは、金がなくて年が越せるかどうかも危うかったのか、あるいは何か問題を起こして逮捕されることも覚悟していたのか……。いったい何があったのだろう。つい、そちらのほうが気になってしまった。（二〇〇七年七月一〇日）〔060↑・↓053〕

027

「アポなし訪問」が普通だった頃

宇保野昆陽『新はがき用文』（田村照春堂、明治三四年一〇月初版）

●――手元に集まった古本を眺めていると、古書展でほとんどの人が目もくれないような雑本を買ってしまっている。たとえば、実用書のたぐい。著者もどこの誰ともわからないようなもので、一〇〇円から三〇〇円程度で買えるものだ。このはがき文例集は三〇〇円。田村照春堂から出たものである。表紙に連合艦隊と富士山と蒸気機関車が描かれているのが面白い。

●――著者は宇保野昆陽とあり、もちろん聞いたことがない名前である。国会図書館で検索してみると、この筆名ではこの本一冊だけ、別名の野入佐次郎であと三冊出てきた。『新はがき用文』の中には、どこにも野入佐次郎という名前は出ていないが、宇保野昆陽と同一人物だということを国会図書館ではどうやって把握したのだろうか。そのあたりの事情はちょっと気になる。

●――『新はがき用文』というタイトルから想像できるように、この本にはさまざまな模範文例が載っている。手紙ではなくはがきという制約があるので、どれもごく簡潔な文章でまとめてある。暑中見舞いの文、病気見舞いの文などから、花見誘引の文、雨具を返す文、紀元節観梅を約する文、豊作を賀する文、書籍借覧を請ふ文、書籍借覧を請れしを断る文、入営を祝する文などもあって、なかなか面白い。

●――今は雨具を誰かに借りるなんてことはなく、コンビニで安いカサを買ってしまうだろう。本を貸して欲しいと頼む文例と、それを承諾する場合と断る場合の文例が両方載っているのも面白かった。当時は本の発行部数が少ない上、高価でなかなか買えないため、そういう貸し借りが頻繁に行われていたことがうかがえる。

書籍借覧を請ふ文

陳《のぶ》れぞ嘗《かつ》て御購求の某書誠に申兼候へども此程取り調べ度《たき》事有之《これあり》御拝借願《ねがわ》れ間《ま》敷候哉《じくそうろうや》 右御差支も無之候はゞ此者へ御貸与願む上候

同 返事

御申越の書籍当分は見る者も無之《これなく》候へば緩々《ゆるゆる》御覧なさるべく候右仰せの如く御使へ相手渡候間御落手 可被下候《くださるべくそうろう》 尚某先生著述の何書を今般取寄せ申候間御入用なれば何時にても申越るべく候

●――今の常識では考えられないのは、相手の都合もわからないのに、この文面を紙に書いて使いの者に持たせ、直接相手の家に行かせていることだろう。なぜ電話をしないのか、と疑問に思うだろうが、日露戦争前のこの時期、一般家庭に電話などはまだない。そのため、当時はこうした「アポなし訪問」が普通だったのだ。もし、訪ねた相手があいにく外出していて不在なら、帰るまで待つこともあるし、翌日また訪問するということもある。

●――明治人に比べて、現代人は電話という文明の利器によって、かなりせっかちに生きることを余儀なくされてしまったようだ。しかも、携帯電話の時代になった今は、自宅以外のどこにいても、用件のある人から電話がかかってきてしまうようになった。これを進歩というべきや否や……。（二〇〇五年六月一日）[164←・→068]

028 日露戦争以前のユートピア小説

矢野龍溪『新社会』（大日本図書、明治三五年七月初版、一二月一六版）

●――古書展で見た『新社会』につい手が伸びた。二〇〇円。というのも、矢野龍溪は村井弦斎の恩師。弦斎の評伝を書くとき、龍溪についても調べることになり、この小説は『矢野龍溪資料集』（大分県教育委員会）所収のものを読んでいる。でも、明治期に出た単行本に触れたのは、これが初めてだった。

●――今、矢野龍溪の小説を読んだことがある人はわずかだろうが、大ベストセラーの『経国美談』と、その次に書かれた『浮城物語』の書名は知っている人も多いだろう。この『新社会』は、小説として書かれた龍溪の最後の作品だが、奥付を見ると初版から四カ月で一六版になっていて、当時かなり広く読まれたことがわかる。弦斎もこの本を龍溪から贈呈されて読んでいる。

●――私はこの小説を面白く読んだ。いわゆる〝ユートピア小説〟で、著者が理想とする社会のありさまを描いたものだ。一種の社会主義で、土地は公有にし、農業も工業も商業も栄え、貧困もなく、犯罪も起こらず、教育機会も均等に与えられ、娯楽も保証される……というような理想が語られるが、一方では「共和国」ではなく「立憲帝政」だと述べているところに、龍溪の考える新しい社会システムの限界が見える。日露戦争の前に、こうした小説が書かれていて、広く人々の関心を惹いていたことについて、改めて考えずにはいられない。（二〇〇六年九月一七日）[148←・→095]

【明治三五（一九〇二）年】――青森歩兵第五連隊、八甲田山雪中行軍で遭難。

029 明治の断食奇談満載

河村北溟『断食絶食実験譚』（大学館、明治三五年一〇月初版）

●――明治に出版された〝断食本〟で手元にあるのは、明治三五年の河村北溟著『断食絶食実験譚』（大学館）と、翌年のチアーレス・シー・ハスケル著、岸東海訳の『断食諸病新療法』（同）である。前者は四二〇〇円、後者は一五〇〇円。

●――前者の『断食絶食実験譚』を最初に知ったのは、種村季弘氏の『食物漫遊記』（筑摩書房、一九八一）を読んだときだった。同書の「飢えを見せる人」という章の中にさまざまな断食者のエピソードが登場するのだが、その引用元の一冊が河村北溟のこの本だったのである。種村氏は「この小冊子にはほかにも当時のいくつもの断食絶食綺譚が集録されていて読み飽きない」と述べているが、まったくその通りだった。

●――『断食絶食実験譚』の「緒言」には次のように書かれている（常用漢字に改め、句読点を補った）。

何んが為めに絶食する。実験を積《つま》んが為めである。何んが為めに断食する。素志を果さんとしてゞある。故に断食とは信仰上より生じて来た言詞《ことば》であるし、絶食とは自から求めて強ひて為せしより生出した言詞である。しかし乍《なが》ら絶食には、期せずして自然に絶食せねばならぬやうな運命に接して絶食するものと、強ひて自から求めて絶食を為すものゝ二種がある。して自から求めて絶食するは、実験を積まんとしてゞあるし、期せずして絶食する運命に遭遇したものは、上帝に憎まれし不幸児である。故に自分は偏頗《へんぱ》なく之れを記載して、一には社会人心の刻一刻に奢靡《しゃび》に趣《ママ》きつゝあるを矯正し、一には学生の気風の日一日に惰弱に流れつゝあるを振起せしめんが為めなのである。読む人唯其の奇癖にして好奇心に駆れて為せしものと笑ひ給はず、大いに他を戒しむるの料に供せられば、独り著者の幸福なばかりではない。

●――これに続いて目次があるが、いくつか挙げるだけでも、「人間の身体は絶食三十一日間まで耐え得る事実並びに経歴談」『木食上人の木食のみを食し居る原因』『盛里田丸直貞二週間絶食して東京名古屋間を旅行せし顛末』『古巌居士山口清明一週間絶食して白石盛岡間を旅行せし顛末』『無頼居士市原忠良絶食にて闇室に籠居すること十二日に及ぶ』『小山田正憲山路に迷ひ絶食にて雪中に徘徊すること七日足指皆落つ』『阿部善助三七日間成田不動に参籠断食して柔術の上達を祈る』など、どれも驚くべきというか、呆れるような断食綺談が並んでいる。

●――「盛里田丸直貞二週間絶食して東京名古屋間を旅行せし顛末」というのは、田丸直貞という漢学書生が、東京から大阪を目指して旅する途中、伊勢の桑名で有り金全部と荷物を持ち逃げされてしまう。仕方なく東京に戻ることにしたが、旅費もないので、飲まず食わずで行ける所まで歩き続け、義侠心のある人に助けを求めることにした。しかし、空腹と疲労とで憔悴し、野宿を続けるうちに衣服も汚れ、臭気を放つようになり、誰も近寄ろうとしない……という具合で、なんとも奇妙な断食絶食譚が展開するのだ。

●――そんな話ばかりを集めたこの『断食絶食実験譚』も、やはり珍本奇本といわざるをえないだろう。この本の巻末の書籍広告ページがまた面白い。森脇星江著『禅学無一物修行』、早田玄洞著『錬膽夜間遠足』、河村北溟著『深山参籠仙術修行奇談』、原田東風著『奇談貧乏旅行』、村上濁浪著『冒険旅行術』、鉄脚子著『野宿旅行』『奇談貧乏旅行』、宮崎来城著『無銭旅行』『乞食旅行』等々。読んでみたいような、みたくないような書名がずらりと並んでいる。

●――種村季弘氏は前出の『食物漫遊記』で、「明治も初年には絶食旅行が大いに流行したらしい」と書いている。「書生たちは錬胆を目的として競って遠方に無銭旅行に出た。飲まず食わずが原則だが、浩然の気を高めるためか、お酒だけはいくら飲んでもかまわなかったらしいのが、面白いといえば面白い」という。幸田露伴も若き日に、勤務先の北海道余市にある電信局を無断で辞めて、郡山までほとんど無一文で徒歩で歩いている。明治という時代は、やはりとてつもなく面白い。（二〇〇五年一月一七日）〔139↑・↓037〕

030 大衆小説作家の着眼点

稲岡奴之助『獅子王』

（青木嵩山堂、明治三五年一〇月初版）

●——以前、稲岡奴之助《ぬのすけ》の『海賊大王』という本を、古書展で一〇〇〇円で買った。これは、木版の口絵が切り取られている値段である。口絵がついていれば、もう少し高いとは思うが、小説自体はほとんど価値が認められていない、ということだ。それまで、この作家の名前は知らなかったのだが、貸本屋などでは人気のある作家だ、と教えていただいた。先日の古書展で、また稲岡奴之助の名前を見たので手に取ると、やはり、残念ながら口絵は切り取られていて、今度は三〇〇〇円だった。明治三五（一九〇二）年に青木嵩山堂から出た『獅子王』である。口絵はないが、表紙がきれいだったので購入した。

●——稲岡奴之助の小説本の多くが、この版元から出ているようだ。巻末の広告を見ると、村上浪六、幸田露伴、山田美妙、江見水蔭、松居松葉、川上眉山、武田仰天子などの本も出しているらしい。とくに、奴之助、浪六、水蔭の三人の本がかなり多いので、当時の大衆小説作家の売れ筋をしっかり握っていた、といえるだろう。この『獅子王』には、タイトルの「獅子王」ともう一篇「海老茶式部」が収録されていた。

●——これがまあ、説明するのも力が抜けるほど、しょうもない、くだらない小説だった。それなら書くな、と怒られそうだが、そのくだらなさに引きずられて、つい最後までざっと読んでしまった。「獅子王」は、上野動物園のライオンの雄と雌の二頭が檻から逃げ出して、東京市民を恐怖に陥れるというシチュエーションで、そこにエロおやじとその義理の娘と、娘の恋人であるハンサムだが気障な男が出てくる（いったい、この小説は何がいいたいのだ！）。要するに、娘にとっては母親と再婚した義理の父が、母親が亡くなってからいい年をして言いよってくる、という設定で……。書くほどのストーリーでもないのでやめよう。読みたい人は……とはいっても、国会図書館のマイクロフィッシュで読むしかない、とは思うが。

●——もう一篇の「海老茶式部」のほうは、まるで現在の援助交際みたいな話だ。女子高校生とおじさんの不倫……。明治三五年頃、ちょうど女学生堕落論が新聞などで大流行し、海老茶袴をはいた女学生が「海老茶式部」とからかわれるのだが、それがいつしか「海老茶式部＝不良」というニュアンスで使われるようになったという。

●――たしかに、一部には放縦な振る舞いをして、人々の眉をひそめさせていた女学生はいたのだろうが、大部分は真面目な女学生だったにもかかわらず、スキャンダラスに取り上げられていた様子がわかる。新聞・雑誌が競って女学生問題を書き立てている。今のワイドショーなどと同じだ。この「海老茶式部」という小説は、まさにそうした風潮の中で、一般受けすることを狙って書かれたものだったのだろう。

●――それにしても、かなりいい加減に書き飛ばした、という印象を受ける小説である。おそらくこの奴之助という人、何本もの風俗小説を、同時に地方新聞などに連載していたのではないか。村井弦斎も女性が主人公の小説をたくさん書いているが、こういう小説は書いていない。弦斎の場合は基本的に「啓蒙小説」なので、一応、読み終えたときに何か教訓を得ることができ、非常に道徳的だ。最初のうち、奴之助という作家は弦斎に似ているような気がしたのだが、むしろ好対照というべきだろう。（二〇〇七年七月四日）［008←・→036］

031 賞品は「図書切符」

『文芸倶楽部』（博文館、明治三五年二月一日）

●――「趣味展」で八〇〇円で購入した『文芸倶楽部』に、「図書切符」という言葉が載っていた。太平洋戦争中の「衣料切符」などと同じようなものらしい。図書切符が登場するのは、「俳句懸賞の予告」のページ。以下のように書かれている。

賞品
天　図書切符　（値五円）
地　図書切符　（値二円五拾銭）
人　図書切符　（値一円六拾銭）

五客　図書切符　（値凡《およそ》七拾銭見計らひにて送る）

十客　図書切符　（値凡三拾五銭見計らひにて送る）

●——「賞品の図書切符は本館発兌《はつだ》の雑誌若《も》しくは書籍何れにても諸君の指示に従ひ切符引換にて送呈すべし（但し切符は本館小売部に宛て送らざるものは無効とす）」と書かれている。博文館発行の雑誌と書籍のみ引き替えられるチケットのようだ。（二〇〇八年五月二六日）[093←・→159]

032 雑誌の王国の人気月刊誌

『少年世界』（博文館、明治三五年二月）

●——『少年世界』は、雑誌王国と称された博文館の人気の月刊誌。三〇〇円で入手。創刊は明治二七（一八九四）年。この号は、表紙の少年少女の絵がなんとも可愛い。女の子は海老茶袴の和装だが、男の子はセーラーカラーの洋装だ。有名な学校の制服なのだろうか。なぜか月と星が出ている夜空の下で、雑誌を読んでいる。

●——その下にある目次を見ると、巌谷小波はじめ、江見水蔭、高山樗牛、松居松葉、武内桂舟など、当時の新聞雑誌界の第一線で活躍する人々の名前が並んでいる。表紙の目次には出ていないが、ページをめくっていると、与謝野鉄幹や大和田建樹の詩も載っていた。

●——巌谷小波は児童文学の第一人者として有名だが、高山樗牛も「予の好める人物」を連載している。この号では、西行法師、日蓮上人、その弟子の日興と日持のことを書いていた。高山樗牛が晩年、日蓮宗に傾倒していたのは知っていたが、こうした子供向け雑誌にも日蓮のことを書いていたのか……。高山樗牛は早世していて、この明治三五（一九〇二）年一二月二四日に三一歳で没している。現在の雑誌の表紙に書かれている刊行月は、実際より一、二カ月先取りしているが、明治期は実際にその月に刊行されていた。そのことから考えると、この原稿はおそらく、高山樗牛が亡くなる二カ月くらい前に書かれたものだろう。

●――陸軍大佐の「陸軍講話」と海軍大尉の「海軍兵学校」が掲載されているのも目を惹く。この号が出た一年余り後には日露戦争が開戦するわけで、子供から大人まで愛国心を刺激されていた時期である。この雑誌の裏表紙には、墨で「大日本帝国萬歳」と書かれていた。これを買った子が自分で書いたらしい。子供時代から、こうして軍隊に関する知識を憧れとともに植え付けていけば、洗脳されたように、立派な軍国少年ができあがるにちがいない。そう考えると、複雑なものがあるのだが……。（二〇〇五年九月一九日）［178←・→059］

033
「百道楽」シリーズ第一作

村井弦斎『釣道楽　上下巻』（春陽堂、明治三五年／新人物往来社、昭和五二年一〇月現代語訳版）

●――村井弦斎の『食道楽』は、「新篇百道楽」のひとつとして書かれたものだった。明治三四（一九〇一）年四月二一日、弦斎は『報知新聞』に足かけ六年連載した『日の出島』の「朝日」の巻を書き終えたところで、未完のまま休載する。そして、五月一一日には早くも次の小説の「社告」が、一面の一段全部を使って掲載された（一部を抜粋）。

新篇百道楽は、弦斎居士が新たに執筆せむとする一大長篇なり。（中略）

流行は依然として変らず、今日に至るも世は尚ほ惰弱なる恋愛談、不健全なる人生一部の描写を以て甘じつゝあり。彼れは此間に立ちて、更らに新たなるこの百道楽を得たるなり。弦斎が落想の奇抜、脚色の豊富、着筆の軽妙に於て現時の文壇を独歩せるは世の均しく認むる所、而かも知らず、彼れはこの新篇に対して更に何等の技倆を示さんと欲する乎。百道楽、美人も出づべく、才子も出づべく、凡俗も現はるべく、大人物も出来《いできた》るべし。人様々其道楽も亦一様ならず、千状万態の人の嗜好を拉し来つて、其表面より其側面より其裏面より、多趣多様の観察を遣る。或は哄笑頤《あご》を解かしむるの滑稽もあるべく、粛然襟を正しむるのお談義もあるべし。

●――「百道楽」という以上、弦斎は最初、本当に百の道楽を取り上げて次々に小説にしていくつもりだったのだろう。弦斎の長女の村井米子によれば、弦斎のノートには釣道楽や酒道楽など、二九種の道楽がメモされていたという。

●──弦斎は『日の出島』の筆をおいた翌月からすぐに、「百道楽」の第一として『釣道楽』を書き始めた。これを同年一二月末まで連載し、翌明治三五(一九〇二)年一月二日の新年号には『猟道楽』という一回読み切りの短篇を書いている。この『猟道楽』は例外として、明治三五年は前半に『酒道楽』、後半に『女道楽』をそれぞれ約半年ずつ連載した。おそらく、一篇について半年のペースで、「百道楽」シリーズを書きついでいく予定だったのだろう。

●──その翌年、明治三六(一九〇三)年一月から連載を開始したのが『食道楽』だった。これも、当初は半年の予定だったと思われるが、読者の反響が大きいため、連載を止められなくなって一年間書き続けることになったようだ。そして、『食道楽』を書いたことで、弦斎の関心は「食」と人間の身体の関係へと向かい、以後、「百道楽」シリーズが書かれることはなかった。

●──「百道楽」シリーズ第一篇の『釣道楽』は春陽堂から明治三五年に単行本が出ているが、これまで古書市場では見たことがなく、残念ながら手元にはない。私が持っているのは、村井米子が新人物往来社から弦斎の著作をいくつか復刊した中のひとつで、昭和五二(一九七七)年に上下巻の現代語訳版として刊行されたものだ。

●──弦斎の釣道楽ぶりは、米子が「あとがき」で語っている。博覧強記な弦斎は多趣味なことでも知られていたが、一番の趣味は釣りだった。凝り性の弦斎は、糸や針や浮きのことなども徹底的に研究したらしい。リール釣りの道具も早い時期に入手していて、実際によく釣りをしていた。弦斎の蔵書には、英語で書かれた釣りの本が何冊もあった。この『釣道楽』の中にも、釣りに関する蘊蓄がちりばめられている。

●──『食道楽』に比べて『釣道楽』はあまり知られていないが、さすがに釣り好きな作家たちには読まれていたらしい。開高健は「古今東西『食』の本」と題した座談会(ほかのメンバーは荒正人、池田弥三郎)で、『食道楽』が話題になったとき、「弦斎は食いものだけじゃなくて釣りもやっている。魚釣りについても百科全書的なものを書いているんですよ」と指摘している。(二〇〇四年一二月二日)[025←・→034]

神保町の無料箱の収穫――［二〇〇四］

●――週末、例によって神保町へ。東京古書会館での古書展へ向かう。そこに行き着く前に、T書店の店頭ワゴンで近代文学関係の本を二冊買った後、店の前に段ボール箱が三つ無造作に置かれ、「無料」と書かれているのが目に入った。その中の本はゴミ同然で、「勝手にお持ち帰りください」という意味である。

●――財力のない身には、「無料」という文字の誘惑を振り切る勇気はない。早速、その段ボール箱の中から文庫、新書、単行本計五冊を拾い上げる。リルケ『若き詩人への手紙、若き女性への手紙』（高安国世訳、新潮文庫、一九五三）、プラトン『饗宴』（久保勉訳、岩波文庫、一九五二）、清水幾太郎『論文の書き方』（岩波新書、一九五九）、『現代日本小説大系 別冊第三巻』（河出書房、一九五二）、杉捷夫『フランス文学論』（酣燈社、一九四七）で、最後の杉捷夫氏は、ル・サージュの『ジル・ブラース物語』を日本で初めて全編翻訳した人だ。村井弦斎は、この『ジル・ブラース物語』の一部を翻案して『沖の小島』（巻頭口絵参照）という小説を書いている。

●――それ以外に、単行本四冊を持っていたため、すでに両手が本の重さで痛い。東京古書会館ではあまり買わないようにセーブしたが、やはり、さらに単行本三冊、雑誌一冊を購入してしまった。重かったが、函入りの日本近代文学館編『日本近代文学図録』（毎日新聞社、一九六五）一〇〇〇円はお買い得だったと思う。この中には村井弦斎の小説本が何冊も、写真入りで紹介されている。

●――この日は夜、あるグループが『「食道楽」の人 村井弦斎』のサントリー学芸賞受賞のお祝い会を開いてくれたので、この本の山を抱えて表参道へ。メンバーの尺八演奏など次々に余興が飛び出し、とても楽しい時間を過ごすことができた。

（二〇〇四年一二月四日）

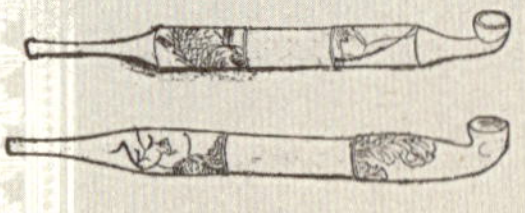

村井弦斎『酒道楽』から『日露戦争写真画報』まで

——明治三六〜三七(一九〇三〜一九〇四)年

第2章

034——村井弦斎『酒道楽 上下巻』

035——アレクサンドル・デュマ(小デュマ)著、長田秋濤訳『椿姫』

036——村井弦斎『女道楽』

037——チアーレス・シー・ハスケル著、岸東海訳『断食諸病新療法』

038——村井弦斎『食道楽』全4巻

039——村井弦斎『食道楽』春の巻

040——『滑稽新聞』

041——『文芸倶楽部』

042——『THE WAR NEWS 英和対訳 戦報』

043——『団団珍聞 戦時画報』

044——村井弦斎『玉子料理鶏肉料理二百種及家庭養鶏法』

045——『JAPAN IN THE BEGINNING OF THE 20TH CENTURY』

046——慶應義塾編『二十世紀英和辞書』

047——『風俗画報臨時増刊 日ポン地』

048——村井弦斎著、川井運吉訳『HANA, a Daughter of Japan』(邦題『花子』)

049——『戦時画報 合本』

050——JOSEPHINE CONGER『Little Love and Nature Poems』

051——『日露戦争写真画報』

034

道楽ならぬ禁酒の勧め

村井弦斎『酒道楽 上下巻』（博文館、明治三六年三月・五月／新人物往来社、昭和五二年二月現代語訳版／岩波書店、平成一八年一二月文庫版）

［新人物往来社版］

●——村井弦斎は『釣道楽』の次に、明治三五（一九〇二）年、『酒道楽』と『女道楽』を書いている。それまで、弦斎の著作はほとんどが春陽堂から出版されていたが、『酒道楽』と『女道楽』は版元が博文館に変わっている。この変更は、弦斎が従来の原稿買い取り制から印税制への変更を求めたためだったらしい。

●——春陽堂は当時、どの作家の本も原稿買い取り制で出版していた。そのため、いくら重版して本がたくさん売れようと、著者の収入は最初にもらった原稿料だけだった。〝明治の文豪〟と呼ばれる尾崎紅葉が亡くなった後、遺族がお金に困った、というのもそのためである。紅葉の著作の大半は春陽堂から出ていたので、死後は印税が入ってこなかったのだ。

●——重版するほど本が売れない作家には関係ない話だが、弦斎のようなベストセラー作家が、原稿買い取り制に不満を抱いても不思議ではない。弦斎が『酒道楽』に関して、博文館と印税契約を結んだ書類も残っているが、当時としてはこれは先駆的なことだったといえよう。

●——『食道楽』からの連想で、『酒道楽』と『女道楽』というタイトルを聞くと、前者はお酒についての蘊蓄、後者は〝女遊び〟について書かれているのではないか、と想像する人が多いのではないか。実は、このふたつは「道楽小説」と銘打っていながら、その内容はまったく逆で、『酒道楽』は禁酒の勧め、『女道楽』は廃妾の勧めなのだ。「教訓小説」であり、ある意味では「説教小説」ともいえるだろう。

●——『酒道楽』は、どうしても酒を飲むのを止められず、泥酔するまで飲んでしまう二人の男性を中心にストーリーが展開する。彼らは酒を飲んではさまざまな失態を演じ、ついに身の破滅を招く。その酩酊した場面の描写などは実に滑稽で、読みながら笑いをこらえるのに苦労する。しかし、いくら禁酒を誓ってもだめだった二人も、ついに酒に懲りて、最後はハッピーエンドとなる。

●――日本における「禁酒運動」は明治初期から始まっている。最も歴史が古いのは、明治六(一八七三)年に横浜で生まれた海員禁酒会である。その後、万国婦人禁酒会から派遣されたレビット夫人が日本各地を遊説し、それを契機に東京婦人矯風会など、各地に禁酒会や矯風会が誕生した。明治二一(一八八八)年には横浜禁酒会が『横浜禁酒会雑誌』という機関誌を創刊、続いて各組織でも禁酒雑誌が刊行されていった。さらに、明治三一(一八九八)年一〇月には全国組織として「日本禁酒同盟会」が成立する。この「日本禁酒同盟会」初代会長の安藤太郎は、大酒飲みから禁酒主義者に転向した人物で、面白いエピソードがいろいろある。

●――こうした中で、『禁酒禁煙手引草』『禁酒之友』『禁酒の福音』『禁酒美談』など、禁酒を勧める書籍も次々に刊行されている。弦斎はこれらの禁酒本から、禁酒小説のヒントを得たのかもしれない。だが、日本の禁酒史に関する文献で、弦斎の『酒道楽』に触れたものは見当たらなかった。このタイトルを見ただけでは、まさか禁酒を勧める小説だとは気づかないからだろう。

●――弦斎はあまり酒をたしなむほうではなかったらしい。村井米子が現代語訳をした『酒道楽』(新人物往来社、一九七七)上下巻の「あとがき」で、そのあたりのことを書いている。当時、日本では男が酒を飲み、女遊びをするのは、社会的に容認されていたというか、かなり大目に見られていたといってもいい。それに対して、弦斎は「人道」ということを重視し、「欧米の先進国から日本が野蛮国に見られている」ことを危惧し、「婦人の啓蒙とその地位向上」に心を砕いていた。そこから、この『酒道楽』と『女道楽』のふたつは生まれてきたといえる。

●――『酒道楽』が『報知新聞』に連載されたときには、何百もの読者から「おかげで禁酒できた」という感謝の手紙が届いた。弦斎自身、自分の代表作を問われると、「どれも満足していないが『酒道楽』は別だ」と答えていたという。弦斎は「啓蒙文士」であり、世の役に立つものを書くのが文士の役目だと考えていたので、自ら『酒道楽』を高く評価していたのも納得できる。とはいえ、この小説は決して啓蒙臭いだけの小説ではなく、酒飲みの心境を描いた部分などは、抱腹絶倒の面白さだ。

●——村井弦斎の著作も、まだ全部手元に所有しているわけではない。さすがに明治期の本は、市場にたくさんは出ていないし、あっても価格が高い。弦斎の代表作の『食道楽』に関しては、おそらくこれまでに出た全部の版を入手したと思う。八種類くらいはある。しかし、博文館から上下二巻に分けて明治三六（一九〇三）年に刊行されたオリジナルの『酒道楽』は持っていなかった。この本は以前から「日本の古本屋」で上下で一万五〇〇〇円で出ていた。でも、手元に『酒道楽』と『女道楽』を一緒にした縮刷版（大正四年）を持っていたので、一万五〇〇〇円は高いなあ……と思いながら手を出せずにいた。この縮刷版のほうは、古書展で偶然見つけて一〇〇〇円で買うことができたのだが、内容を知るにはこれで十分だった。そのオリジナルを急に買ってしまったのは、岩波文庫版が出るということもあったからだ。えんじ色と深緑色の表紙にタイトル文字のみというシンプルな装幀。巻頭の木版画は、弦斎とよく組んで仕事をしていた水野年方の絵である。酔っぱらいの醜態を描いていていて、なんとも面白い。（二〇〇四年一二月三日・二〇〇五年九月一三日）［033←・→038］

035 ヒロインの名は「後藤露子」

アレクサンドル・デュマ（小デュマ）著、長田秋濤訳『椿姫』（早稲田大学出版部、明治三六年五月初版、一二月四版）

●——これは大デュマの息子の小デュマ原作の『椿姫』を、長田秋濤が訳したもの。『椿姫』といえば、ヴェルディのオペラのほうが有名だが、小デュマの作品では、これが唯一現在まで残ったといえる。著者自身の高級娼婦との体験を書いた〝自伝的作品〟だそうだ。だが、彼も父の大デュマと娼婦の間に生まれた息子なのだという。

●——表紙が欠けていたため、三〇〇〇円だったが、完全な状態ではかなりの高値がついている。私は別に初版本でなくてもいいし、表紙がなくても、中身が読めればいいので、これはラッキー、とばかりに購入した。挿絵がすべて色刷りできれいな状態だったのがうれしい。日本人の画家が描いたのか、あるいは原作の本からそのまま取ったのか。

●——読みかけて、思わず笑ってしまったのは、最初にヒロインの名前が出てきたとき。なんと「後藤露子」なのである！　地名などはフランスのものとして、カタカナで書かれているが、登場人物の名前だけは全部日本名なのだ。ほかにも、お夏におてる……。黒岩涙香などが翻訳した小説でも、そうなっているので、当然、予想できたはずなのだが、急に「後藤露子」と言われると……。ちなみに恋人の名前は「有馬寿太郎」である。（二〇〇九年五月一五日）［010←・→045］

036 女道楽は人の罪なり

村井弦斎『女道楽』（博文館、明治三六年七月初版、八月再版）

●——『女道楽』は、村井弦斎が「百道楽」シリーズの第三篇として、明治三五（一九〇二）年後半に『報知新聞』に連載した小説である。翌年、博文館から出版されている。これは四五〇〇円だった。

●——『酒道楽』が禁酒小説であったのと同様に、この『女道楽』は〝廃妾小説〟とでもいうものになっている。『女道楽』には、横道曲《よこみちまがる》という女好きな代議士が登場する。横道は妻と娘がいながら、芸者を身請けして別宅に囲い、息子をつくっている。さらに女遊びが止められず、吉原などあちこちに通い、自宅に帰ってくることは少ない。それで、国家のために、代議士としての務めをきちんと果たしているならまだしも、それも怪しい。横道はついに妾を本宅に同居させて妻と娘を不幸にし、最後は家庭が崩壊し、本人も悲惨な末路をたどるというものだ。弦斎は『女道楽』の「自序」に次のように書いている（旧漢字を常用漢字に改め、適宜句読点を補った）。

或人曰く、酒道楽の主人公たる酒山登、百川降の二人の如き幾度か禁酒の誓を破りて酔余の失敗を累《かさ》ぬと雖《いえど》も、遂に過を改めて幸運に向ひぬ。女道楽の主人公たる横道曲は、遂に改善の機無くして極端の堕落に終る。何ぞ君が平生の筆法に似ざるやと。余曰く、酒道楽は人の過なり、女道楽は人の罪なり。過は改めしむべし、罪は終世消ゆべからず。余は常に小説中の人物に同情を寄せ、其過を咎めて其人を咎めず、其罪を悪《にく》むで其人を悪まず。罪過を犯したる人と雖も救ふべきの良質あり、改むべきの機会あらば、必ず之を善道に誘はん事を懐《おも》ふ。然るに横道曲の如きは、救ふべき良質なく、改むべき機会無く、余も亦た悵然《ちょうぜん》として其最後の凄愴なるを悲めりと。客唯々《いい》として退く。録して以て序文に換ゆ。

●――当時の日本で男が正妻以外に妾を持つことは、少しも珍しくなかった。もちろん、ある程度の財力や身分がなければ、妾を持ちたくても持てない、ということはあっただろう。それに対して、村井弦斎は正面からそれに異議を唱え、男が妾を持つことを非難している。『女道楽』の中には、日本に来た西欧人夫妻が、公然と妾を持つ日本人を見て、なんと野蛮な風習かと呆れる場面も登場する。

●――明治政府は四民平等を謳い、身分が違う者同士の結婚や外国人との結婚も認めた。しかし、戸籍にはまだ正妻の次に妾が「二等親」として記載され、法的にも妾の存在が認められていた。明治七(一八七四)年には、福沢諭吉の「男女同権論」や森有礼の「妻妾論」などが『明六雑誌』に掲載され、そうした現状を厳しく非難している。明治一三(一八八〇)年になって、ようやく「妾」という文字が戸籍から削除されたが、まだ世間では妾を持つことが黙認されていた。

●――そうした中で、新聞界で弦斎に先駆けて、男が妾を持つことを攻撃したのが黒岩涙香である。黒岩涙香は『萬朝報』で明治三一(一八九八)年七月から九月まで「蓄妾《ちくしょう》の実例」と題して、実に四七九例を挙げて実名で弾劾した。伊藤博文、西郷従道などの大物をはじめ、森鷗外も第三回目に登場する。それだけにこの連載は大反響を巻き起こし、ずいぶん批判もあったものの、読者からは支持された。

●――村井弦斎はかなり前から女性問題に関心を持っていたらしい。ジョン・スチュアート・ミルやハーバート・スペンサーの女性問題に関する著作が日本語訳されたのは、明治一〇年代である。弦斎はこれらにごく早い時期に触れ、フェミニストを自認していたようだ。彼が遊郭に通ったり、妾を持つような生活から縁遠かったのは間違いない。当時の文士といえば、放縦な生活をして酒と女におぼれるというイメージがあるが、弦斎はそれを疎ましくさえ思っていた。その中から生まれたのが、この『女道楽』だったといえよう。(二〇〇四年一一月五日)[030→]

【明治三六（一九〇三）年】――目黒の恵比寿ビール、ビヤホールを開設。

→055

037 日露戦争前夜の健康への関心

チアーレス・シー・ハスケル著、岸東海訳『断食諸病新療法』（大学館、明治三六年一〇月初版、大正五年二月七版）

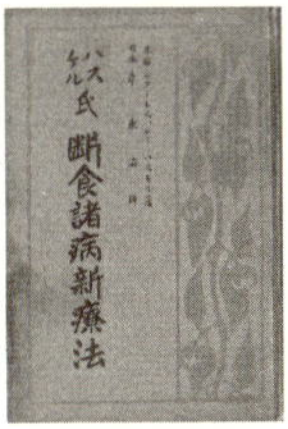

●――先に紹介した河村北溟著『断食絶食実験譚』は、近代における最初の〝断食本〟の名著ともいえるだろう。その翌年には、同じ版元からチアーレス・シー・ハスケル著、岸東海訳の『断食諸病新療法』という本が出ている。

●――同書の「序」に翻訳者の岸東海が書いているところによれば、彼は十数年にわたる慢性の消化器病にかかって、あらゆる治療をしたが効果がなかった。しかし、断食療法によって回復することができたという。この本の原著者のハスケルも、やはり断食療法によって病気から全快した。そこで、友人たちにも勧められて、このハスケルの本を翻訳することにしたという。

●――また「凡例」には、ハスケルの原著では旧約聖書からの引用が多いが、それらはほとんど省略したこと、とくにひとつの章ではほとんど宗教上の霊魂の話なので全章を削除したこと、また、原著の半分のページは各地から届いた著者への感謝状だったがこれも省略したこと、原著の書名は『パーフェクト・ヘルス』だが、これを『完全なる健康』と訳さずに、とくに『断食諸病新療法』と命名したこと、などが述べられている。原著に旧約聖書からの引用が多く書かれ、断食について霊魂の問題として書かれた章があったというのは面白い。

●――本文によると、ハスケルはアメリカで出版業に携わっていたが、過労がたたって肋膜炎や肺炎を併発し、重体に陥った。以後八年間にわたって薬をあびるほど飲み、食物も変え、空気も変え、山にも行き、海辺にも住み、ヨーロッパへも行き、必死になって病気と闘ったが、何の効果もなく医者にも見放された。そんなときに、肺病に苦しんでいた知人が、断食療法で病気が完全に治ったことを知った。その知人の話を聞いて、ハスケルは自分も断食療法を試してみることにした。この本には、ハスケルの身体が断食療法によってどう変化していったかが、細かく書かれている。

●——河村北溟著『断食絶食実験譚』と同様に、ハスケルの『断食諸病新療法』の巻末にも書籍広告が載っている。当時、大学館という出版社がどんなジャンルの本を出していたかがわかって興味深い。前成田中学校長竹内楠三先生著『学理応用催眠術自在』『実用催眠学』、ローミュルラ著『手拭運動法』、東京遊戯大成会教師笠正澄著『最新ローンテニス術』、日本体育会教師高見澤宗蔵編、ウィーンブルウ氏著『簡易体力養成法』、それに、河村北溟著『断食絶食実験譚』だ。

●——ハスケルの『断食諸病新療法』が出た明治三六（一九〇三）年当時、こうした催眠術に関する本や、体力や健康に関する本が読まれていたことになる。日本は、この翌年に日露戦争に突入し、明治三六年にはすでに、ロシアの横暴を許すまじという「開戦論」が強くなっていた。しかし、世界に冠たる大国ロシアと戦って果たして勝てるのかという不安は、当時の日本人の誰もが抱いていたにちがいない。

●——その中で、欧米人に負けない日本人の体格向上、栄養の改善、健康法、心身の鍛錬などに対する人々の関心が、急速に高まっていったことが想像できる。この明治三六年という年は、村井弦斎が『報知新聞』に『食道楽』を連載した年でもあった。時代の空気というものが感じられる。（二〇〇五年一月一八日）〔029↑・↓122〕

038 一〇万部を越えるベストセラー

村井弦斎『食道楽』全四巻（明治三六年〜三七年／柴田書店、昭和五一年五月復刻版）

［復刻版］

●——二年半かかって、村井弦斎の評伝を岩波書店から上梓することができた（『「食道楽」の人 村井弦斎』）。そのため、私の手元には、弦斎関係の本や資料が山積みになっている。

●——昭和五一（一九七六）年、柴田書店から『食道楽』の春・夏・秋・冬の巻の四巻が復刻された。特製版と普及版の二種類があって、手元にあるのは特製版で定価は一万八〇〇〇円。古書価は六〇〇〇円だった。「限定五〇〇部のうち三四二」とナンバーが打たれている。花のカバーが美しい。明治三六（一九〇三）年から翌年にかけて刊行されたオリジナルも持っているが、表紙カバーが残っているのは二冊だけだ。百年以上経つと、よほど保存状態がよくないと紙のカバーなどは破れてしまうようだ。

●——『食道楽』は『報知新聞』に明治三六年一月から一二月まで連載された新聞小説である。作者の村井弦斎は、翌年からの日露戦争が終わると、同紙に『食道楽　続篇』を明治三九（一九〇六）年一月から一二月まで連載した。どちらも、連載中から三カ月分ずつをまとめて、春・夏・秋・冬の巻の単行本として出版されている。つまり、単行本は正・続で計八巻になっている。

●——続篇のほうはあまり話題にならず、売れ行きも芳しくなかったようだが、正篇の『食道楽』のほうは飛ぶように売れたばかりか、社会的にも大ブームを引き起こした。春の巻は六カ月で三〇版を記録し、四巻では軽く一〇万部を越えた。明治のよく売れた小説としては、この『食道楽』と徳冨蘆花の『不如帰』の二冊が挙げられる。しかし、『不如帰』が文学年表などには必ず載っているのとは対照的に、『食道楽』のほうはほとんど掲載されていない。『広辞苑』には弦斎の項目があるものの、今、百年前のベストセラー作家のことを知る人は少ない。

●——村井弦斎は『食道楽』を単行本化する際に、これまで彼の小説を出版してきた春陽堂や博文館に頼まず、自費出版の形で出している。そのため、よく弦斎を紹介する際に「『食道楽』で得た莫大な印税で、平塚に広大な土地を買って住んだ」と書かれているが、「印税」ではなく、書店に直販して得た収入だったのである。なぜ自費出版という面倒な形で出したのかといえば、納得いくまで原稿に手を入れて、将来的にも改訂を続けていきたい、ということだったらしい。

●——弦斎は『食道楽』を自費出版する際に、さまざまな工夫をしている。ページには上欄（註釈欄）を設け、巻末には「日用食品分析表」「料理法の書籍」「台所道具の図」「西洋食器類価格表」「西洋食品価格表」などが追加されている。また、読者のメモ用に罫線だけのページも用意されている。小説でありながら、料理の実用書としても使える本。それが、読者に受けた理由のひとつだろう。

●——特製の帙（本を入れる箱）もつくり、秋の巻が出ると「お歳暮やお年玉の御進物には、弦斎居士の食道楽、春の巻、夏の巻、秋の巻を用ゐ給ふ程、貰う人に悦ばらる、事はありません」と、『食道楽』を進物用としても勧めた。

●――最後の冬の巻が出たのは日露戦争開戦の直後である。戦争中に、『食道楽』などというタイトルの本が売れたのは不思議な気もするが、弦斎はこんな宣伝文を書いていた。

出征軍人への贈物はこの書に限る
此書の料理法は戦地にて大評判
病人料理百五十種は医師の大賛成
傷病者平病者へ贈らば唯一の慰藉たり

●――実際に、日露戦争に出征した軍人たちが、『食道楽』を持ちこんで料理をつくったり、読んで楽しむということがあったらしい。当時の新聞記事や、水野広徳による『此一戦』の中にも『食道楽』が登場する。村井弦斎という人、もし百年遅く生まれていたら、売れっ子コピーライターとして活躍していたかもしれない。

●――次に『食道楽』の読み方の話を。最初に『報知新聞』に『食道楽』が連載されていたとき、ルビは「くひどうらく」だった。つまり、「食い道楽」だったわけである。

●――しかし、弦斎が自分で脚本を書いて歌舞伎座で『食道楽』の公演を行ったあたりから、意識して「しょくどうらく」に改めたように思われる。

●――このときは、弦斎の妻の親戚の関係で華族の人たちも観劇に来ている。というより、話題づくりのために、弦斎が招待券をあちこちにばらまいたのだろう。そうした高貴な人たちが観る劇のタイトルが『食い道楽』では下品だ、ということだったのではないか。私はそんなふうに想像しているのだが。

●――歌舞伎座での『食道楽』の公演の際も、最初のうち、読み方については徹底されていなかったようだ。

●――明治三八(一九〇五)年一月三一日の『報知新聞』に、二段組で大きな社告が出ている。同紙の一万号記念行事として、二月一六日から歌舞伎座で『食道楽』の公演が行われることが初めて掲げられたのだ。ここではまだルビが「くいどうらく」になっている。

●――二月一〇日の紙面までは「くいどうらく」だが、一一日からのルビは「しょくどうらく」に変わった。その後はずっと「しょくどうらく」になっている。

●——翌年一月から、弦斎は『報知新聞』で『食道楽 続篇』の連載を開始するのだが、そのルビは「しょくどうらく」。弦斎の娘である村井米子の証言でも、弦斎は「しょくどうらく」と読んでいたそうなので、以後はずっと「しょくどうらく」で通ってきたわけだ。

●——先にも触れたが、『食道楽』は「百道楽」というシリーズの第四篇である。弦斎はノートにいろいろな道楽の種類を挙げてメモしていた。その中には「食道楽」はないが「食物道楽」がある。これは「しょくもつどうらく」と「くいものどうらく」のどちらにも読める。弦斎はこれを「しょくもつどうらく」と読み、それを縮めて「しょくどうらく＝食道楽」にしたとも考えられるだろう。（二〇〇四年一〇月一九日・二二日・二〇〇五年七月一九日）［034←・→039］

039 料理が主役の食通小説

村井弦斎『食道楽』春の巻（明治三六年六月初版、一〇月二三版／柴田書店、昭和五一年五月復刻版）

●——オリジナルの『食道楽』春の巻と、柴田書店から出た復刻版を比べると、やはり、復刻版はどうしても色合いが微妙に違ってくる。とくに、中に三つ折りにして綴じ込まれている多色刷りの口絵は、オリジナルに比べて復刻版は色がくすんでいて、同じものとは思えないほどだ。春の巻には、「大隈伯爵家の台所」が描かれていて、村井弦斎はこの口絵の解説を二ページにわたって書いている。以下はその中からの抜粋である（句読点を適宜補った）。

［口絵］

台所は昨年の新築に成り、主人公の伯爵が和洋の料理に適用せしめんと最も苦心せられし新考案の設備にて、其の広さ二十五坪、半は板敷、半はセメントの土間にして、天井に凡そ四坪の硝子明取りあり。極めて清潔なると器具配置の整頓せるると立働きの便利なると鼠の竄入《ざんにゅう》せざると全体の衛生的なるとは、此の台所の特長なり。（中略）

此の台所にては毎日平均五十人前以上も、千人二千人の立食を作るも、皆な此にて事足るなり。百人二百人の賓客ありての食事を調ふ。伯爵家にては大概各日位に西洋料理を調へらる。和洋の料理、此の設備に依れば手に応じて成り、復た何の不便不足を感ずる所無し。此の台所の斯くまで便宜に適したるは、ストーブにも竈《かまど》にも瓦斯を用ゐたるが為めなり。瓦斯なる為めに薪炭の置場を要せず、煙突を要せず、鍋釜の底の煤に汚れる憂も無く、急を要する時もマッチ一本にて自在の火力を得べし。（中略）

文明の生活をなさんものは文明の台所を要す。和洋も料理を為さんものは宜しく此の新考案を学ぶべし。

●——『食道楽』の主人公は、大食漢だが気が優しく、誠実な大原満という文学士。そして、ヒロインは料理上手で美人なお登和嬢。この二人の結婚話がまとまりそうになるのだが、そこに邪魔が入り、大原は義理のある本家の娘お代と結婚せざるをえない状況に追い込まれる。最後は、苦肉の策で大原が洋行し、問題を先送りした形で『食道楽』は終わっている。

●——小説のストーリーとしては非常に単純で、大原とお登和嬢がうまく結ばれるかどうかの一点で、読者をはらはらさせながら進んで行く。

●——しかし、『食道楽』における主役は、ある意味ではこの二人以上に〝料理〟だといえるだろう。『食道楽』の本文中には、約六三〇種もの料理が登場する。ストーリーとは関係なく、途中でお登和が大原に手料理をふるまったり、知人の奥さんに料理を教えたり、お登和の兄の中川（著者の村井弦斎の分身）が、料理に関する蘊蓄を傾ける、という場面が延々と続くことになる。

●——六三〇種全てではないが、小説の中に多くの料理のレシピが登場し、つくり方まで丁寧に説明される。

●——一番多いのは日本料理だが、明治三〇年代ではまだ非常に〝ハイカラ〟だった西洋料理のレシピもたくさん登場し、読者を惹きつけた。もちろん、中華料理も出てくる。

●──そのため、『食道楽』は現在、〝日本初のグルメ小説〟とか〝食通小説〟と呼ばれて、食の歴史に関する本には必ずといっていいほど登場している。

●──また、『食道楽』が発表された当時の読者の多くも、料理を教えてくれる実用の書、としてこの小説を読んでいたらしい。それも『食道楽』の一面ではあるが、実際にはそれだけではなく、この作品はもっと奥が深い。

●──だが、村井弦斎はこのベストセラーを書いたことで、明治文壇と完全に決別する形になってしまう。当時の文壇作家たちは、「あんなものは小説ではない」と蔑むのである。（二〇〇四年一〇月二一日・二三日）［038←・→041］

040 滑稽の妙はホコトンにあり

『滑稽新聞』（滑稽新聞社、明治三七年二月一五日）

『宮武外骨・滑稽新聞　第参冊』（筑摩書房、昭和六〇年五月）

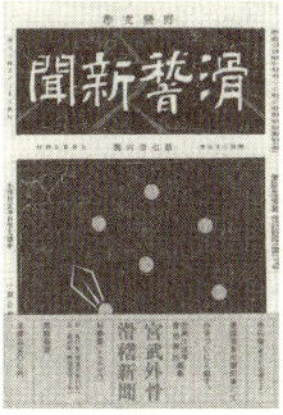

［筑摩書房版］

●──滑稽といえば、やはりこの人、宮武外骨のことを書かないわけにはいかないだろう。とはいえ、日露戦争の時代に宮武外骨が発行していた『滑稽新聞』のオリジナルは、古書展でもあまりお目にかからない。おそらく、蒐集家が手元に抱え込んで離さず、市場に出ないのだろう。宮武外骨にはファンも多いことだし……。

●──その代わり、昭和六〇（一九八五）年に筑摩書房から復刻刊行された『宮武外骨・滑稽新聞　第参冊』（第六一号～第八九号）が手元にある。編者は赤瀬川原平氏と吉野孝雄氏。これに日露戦争中の『滑稽新聞』が収録されている。よくもまあ、これほど戦争をパロディーにしてしまうものだ、と呆れるほど、外骨の筆は滑りまくっている。開戦直後に発行した第六六号（明治三七年二月一五日号）に、外骨は次の文章を掲げている（句読点を補った）。

▲我社の宣言　　滑稽新聞社

戦争は平和を主義とする国家のなすべき事に非ず。然れども已むを得ざるに於ては已むを得ざるなり。茲《ここ》に於て初めて正当防禦の語あり。

先輩曰く戦争は野蛮なり、戦争は非義なり、文明の仇敵と罵つて、砲火相交ゆるが如きは矛盾の最も大なるもの、正義の軍旅《ぐんりょ》と叫んで干戈《かんか》相闘ふが如きは、ホコトンの最も甚だしきものと宜《むべ》なり。矛盾は野蛮の武器、ホコトンは非義の極点。

然るに我滑稽新聞は国家の正当防禦として、次号以下毎回此野蛮なる戦争を骨子とし、此非義なる戦争を皮肉として大に滑稽を利用せんと欲す。

故に曰く、戦争は滑稽なり、滑稽の妙は矛盾ホコトンにありと。是れ我滑稽新聞が大に野蛮非義たらんと欲する所以なり。

●――ちなみに、右の「矛盾ホコトン」は、明治時代に、ある代議士が議会で「矛盾」を「ホコトン」と誤読して失笑を買い、世間から誹謗中傷を浴びたことに由来する。そのあげくに、「ホコトン」が一種の流行語になって、矛盾というべきところでわざと「ホコトン」と使うこともあったという。とはいえ、今の代議士たちは、ホコトンと誤読した大先輩をあまり笑えないのではないか。（二〇〇五年八月三日）

追記／麻生太郎氏が首相になったのは、これを書いた三年後である。「ミゾウユウ」とは、ホコトンどころではない！［014←・→043］

041 お宮より有名なヒロイン

『文芸倶楽部』（博文館、明治三七年二月）

●――ボロボロの『文芸倶楽部』。どこかの図書館が所有していたらしく、表紙にラベルが貼られている。木版口絵もついていなかったが、明

治三七（一九〇四）年一月号なので、何か面白い記事が載っているのではないかと思って五〇〇円で購入した。読んでみると、予想通りというか予想を上回る記事に出会って、歓喜した。村井弦斎の名前が何カ所にも載っていたのである。

●——その一カ所を挙げておこう。同時代の作家の評判というのは、百年以上後に生きている私たちには、なかなか想像できないものがある。それだけに、同時代の人が書いた文章は貴重だ。

広告まで目を通して、懸賞の規定を繰返して、読んだ売《ママ》（「後」の誤植か）は屑屋に売つて、芋を買うべく新聞を愛読するが当世なり、日露折衝の問題よりは先づ職業案内に眼を注ぐが今日の読者なり、金色夜叉に於けるお宮の名は知らずとも、食道楽に於ける音羽嬢の名を知らざるものなけん。故尾崎紅葉山人を知らざるものはあるも、村井弦斎先生を知らざるものはなけん。

●——誤解のないように書き添えておくと、この文章の筆者は村井弦斎の『食道楽』を決して褒めているわけではない。全部を引用するわけにはいかないので、この部分だけを載せたが、要するに、「偉い文士」と「売れる文士」とは違う、という話の中で、実用的な小説を書くので売れる作家として、弦斎を引き合いに出した、というわけだ。それでも、尾崎紅葉の『金色夜叉』のヒロインお宮よりも、弦斎の『食道楽』のヒロインのお登和（文中では「音羽」となっているが）のほうが有名だったとは驚いた。さすがの私も、そこまで言い切る自信はなかったのだが。（二〇〇九年一〇月二日）［039←・→044］

042 戦争雑誌の掘り出し物

『THE WAR NEWS 英和対訳 戦報』（則鳴社、明治三七年四月五日）

●——拙著『編集者 国木田独歩の時代』（角川選書）の中で、当時の『新公論』にリストアップされていた〝戦争雑誌〟二一誌の誌名を引用したが、いかに開戦直後から、出版界が日露戦争を大き

なビジネスチャンスと見て、戦争報道に力を入れていたかがわかる。

●――だが、この二一誌のうち、バックナンバーがどこにも所蔵されておらず、現在、現物を閲覧できないものも多い。創刊されてから短期間で終刊してしまったものが大半だったと思われる。これほどの創刊ラッシュで読者を奪い合えば、それも当然だろう。その熾烈な競争の中で生き残り、一時は月一〇万部とも二〇万部ともいわれる発行部数を誇ったのが、国木田独歩が編集長を務める『戦時画報』だった。

●――さて、拙著の九三ページから九四ページにかけて、その二一誌のひとつとして「『戦報(The War News)』(毎月三回)則鳴社」という誌名があるが、これも国会図書館にも全国の大学図書館にも所蔵がない雑誌のひとつ。先日、いつもの古書展で、偶然それを二〇〇円で掘り出した。題号は『THE WAR NEWS 英和対訳 戦報』、月三回発行の明治三七(一九〇四)年四月五日号だ。これは第四号だが、果たしてどれくらいまで続いたのか。仕様体裁は四六倍判(週刊誌サイズ)、モノクロ一六ページで、本文がすべて英語と日本語の対訳形式になっている。用紙は、わら半紙よりわずかに上等なくらいだが、よく百年以上も残ったものだ。

●――この号は、最初の見開きの二ページ分が「EDITORIAL社説」で、見出しは"HOW TO CHECK THE RUSSIAN ADVANCE"(如何にして露の進取を遮るべきか)。書き手は「山県五十雄稿(和訳者T・S)」とある。日本語訳したのはT・Sという別の人物だが、英文でこの社説を書いたのは、『萬朝報』の英文欄を担当していた山県五十雄だったのだ。

●――また、最後の見開きには、陸海軍用語の英和対訳が載っていて、海軍大将とか常備艦隊とか水雷艇隊とか巡洋艦とか駆逐艦とか魚形水雷とか、いくつかの単語に赤鉛筆のラインが引かれている。前の持ち主はこうした単語の英訳語を調べていたらしい。この人は、日露戦争の勝敗のゆくえが気になって、英字新聞でも読んでいたのだろうか。読者はインテリ層だったことが想像できる。

●――表四には、「本誌に対する各新聞の批評」として、新聞一〇紙の好意的な批評が転載されていた。創刊当時は話題になったらしいが、今では存在すら確認できなくなっているわけで、

雑誌メディアの盛衰というものをつくづく感じてしまう。（二〇〇八年一月一三日）［013←・→051］

043 戦時下のユーモアセンス

『団団珍聞　戦時画報』（珍聞館、明治三七年五月一日）

●――『団団珍聞《まるまるちんぶん》』の明治三七（一九〇四）年五月一日号は、日露戦争中であるため『戦時画報』となっている。この時期の発行所は珍聞館、発行人は松村貞雄である。一〇〇〇円で購入。

●――もともと『団団珍聞』は最初から最後のページまで、ほとんどが諷刺文、狂句、狂歌、川柳などで埋まっていて、よくぞここまで「滑稽」に徹することができるものだ、と読み手を呆れさせる雑誌である。そのため、当局の忌諱に触れることも多く、発行停止もしばしばだった。『団団珍聞』の「まるまる」とは、検閲で原稿を伏せ字にせざるを得なくなったときの「〇〇」という表記に引っかけたもので、「〇〇珍聞」という意味でつけたのだともいわれている。

●――この『戦時画報』も一筋縄ではいかない。初っ端から「茶説」の見出しが「露国の戦勝を祝す」になっている。ロシアが日本の軍艦と間違えて商船を何隻も撃沈したことや、日本人の非戦闘員を銃殺したことなどを取り上げて、次のように締めくくっている。

> 日本には古来侠客道といふものがあつて、無闇に強い者いぢめをやつたもので、今でも日本人は強い者に対しては一歩も後へ引かぬのであるが、露国の行方はまるでこれと反対《あべこべ》で、強いと見たら負け弱いと見たらいぢめる。しかし虚喝のみで実力のなき彼に取つてはこれは寧ろ当然で、兎《と》に角《かく》商船にしろ非戦闘員にしろ、これを撃沈しこれを銃殺したのは、露国に取ては大手柄と申すべく、我輩は茲《ここ》に謹《つつしん》で露国相当の戦勝を祝するのである。呵々《かか》。

●――読めば、ロシアを皮肉っているのだとわかるものの、戦時中に大胆にも「露国の戦勝を祝す」と書いてしまうのだから、肝が据わっている。さらに、ポンチ絵が多数載っていて思わず笑ってしまう。裏表紙は、恵比寿ビール醸造元の日本麦酒株式会社の全面広告になっている。ここでは毎週「懸賞情歌」を募集して、その入選作をこの広告の中で発表し、スポンサーから入選者に景品が送られる仕組みになっているらしい。この号の広告には、日露戦争と恵比寿ビールを詠んだ歌が一〇句掲載されていた。たとえば、こんな感じ。

　勇気つけたる恵比寿の麦酒《ビール》
　　腕に覚えの日本刀
　恵比寿麦酒《ビール》でいくさの話
　　うれし胸さへすく心地
　ひろく世界に響いたものは
　　恵比寿麦酒《ビール》と鬼中佐
　旅順の口をば首尾よく抜て
　　笑顔でのみ合《あう》恵比寿ビア
　恵比寿ビールと日本の兵にや
　　向ふ張ても敵《かなわ》ない

●――戦争中とはいえ、こんなふうに滑稽やユーモアを楽しむセンスを失わなかった人もかなりいた、という事実を知ると、ちょっとほっとさせられる。（二〇〇五年八月二日）〔040←・→047〕

044
料理本の冴える企画力
村井弦斎『玉子料理鶏肉料理二百種及家庭養鶏法』（明治三七年六月初版、一〇月六版）

●――『食道楽』が大ベストセラーになった村井弦斎は、その後、二冊の「食」関係の本を出版している。明治三七（一九〇四）年六月に『玉子料理鶏肉料理二百種及家庭養鶏法』を、さらに、同年七月には『実地経験台所重宝記』を出した。

●――『玉子料理……』は村井弦斎と尾崎密蔵の共著で、主に前半を弦斎が、後半を密蔵が書いたものらしい。尾崎密蔵は弦斎の妻の多嘉子の二人の兄のうちの次男で、長男の尾崎藹吉《あいきち》とともに、当時は養鶏場を経営していた。この本が刊行されたのは日露戦争の最中で、大隈重信なども家庭で鶏を飼うことを奨励している。実際に大隈は当時、自邸で家庭養鶏を始めているが、その管理を任されていたのはこの尾崎兄弟だった。大隈重信と尾崎兄弟の父の尾崎宇作とは従兄弟だったため、両家は親しくつき合っていたのである。

●——玉子と鶏の料理書と、養鶏法の解説書を一冊にまとめたという点が、いかにもアイデアマンの弦斎らしい。手元にある本は五〇〇円で購入。四カ月で六版と版を重ねているので、かなり売れたといっていいのだろう。料理も、日本料理と西洋料理を半分ずつにしていて、一般の人にとっては目新しい料理も多かったにちがいない。以後の弦斎は小説の筆を折り、もっぱらこうした〝実用の書〟を書くようになっていく。

(二〇〇四年一〇月三〇日)[041←・→058]

045 戦時外債の債権者向け?

『JAPAN IN THE BEGINNING OF THE 20TH CENTURY』(東京書院、一九〇四年六月初版、七月再版)

[広告ページ]

●——東京古書会館の「フリーダム展」で、また分厚い英文本を五〇〇〇円で拾ってきた。約八三〇ページもあって場所塞ぎになるのに、一九〇四(明治三七)年という発行年につられて買ってしまった。表紙には、図書館のラベルを剥がした跡があるし、背の上のほうは破れているし、誰も見向きもしない本だった。日本語の奥付がついていて、「農商務省御編纂」と敬語(!)で書かれ、発行者は東京書院の磯村政富となっている。

●——明治期に日本で海外向けに英文で発行された本は、いろいろな意味で面白い。初版は明治三七年六月、この本は七月に再版されたもので、日露戦争が始まってから四、五カ月が過ぎた頃である。日本政府は、日露戦争の巨額の戦費を調達するために海外から外債を募集したが、第一回戦時外債募集が五月で、第二回外債募集が一一月だった。そうした状況で、農商務省が日本の産業の現状や財政、軍事力などを、統計数字も挙げて一冊にまとめたこの本は、債権国や債権者向けに発行されたのかもしれない。英文で書かれた日本企業の広告も面白い。

●——中身はさておき、表紙をめくるとその裏側に紙片が張り付けてあった。「東亜経済調査局図書」とあるが、意外なのは日本語とドイツ語併記だったこと。東亜経済調査局は、満鉄の調査機関のひとつということで、この紙には

「本図書室備附ノ図書ハ南満州鉄道株式会社重役及其承諾ヲ受ケタル者並ニ調査局員ニ限リ之ヲ使用スルコトヲ得」と書かれている。ただし、図書の局外持ち出しは、特別な許可がある場合を除いて、一切禁止されていたようだ。この本、いったいどういう経緯で、古書展会場に流れてきたものやら……。（二〇〇七年四月一五日）[035←・→087]

046
時代の速度が感じられる辞書
慶應義塾編『二十世紀英和辞書』（金港堂書籍、明治三七年九月）

●——最近、明治の辞書をよく買っているが、これも百年余り前に出た英和辞書である。八cm×一二・八cmで厚さが三・五cmという実にコンパクトで持ちやすい大きさだ。デザインもいい。しかも、中には小さな挿絵が多数載っていて、カラーのイラストも一ページついている。カーネーションやバラなどの花を描いたものだ。高級紙を使っているらしく、百年経過しているが、黄ばみも少なくしっかりしていて、今でも実用にはまったく差し支えがない。

●——附録がいろいろついているのも魅力だ。英和辞書にもかかわらず、巻頭にはギリシャ文字、ドイツ文字、ロシア文字のそれぞれのアルファベットの印刷体と筆記体と発音が載っている。さらに巻末には「象形記号」として数学記号、薬局記号、商用記号、語学記号のそれぞれの読み方と説明がある。また、「各国の貨幣及度量衡の表」というのもあって、大英国、北米合衆国、仏蘭西、日耳曼（ドイツ）、和蘭（オランダ）、露西亜、支那（中国）が載っている。

●——これを見ると、二〇世紀初頭のこれらの国々の通貨単位が、日本の通貨ではいくらだったのかがわかって面白い。たとえば、当時のイギリスのポンドは高かったと聞くが、一ポンド（金貨）が九円七六銭三厘一毛余。それに対してアメリカの一ドルは二円六厘だ。

●——百年前にこんなに優れた英和辞書が刊行されていたのか、と感心させられる。明治三七（一九〇四）年は日露戦争が開戦した年。「緒言」を見ると、「世に繁簡宜《はんかんよろしき》を得たる英和字書なきを憂ひ同僚相謀りて此書を編纂せり」という書き出しで、最後に「明治三十七年九月四日遼陽占領の日　編者識」とある。まさに時代を感じてしまう。

●——慶應義塾は（落ちこぼれ学生ではあったが）私の母校であり、その意味でもこの辞書には心惹かれるものがある。いうまでもなく、慶應義塾の創始者は福沢諭吉だ。彼は最初、オランダ語を勉強していたにもかかわらず、横浜でオランダ語が通用せず、英語の看板さえ読めないことにショックを受けた。そのため、オランダ語を捨てて、英語を独学しようとしたのだが、英語の辞書がない。そうしているうちに、万延元（一八六〇）年に咸臨丸に乗るチャンスを得てアメリカへ渡り、そこで念願の英語の辞書を買い求めたという。何しろ、辞書は貴重なものだったのである。

●——諭吉が英学塾を開いた当初、学生たちは自分の手で辞書や英語の原書を筆写して使っていた、という苦労話を読んだ記憶もある。だが、それから数十年のうちに、これほど充実したポケットサイズの辞書が刊行されている。明治という時代が、いかに駆け足で進んでいったのかが、この一冊の辞書からも見えてくるようだ。

●——ちなみに、この『二十世紀英和辞書』は三〇〇円で買ったのだが、この本も国会図書館その他で検索しても出てこなかった。こういう実用書は、時代とともに失われてしまう運命なのだろう。（二〇〇五年六月七日）[016←・→072]

047
戦争を「ポンチ」する視点
『風俗画報臨時増刊　日ポン地』
（東陽堂、明治三七年一〇月二〇日）

[表4]

●——『日ポン地』……？　というわけで、これもまた東京古書会館で初めてお目にかかったもの（巻頭口絵参照）。『風俗画報』の臨時増刊で、ポンチだけの特集号があったとは知らなかった。タイトルはもちろん、「ニッポン」と「ポンチ」を掛けたのだろうが、「地」は何を意味しているのだろう（目次ページは「日ポンチ」となっている）。一五〇〇円という値段を見て迷ったが、珍しいので、これも入手。

●――この『日ポン地』、とにかく最初から最後まで、広告ページをのぞいて全部〝ポンチ〟だ。ポンチ画あり、川柳あり、都々逸あり、替え歌あり、小咄ありという具合。表紙画は「綱渡り」。綱を渡るニコライ二世（か？）が手にする「クロパ刀」はよれよれで、向けられた鋭い刀は、「日本刀」や「社会刀」（社会党）。その綱渡りを面白そうに見物しているのは、英米など各国の人々。表紙を開くと、口絵の次のページに次のような「表画の口上」が書かれていた。

　東西一座高うは御座り升《ます》れど御免蒙りまして口上な以て申し上げたてまつり升、随ひましてこゝもと御覧に入れ升るは、ニコラスとハトの綱渡り、奉天から逆襲と見せかけてクルリと反れば不時の退却うしろ向き、武士の怖がり法螺返り、中に参りましてはお馴染みの滑稽、ステッセルの乱軍渡り、バルチック艦隊の逆戻りの一曲、強いと見せて慄へ上るのが七分三分のかね合ひ、首尾よく参れば哈爾《ハル》賓《ビン》まで平押しの芸当、腕限り根限りに御覧に入れ升れば、末娯遊楽と御評判の程をひとへに願ひ上げたてまつり升、長口上は御退屈、相も変らぬ道化の数々、手当り任せに、順々に始まり、社の為め口上左様ッ

●――こうした内容なので、説明は不要だろう。同時期に宮武外骨が発行していた『滑稽新聞』をどうしても思い浮かべてしまうが、「滑稽」の質は少々違っているようだ。外骨の批判精神的なものは、この『日ポン地』にはあまり感じられない。でも、日露戦争の最中にこうした雑誌が刊行されていたことは、戦時下の国民の心理を考える上でも興味深い。戦争をからかって見る目、客観的な視線というものが、まだ国民の中にあったのだろう。ゆとりがなくなると、「撃ちてしやまん」『欲しがりません、勝つまでは」になっていくのだが。

●――裏表紙にはサッポロビールの広告。大砲の代わりにビール瓶が据え付けられて、「飲砲《のみほう》台《だい》」、「滋養要塞《じようようさい》」と書かれている。（二〇〇六年一月二三日）［043←・→064］

048 世界的な食糧問題を予言

村井弦斎著、川井運吉訳『HANA, a Daughter of Japan』
(邦題『花子』)(明治三七年一〇月初版)

●——明治三七(一九〇四)年、徳冨蘆花の小説『不如帰』のヒロイン浪子がNami-koとして世界にデビューしたのにわずかに遅れて、もう一人のヒロイン花子(Hana)が登場する。村井弦斎が、『HANA, a Daughter of Japan』(以下『HANA』と省略。邦題『花子』)という英文小説を執筆したのが、やはりこの年だった。

●——面白いことに、『HANA』には英文版だけがあって日本語版は存在しない。なぜなら、弦斎がこの小説を書いた目的は、海外の人々に日本人の心情や文化を知ってもらうことだったからだ。新聞社の社員でジャーナリストだった弦斎は、戦争における国際的な広報活動がいかに重要か、ということを十分承知していた。そのため、彼は日露戦争の開戦直後から執筆を開始し、同年一〇月には本を完成させた。原稿を英訳したのは、友人の川井運吉だった。

●——『HANA』の口絵には、主要な登場人物たちが描かれている。ヒロインの花子、アメリカ人のコナー、花子の父である。この口絵は鈴木華邨作で、三五回の重ね刷りをしている(巻頭口絵参照)。

●——興味深いのは、花子の父(林とだけ書かれている)の職業が〝食医〟だということだ。食医とは聞き慣れない言葉だが、中国の古典書『周礼』によれば、中国の宮廷の医療制度では医師が食医(栄養医)、疾医(内科医)、傷医(外科医)、獣医の四種類に分かれていて、位もこの順で高かったらしい。食医は薬を調合するように食材の栄養や組み合わせを考えて病気を防ぎ、ここから薬膳が始まったといわれる。弦斎は、『食道楽』の中でも食医について語っている。

●——『HANA』では、花子がコナーのためにいろいろな日本料理をつくって食べさせる。たとえば、コナーが物珍しそうに海草スープについて質問すると、花子はその食材からつくり方まで丁寧に答える。二人のやりとりは、まるで『食道楽』におけるお登和嬢と大原満の会話を思わせる。花子に教えられて、コナーは日本料理の優れた点を理解する。そして、コナーはこんな内容のことを述べている。欧米人は肉食中心の生活をしているが、肉を食べ続けると広い牧草地を確保しなければならない。一方では、これから世界の人口がますます増加するが、そうなれば牧草地が足りなくなって、食用肉を供給できなくなる恐れがある。しかし、広大無辺な海にはその心配はない。海は食糧の供給基地であり、日本人は昔からその海から得た恵みを料理して食べていた。そのため、肉食に偏っている欧米人に魚や海草類の料理法を紹介すれば、必ず歓迎されるだろう――と。これは、著者の村井弦斎自身の考えだったにちがいない。

●――明治三七年、百年前に書かれたこの小説の中で、弦斎はＢＳＥ（牛海綿状脳症、狂牛病）などの世界的な食糧問題を予言しているかのようだ。今のところ、ＢＳＥを創出したのは、牧草の代わりに安価な肉骨粉を牛の飼料に混入して与えたことではないか、と疑われているからである。

●――この小説でコナーは花子と結婚し、二人は協力して花子の父が研究する「林式新料理法」をアメリカに広めることに尽力していく。弦斎は『HANA』で、「食」を通じて世界の人類に貢献したい、という自分の壮大な夢を語ったのだった。

●――弦斎はこの本が完成すると、世界各国の主要な新聞・雑誌社に寄贈した。日露戦争中で世界の注目が日本に集まっていたときだけに、弦斎の狙いは見事に当たり、『HANA』は世界の二〇以上のメディアに書評が掲載されている。徳冨蘆花の『Nami-ko』に続いて、『The Times Literary Supplement』（タイムズ文芸附録）にも取り上げられた（一九〇五年一月二〇日）。『HANA』の装幀は非常に凝ったものだ。和綴本で、絹張りの表紙は細密な銅版画で飾られている。また、ヒロインの造形は『Nami-ko』の浪子とは対照的に、花子は戦場で赤十字の看護婦として負傷兵の救護活動に奔走したり、流暢な英語を駆使してアメリカ人やロシア人と堂々と会話をしている。著者の弦斎が、この小説を通して何を世界にアピールしようとしたかがわかって興味深い。

●――現在、『HANA』は日本国内ではあまり見ないが、海外の古書店の蔵書をインターネットで検索すると意外に出てくる。この本は、友人に頼んでアメリカの古書店から入手したものだ。郵送料込みで三万円余り。その後、もう一冊を自分で注文して、やはりアメリカの古書店から約六〇〇〇円で購入した。海外の蔵書家たちが、百年前に日本から旅立った美しい本を大事にしていてくれたのだと思うと、うれしくなる。（二〇〇四年一〇月二日・一二月六日）[004←・→054]

049 ロシア軍の軍鳩の運命

『戦時画報 合本』（近事画報社、明治三七年）

●――古書展で、久しぶりに『戦時画報』（巻頭口絵参照）が出ているのを見た。まだサイズが小さい四六倍判の時期のもので、五冊合本で四〇〇〇円。四〇〇〇円は痛いが、一冊の値段で考えるとそれほど高くはない。というわけで、買ってしまった。

●――合本ではあるものの、近事画報社から刊行された合本ではなく、個人が製本したものらしく、号は連続ではなく、間が抜けていた。幸い、手元に持っていたものとのダブリは一冊のみ。しかも、第一五号の表紙画は軍鳩《ぐんきゅう》（軍事用に訓練された伝書鳩）である！　これを見て喜ぶのは、おそらく私くらいのものだろう。知らない人が見たら、いったいこの軍艦に乗っている軍人は、鳥など手にして何を遊んでいるのだろう、と不審に思うだけだろう。この鳥の絵は、鳩に見えないところが問題だが……。

●――合本の別の号（第一二号）のグラビアページには「軍艦三笠にて捕獲したる敵の伝書鳩」と書かれた絵も載っていた。ロシア軍が放った軍鳩が、自軍の鳩舎に戻れなくなって、いわゆる〝迷い鳩〟になって日本の軍艦に飛んで来たのを保護したものだろう。戦場では、敵の伝書鳩だと思われる鳥を撃ち落とすことが多いのだが、その鳥が通信管をつけているかどうかは確認できないので、関係のない野鳥までが犠牲になっている。このロシア軍の軍鳩は、幸運にも命は助かったわけだ。

●――こうしたとき、鳩が運んでいた通信文を奪って、その暗号が解読できた場合は、別のものとすり替えて再びその鳩に装着して敵をだます、ということもしていたらしい。軍鳩は、戦場で無線通信も有線通信も使えない場合の緊急通信手段だったのだが、鳩にしてみればいい迷惑である。志願して出征したわけではないし、帰巣本能に従って、自分の鳩舎に帰るために飛んでいるにすぎない。それなのに、勝手に戦場に連れて行かれて、敵に撃たれたり、命がけで飛ばなければならなかったのだ……。（二〇〇六年一二月一二日）［023←・→131］

050 日米男女の恋の物語

JOSEPHINE CONGER『Little Love and Nature Poems』
（APPEAL TO REASON, 1904）

［ジェセフィン肖像］

●——五反田の古書展で珍しいものを発見した。一見、ノートブックのような英文詩集。中綴じで五二ページの薄いものだ。発行年が一九〇四（明治三七）年で、日本語の献辞が書かれていたので、よく見もせずに買った。二〇〇円。日露戦争の時期に日本人と関係があった外国人女性らしい、ということだけで興味を惹かれたのである。そのときは、ジョセフィン・コンガーがいかなる人物なのか、全然知らなかった。

●——この詩集の献呈相手の名前は小原与三郎。調べると、小原は樋口一葉の日記に登場し、一葉の家に出入りして、自分が書いた小説をどこか雑誌社に紹介して欲しいとか、いろいろ甘えたことをいっていたらしい。さらに小原は、自分の友人である金子喜一を一葉に紹介している。実は、その金子喜一という名前が出てきたときに、エッと驚いたのである。

●——以前、『日露戦争　勝利のあとの誤算』（文春新書）を執筆したときに、幸徳秋水らが発行していた週刊『平民新聞』のバックナンバー全部に目を通した。その『平民新聞』の在米寄稿者の名前が、金子喜一だったのだ。金子についてそのときはとくに調べなかったのだが、この詩集の献辞には「金子ジョセフヒイン」と書かれている。ということは、ジョセフィン・コンガーは金子喜一の妻なのか。

●——これはすぐに判明した。国会図書館へ行ったついでに論文などをコピーしてきたが、金子喜一と妻のジョセフィン・コンガーについては何人かの学者が書いている。金子喜一は若い頃に徳富蘇峰の書生をしていた時期があって、国木田独歩とも交友があった。佐々城信子と離婚した後の独歩の日記には、金子が自分に女性を紹介しようといった、ということまで書かれている。金子は樋口一葉だけでなく、相馬黒光《そうまこっこう》とも知り合いだった。夫の愛蔵と共に新宿中村屋を創業し、エロシェンコやビハリ＝ボースらとも親交があったあの相馬黒光である。そして、金子は一八九九（明治三二）年に文学研究のために渡米し、ハーバード大学で学んでいる。

●——ハーバード大学では、留学中の有島武郎と毎日のように会っていたことが有島の日記からわかる。金子はアメリカで社会主義者となり、この一九〇四（明治三七）年から〇五年の時期にアメリカから『平民新聞』に寄稿を続けていたわけだが、彼は『平民新聞』を有島武郎にも渡していたらしい。有島武郎は、金子喜一の影響を強く受けて、社会主義に開眼したのだった。

●——その金子がアメリカで知り合ったのが、ジョセフィン・コンガーだった。ジョセフィン・コンガーは現在、社会主義とフェミニズムの両面から関心をもたれている女性である。詩人であり、社会党員であり、一九〇五年に金子喜一と結婚後、当時のアメリカで唯一の社会主義フェミニズム雑誌『ソーシャリスト・ウーマン』を夫の喜一と協力してシカゴで発刊した。結婚したときは喜一が二八歳で、ジョセフィンのほうが年上の三三歳だったらしい。当時、シカゴにいた小説家の前田河広一郎《まえだこうひろいちろう》が二人を訪ねたときの印象を、「夫人のほうは大柄で、ハズバンドのほうはすっかり圧倒され気味であった」と書いているそうだ。

●——金子はアメリカに永住するつもりで、ジョセフィンに求婚したのだが、二人の結婚は周囲の人々を驚かせ、あまりうまくいっているとはいえなかったらしい。ジョセフィンのほうが喜一よりもずっと体格がよく、時には子供を叱るように夫の尻を叩いたりしたといい、それが喜一にとっては耐えがたかったのではないか、と推測している人もいる。想像すると吹き出してしまうのだが、明治期の日本男性にとって、妻に押さえつけられて尻を叩かれるというのは、相当屈辱的なことだったにちがいない。

●——金子は不幸にも肺結核になり、一九〇九年に単身で日本に帰国して、そのまま病没してしまう。未亡人となったジョセフィンが日本に来ることは、ついに一度もなかったようだ。その後も、ジョセフィンは『ソーシャリスト・ウーマン』を改題した『プログレッシブ・ウーマン』の発行を継続し、やがて女性の参政権運動などに尽力していく。二人の間に子供はなかったという。

●――というわけで、この詩集『Little Love and Nature Poems』は、金子喜一と結婚する前のジョセフィン・コンガーが出したものである。献辞を誰が書いたのかがわからないのは残念だが、金子喜一がジョセフィンと結婚した後に小原与三郎に贈っているので、おそらく、金子と小原の共通の友人だったのだろう。ジョセフィンの写真は、何か別の雑誌か本から切り取ったものらしいが、意志の強そうな、芯のしっかりとした女性の姿が浮かび上がってくる。百年以上前、こうした日米の知られざる男女の恋の物語があったのか、としばし感慨にふけった――。

●――表紙は非常にシンプルで飾り気がない。版元は、この当時、ジョセフィン・コンガーが記者として勤めていたアピール・トゥー・リーズン社。(二〇〇七年七月八日)[022←・→101]

051

戦争雑誌の戦争

『日露戦争写真画報』(博文館、明治三十七年)

●――日露戦争は明治三十七(一九〇四)年二月に開戦し、翌年九月にポーツマスで講和条約が成立するまで続いた。当時の一般家庭にはテレビもなければラジオもない。現代のように、衛星放送やインターネットで、海外の映像をすぐに見ることなど、想像もできなかった頃である。

●――それだけに、大衆が日々の戦争の状況を知ることができるメディアは、まず新聞だった。日露戦争当時、各新聞は大幅に発行部数を伸ばしている。そして、読者の好戦気分を煽る、あるいは読者に迎合するという形で、日本軍の大勝利は目前、というような記事ばかりを掲載するようになっていく。その結果、戦争の実態を知らされていなかった大衆が、ポーツマス講和条約が成立した際、条約の内容(賠償金ゼロ)に激怒し、東京全市の焼き打ち事件にまで発展したことは、よく知られている。

●——日露戦争中、新聞以外に大衆が戦争の状況を知ることができたメディアが、さまざまな「戦争雑誌」だった(巻頭口絵参照)。日清戦争の際、博文館が『日清戦争実記』(月三回)を刊行し、雑誌としては未曾有の各号一〇万部を記録した。そのため、日露戦争が始まると、にわかに戦争雑誌の創刊ラッシュとなった。前にも書いたように、当時の月刊誌『新公論』が「戦争雑誌の戦争」という記事で、その状況を痛烈に皮肉っている。ほとんど同じような戦争雑誌が、なんと定期刊行物だけで二一種、不定期刊行物まで含めると三二種も(!)出ていたのだ。

●——そのひとつが、博文館の『日露戦争写真画報』(月一回)だった。この雑誌を一三冊まとめて三八〇〇円で入手。前半には写真と戦争画、後半には戦争関連の記事のほか、「軍国美文」「軍事小説」などが載っている。写真よりも絵が多いことに気づくが、当時はまだカメラの性能が悪く、戦場で撮影する従軍カメラマンなどは存在しない。実際には〝従軍画家〟が描いた戦争画が、読者にとっては目に見える戦争のイメージということになる。

●——記事を読んでみても、最後には日本が勝利する、という前提のもとに書かれている。威勢がいいというか、戦争をひとつの〝商品〟としてしまった、という意味では非常に興味深い。これは、戦争があるからこそ売れる雑誌なのである。当時、『平民新聞』を除いて、反戦という立場を明確に打ち出したメディアは、ごくわずかしかなかった。(二〇〇四年一〇月九日)

[042↑・→052]

南部古書会館の奇跡――［二〇〇五］

●――昨日は朝から五反田の南部古書会館と神保町の東京古書会館をハシゴして古書展めぐり。五反田では意外な本が驚くほど安く買えるので、月一回のこの日を楽しみにしている。今週は一切外に出ず、資料の山と格闘していたため、会場に着くとすぐさま買い物モードに突入。

●――南部古書会館はすでに人でいっぱいだったが、一階の一〇〇円～三〇〇円の本が並ぶあたりで、早くも持ちきれないほどの本の山を抱える。ちょうど探していた本が、嘘のように目の前に並んでいるのを見たときは、奇跡としか思えなかった。その本は、前夜にネットの「日本の古本屋」で検索したところ、一冊しかヒットしなかったので、注文を入れていたのである。ところが、その本がすぐ目の前にあって、送料も含めると四分の一の値段で買える。こうなるとこちらを買って帰りたい。まだ先方の古書店から在庫の有無の確認が届いていない段階だったので、キャンセルすることにした。こんなとき、携帯電話でメールを送信できるのは便利だ。それにしても、古書展会場でそんなことをやっている私って……。ともあれ、少しでも安く欲しい古本を入手できれば、それにこしたことはない。そのお金でさらに別の古本が買えるからだ。まあ、これは一種の〝病気〟なので、そんな病気とは無縁な方は、病人のたわごとと思って聞き流していただければ幸いである。

●――結局、一階と二階の売り場で計二〇冊購入し、さらに神保町へと向かった。すでに八〇〇〇円ほど使ったので、東京古書会館では少し抑えて五冊のみ購入。天気予報では晴れのち曇りだったにもかかわらず、外に出るとなんと雨が降り出している。傘は持っていないので、仕方なく計二五冊の古本を濡れないように抱えて、本人は濡れながら岩波書店へ。今年の夏、岩波文庫から刊行される予定の村井弦斎の『食道楽』(上下巻)の件で、打ち合わせをする。実は、今度の『食道楽』の復刊は、本文のみならず図版や著者註、巻末附録にいたるまですべて入れる、という何とも贅沢な企画なのである。岩波書店さんの大胆な決断には拍手を送りたい。(二〇〇五年三月一九日)

第3章

『戦時画報』から桜井忠温『肉弾』まで

——明治三八〜三九(一九〇五〜一九〇六)年

052

戦争のイメージ伝達の革新

『戦時画報　臨時増刊　旅順写真新集』第三五号
（近事画報社、明治三八年一月一五日）

●――『戦時画報』（巻頭口絵参照）はこの時期「毎月三回」刊行されている。これだけのグラフ誌を月に三回刊行するのは、当時としては大変だったと思うが、日露戦争たけなわのこの時期、それだけ読者のニーズがあったということだろう。八〇〇円。大判の菊倍判サイズで、「写真集」ではなく、あえて「写真〝新〟集」と強調している。当時の日本人は旅順の戦況をひたすら知りたがっていたが、報道規制で情報が乏しく、写真なども少なかった。それが、ついにこの年の一月二日に旅順が開城したことで、軍部も旅順関係の写真の報道を許可したのではないか。あまりにも悲惨なものは検閲で日の目を見なかったかもしれないが……。

●――何しろ、それまでに四回も五回も「旅順陥落！」という〝号外の誤報〟が出回っていたほどで、「旅順はまだ落ちぬか、まだ落ちぬか」と人々はじりじりしていた。この号が出た一月一五日頃の日本では、各地で提灯行列だの祝賀会だのが行われていて、まさしくお祭り騒ぎだった。「勝てば官軍」である。もちろん、旅順が落ちて一番ほっとしていたのは、日本の政府と軍関係者だったにちがいないが。

●――この号は臨時増刊だけあって、グラビアページが四〇ページのボリュームで、記事ページは一〇ページしかない。まさに写真を見せるための増刊号、という体裁になっている。このタイムリーな号は、かなり売れたのではないか。当時はテレビもなく、新聞は写真をそれほど載せていないため、旅順の状況を画像で見たい、という人々の欲望は満たされていなかった。この号には、一挙に五〇点の写真が掲載されている。戦地で撮影されたものだけに、写真はどれも鮮明とはいえないが、これだけの点数が集まるとかなりの迫力である。

●――人々はこうした写真を見ることによって、初めて戦地で戦う兵士たちと一体感を抱くことができたかもしれない。あるいは、逆に戦争というものを〝つくられた物語〟のようにして脳裏に刻んだかもしれない。だが、こうしたグラフ誌の写真報道は、従来の「錦絵」による戦争のイメージ伝達とは、まったく異なるものだった。この戦争はたしかに、日本におけるメディア史にひとつの大きな転機をもたらしたといえるだろう。（二〇〇六年一月一六日）［051←・→056］

053 家庭小説の全盛期

『女学世界　定期増刊　家庭小説小天地』（博文館、明治三八年一月一五日）

●——博文館の『女学世界』は、口絵がついていると二〇〇〇円以上はするので、なかなか手が出ない。この定期増刊は口絵付きで二〇〇〇円だったのだが、それ以外にも口絵欠けで一冊六〇〇円のものが四冊あったので、これはラッキーと五冊とも購入した。明治の女性のことに関心があるので、『女学世界』は資料として使える。とくに、特集記事は興味深いものが多い。

●——しかし、表紙がどうもあか抜けない……。やはり博文館だ。もうすこし、デザインを工夫してもいいと思うのだが（若い女性が読者なのだし）。この定期増刊号は明治三八（一九〇五）年一月一五日発行で、日露戦争中だ。家庭小説の特集ということだが、目次を見ると、以下の作品名と作者名が並んでいた。

六人家内……中村春雨
雪の翼……泉鏡花
吉祥天女……小栗風葉
ポッケット《ママ》の手簡……田山花袋
末の望……矢崎孤村
御新造……大塚楠緒子
我が子……徳田秋声
黒き女……上村左川
春宵記……物集梧水
開墾……勝間舟人
浦物語……磯の人
女露兵……真龍斎貞水
初夢……糸左近

●——前半はわかるが、後半は、お恥ずかしい話ながら、名前を知らない作家ばかりだ。最初の中村春雨は、家庭小説の代表的な作品『無花果』の著者だが、小栗風葉、田山花袋、徳田秋声は自然主義作家で、家庭小説特集に名前を連ねているのは意外な気もする。でも、考えてみると、まだこのとき田山花袋は『蒲団』を書いていないし、日露戦争の時代は家庭小説の全盛期だった。日露戦争後に自然主義文学が勃興し、家庭小説は通俗小説とされていく。村井弦斎も家庭小説作家として、文壇から黙殺されていくのである。（二〇〇八年一月一五日）[026←・→162]

054 弦斎が世界へ送り出したヒロイン

村井弦斎『Ordeal by Music: The Tale of Akoya』（邦題『阿古屋』）（明治三八年三月初版）

●——村井弦斎が書いた『HANA, a Daughter of Japan』に続く、もう一冊の英文本が『Ordeal by Music: The Tale of Akoya』（以下『AKOYA』と略、邦題『阿古屋』）。

●——当初、弦斎は『HANA』と『AKOYA』の二篇で一冊の本にするつもりで、明治三七（一九〇四）年に日露戦争が開戦した後、『AKOYA』の原稿も書き上げていた。ただし、鈴木華邨の口絵の制作に時間がかかったため、先に『HANA』を一〇月に出版し、『AKOYA』は翌年三月の刊行に延期したらしい。二冊とも自費出版だった。

●——『HANA』が明治日本が舞台だったのに対して、『AKOYA』のほうは中世日本が舞台で、人形浄瑠璃や歌舞伎の『壇浦兜軍記・阿古屋琴責』に基づいた短い物語である。歌舞伎ファンなら、クライマックスで、坂東玉三郎演じる阿古屋が、琴・三味線・胡弓の三種の弦楽器を見事に演奏する場面を思い出すのではないだろうか。この超絶技巧を要求される阿古屋を演じられる女形は、ごくわずかしかいないと聞いたことがある。

●——弦斎の『AKOYA』は、『壇浦兜軍記・阿古屋琴責』とは少々結末が異なっているが、ヒロインの阿古屋の魅力は変わらない。弦斎は『HANA』と『AKOYA』の二篇で、現代と過去の二人の女性を主人公にして、日本古来の武士道などの精神を、世界に知らしめようとしたのである。

●——実はこれには大小二種類の本が存在する。判型が大きいほうは、半分を紺色に染めたリボンで綴じてある。私は、弦斎の親戚のかたから、この本を袋付きの新品で譲っていただいた。

●——弦斎は並行して『AKOYA』を戯曲化し、歌舞伎座で『食道楽』との二本立てで上演している。その脚本を本にしたのが『脚本 阿古屋及食道楽』（明治三八年）である。そのため、英文版のみの『HANA』とは違い、『AKOYA』には脚本の形になった日本語版がある。

●——『AKOYA』は『HANA』ほど話題にはならなかったらしいが、それでも、アメリカの新聞に書評が載っているのは確認できた。

●——このように、日露戦争の最中に、弦斎は花子と阿古屋の二人のヒロインを世界へと送り出した。そして、日露戦争が終わると、弦斎は人気小説家の地位を捨てて、婦人啓蒙家として新たな活動を始める。自ら小説の筆を折ってしまうのである。小説家として生涯を全うしなかったこともあり、こうした村井弦斎の業績が、現在ほとんど忘れられているのは残念でならない。（二〇〇四年一〇月三日）［048←・→113］

055 男勝りの女性を描く

稲岡奴之助『海賊大王』（隆文館、明治三八年四月初版）

●——古書展「和洋会」で見つけた一冊。発行日は明治三八年四月なので、日露戦争の真っ最中である。日露戦争に関係がある小説ではないか、と思って値段を見ると、なんと一〇〇円。たしかに表紙も汚れているし、本来はついていたらしい木版口絵も、切り取られてしまっている。奥付の著者名は稲岡正文、書き出しのページには奴之助と書かれているが、どちらも見た記憶がない。でも、一〇〇円なら……と思って買うことにした。

●——意外にも、この小説はいろいろな意味で面白かった。ざっと斜め読みしただけだが、主人公の大東光は小説家で、足が悪い身体障害者であるため、徴兵検査には合格しなかった。しかし、ロシアとの戦争が始まると、光は自分の身を犠牲にして、国家のために働こうと考える。そこで、妻子は足でまといだといって、自分の愛妻に離婚を申し渡すのだが、妻は納得しない。子供は祖父母に預けて自分も一緒に戦う、連れて行ってくれ、といい出す。なんとも勇敢な烈婦なのである。ついに光は妻を連れて行くことを決意し、自分と同じ志を持つ人々を集めて訓練して、「秘密義勇団」による三隻の艦隊をつくり上げる。クライマックスは、ロシアのバルチック艦隊との壮絶な戦闘で、光たちの艦隊が勝利するが、多くの仲間が戦死し、光の妻も敵弾を受けて死ぬ。

●――というストーリーなのだが、男勝りの女性の描き方などが（女性を男性より劣ったものとして見ていない点が）、村井弦斎の小説に似ている、と感じたのだ。男が命がけの大事をしようとするときに、妻を伴うというのも変わっているし、その妻が戦場で活躍して、最後は男のほうが生き残り、妻が国家に殉じて亡くなっていく、というところも面白い。しかも、短い章が続いていく構成を見ると、新聞連載小説だったのでないか。だが、大手新聞の小説欄では、稲岡奴之助という名前を見た記憶はない。となると、地方新聞に書いていたのだろうか。いったい、稲岡奴之助とは何者なのか？

●――国会図書館の所蔵を調べてみて驚いた。稲岡奴之助で検索すると、五三件も出てきたのだ。単行本がこれほど出ていたということは、明治期の人気作家だったと考えるべきだろう。文壇で認められていたわけではなく、大衆に人気があったという意味でも、村井弦斎に似たタイプの作家だったにちがいない。さらに、村上浪六門下だった、と書かれているものがあって、なるほどと納得。稲岡奴之助は明治六（一八七三）年生まれということなので、村井弦斎より一〇歳若い。小説のタイトルを見ると、『女海賊』『女豪傑』『姉の仇』『男禁制』『当世女生気質』のように、ヒロインが〝強い女性〟を思わせるものが多く、そこにも興味を惹かれずにはいられない。

（二〇〇七年二月一六日）［036←・→098］

056
月刊誌ならではの編集の妙
『軍国画報』（冨山房、明治三八年五月三日）

●――これも日露戦争中に刊行されていたグラフ誌である（巻頭口絵参照）。こんなふうに『戦時画報』だの『軍国画報』だのを取り上げていると、

〝軍事オタク〟と間違えられるのではないか、という気もするのだが、そうではありませんので——念のため。

●——この『軍国画報』は、名前だけは知っていたが、実物を見たのは初めてだった。古書展で見たことも一度もなかった。月一回刊行なのでそれほど巻数も多くないようだし、珍しいのではないかと思って、勢いで買ってしまった。価格は一五〇〇円だったが……。

●——『軍国画報』の判型は、博文館の『日露戦争写真画報』などと同じ週刊誌のサイズ。だが、表紙画を見ると、『近事画報』ではないかと一瞬思ったほどで、ロシアの兵士たちのようすが生き生きと描かれている。松山の俘虜収容所へ送還される列車の車中を描いたのだろうか。目次を見ると、ほかのグラフ誌とは違って、「小林習古 画」ときちんと作者の名前が記されていた。それだけでなく、本文中の写真や絵の作者の名前もほとんど明記されている。

●——報道画を描いているのは久保田金僊だった。久保田金僊は久保田米僊の次男。米僊は日清戦争に従軍し、報道画を描いて新境地を開いたが、息子も日清・日露両方に従軍して報道画家として活躍していた。ほかにも、従軍画家の東城鉦太郎の描いた絵などが掲載されている。

●——月刊誌と月三回刊行の雑誌とではかなり制作体制が異なると思うが、この『軍国画報』は月刊誌らしい充実したつくりになっている。ただし、戦時下においては、迅速にニュースを伝えるメディアのほうが読者に歓迎されたのは当然であり、まず新聞が売れ、刊行間隔の短い雑誌がそれに続いて読者をつかんだにちがいない。戦闘の記憶が薄れた頃に刊行されることになる月刊誌は、実売部数の面では、それらの後塵を拝すしかなかっただろう。

●——ゆとりのある月刊誌だけあって、この『軍国画報』の編集は丁寧だし、なかなか興味深い写真も載っている。軍艦の艦上で行われた余興として、褌《ふんどし》一丁で相撲を取っている写真などは初めて見た。明治三八(一九〇五)年五月上旬といえば、ロシアのバルチック艦隊はノロノロと進んでいる途中で、まだ日本海に現れていない。そのため、待ち受ける日本の連合艦隊の海軍兵士たちは毎日することもなく、狭い軍艦の中に押し籠められているわけだ。どこかに寄港して遊ぶというわけにもいかない。そんなとき、手軽にできる余興といえばやはり相撲だ。何かシートのようなものを丸めたものでつくった土俵の上で相撲をとっていて、その回りでたくさんの軍服姿の人々が見物している。

●——そうかと思えば、日露戦争とは全然関係ない写真も載っている。「早稲田健児隊の壮挙」と題された写真は、早稲田の野球チームのメンバーの集合写真。キャプションによると、慶應を破り、一高に勝ち、学習院にも勝った早稲田の「ベースボール隊」の一行は、四月四日に横浜港を出発して北アメリカへ向かい、向こうで試合をする予定だという。写真は出発前に撮られたものだが、日露戦争中に早稲田の野球チームがアメリカに遠征していたのである。そういうことが許される雰囲気だったのか……。古い写真を眺めていると、本当に飽きることがない。明治期のグラフ誌は実に面白い！（二〇〇六年一月一七日）[052←・→073]

057 キーワードは「征露」

『征露図会』（東陽堂、明治三八年五月二五日）

●——それまで『風俗画報』として月二回刊行されていた雑誌が、日露戦争中だけ『征露図会』に改題されている。『風俗画報』はよく知られている雑誌で復刻版も出ている。これは三〇〇円。

●——ちなみに、日露戦争中にはこの「征露」という言葉が人気で、あちこちでさかんに使われている。現在も薬局で売られている「正露丸」も、当時は「征露丸」と表記されていた。この薬が発売されたのは日露開戦の一年前の明治三六（一九〇三）年。腸チフス・赤痢・コレラなど消化器系の伝染病を予防する薬と認定されたため、出征した将兵たちは、戦地で毎食後これを服用するように命令されたという。しかし、臭いや味を嫌って、飲んだふりをする者も多かったとか。「征露丸」と命名されたのは、ロシアを撃つ弾丸という思いを込めたのだろう。「征露丸」から

「正露丸」に変わったのは、昭和二〇(一九四五)年八月の敗戦後のことらしい。

●——『征露図会』明治三八(一九〇五)年五月二五日号の表紙には、ロシアから分捕った戦利品の数々が並んでいる。機械水雷鑵、長靴、将校の軍刀、小短剣、大水雷、速射砲、連発歩兵銃、太鼓、御物(ゲオルギー勲章付軍旗)といった具合。ページをめくってみると、「靖国神社臨時大祭」の写真が何点も掲載されている。百年前、政府は靖国神社に大きな陳列場を設けて、こうした日露戦争での戦利品を展示して人々に見せていたのである。この〝見せ物〟を見物するために、大勢の観客が集まったらしい。着物姿の若い女性たちが、大砲の弾などを物珍しそうに眺めているのは、なんとも不思議な光景だ。

●——それにしても、ロシア軍の残虐さを強調し、それにもかかわらず日本軍は連戦連勝だと胸を張り、その証拠として、自慢げに戦利品を見せびらかしている……というのは、やはり気持ちがいいものではない。(二〇〇五年七月二五日)

[073←・→061]

058 日本初の「グルメ雑誌」

『月刊食道楽』創刊号(有楽社、明治三八年五月/五月書房、昭和五九年四月復刻版)

[復刻版]

●——明治三六(一九〇三)年に刊行された村井弦斎の『食道楽』は、当時の社会にもさまざまな面で影響を与えた。そのひとつが『月刊食道楽』という雑誌の創刊である。版元の有楽社は、『食道楽』がベストセラーになり、庶民大衆にまで「食」を楽しむという新たなブームが広がりつつあるのを見て、この日本初の〝グルメ雑誌〟をつくったのだろう。

●——有楽社刊の『月刊食道楽』は、明治三八(一九〇五)年五月に創刊され、明治四〇(一九〇七)年八月で終刊した(その後、食道楽社刊『食道楽』が昭和初期から復刊)。この明治期の『月刊食道楽』全三一冊は、昭和五九(一九八四)年に五月書房から復刻されたものを二年前の古書展で入手した。五冊で八〇〇〇円。函入りで一冊の厚さが五㎝もある本を五冊、いったいどうやって持ち帰ったのか記憶がない。たぶん、宅急便代を節約して、ひもで縛ってあったまま自分の手で持って帰ったのだが、それだけの価値はあった。面白くて、時間も忘れて読みふけってしまったのである。創刊号（明治三八年五月号）の目次を以下に紹介しよう。

魚河岸の午前（三色版）／帝国ホテルの食堂（写真版）／帝国ホテルの厨房（写真版）／曽我粛白の弁当（絵）／台所暦／食道楽の発行／菜食道楽／象牙箸／豆腐と蕎麦／日本に於ける食事の変遷／酢のはなし／食物の発達／醤油／妙なうまい物案内／菓子評判記／林檎と鶏卵／季節料理

●――ここまでが一応メインの記事ということだが、『月刊食道楽』では上欄と下欄でまったく別の記事を掲載している。当時の雑誌では珍しくはない形式だが、一ページの中で上欄が約五分の二のスペース、下欄が五分の三のスペースである。以上は下欄のメイン記事の目次で、以下は上欄のサブ記事の目次。

名家譚叢／わが好むもの／食物に対して／好物は／食ふならば／諸国の名水／お定まりの蛸／ヒゲタ印醤油の沿革／つま楊枝／大臣大将の西洋料理／博文館編集室のスキズキ／小笠原家婚礼献立／紀伊の食物／俘虜の賄／動物園の食事／倫敦人の食量／鯛について／牛飲馬食／小説食道楽の著者／有害なる釜鍋／塩のからさ／逸事奇聞／食物十言／長生の秘訣／東西弁当観／お釜の掃除／梅幸追善遊食会／紹介／山椒魚の鼈煮／俳句／新川柳／家庭欄

●――どうだろうか。この目次を見ただけで、記事の内容を読んでみたい、と感じた人も多いのではないか。記者の食べ歩き記事などを読むと、まさに現在の雑誌の「レストラン探訪」の原型はここにあり、と実感できる。また、明治の著名な飲食店の様子や、メニューや値段などもわかる。

●――この『月刊食道楽』の編集人は小川煙村で、饗庭《あえば》篁村《こうそん》、石井研堂、巌谷小波、幸堂得知、遅塚麗水、中村不折、松崎天民など、著名な作家や画人たちが寄稿していた。村井弦斎は執筆者としてではないが、同誌には何度も名前が登場する。おそらく、アドバイザー的な存在だったのだろう。（二〇〇四年一一月一二日）[044←・→069]

059 「戦後」の女性向け娯楽雑誌

『女学世界』(博文館、明治三八年六月)

●——『女学世界』は高くてなかなか買えない雑誌だが、この号は五〇〇円だった。日露戦争中に刊行されていたというだけで、無意識に手が出てしまう上、いつも書いているように、この種の雑誌を見ようとしても、多くの場合は国会図書館でマイクロフィッシュということになるので、実物に触れることはできないのだ。それを思えば、五〇〇円は安い。

●——この号の口絵には、「東京女学館高等科卒業生」「日本女子大学校卒業生」「日本女子美術学校卒業生」「女子美術学校卒業生」「横浜共立女学校卒業生」というように、当時の女子の高等教育を行う学校の卒業記念写真が多数載っている。こうした学校に通うことができたのは、ごく一部の上流階級の令嬢だったのだろう。「横浜共立女学校卒業生」の写真は、卒業生は三人だけで、後は教師らしい人々の姿が写っている。外人女性が多いのは、横浜だからだろう。

●——本文を見てみると、「戦後の女子教育」という見出しで、各学校の校長らへのインタビューがまとめてある。「戦後」といわれてビックリするかもしれないが、これは「日露戦争」の戦後のこと。でも、これは明治三八(一九〇五)年六月号のはずだが……。書き出しは「日露戦争は未だ終局に至らずと雖も、結局日本の勝利に帰すべきは戦闘経過に依りて何人も首肯する所なり」となっている。日露戦争で名前を知られる「下瀬火薬」を発明した下瀬博士夫人へのインタビューもあった。こうした国家の大恩人の妻の内助の功がどのようなものだったのかを広く知らせよう、というのだろう。若い女性が「良妻賢母」となり、国家発展の礎となる国民を家庭で育てる、ということが期待されていたのを感じる。

●——「英文欄」には、山県五十雄が「独逸皇太子の結婚」「英国の二大閨秀小説家」「黒婦人の驚くべき成功」「女の耳と其性質」を書いている。ちなみに「黒婦人」とは黒人女性のことだ。「所謂《いわゆる》女学生問題」という記事や、「某西洋婦人

【明治三八(一九〇五)年】——上野女学校、生徒に校章着用を決定。

談」として「日本婦人の髪」という記事もある。面白いところでは、妖怪博士として有名な井上円了が「正直は安心の基」を書いていた。巌谷小波の「細君低語」というコラムも面白い。『トム・ソーヤの冒険』の作者マーク・トウェーンの「滑稽文」から抄訳したという「一夫多妻　慕門《モルモン》教主の家庭」などというのもある。

●――二〇〇ページを越えるページの中に、あたかもごった煮のようにさまざまな記事がつまっている。娯楽が少ない当時の女性にとって、月一回発行されるこうした雑誌を購読することが、どれほど大きな楽しみだったか……。情報過多の時代を生きている今の私たちには、想像もできない。（二〇〇五年一二月八日）［032←・→062］

060 「まむしの周六」と呼ばれた男

『萬朝報』（朝報社、明治三八年六月）

●――古書以上に古新聞などは、家人には不要なものにしか見えず、捨てられてしまうにちがいない。コレクターがいても、その人が亡くなったりした場合、古書は残っても、新聞は捨てられる可能性が高いのではないか。

●――明治期の新聞の中で、『時事新報』はあの福沢諭吉が創刊した新聞でもあり、「上品な」新聞と見られていた。

●――だから残っていた、ということもないのだろうが、不思議なことに『時事新報』は何年か前にも買っていて、明治三六（一九〇三）年のものを二日分持っている。後は、明治四二（一九〇九）年と四三（一九一〇）年の『大阪毎日新聞』が、手元にかなりある。

●――さらに、明治三八（一九〇五）年の『萬朝報』も持っている。「よろずちょうほう」と読むのだが、これはおわかりのように、主宰者の黒岩涙香が「よろず重宝」とシャレて命名したものだ。創刊は明治二五（一八九二）年。当初はいわゆる「イエロージャーナリズム」で売って、急速に部数を伸ばした。スキャンダルの暴露記事が多く、ピンク色の紙に印刷されていたため、当時の『萬朝報』は「赤新聞」とか「ユスリ新聞」と呼ばれ、黒岩涙香（本名は周六）も、「まむしの周六」というニックネームで呼ばれていた。

●――だが、その後、黒岩涙香は内村鑑三、幸徳秋水、堺利彦、斎藤緑雨、山県五十雄などの人々を入社させて、イメージチェンジを図っていく。とくに、読者に対する内村鑑三の影響力は大きかったといわれる。しかし、明治三六年になると、日露戦争に対して「非戦論」の立場を取る内村鑑三、幸徳秋水、堺利彦などと、「主戦論」を掲げた社内の別の一派との対立が大きくなった。

●——黒岩涙香はその中で、ついに「主戦論」の立場に転じることになる。当時、社会では「非戦論」はけしからん、という意見が大勢を占めるようになっていた。そのため、このまま「非戦論」を掲げていては新聞の売れ行きが悪くなる、という経営的な判断もあったにちがいない。同年一〇月、内村鑑三、幸徳秋水、堺利彦は『萬朝報』を去っていった。その際に彼らが紙面に掲げた「退社の辞」は有名だ。

●——手元にある『萬朝報』は明治三八（一九〇五）年一月と六月のもので、日露戦争戦時下である。紙もピンク色ではなく、ごく普通のものが使われている。六月の新聞は、東郷平八郎率いる連合艦隊が、日本海海戦でロシアのバルチック艦隊に大勝利をおさめた後なので、その勝利に酔っている雰囲気が、記事にも投書にも広告にもよく表れている。「露探（ロシアのスパイ）」疑惑で逮捕されていたフランス人ブグアンが、裁判の結果、有罪と決まった記事などもあって興味深い。（二〇〇五年六月一九日）[006←・→026]

061 米政府要人歓迎の裏で

『戦時画報』第六一号（近事画報社、明治三八年八月一〇日）

●——インターネットで、『戦時画報』（巻頭口絵参照）七冊を合計一万四〇〇〇円で購入した。高かったが、資料なので仕方がない。

●——この第六一号の表紙画に「WELCOME」の文字と、日米の国旗が描かれているが、これは当時、アメリカから陸軍長官タフトと、大統領令嬢が来日したためだった。タフトはセオドア・ルーズベルトの次の第二七代大統領になる人物である。

●——明治三八（一九〇五）年八月といえば、日露戦争終結のために、大統領ルーズベルトの斡旋で、アメリカのポーツマスで日露講和交渉が始まった月だ。今の感覚で考えると驚くが、日本からアメリカまでは船で一カ月近くかかるため、会議に出席する小村寿太郎外相はすでに七月上旬には横浜港から出発していた。

●――日露の代表がアメリカに到着して講和会議が始まったのが、この号の発行日と同じ八月一〇日。日本全土が講和会議の成り行きに注目していたときに、その斡旋の労をとってくれたアメリカから政府要人と大統領令嬢が来日したのだから、その歓迎が熱烈だったことは想像に難くない。

●――この表紙画でも、パレードを出迎える沿道の人々の姿が影絵で描かれているが、アメリカから来た一行は、連日連夜の歓迎会、晩餐会で素晴らしい饗応や贈り物を受けている。このとき、ほとんどの日本人は、日露戦争で日本軍が圧倒的な大勝利をおさめたと信じ、ポーツマスでロシアから多額の賠償金と領土の一部を得られるものと思い込んでいた。それだけに、賠償金ゼロと知ったときの落胆と失望が、激怒に変わった。

●――しかも、後世に明らかになったことだが、タフトと桂太郎首相はこのとき秘密会談を行って「桂・タフト覚書」を交わしている。これは、日本がアメリカのフィリピン群島における特殊権益を認めるかわりに、アメリカは日本が韓国を保護国化することを認める、というものだったのだ。

●――新聞などにスクープされていたら論議を巻き起こしたにちがいないこの覚書は、一切が秘密のうちに進められ、日米の国民にはまったく知らされていない。

●――いつの時代も、「外交上の秘密」と称して国民には公表されずに、一部の政治家によってさまざまなことが進められているのだろう、とつい思ってしまう。政治家はつねに自分に都合のよい解釈をする。彼らの行為がどういう意味を持つものだったのかは、後の歴史が語るのみ。同時代を生きている人々は、愚かな政治家が下した決断や判断のために、とんでもない事態に巻き込まれることもあるのだ……。（二〇〇六年三月一六日）

［057←・→066］

【明治三八（一九〇五）年】――日比谷で講和反対国民大会開催、焼打ちに。

062 明治の数学パズル大全

『数学世界　増刊　数学お伽双紙』（博文館、明治三八年八月二〇日）

●――「数独」というパズルが流行っていると聞いた。具体的にはどういうものなのかを知らないので比較はできないが、古書展で見つけて、面白そうだと購入したのが、この『数学世界』の増刊号である。二五〇円。博文館では当時、月刊で数学の専門誌まで出していたのか……。

●――序文を作家の江見水蔭が書いている。「一を聞きて十を覚る人の多き世の中に、一を知りて二を知らぬ余の如きは、数学の智識に至りて全く〇《ゼロ》なり」という書き出しで、かなり滑稽な文章だ。その最後の名前の横に、「東京の一《いち》に二《つ》ぎ、三《み》ツの口から三ツの棒を吐く処に住む四人《しじん》」という添書がある。住所を当てさせる数字を使ったクイズらしいのだが、さて、当時の江見水蔭はいったいどこに住んでいたのだろう。「東京市郊外の品川に住む詩人」、という意味か。

●――本文を見ると、升目の中に一から九とか、一から一六とか、升目の数に合わせて数字を入れて、タテ・ヨコ・斜め、どこを足しても同じ数にするものが出てくる。よく見るものだが、ここでは「洛書」と記している。

●――その次に出て来るのは、「円陣」。これも、タテ・ヨコおよび、円の一周目、二周目の数字を足して同じにするというもの。後ろのページに行けば行くほど、どんどん高度になっていく。ヒャー、すごい。しかも、いろいろな種類が載っていて面白い。最後のほうには「連環」というのが登場する。これも、一から順番に数字を入れていって、環になっている部分の数字を足すと、全部同じになっているというのだが……。

●――この『数学世界』という雑誌の読者対象は、いったい何歳くらいだったのだろうか。明治の日本人は数学が得意だったのか？　こうした数学の遊びというのは、かなり古くからあったのだろうか。江戸時代の和算は、レベルが高かったと聞くが……。急に数学に興味が湧いてきた。

（二〇〇七年三月六日）[059←・→076]

063
日露戦争と富士登山の関係は？

『戦時画報 臨時増刊 富士画報』第六二号（近事画報社、明治三八年八月一五日）

●——『戦時画報』から『近事画報』に復題した後も、何冊も臨時増刊号が発行されている。通常号の間に臨時で特集号を持ってくることで、読者の興味を惹こうという戦略だろう。そのあたりを見ても、編集長の国木田独歩が、戦争ブームが去った後の『近事画報』を、本格的なグラフ誌として位置づけて、長く続けていくつもりだったことがうかがえる。

●——これも臨時増刊号だが、最初にこの題号を見たとき、「富士」が何を示しているのかわからなかった。軍艦の「富士」の特集でもしているだろうか……と思いつつ、ネットの「日本の古本屋」で注文した。二〇〇〇円。届いてみるとなんのことはない、そのままズバリ富士登山の特集号だった！ これは意外だった。日露戦争がまだ終わったわけではないときに、丸ごと一冊、富士登山の特集を組んでいるのである。

●——戦争中に富士山に登る人がいたのか？ これも意外なことに、どうも富士登山がブームだったらしいのだ。当時の『東京朝日新聞』によれば、なんと女性（女学生）までがたくさん富士山に登っているという。国が戦争をしているときに富士山に登る、というのはどういう意味があったのだろうか。趣味や個人の楽しみではなく、宗教的なものなのか？ 日露戦争と富士登山の関係、ちょっと気にかかる。（二〇〇六年三月二六日）[024←・→065]

064
宮武外骨のシツコサ

『滑稽新聞』第一〇二号（滑稽新聞社、明治三八年八月二五日）

●——東京古書会館の古書展で思わず買ってしまった。宮武外骨の単行本は、古書展で何度も目にしたことがあったが、彼が発行していた『滑稽新聞』はまだ実物を見たことはなかったか

らだ。

●——『滑稽新聞』は「新聞」という題号だが、刊行は月三回で、仕様体裁は「雑誌」である。判型は、菊倍判より天地が少し小さい。明治三四年～四一（一九〇一～〇八）年まで刊行され、第一七三号で廃刊になっている。復刻版はひと通り目を通したことがあるが、何しろ『滑稽新聞』は、宮武外骨の真骨頂が発揮されているメディアであり、その面白さときたら並大抵のものではない。さすがに明治の大奇人・外骨だ！　それだけに、初めて実物に触れて、買わずにはいられなくなったのである。二〇〇〇〇円で入手。

●——宮武外骨については、たくさんの人が書いているので、今さらいうまでもないだろう。彼はさまざまなメディアを創刊しては廃刊しているが、中でも最高傑作は『滑稽新聞』だと思う。この号はちょうど日露戦争のポーツマス講和会議中に刊行されたものだが、戦争中に発行された号でも、さんざん政府をからかうような内容を載せていた。宮武外骨のすごいところは、よくここまでやるよ、と呆れるしかないシツコサだ。ひとつ標的を決めると、相手が誰でも徹底して追及し、つるし上げ、パロディーにして笑い者にする。とはいえ、やられたほうはたまったものではない。

●——その標的になった一人が、『萬朝報』を出していた黒岩涙香だった。宮武外骨vs黒岩涙香の図式はなかなか面白いが、私にとってそれ以上に興味深かったのは、宮武外骨が『滑稽新聞』の中で、村井弦斎の『食道楽』をさかんに取り上げていたこと。これまで誰もそのことを指摘していなかったので、弦斎の名前を発見したときは驚いた。宮武外骨は弦斎に対して、からかってはいるものの、悪意は見えない。ただひたすら『食道楽』をパロディーにして、読者を抱腹絶倒させているのだ。それについては、拙著『「食道楽」の人　村井弦斎』（岩波書店）の一七六～一八二ページに書いている。

●——この号の表紙の上には「肝癪と色気」、左側には「追々涼しくなるネーダカラ次号は来月五日に発行するよ」と書かれ、中を開いてみれば、宮武外骨自身が「人を笑はす法」を書いている。その次には「腐敗新聞屋共」の記事。これなどは、やや真面目な記事の部類で、ポーツマス講和の各新聞の報道を批判した内容だった。外骨は、戦勝国日本が戦敗国ロシアに譲歩していることを嘆き、「談判破裂」を強硬に主張していた。その後は、「どうでもいい」パロディー、冗談のような記事とイラストが誌面を埋めている。今から百年も前に、よくもまあこうした徹頭徹尾ふざけたメディアが刊行されていたものだ。やはり、宮武外骨はタダ者ではない。（二〇〇五年一二月五日）［047←・→075］

065 子煩悩・独歩の雑誌への思い

『少女智識画報』創刊号（近事画報社、明治三八年九月一日）

●——国木田独歩編集長のもとで、黄金時代を迎えていた近事画報社の定期刊行物のひとつ、『少女智識画報』の創刊号。同じ仕様体裁で、同時に『少年智識画報』も創刊されている。明治三八（一九〇五）年九月一日発行なので、日露戦争が終わった頃である。月刊でサイズは菊判、「画報」といってもごく可愛らしい絵雑誌である。

●——この『少女智識画報』は存在だけがわかっていて、なかなか見つからなかった。私が実物を確認できたのは、神奈川近代文学館に所蔵されている第二号、第六号、第七号のみ。後は、児童書の個人コレクションなどでわずかに残っているらしい。そのため、『少女智識画報』の創刊号が「和洋会」の目録に載っている、とある人に教えていただいたときは、なんとしても見たい！　と思ったのだが、運よく入手できた。ページの一部に一カ所切取りがあったものの、三〇〇〇円で買えたのはうれしかった。

●——この『少女智識画報』の創刊号の表紙は、デザイン的にはぱっとしないが、中の挿絵を描いているのは尾竹竹坡と尾竹国観の兄弟だ。丁寧に描かれ、石版印刷で美しく印刷されている。子供向けとはいえ、大人の鑑賞にも十分堪える。国木田独歩は大変な子煩悩で知られていた。彼の子供たちへの愛情が、こうした手のかかった少年少女向け絵雑誌を創刊させたのだと思うと、いっそうこの雑誌がいとおしくなる。（二〇〇八年四月六日）［063←・→071］

066 芸妓たちの国威発揚の活躍

『近事画報 英国艦隊歓迎画報』第七〇号
(近事画報社、明治三八年一〇月二〇日)

●——日露戦争終結後の第七〇号。日露戦争中は『戦時画報』と改題していたため、「戦時画報改題 近事画報第七十号」となっている。中央には「英国艦隊歓迎画報」の文字。これも二〇〇〇円。拙著『日露戦争 勝利のあとの誤算』(文春新書)でも取り上げたが、日比谷焼打ち事件の後、政府は民衆の目を凱旋軍歓迎のほうに向けようと画策した。新聞も、ポーツマス講和についてと政府をさんざん非難したことなど忘れたかのように、戦勝気分を煽って凱旋軍の記事で紙面を埋めつくす。民衆も、あたかも日比谷焼打ち事件の記憶を〝消去〟したかのように、凱旋軍のパレードを熱狂的に迎えた。新聞発行停止処分と戒厳令施行というクスリ(劇薬だ!)が、政府の思惑以上に効を奏したのである。

●——その最初が、英国艦隊の日本への表敬訪問だった。日英同盟を締結している盟友である日本の海軍は、日本海海戦でロシアのバルチック艦隊に完勝して全世界を驚かせた。それに敬意を表して、はるか英国から、海軍将校と水兵たちが艦隊を組んで威風堂々とやってきたのである。当時の桂内閣にとっては願ってもないことだった。早速、国をあげて英国艦隊を大歓迎せよ、という指令が出され、列島はお祭り気分に包まれた。この第七〇号はそれを実によく伝えている。

●——拙著の二一八ページからそのあたりのことを書いているが、資料を読んでいて一番笑わされ、皮肉をたっぷり込めて書いたのが二二一ページ。明治三八(一九〇五)年一〇月一二日に東京の日比谷公園で開催された英国艦隊歓迎の園遊会は、頭の固い役人のせいで「芸妓禁制」となった。男ばかりの中に、女性は外国人賓客の妻などがわずかにいるだけ。しかも、出し物は撃剣や柔術の模範演技や相撲の試合、さらには能楽など、若い水兵たちには退屈きわまりないものばかり。この日の園遊会は盛り上がらず、東京市に対して非難が集中した。そして、ついに「芸妓を呼べ!」の声が——。

●──英国の水兵の人数が多いため、半分ずつを招待するということで、園遊会は二日連続で予定されていた。園遊会の無粋さに対して、集中攻撃を受けた東京市では、慌てて「芸妓禁制」を撤回。翌日のために、新橋はじめ各所のきれいどころに声をかけた。いったい何といって頼みこんだのかはわからないが、芸妓たちは〝国威発揚のため〟、何としてもこの大役を果たさねば、という意気込みで承諾する。その結果、一夜明けた一〇月一三日の園遊会には、なんと四〇〇人の一流どころの芸妓たちが集合し、笑顔を振りまいた。

●──当時の日本といえば、西洋の一般人には「フジヤマ・ゲイシャ・ハラキリ」くらいしか知られていない。その世界的に有名な〝ゲイシャ・ガール〟がやっと登場したというので、水兵たちは大喜び。一緒に記念撮影をしたり、ダンスをしたり、軽々と抱き上げたり、大変なはしゃぎようだったという。いやはや、一晩で四〇〇人の芸妓を急きょかき集めた、という点には大いに笑わせてもらった。まったく役人や政治家のやること、考えることときたら……。何はともかく、日英親善に最大の貢献をしたのは芸妓たちだったのである。

●──この『英国歓迎画報』には、その証拠となる写真が多数載っていた。鮮やかな着物を着た小柄な芸妓たちが、セーラー服姿の背の高い若い水兵たちに抱き寄せられたり、肩に手を置かれたり、一緒にグラスを持って乾杯したりと大モテである。東郷さんも芸妓には勝てなかった──という一幕。（二〇〇五年一二月四日）［061↑・→074］

067 「勝利は麻薬」を実感できる特集

『近事画報臨時増刊　凱旋観艦画報』
（近事画報社、明治三八年一〇月三日）

●──これも国木田独歩が編集長だった『近事画報臨時増刊　凱旋観艦画報』で二〇〇〇円。日露戦争が終わると、陸軍・海軍の将兵たちが戦地から帰還してくる。その凱旋パレードの様子を特集したもので、これは海軍の凱旋。

●──当時、日本海海戦でバルチック艦隊を破った東郷平八郎率いる日本の連合艦隊は英雄中の英雄だったので、それを迎える人々の熱狂はものすごかった。東郷大将はもはや神様扱いである。この臨時特集号にはたくさんの写真と絵が掲載されているが、凱旋パレードの通りは旭日旗と日の丸で埋めつくされているし、海岸で艦隊を見物する人たちは、少しでも高い場所から見ようとして、松の木の上によじ登っているし、東郷大将を迎える新橋駅の人混みはすさまじい。ヨン様を一目見ようとして群がった日本人女性ファンどころの騒ぎではない！

●――東京市内に各所に「凱旋門」がつくられ、そこを馬車に乗った東郷大将らが通る。沿道には人々が幾重にも列をなして、一目ヒーローの顔を見ようと待ち構えている。こうした凱旋のお祭り騒ぎが、翌年まで何度もくり返されることになる。そのお祭り騒ぎに参加することによって、人々は戦時中苦しい生活に耐えてきた不満や、講和に対する納得の行かない気持ちなどを、解消していったのだろう。「戦争に勝ったのだから、まあいいじゃないか」――そんな気持ちが人々の心にも広がっていく。政府もそれを見て、胸を撫で下ろす。勝利は麻薬のようなものだ。なんとも恐ろしい。(二〇〇五年七月二二日)[074←・→070]

068 百年前の「美文」の価値と影響

小林鶯里『作文良材 美文精選』
(文陽堂、明治三八年一〇月初版、四四年四月一七版)

●――この本の初版は明治三八(一九〇五)年一〇月だが、六年後の明治四四(一九一一)年四月で一七版になっている。よく売れた本だったようだ。三〇〇〇円で購入。著者の序文によれば、「今の中学教育に於て、学生の最も苦心するところは作文の業」で、「本書は初学者が作文の際、美的文章を採り、章句を練るに、その不便を容易に排除せんとし、予が読書の際、その時代の古今と、文体の和漢を論ぜず、苟《いやしく》も精華と認むるものを選《え》り、之れを類別編纂したるもの」だという。

●――最近でも、「正しい文章」「美しい文章」を書くための本もないわけではないが、むしろ、

「おかしな言葉」や「若者のこわれた文体」などを、面白おかしく取り上げる本が目立つような気がする。それに対して、この本が出た当時は、美しい文章を綴ることが価値あること、非常に大事なこととして考えられていたようだ。

●――明治三八年一〇月といえば、日本が日露戦争に勝利した直後である。その年の五月、日本の連合艦隊は日本海海戦でバルチック艦隊を華々しく打ち破り、国民を驚喜させた。その戦いが始まる直前に、「三笠」から大本営に宛てて「敵艦見ゆとの警報に接し、連合艦隊はただちに出動、これを撃滅せんとす」と打電しようとしたところ、この電文を見た秋山真之参謀が「本日天気晴朗なれども波高し」と書き加えた、という有名なエピソードがある。秋山真之は、司馬遼太郎の『坂の上の雲』の主人公の一人でもあるが、この「本日天気晴朗なれども波高し」は名文として、多くの日本人を感動させ、歴史に残るものになった。おそらく、当時の子供から大人までがみな、この一文を頭に刻み込んだにちがいない。文章とは、そういう力を持つものだったのだと思う。

●――さて、百年前の『作文良材　美文精選』にはどんな「美文」が載っているのか。「時令／天象／地文／人倫／動物／植物／人事」と分かれているが、せっかくなので「美人」という項目を見てみよう（「恋愛」も面白いのだが）。

閉月羞花《しゅうか》、沈魚落雁、○正に之れ、丹下の唇、画賛の眉、○往けば即ち目送り、遅れば則ち目迎ふ、○細く涼しき眉の月、風に靡《なび》ける青柳の、糸や宿れる思ひして、○瞼《まぶた》は弥生の花に媚び、眉は初春の嫉柳《あやなぎ》を払ひ、肌は瑤台の月を妬み、髪は楚油の雲を籠む、○紅深き顔は、此世の人と思はれず、○海棠《かいどう》の、雨に悩める其風情、将来幾多の男子を悩殺せん、○雪の肌日に晒されて光に焦げず、緑の髪、風に梳《くしけ》づられて嵐に乱れず、眉は遠山の霞を罩《こ》めて優に、二面の弦月をかけ、眼《まなこ》は銀河の流れを堪へて妙《たえ》に夜光の珠を鏤《ちりば》む

●――これは一部をピックアップしただけで、実際にはこの調子で五ページにわたって書かれている。こんなふうに書かれた恋文をもらっても、今の若い女性は、誉められているのか何な

のか、わけがわからないのでは？（二〇〇五年六月二日）［027←・→077］

069 「食育」を普及させた村井弦斎

村井弦斎『食道楽 全』四巻合本（明治三八年一〇月）

●――近年、「食育」という言葉をよく目にするが、調べてみると、この言葉は一九八〇年代以降、急速に使われるようになっている。食生活の乱れが若年層の肥満や生活習慣病の増加と関連づけられ、同時にO-157による食中毒、BSE（牛海綿状脳症、狂牛病）、鳥インフルエンザの発生、および大手食品メーカーの相次ぐ不祥事などで、多くの人々が食の安全に不安を抱くようになった。

●――その中で「食育」、すなわち食に関する教育ということが、学校給食の現場などから強調されてきた。そして、今や厚生労働省でも農林水産省でも文部科学省でも、競って食育についての政策を検討している。まさに今、「食育」は「スローフード」と並んで一種のブームとなり、それを国が後押ししているといえるだろう。

●――だが、この言葉は決して新しいものではなく、村井弦斎は百年前に『食道楽』の中で「食育論」を説いている。日本の教育体系は、明治時代から「知育・徳育・体育」の三育を基本としてきているが、それに対して弦斎は、「食育」のほうがもっと大事だと主張したのだった。さらに、彼はこの「食育」という概念を社会に広く普及させる目的で、次のような歌までつくっている。

「小児には徳育よりも智育よりも体育よりも食育が先き」

●――明治三八（一九〇五）年に刊行された『食道楽 全』（四巻の合本）の巻末附録「料理心得の歌」一〇四首中の一首に、この歌を見ることができる。

●――ただし、これもよく誤解されているが、「食育」という言葉を最初に使ったのは弦斎ではない。明治二九年（一八九六）年に石塚左玄という陸軍の軍医が著わした『化学的食養長寿論』の中に、この言葉を見ることができる。弦斎はこの石塚の著書を読んで玄米食を試しており、自分の文章の中でも石塚の名前を挙げている。

●――とはいえ、現実に「食育」という言葉を広く普及させた点で、ベストセラーになった『食道楽』の功績は、先行する石塚の著書をはるかに上回るだろう。『食道楽』の先見性は、この「食育」ということだけにはとどまらない。百年後に日本に「食育」ブームが起こっていることを知ったら、弦斎はいったいどう思うだろうか。

（二〇〇四年一一月三日）

追記／これを書いた翌年の二〇〇五年六月、「食育基本法」が成立した。 [058←・→092]

070 報道画家たちの活躍

『近事画報』第七四号
（近事画報社、明治三八年一二月一日）

●――『戦時画報』から『近事画報』に復題した号で、これも二〇〇〇円。表紙は赤と緑という補色関係の二色を大胆に使って、華やかな祝祭気分を盛り上げている。この頃、日本には満州から続々と師団が凱旋してきていて、日露戦争の勝利を祝う祝捷《しゅくしょう》会もピークを迎えていた。一方、明治天皇は日露戦争の勝利を報告するために伊勢神宮へ行幸している。その道筋ごとに大勢の人々が集まって、見送りや出迎えをしている。お召し列車が通過するだけの小さな駅のホームでも、村人たちが待ち構えていて「万歳！万歳！」と叫んでいたというから、すごい盛り上がりだったのだろう。この号には、その様子が写真と報道画で伝えられている。

●――小杉未醒がこのとき、特派員として伊勢へ派遣されている。「神都行幸記」と題する小杉未醒の独得のユーモラスなスケッチが、本文ページの中にもちりばめられていて楽しい。未醒の人物の描き方は漫画にも通じているというか、ある面が極端に強調されていて、その人物のキャラクターが一目でわかる。そして、どの人物もまるで動き出しそうに生き生きとしている。おそらく、あっという間にスケッチするのだろう。時間をかけていたら、ニュースを伝えることに意味がある〝報道画〟を描くことはできないからだ。この時期も、まだこうして報道写真家ではなく、〝報道画家〟が派遣されていた。

●――明治期の雑誌に報道画を描いていた画家たちは、後に報道写真家に取って代わられることになるが、彼らの画業にとって、それは貴重な体験だったのではないかと思う。小杉未醒も、のちに小杉放庵の名前で、洋画から日本画の分野に転じて活躍することになる。ちなみに、小杉未醒はこの号に、絵だけでなく「伊勢日記」という記事も書いている。まさに〝写生〟という感じの文章で、読みやすくて面白い。（二〇〇六年三月二〇日）[067←・→181]

071 独歩編集誌のデザインセンス

『近事画報臨時増刊　満州軍凱旋画報』第七六号（近事画報社、明治三八年一二月一八日）

●――同じく『近事画報臨時増刊　満州軍凱旋画報』。これも二〇〇〇円で入手した。『東京騒擾画報』『凱旋観艦画報』と合わせて、すべて実物を見ずにネット注文したものだが、届いて梱包を解いて（その瞬間の胸の高鳴りというのはなんともいえないものだが）、表紙のデザインを見た瞬間、思わず声をあげそうになった。

●――この斬新さ！　何も知らずに見て、百年前のグラフ誌だと思うだろうか。凱旋パレードを立体的に見せるために斜めの構図にして、題字まで四五度の角度で組んでいる。しかも、遠近法でその題字の大きさを一文字ずつ変えている。左側の〝観衆〟が、なぜかシルクハットをかぶってダークスーツに蝶ネクタイ、白手袋、という恰好をしているのも面白い。近事画報社の出版物のグラフィックデザインは、誰の手によるものなのだろうか。すぐに連想したのはロシアの構成主義のポスターだが、一九一〇年代以後ということなので、一九〇五（明治三八）年に刊行されているこの『近事画報』（日露戦争中は『戦時画報』と改題）のほうが早いことになる。

●――当時、雑誌王国と称された博文館の『日露戦争写真画報』の表紙デザインも、これに比べるといささか野暮ったく見えてしまう。知名度からいえば、博文館のほうがずっと上なので、売れ行きはおそらく『日露戦争写真画報』のほうがまさっていたとは思うのだが……。これは、『近事画報』編集長の国木田独歩の功績なのだろうか。だとすると、雑誌編集者としての独歩を、もっと見直す必要があるだろう（この二年後、拙著『編集者　国木田独歩の時代』として単行本化）。

●――この号は満州軍の凱旋パレードの特集だ。

一二月七日には大山巌、児玉源太郎らが帰還している。七日はあいにくの雨天で、歓迎する人々は傘もささずにびしょびしょになり、なんとも気の毒な様子だ。さらに、九日は黒木第一軍司令官、久邇宮《くにのみや》殿下などが凱旋した。乃木希典らの凱旋パレードは翌年一月である。写真や報道画を見ていると、東京に到着する途中の地方都市でも、歓迎パーティーが行われている。

●——そして、市中には相変わらず華やかな「凱旋門」に「花電車」。さらに、砲兵工場、鉄道の駅、白木屋、三越、三井銀行の屋上は、夕方から「イルミネーション」で飾られた。これなどはまさに現代のライトアップである。とはいえ、現代人は電気などには驚かないが、あの時代はまだ一般家庭に電気という〝ハイカラ〟なものは普及していない。人々は文字通り目をみはったにちがいない。記事には、「遠方から見ると空へ映る火光を火事と間違えた者が多かった」と書かれている。(二〇〇五年七月二三日)[065←・→078]

072

折り目のついているページには

郁文舎編集所編『家庭辞書』
(郁文舎、明治三八年二月初版)

●——今日は午後から東京古書会館へ。「趣味展」で、いつも以上に明治の本や雑誌が多かった気がする。一〇〇〇円とか八〇〇円とか微妙な値段がついているものは、ウーンと迷ったあげく、買うのをやめた。そうしなければ、今日も軽く一万円以上買ってしまったに違いない。

●——それでも、面白い本をいろいろ見つけた。たとえば、明治三八(一九〇五)年に刊行された郁文舎編集所編『家庭辞書』。前にも見て、欲しかったのだが、値段が高かったので買わずにいた。今回は五〇〇円で購入できた。百年以上前の『家庭辞書』なんて、いったい何の役に立つのか、といわれそうだが、予想通り、これはかなり面白い辞書だった。

●——本文は七九四ページ。口絵写真もかなりの点数で、衣食住関連のものが載っている。凡例によれば、項目は約五〇〇〇、挿絵も約五五〇点だという。緒言に、この辞書に掲載した項目についての説明がある。食物に重きを置いていること、衣服、住居、育児、衛生、教育、礼法、経済なども重視していること、さらに、戸籍のこと、各種手続きのこと、茶湯、挿花、詠歌、管絃、遊戯、娯楽の方面にも及んでいること、慶弔、交際、交通、電信、電話、銀行、会社、保険のことも……という具合。明治人の生活に関して何か知りたい場合には、非常に役に立ちそうなのである。

●――笑ったのは、折り目のついているページを元に戻そうとして、ふと見たとき。そのページの最初の項目は[きっす　接吻]だったのだ。前の所有者(男性の名前が書かれていた)は、ここをブックマークしたらしい。この項目の説明文がまた、すごいというか……。

> きっす　接吻　接吻は、わが国の礼法になきところにて、この心得は、ほとんど無用なれど、西洋の風俗を知らんがため、ここにこれを説明すべし。この礼法は、礼法といはんよりは、情を通ずる方法ともいふべきものにて、近親・夫婦・親友間のみに行はる。それも、公衆の面前にて行はず、親戚・朋友等のみ居る場合に行ふなり。接吻は、互に口吻を接するを本意とはすれど、頬に接吻し、額に接吻する等の事もあり。いかに親しき間柄なりとて、口辺を拭ひ清めずして接吻するは無礼なり。

●――他にも、かなり面白そうな項目がありそうだ。(二〇〇九年九月一一日)[046←・→086]

073 お伽噺題材の「日露戦争ぽんち」

『桃太郎の露西鬼征伐』(冨山房、明治三八年)

●――古い雑誌を読む面白さは、本文ページだけではない。広告ページにも思いがけない情報が載っていることがあるので見逃せない。とくに書籍や雑誌の広告だ。前出の『軍国画報』の広告ページでも、ずっと気になっていたことが(たぶん)判明した。

●――『軍国画報』の書籍広告ページに、「軍国少年のお伽絵話」と書かれていて、「桃太郎ロスキー征伐」とある。その下では「桃太郎の露西鬼征伐」と漢字になって、ロスキーとルビがふられている。

●――当時、冨山房から、ここに挙げられている桃太郎、カチカチ山、さるかに合戦などのお伽噺を題材にした「日露戦争ぽんち」というシリーズが刊行されていたのだ。右側には「いづれも愉快で活発で面白い絵本で評判の高いものであります」という宣伝文がある。

●――実は、村井弦斎の評伝を書いていた頃、日露戦争関係の資料を集めていて、古書展で表紙が取れてしまっていたポンチ絵本を二〇〇円で購入したことがあった。当時の世相をよく表している、と思ったからだが、表紙がない上、奥付もなく、タイトルも著者も出版年も手がかりになるデータが何もない。そのため、引用したり、言及することはできなかった。それが、桃太郎がロシア征伐に行く、という内容だった。

●――悪漢〝ロスキー〟を征伐する日本の少年桃太郎、という典型的な勧善懲悪のストーリー。日本人に最も親しまれているお伽噺を下敷きにしたこともあり、戦意昂揚の意味でも、戦時下でこうしたポンチは歓迎されたのだろう。これが、『軍国画報』の広告に載っていた『桃太郎の露西鬼征伐』なのではないか。広告の絵と完全に一致しているわけではないので、残念ながら断定はできないが、その可能性はかなり高いと思う。

●――この絵本の最初に登場するのは、「エイゾーといふおぢいさん」と「オアメといふおばあさん」である。もちろん、エイゾーは英国、オアメは米国だ。この両国が、思いがけず手に入れた桃から生まれてくる勇敢な子供が、「ももたろう」である。

●――日本は当時の国際情勢の中で大国に操られてロシアと戦うことになった、という意識が、少なくともこのポンチの作者にはあったのだろう。そのあたりのシニカルな表現が面白い。（二〇〇六年一月一八日）

追記／その後、『東京朝日新聞』にもこの絵本の広告があるのを発見。絵師は「国観」とあるので、尾竹国観だろう。［056←…→057］

074 芸妓連に拉し去られた大将

『風俗画報臨時増刊　凱旋図会』
（東陽堂、明治三九年一月一日）

●——表紙に人間ではなく、馬の顔を大きくあしらったデザインが面白い。この馬、月桂樹を口にくわえ、首には勲章をつけている。この『凱旋図会』(第三編)では、明治三八(一九〇五)年一二月七日の大山巌、児玉源太郎ら満州軍総司令部の凱旋と、一二月九日の黒木第一軍司令部の凱旋を特集している。五〇〇円で購入。

●——同誌は凱旋パレードだけでなく、この両司令部の凱旋を祝う第一回帝国陸軍大歓迎会(この後、何度も開かれている)が、一二月一七日に上野公園で開催されたことも伝えている。この日も司令官たちは、約一万五〇〇〇人の兵士を引率して、まず日比谷公園に集合し、新橋に出て、大通りを会場の上野公園まで凱旋行軍している。この一七日は大雨になったが、その中を市民は、七日、九日に続いてまたしても沿道に集まり、歓声を上げて迎えている。考えてみると、連日こんなことをくり返しているわけで、仕事にも差し支えるだろうし、ご苦労なことだという気がしないでもない。

●——歓迎会会場の上野公園にも大勢の人々が集まり、大山らの一行が到着すると、花火があがり、万歳の声が何度も轟き、旗が振られる。歓迎式では尾崎行雄東京市長が歓迎文を読み上げ、大山元帥が答辞を読む。式の終了後、歩兵たちは帰路につき、それぞれの営所に引き揚げた。

●——一方、お偉方だけは残って、それから園遊会が始まっている。園内にはさまざまな模擬店が出店し、ビールもあればおでん、寿司、水菓子、茶菓子いろいろある。そこで嬌声をあげながら、手ぐすね引いて待ち構えているのは、新橋、柳橋、茅町、日本橋から出張してきた芸妓たち。記事によれば、児玉大将は、その美人連によって「捕虜となり」「拉し去られた」とのことである。

●——一方、黒木大将は片時も杯を空にすることなく酒をつがれ、飲むわ飲むわ、早くも足取りがおぼつかない。それを見て、誰かが「胴上げにせよ」と叫ぶや、芸妓や将校が一緒になって、逃げ出そうとする黒木大将を取り囲む。ついに、黒木大将は両手両足をつかまえられて胴上げされた。「酔った時の胴上げはエライなあ」という黒木大将。にっこり笑ってその手を取るのは芸妓たち。黒木大将も芸妓に導かれてどこかへ去っていく。そうした様子が目に見えるように描写されているあたりは、『風俗画報』の記者もなかなかのものだ。（二〇〇五年七月二六日）

[066←・→067]

075 言いたい放題の宮武外骨

『滑稽新聞』第一〇六号
（滑稽新聞社、明治三九年一月一日）

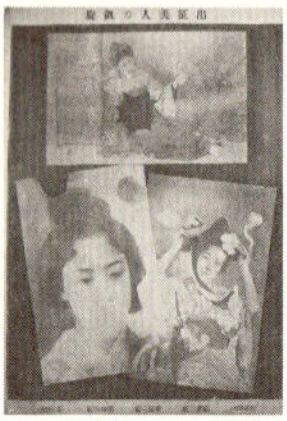

[写真ページ]

●――この『滑稽新聞』第一〇六号は明治三九（一九〇六）年の正月発行だ。二年続いた日露戦争が終わって初めての正月でもあり、この号はきっと面白いだろうと思って、二〇〇〇〇円で購入。

●――最初の記事は「兎に角目出度《めでたい》」。宮武外骨の文章だと思うが、読んでみると、言いたい放題、書きたい放題である。

桂内閣の腰抜共が、日本国に熨斗《のし》を附けて露国へ渡さ無かッたのは、何よりの仕合せである。（中略）

失敗に失敗を加へ、暴戻《ぼうれい》に暴戻を重ねて、全国民の怨府となッて居た桂内閣の太郎や小村寿などが、其ドテッ腹を抉《えぐ》られる事も無く、生命冥加のあッたのは、彼等のために、兎に角目出度と云はねばならぬ。（中略）

彼等は戒厳令のお蔭で其兇刃にも触れず無事に新年を迎へられるのは、お鯉や小柳などの身になッても、兎に角目出度と云はねばならぬ。

●――さらにこの記事によると、『滑稽新聞』はポーツマス講和反対と政府批判をしたために、三度の発売禁止と二度の発行停止をくらったという。ところが、何が幸いするかわからないもので、発行停止を命じられたのをきっかけに宮武外骨は東京へ行き（滑稽新聞社は大阪にあった）、東京での販売大拡張を図ることができたそうだ。度々の差し押さえが読者の人気を呼び、発行部数を売り切って再版までして、実に前年の四倍の部数が売れるようになった——というのである。まったく、転んでもただでは起きない、とはこのことだ。

●——その他、午《うま》年にちなんだポンチ絵や、正月にちなんだ記事が並ぶが、「助倍党の宣言」なんていうのもあった。「すけべいとう」の宣言である。その見出しは「肉感挑発は淫靡に非《あら》ず堕落に非ず恋愛文学の本領なり神髄なり」というのだが、ここではちょっと紹介しづらいので、読みたい方は復刻版でどうぞ。ほかにも「キッス奇談」やら「美人の定義」やら「乳房と愛情」やら「発売禁止の春画目録」やら……。新年早々、外骨さん、やってくれています！

●——正月号ということで特別な写真ページもついている。これなど、発行停止になってもおかしくなさそうだが……。「出征美人の凱旋」と題して、三枚の美人絵葉書。それぞれ「砲弾の痕」、「垂涎の痕」、「接吻の痕」である。日露戦争では、出征兵士にこうした美人絵葉書を慰問のために送るのが流行ったのだが、外骨はそれを痛烈に皮肉っているわけだ。（二〇〇五年一二月六日）[064←・→115]

076 抱腹絶倒「良妻賢母」マニュアル

『女学世界定期増刊 女重宝記』（博文館、明治三九年一月一五日）

●——古書展で面白い雑誌を見つけた。『女学世界』の増刊号で、表紙に大きく「女重宝記」の文字がある。刊行は明治三九（一九〇六）年一月。わずか三〇〇円だったので、見るなり飛びついた。『女学世界』という雑誌は知っていても、そのすべてのバックナンバーを見ているわけではない。そのため、同誌の増刊号に『女重宝記』という特集号があるのを初めて知った。

●——村井弦斎はこの前年の明治三八（一九〇五）年七月に『台所重宝記』という本を出している。これは、大ベストセラーになった『食道楽』（単行本は明治三六年～三七年に四巻に分けて順次刊行）に出てくる食品や台所に関する実用的な内容を、よりくわしく解説し、一冊にまとめたものだ。『台所重宝記』もよく売れたらしく、私の手元にある本は四カ月で一二版になっている。ちなみに、この『台所重宝記』は『食道楽』と同様に、弦斎の自費出版である。

●――『女学世界』のこの特集号は、弦斎の『台所重宝記』の半年後に出ているわけで、同書を意識しなかったはずはない。『女学世界』の版元は博文館で、弦斎は博文館から当時、『下女読本』『小僧読本』といった実用書も出していた。弦斎にそれを書くことを勧めたのは、博文館社長の大橋新太郎だった。

●――あくまでも想像だが、弦斎の『台所重宝記』を見て、『女学世界』編集部では『女重宝記』という特集号を企画し、弦斎にも執筆陣に加わって欲しいと依頼したのではないか。

●――だが、弦斎は明治三九年に長年勤めた『報知新聞』を辞めて、実業之日本社が創刊した『婦人世界』の編集顧問になっている。『女学世界』のほうが読者層は若いが、競合関係にあるといえる婦人雑誌だ。そのため、弦斎は『女学世界』への執筆を断ったのだろう。

●――明治三八、三九年頃といえば、人気作家だった弦斎のピークの時期だ。『報知新聞』を辞める話が伝われば、出版業界からは引く手あまただったにちがいない。それにもかかわらず、弦斎は実業之日本社社長の増田義一への義理を通して、同社の雑誌以外には一切原稿を書かなくなる(わずかにインタビュー記事は載っているが)。また、単行本も実業之日本社からか、自費出版するかのどちらかで、他社からはまったく出していない。この一冊の雑誌から、そんなことをいろいろ想像してしまった。

●――さて、中身だが、じっくり読み出すと止まらなくなる。これが出たのは日露戦争終戦の翌年だ。歴史学的にも社会学的にも、さまざまな点で日本人の暮らしが変わっていくターニングポイントの時期といっていい。明治維新後、ひたすら西欧化に努めてきたものの、西欧からは極東の〝野蛮人〟の国としか見られていなかった日本が、世界列強のひとつであるロシアと戦って、曲がりなりにも勝ったのである。「これで〝一等国〟の仲間入りした」という意識を、当時の日本人は強く持っていた。

●――こうした雑誌も啓蒙的だ。西欧人の生活習慣などを紹介して、優れている点は積極的に導入するように勧めると同時に、日本人の伝統的な暮らしの知恵も再評価しようとしている。これは、読者が女性に限定されている婦人誌だが、当時の雑誌のつくり手はほとんど男性だった。そのため、男性の目で見た「新しい日本婦人」の理想というものが、誌面からは浮かび上がってくる。西欧のように男女同権を唱えたり、選挙権を望むような生意気な女性は、決して望ましくはない。あくまでも男性に対しては控えめで、家庭をしっかり守る、という「良妻賢母」が理想とされているわけだ。

●——『女学世界定期増刊　女重宝記』の序文には、次のように書かれている。

> 女子の家庭に於ける任務は極て重大にして其為す所は頗《すこぶ》る多端に亘らざるべからず、是を以て家政を完全に処理せんと欲せば其応用を万般の智識に須《ま》たざるべからず、女重宝記は眇《びょう》たる一小冊子に過ぎずして元より大方読者の粲《さん》に供するに足らずと雖《いえど》も聊《いささ》か婦人斉家の用意に資せんと欲する編者の微意を納《い》れ給はんことを

●——目次を見ると「人生観／重宝記／家政門／庖厨門／花鳥門／衛生門／教訓門」という七つの大きな項目に分かれていて、さらに細かい項目が並んでいる。本誌全体の最初は「人生観」で三つの記事が並んでいるが、その最初の記事の見出しが「醜婦安心の礎」だったのを見たときは、笑い出しそうになった。要するに、不運にも醜く生まれてしまった女性も絶望することはない、美人が必ずしも幸せな一生を送れるとは限らない——という内容なのである。

●——それに続いて「女訓小言」「家庭錦嚢《きんのう》」と続く。「錦嚢」はサイフのことだ。「家庭錦嚢」には短い金言が並んでいて、たとえば「小なる節倹」と題して、次の文章が掲げられている。

> 正しくして小なる倹約は必ず大なる果を結ぶものなり、仏蘭西が世界の大国たる所以は畢竟《ひっきょう》其の国民が正しく節倹するの力に在り

●——仏蘭西が……といわれてもなあ、という

気がしてしまうが。

●――とにかく取り上げられているそれぞれの項目の内容が面白い。たとえば、「婦人旅行節用」では、旅行の支度について書かれていた。女性が旅行をするときに所持すべきものの一覧が掲げてあるのだが、百年後の今と比べてみてどうだろうか。半紙と筆墨を持ち歩くなど、よほどの趣味人以外は考えられないだろう。

　蝙蝠傘、履物、足袋、跡掛紐（藁草履を履くときに使うといい）、手拭、化粧具、遣い紙、半紙、筆墨、名刺、扇、磁石、手帖、がま口、糸針、ハガキ、封筒、巻紙、郵便切手、万年糊、薬、ゴム引裏の袋（濡れた物を入れるのに重宝する）、耐風マッチ、小刀錐、留針、油紙、袱《ふくさ》包、紐類

●――「磁石」は方向を示すコンパスのことだろうか。こうしたものを持って旅行すると便利だ、というわけである。さらに、旅行案内書のこと、旅行費用のこと、旅行の衣類のこと、宿での茶代のこと、汽車に乗る心得まで（生まれてから一度も汽車に乗ったことがない人も多かったはず）、細かく説明してある。

●――そのすぐ後に「新案勝利占ひ」というのが載っていたので、物好きにもやってみた。最初のページには、この占いを考案したらしい「天眼堂主人」がこんなふうに書いている。天眼堂主人とは誰だろう。百年前の鏡リュウジか？（句読点を補った）

　世間で当るも八卦当らぬも八卦とて、占ひを慰み半分に思へるは僻事です。その当たらないなどゝ云へるはその人の真面目でやらないから、自然とその感応が薄いのであります。今一つは判る人が愚劣短才でせっかくの占示を判明することが出来ない罪であります。元来卜筮《ぼくぜい》は神聖なるものゆゑ、孔子様さへ物を開き務めを成すと仰せられて一生の間易の研究をなされましたが、その韋編《いへん》三たび断れたと申すことですから、如何に熱心であつたかと云ふことが知れませう。

●――続けて、この占いの方法が書かれているが、非常に単純で、まず三角形の「勝利塔」を前

に置き、目を閉じて心をしずめて指で突く。そのとき、指が突いた文字を別表で見て、そこに書かれている番号と照合して番号の占示文を読む、という仕組みだった。この「勝利塔」に書かれている文字が、日露戦争の英雄二人の名前が入った「東郷明神と大山権現は常勝健全なる活神也」なのが面白い。

●――目をつぶって「勝利塔」を指で突くと、「活」の字に当たった。それを別表で照合すると、以下の通りの占いになった。馬鹿馬鹿しくも笑える。お暇な方はご覧あれ。

●運気――運は向きました、併《しか》しあなたはよく汽車に乗りおくれる人だよ
●希望――志は大いに望みは高いがよろしい、さてはあまり小成に安んじ過ぎでは居りませんか
●職業――あなたは自分で職業を選ぶだけの心がない、他から進め《ママ》らるゝたびにぐらつくから駄目
●成功――あなたが思つてることは遂げられませう
●吉凶――いろ〳〵のよろこびがあります、心配はなくなつてるし、万歳かねー
●勝敗――さうすれば総べての敵にかてます
●旅行――こんどの旅行は御注意なさい、色難のそうがあります
●住居――三たび転居すると、火事に罹つた程のもの入りです
●苦楽――結果がわるいから苦しみますよ
●待人――あの人は又他をさがして居ますよ
●恋愛――あなたの軽卒は、大抵の人をいやにさしてしまいます
●婚姻――いけません、今結婚したら家内不和のもとです

(二〇〇五年六月二九日・三〇日・七月一日)[062←・→089]

077
もう色男でもねえ人間の手紙
星野仙吉編『紅葉書翰抄』(博文館、明治三九年二月初版、六月五版)

●――これも最近の古書展で、二〇〇〇円で入手できてうれしかった一冊だ。初版が明治三九(一九〇六)年一月で、五ヵ月で五版になっているので、よく売れた本なのだろう。尾崎紅葉はこの三年前に三五歳で亡くなっている。

●——横長の版型で、装幀はごくシンプルだが、中には紅葉の書翰が一七〇通近く収録され、さらに自筆の葉書が写真版で掲載されている。絵葉書に書かれたものがほとんどなので、その葉書の図柄も見ていて楽しい。作家が親しい友人に出した手紙を読むのは面白い。この中には、巌谷小波、小栗風葉、瀬沼夏葉、佐佐木信綱、広津柳浪、依田学海、石橋思案などへの手紙もあり、親しさの度合いによって書きぶりが違うのも興味深い点だ。

●——明治三四（一九〇一）年二月八日付の巌谷小波への長い手紙の最後には、こんなグチも書かれている（読みやすさを考えて、句読点を適宜加えた）。

　不相変《あいかわらず》客来頻繁にて執筆を妨げ、困難いたし候。近々面会日を定めん下心も有之、又は田舎に引込みて筆も執りたく、都に居ておもしろくも暮したく、稼がねば金は無し、金無くてはゆるりと読書も出来ず。あゝ面倒なる世の中。

●——紅葉の葛藤がよく伝わってくる。「稼がねば金は無し」か。巌谷小波に宛てた手紙は長いものが多く、初めて印税方式を採用することにした話や、食べた料理の話など、いずれも面白い。

●——明治二九（一八九六）年三月一二日付の石橋思案宛の短信では、次女が生まれたことを次のように伝えている。

　昨日午前十時安産致し、母子ともに健に有之候間此段申上候。此度も女子に有之候。肥満致居り余り泣かず、名は弥生と命ずべくなど考居候。僕ももう二人の親仁となつて見ると、いや馬鹿も出来ねエスと頭を掻くを木の頭オギャア〱〱

　十二日夜　もう色男でもねえ人間より

●——最後の「もう色男でもねえ人間」が笑わせる。紅葉はその後、もう一人娘を得て、二男三女がいたらしい。しかし、娘たちが美しく成人した姿を見ることなしに逝ってしまったのか……と思うと、しばし呆然とした。（二〇〇五年九月二一日）[068←・→091]

078

独歩が命を縮めてつくった雑誌

『近事画報』第八三号
（近事画報社、明治三九年三月一日）

●——『近事画報』は明治四〇（一九〇七）年四月の第一〇八号で終刊してしまうのだが、八〇番台、九〇番台の号の表紙画は、桜、白藤、アヤメ、紫陽花、朝顔など、「花」をモチーフにしたお洒落なものが多くて気に入っている。この第八三号は一〇五〇円だった。表紙に「月二回」という文字があるが、『近事画報』が月三回発行から月二回に減ったのは、この第八三号からである。

●——もともと『近事画報』は「週刊」をめざすと宣言していた。それなのに発行回数を減らすとはなにごとだ、という批判を先取りするように、この前の号には月二回にする言い訳のようなことが書かれていた。つまり、近事画報社では『近事画報』以外にもさまざまな雑誌を刊行するようになったので、実質的には「週刊」のようなものだ、というのである。

●——確かに、この第八三号の表二の自社広告を見ると、まるで博文館かと見まがうほどの刊行物のタイトルが並んでいる。

■『実業画報』　毎月一回十五日発行
■『富源案内』　毎月二回一日・十五日発行
■『遊楽雑誌』　毎月一回十五日発行
■『支那奇談集』　毎月一回十五日発行
■『通俗　小説文庫』　毎月一回十五日発行
■『近事画報』　毎月二回一日・十五日発行
■『婦人画報』　毎月一回一日発行
■『新古文林』　毎月一回一日発行
■『美観画報』　毎月一回一日発行
■『名画集』　毎月一回十五日発行
■『少年智識画報』　毎月一回一日発行
■『少女智識画報』　毎月一回一日発行
■矢野龍溪先生『浮城物語』

●——最後の『浮城物語』だけは単行本だが、後はすべて定期刊行物である。しかも、毎月の発行日が一日と一五日に集中している。ひとつ雑誌を創刊するたびに、編集部の現場は凄まじいことになっていたにちがいない。『戦時画報』の売り上げがあまりに好調だったため、短期間で業務を拡大したのだろうが、国木田独歩の周囲の人々はこの状況を見て、〝バブル景気〟に浮かれているように感じたのではなかろうか。

●――この中で『婦人画報』だけは、経営主体を変えながら現在まで継続しているが、後の雑誌は短期間で消えてしまった。独歩が博文館の大橋新太郎に匹敵するような出版社の経営者となっていたら、出版史を塗り替えることになって、面白かったと思うが、独歩は『近事画報』が終刊した翌年に病没している。この時期の激務と飲酒が、結果的に独歩の身体にかなりダメージを与えたといわれている。

●――独歩が自分の身体を削り、命を縮めてつくった雑誌……と思うとちょっと胸を衝かれる。『近事画報』の九〇番台から最後の第一〇八号までの号も実物を見てみたいものだが、古書展で第九四号を入手できたのみ。これは発行部数が減った、ということを示しているのかもしれない。雑誌の運命というものを考えさせられてしまう。(二〇〇六年三月二四日)

追記／その後、八〇番台から第一〇四号までほぼ入手できた。[071←・→082]

079 押川春浪の編集手腕

『写真画報』(博文館、明治三九年四月)

●――実は、この『写真画報』も実際に手に触れたのは初めてだった。博文館は日露戦争中、『日露戦争写真画報』を発行していた(それと別に『日露戦争実記』も)が、明治三九(一九〇六)年一月から、タイトルの「日露戦争」を外した『写真画報』を新たに発行するようになった。表紙画を見てすぐに、『日露戦争写真画報』に比べて野暮ったくなくなった、と感じた。手に取ってみて驚いた。内容も一新されて、充実した雑誌になっている。新しいことに挑戦しようという編集者の意欲が感じられる。

●――奥付を見て、そうだったのか、と納得。『写真画報』の編集長は押川春浪なのである。押川春浪は、『日露戦争写真画報』では編集助手だった。それが、新たに編集長として、自分のやりたいように采配をふるえるようになったわけだ。さらにいえば、この『写真画報』は明治四〇（一九〇七）年一二月までで終わり、後継誌として翌年一月から『冒険世界』がスタートする。もちろん、主筆は押川春浪だ。『冒険世界』は読者の人気を博し、その後も長く続く。ただし、押川春浪は途中で退社して、『武侠世界』を創刊することになる。……以上、押川春浪に関しては、以前、取材でお会いした長山靖生さんにいただいた資料を参考にした。さすがに長山さんは、このあたりのことにくわしい。

●——日露戦争後、博文館では、一定の読者層が生まれたグラフ誌市場をさらに広げようと考えたにちがいない。そこで、『写真画報』の編集長を押川春浪にして、新風を吹き込むことを期待したのだろう。これまで、博文館の『日露戦争写真画報』は、国木田独歩の『戦時画報』に比べると万人向けに無難につくられていて面白くない、と評してきた。けれども、この『写真画報』は、写真を印刷で二色刷りにする工夫をしていたり、組み写真を使ったり、写真のレイアウトもいろいろ変化をつけているのがわかる。

●——写真自体も面白いものが多い。グラフ誌の魅力は、なんといっても写真の魅力であり、本文が面白いかどうかは副次的なのだ。もちろん、面白いほうがいいに決まっているが……。この号には目を惹く写真がたくさんあった。「柳澤伯爵家の仮装会」とか「高等商業学校の端艇競漕」とか「秀才名媛の一族」（幸田露伴の幸田家と郡司家の一族の集合写真）等々。本文にはどんな記事があるかというと、巌谷小波の「滑稽小説 中風の鬼」、押川春浪の「奇中奇譚 二人の発明家」、三遊亭円橘の「新作落語 花見狐」など。その他、ポンチあり、時事記事あり、タイトルの『写真画報』に合わせて、写真に関する記事がいろいろ載っているのも興味深い。インドの虎狩りの話など、『冒険世界』への転換を予感させる記事も載っていた。

●——こうして見ると、日本のグラフ誌にとって、日露戦争前後の明治三七（一九〇四）年から四〇年頃が、撮影技術、印刷技術、デザインの面などで大きく発展した時期だったことがわかる。当時はまだ写真は金持の道楽で、一般の人には縁がないものだった。新聞に初めて写真が載ったのも日露戦争のときだ。当時、グラフ誌が果たした役割は、決して小さくなかったといえるだろう。（二〇〇六年一月二一日）［165←・→090］

080 テーマパークだった靖国神社

『近事画報』第八九号
（近事画報社、明治三九年五月一五日）

●――この『近事画報』第八九号も表紙画は花。季節にあわせて菖蒲の花だ。タイトルを中央に置いて、それとクロスして淡いパープルの菖蒲の花をあしらい、下半分は大胆に菖蒲の葉のグリーンでほぼ覆いつくしている。上のほうには、それを見ている三人の女学生。当時のモダンな女学生の様子がうかがえる。この号では、英国に発注していた軍艦「鹿島」「香取」の受け取りを兼ねて、日本から英国を訪問した海軍の日本人水兵のニュースを報じている。英国では大歓迎を受けているが、日英同盟を締結している同盟国であり、日露戦争でロシアに勝利した翌年のことなので、それも納得できる。一五〇〇円。

●――靖国神社で行われた臨時大祭の写真も載っている。夜空に輝く見事な仕掛け花火や、地球をかたどったというアーチ型のモニュメントの派手なイルミネーションに驚かされる。神社というより、まるでディズニーランドのようなテーマパークだ！　当時の靖国神社はそういう場所だったのだろう。

●――さらに、五月五日に東京で開催された第三回凱旋軍歓迎会の様子を伝える写真も多数掲載されている。日露戦争のポーツマス講和から九カ月目に入っているこの時期に、まだ凱旋軍の歓迎会を行っているのだ。立錐の余地もなく集まった軍人たちと民衆、華々しく飾り付けられた園遊会会場の様子など、勝利に酔った国民の気分が続いていることを示している。

●――この号には、『明治事物起源』で知られる石井研堂が、釣りに関する随筆を寄稿している。内容も変化に富み、充実していて面白いのだが、『近事画報』はこの一〇カ月後に終刊してしまう。さまざまな雑誌が氾濫するようになり、限られた読者を奪い合う中で（現在の状況と似ているが）、写真などのヴィジュアルが〝命〟のグラフ誌は、なかなか採算を取るのが難しいのかもしれない。

（二〇〇五年一二月三日）[203←・→111]

【明治三九(一九〇六)年】——宮内省植物御苑、新宿御苑と改称。

081
「続篇は売れない」か？

村井弦斎『食道楽　続篇』春の巻
(明治三九年五月初版、四〇年八月第三版)

[口絵]

●——「続篇は売れない」という話がある。どんな名作でも、小説の続篇というのは、判で押したように面白くない。正篇が面白かった場合、読者の期待度が大きすぎるからだろうか。村井弦斎の『食道楽』にも続篇がある。しかし、正篇に対してほとんど評判にはならなかった。

●——続篇のほうは、日露戦争が終わった翌年、明治三九(一九〇六)年一月〜一二月の『報知新聞』に連載された。正篇は日露戦争の前年の明治三六(一九〇三)年一月〜一二月に連載されたので、ちょうど戦争の間、丸二年間があいたことになる。さすがに、日露戦争の記事で新聞の紙面が毎日埋まっているときに、『食道楽』というタイトルの小説を連載するのははばかられたのだろう。戦争中の『報知新聞』には、巌谷小波の小説『軍国女気質』と、当時流行していた講談を速記した『露西亜征伐』(松林伯知講演、村井弦斎校閲)が同時に連載されている。

●——また、弦斎はこの続篇の連載を始めた同じ年から、実業之日本社が創刊した月刊誌『婦人世界』にも書き始めている。明治三九年だけは『報知新聞』に『食道楽　続篇』、『婦人世界』に生活評論という二本立てで書いていたが、その翌年以降は『婦人世界』だけに執筆の場を限定している。はっきりした日付はわかっていないが、弦斎は明治三九年の前半までに『報知新聞』を退社したようだ。そして、すぐに実業之日本社から『婦人世界』の編集顧問として迎えられたのである。

●——『食道楽　続篇』は、そういう微妙な状況の中で連載されたものだった。たぶん、弦斎は『食道楽』を書き終えた後、続篇も書いていたのだと思う。翌年すぐに連載する予定が、日露戦争が始まりそうだったので連載を延期した。その間に、報知社の幹部との折り合いが悪くなって辞めることになったが、『食道楽　続篇』だけは以前からの約束もあって、一応連載された……ということだったのではないか。

●──そのため、『食道楽 続篇』の『報知新聞』での連載は、正篇に比べて驚くほど扱いが軽くなっている。正篇は当時、『報知新聞』の一面の顔だったため、当然のように毎日挿絵がついていたが、続篇は挿絵がつかない日も多い。読者のほうも飽きてきたのか、正篇のときのように大きな話題になることはなかった。

●──また、続篇の単行本も正篇同様に春夏秋冬の四巻が刊行されたが、正篇のように版を重ねることはなかった。手元にある『食道楽 続篇』の春の巻は、珍しく表紙カバー付きだったので三〇〇〇円で購入したものだが、翌年でやっと三版である。爆発的な売れ行きで大ベストセラーになった正篇の春の巻とは、比較にならない。

●──この続篇の中にも約三〇〇種の料理が登場する。正篇より料理の数が少ないのは、続篇では家屋や病気のことなどに多く紙面を割いているからだ。また、正篇の最後で、親が決めた許嫁のお代との結婚から逃れるためイギリスに留学した大原満は、続篇にはまったく登場しない。その代わり、海外留学から帰国した広海子爵の息子の新太郎が初登場し、お登和に一目惚れする。一方、大原の許嫁のお代は改心し、大原との結婚をついに諦める。そのため、お登和は晴れて大原と結婚できることになり、お登和の兄の中川と広海子爵の娘の玉江も結婚する。この二人が新婚旅行でアメリカへ出発することになったので、同じ船にお登和も乗り、イギリスにいる大原に会いに行く、という場面で『食道楽 続篇』は終わっている。

●──こうしてあらすじを書いているだけでも、正篇に比べて面白くないのだから、読者に受けなかったというのも無理はないだろう。やはり、続篇というのはむずかしい。

●──ちなみに、お登和のモデルは、著者の村井弦斎の妻の多嘉子だった。これについては、弦斎自身が『食道楽 続篇』春の巻の序文で次のように書いている。

余をして食道楽趣味に傾倒せしめしは、余が夫人多嘉子の君の力多きに居る。味覚の俊秀、調味の懇篤、君は実に我家のお登和嬢たり。小説食道楽の成りしも、一半は君の功に帰せざるべからず。

●――『食道楽 続篇』春の巻には多嘉子の写真が掲載されている。このとき多嘉子は二五歳で、弦斎よりも約一七歳年下だった。この写真では、刊行された単行本の『食道楽』全四巻を宣伝するようなポーズで写っている。身体をすっぽり覆う白い割烹着を着ているのが目を惹く。

●――この割烹着は、病院で使われている手術用白衣をヒントにして、多嘉子が工夫したものだという。この割烹着について、『月刊食道楽』創刊号(明治三九年一月号)では〈音羽嬢式台所上衣〉として紹介し、「此服は加藤病院の手術服の仕立方を同夫人より聞き、村井夫人が応用せられたる物也」と解説している。加藤病院の院長とは、社会福祉家として知られる加藤時次郎で、当時の村井家とは家族ぐるみで交際していた。

●――ちなみに、「日本で初めて割烹着を考案したのは村井弦斎」と記述しているものがあるが、日本初の料理学校としてすでに赤堀料理教場が明治一四(一八八一)年に開かれていて、生徒が着物を汚さないように〝割烹着〟を着せて実習を行っている。おそらく、多嘉子が工夫した割烹着は、身体全体を包むという点で目新しかったのだろう。(二〇〇四年一一月二日・二五日)

[127←・→172]

082 明治版『プレイボーイ』の見所

『美観画報』第六号(近事画報社、明治三九年六月)

●――東京古書会館の古書展「ぐろりや会」へ。時間があまりなかったので、駆け足で一時間ほど見た。二日目ということもあり、買えそうなものはないかと思ったが、意外なものを見つけることができた。国木田独歩が近事画報社から発行していた雑誌のひとつ、その中でも珍しい『美観画報』である。国会図書館に所蔵はなく、東大明治文庫や日本近代文学館にも全部は揃っていない。

●――この雑誌の編集担当は、明治・大正の文壇の奇人として有名な「グレさん」こと坂本紅《ぐ》蓮《れん》洞《どう》だ。それだけでも買う理由になるが、しかもこれは第六号。近事画報社の経営が悪化して、国木田独歩が独歩社を興して、五誌のみを引き継ぐことになったのが、明治三九（一九〇六）年の六月頃。つまり、この『美観画報』第六号が出た直後で、この号で『美観画報』は終わってしまったのである。第六号が存在していることは、広告で確認できていたものの、その実物は所蔵図書館がないため未見だった。

●――『美観画報』はずっと探していて、最初に入手できたのは、色刷りの図版がすべて揃っている第四号だった。値段は八四〇〇円と、私にとってはかなり高額だった。その後、やや状態の悪い第一号と第二号を、それぞれ三〇〇〇円と四〇〇〇円くらいで見つけて購入。それに対して、この第六号は巻頭のカラー図版はすべて切り取られてしまっていたが、本文は問題なしで七〇〇〇円。坂本紅蓮洞も記事を書いている。二日目まで残っていたなんて！　と幸運に驚きながら、もちろん購入した。

●――『美観画報』と坂本紅蓮洞については、拙著『編集者　国木田独歩の時代』（角川選書）で、かなりくわしく述べたので、興味がある方は参照していただきたい。『美観画報』という題号を見ると、美しい風景や観光名所の写真を載せたグラフ誌かと思ってしまうが、実は『美女画報』か『美妓画報』とでも呼ぶべき雑誌なのだ。それを知ったとき、想像もしていなかったので呆気にとられてしまった。

●――それ以来、私はこの雑誌を〝明治版『プレイボーイ』〟と呼んで、あちこちで話題にしている。読者は九割以上男性だったと思われる。美人芸妓のカラー図版を切り取った前の持ち主は、きっと手帳の中にでもしのばせて、こっそり見ながらニヤニヤしていたのだろう。誰かがそんな記述をしているのが発見できれば面白いのだが……。せめて、一年でも続いていれば、もう少し話題になっただろうが、わずか六号で終わってしまったのが残念だ。（二〇〇九年一〇月一九日）［078←・→084］

083
ベストセラーの二匹目のドジョウ

篠原嶺葉『家庭小説　新不如帰』
（大学館、明治三九年八月初版、四〇年四月六版）

●――前にも述べたが、明治に書かれた小説で

空前の大ベストセラーといえば、やはり徳冨蘆花の『不如帰』だろう。一冊の本が当たれば、柳の下に二匹目のドジョウを狙って、似たような本が次々に出版されるのは、明治期も現代も同じこと。当時、『続不如帰』とか『新不如帰』とか『後の不如帰』とか、似たようなタイトルの小説がたくさん書かれている。しかし、そうした作品を調べたいと思っても、国会図書館にはあまり所蔵されていない。蒐集家が放出したらしく、ときどき古書展に四、五冊一度に出ているのを見るが、一冊五〇〇〇円とかそれ以上の高値がついていて、とても手が出なかった。

●——そのため、先日の古書展で、大学館発行の『新不如帰』という本を八〇〇円で見つけたときは、タイトルを見ただけで迷わず買った。大学館という版元はかなりキテレツな本を出しているので、期待を裏切ることはないだろう、と思ったこともある。著者の篠原嶺葉の名前は聞いたことがなかったが、国会図書館では四七件ヒット。ただし、この『新不如帰』はない。四七件の中には、明治四〇（一九〇七）年にやはり大学館から出た『後の新不如帰』というのもあった。

●——この『新不如帰』をざっと読んでみたが、たしかに徳冨蘆花の『不如帰』の薄幸のヒロイン浪子を思わせる女性がヒロインで、最後は病気で亡くなってしまう。ここまで偶然を重ねて人間関係をごちゃごちゃにするか、という感じ。とはいえ、劇画のように読めば、それなりに楽しめる。表紙に「六版」と印刷されているように、一年かからず六刷になっているので、それなりに読まれたということだろう。篠原嶺葉はほかに、『女金色夜叉』『魔風日記』『誰が罪』なども書いている。これらもそれぞれ人気小説のパロディー的な作品にちがいない。

●——文学事典などには名前は載っていないようだが、『明治文学書目』には「嶺葉　篠原爾瓏　尾崎紅葉門下」とある。なるほど、国会図書館には所蔵されていないが、明治四二年には『新金色夜叉』も書いているようだ。紅葉が率いていた硯友社にはこういう作家もいたのか……。

（二〇〇八年五月二二日）［021←・→119］

084 独歩が創刊した諷刺漫画雑誌

『上等ポンチ』第一号（独歩社、明治三九年八月）

●――先日の古書展で大散財した原因の『上等ポンチ』。四冊で二万円！　独歩社が明治三九（一九〇六）年八月に創刊した諷刺漫画雑誌である。それまで『近事画報』を月二回刊行していたのを、月一回に減らして、その減らした一回を『上等ポンチ』に変更している。そのときの広告の謳い文句は、「滑稽なる近事画報なり」。といわれても、中身は当然のことながらまったく違うわけで、読者はビックリしただろうが……。サイズは『近事画報』と同じ菊倍判、二四ページ。

●――この第一号は、とりあえず大急ぎでつくった、という感じがうかがえて、漫画自体はそれほど諷刺が効いているわけでもなく、アッと眼を奪われるようなものでもない。一般の読者受けするには、もっと俗悪ギリギリのところまでいって、笑いを取る覚悟がないと、「気取っている」という印象で終わってしまうのではないか。『上等ポンチ』の中心になっていたのは、独歩社の小杉未醒と満谷国四郎だが、あまり気乗りがせずにやっていた、ということなので、仕方がなかったのだろうと思うが。

●――ページのレイアウトはさまざま。文字だけのページもあれば、日英対訳のページもある。日露戦争から一年後の「露国現況」などを取り上げているところが、「滑稽なる近事画報なり」らしい点といえるだろうか。当時、会社の負債を返済するのに必死だった国木田独歩は、この雑誌が売れることを願っていたと思うが、はたしてどれくらい売れたのだろうか。（二〇〇八年四月八日）[082←・→088]

085 語句不統一も明治的鷹揚さ

『ホトトギス』（ほとゝぎす発行所、明治三九年八月）

●――いつも雑本ばかり買っているので、これ

はすごい！　というような古書はほとんどない。一冊何十万円もするような古書や稀覯本を集めている人とは違って、ごく個人的な小さなことで楽しんでいる、ということなのだろう。

●——たとえば、これは五反田の古書展で見つけた『ホトトギス』。数冊出ていて、全部一冊五〇〇円だった。俳句にそれほど関心があるわけでもないのに、これまでにこの雑誌を何冊か買ったのは、表紙のデザインが非常にユニークだったため。ただし、いうまでもなく、夏目漱石の『吾輩は猫である』の初出が『ホトトギス』なので、それが載っている号がないか、と思いながらいつも目次を見ていた。

●——あまり期待せず手に取ってみると、まさしくこの明治三九(一九〇六)年八月号が漱石の『猫』の最終回を掲載した号だった。それがわかっただけで、うれしくなって買う。『猫』は、この前年の明治三八(一九〇五)年一月号に初めて同誌に発表され、この号まで一一回連載されている。この号の本文七二ページのうちの五三ページ分が『猫』であり、七割以上の占有率だ。

●——最後はもちろん、「吾輩は死ぬ。死んで此太平を得る。太平は死なゝければ得られぬ。南無阿弥陀仏々々々々々々。難有《ありがた》い々々々。」と、猫が念仏を称える場面で終わっている。この一篇を書いたことがきっかけで、夏目漱石という国民的作家が誕生したわけであり、それを思えば、この『ホトトギス』も記念すべき一冊だといえるだろう。

●——面白いことに、この号の目次もページの最初も「夏目嗽石」となっていて、漱の代わりに口へんの嗽の字が使われていた。これも「すすぐ」という意味なので、最初はどちらと確定せずに、両方使われていたのかもしれない。明治期の文人たちのことを調べていると、名前の表記が実にさまざまで、どれが正しいのかと悩まされることが多い。何しろ当時は幼名もあれば、本名以外にいくつもの号や筆名を持っていたわけで、これが自分の正しい名前だ、という意識があまりなかったという気がする。漢字を表音文字として使うためか、「じろう」という名前など、「次郎」と「二郎」がどちらも同じように使われているのだ。第一、雑誌のタイトル自体、「ホトトギス」「ホトゝギス」「ほとゝぎす」と表記はさまざま。どれかひとつに統一して欲しい！とつい思ってしまうのだが、これが明治的鷹揚

さ、というべきなのかもしれない。表紙の絵は中村不折である。（二〇〇六年四月二五日）[095←・→124]

086 幸田露伴の愚人・凡人論

幸田露伴閲、熊代彦太郎編『俚諺辞典』（金港堂書籍、明治三九年九月初版、一一月再版）

●——東京古書会館での「城北展」で見つけた一冊。相変わらず、明治期発行の辞典類に興味を惹かれていて、安いとつい購入してしまう。この『俚諺辞典』は、幸田露伴閲となっていたのと、造本が凝っていて一〇〇〇円なら、と買った。後で調べてみると、大空社から丸ごと複製が出版されていた。価格は一万四〇〇〇円。ということは、かなり有名な辞書だったのか？　そのあたりの知識はないものの、パラパラとページをめくって、偶然目にとまった項目を読むだけでも面白い。

●——こうした俗っぽいことわざは、使う人が少なくなればいつの間にか忘れられ、本来の意味もわからなくなってしまうのだろう。そう思いながら読むと、百年前の俚諺でも、知っているものは結構多い。少なくとも、一度はどこかで聞いたようなものが並んでいる。たとえば、「命あつての物種、畠あつての芋種」というのが出ている。前半の「命あつての物種」は知っていたが、その後に「畠あつての芋種」と続くのは初めて知った。説明文には「人間万事の基は生命に在り、生命絶ゆれば万事休するなり生命を重んずべしとの義。芋種も畠なければ役にたゝず故に喩ふ」とある。芋種とは、たねいものことだ。

●——以下は、幸田露伴の序文。いかにも露伴らしい。

賢人とは賢き日多くして賢からぬ日少き人なり。

愚人とは賢き日少くして賢からぬ日多き人なり。

凡人とは賢くもあらず賢からぬにもあらざる日多くして、時に或は賢く、時に或は賢からぬことある人なり。

賢人も実は愚人若くは凡人たる日あり。

愚人凡人も実は賢人たる時あり。

愚人凡人の其の実賢人たる時に於てたまたま道破し叫出せる短き教訓は俚諺として世に伝へらる。

魚は魚の挙動を解し、鳥は鳥の言語を解す。

愚人は愚人を解し、凡人は凡人を解す。一切の人は皆愚人なり、皆凡人なり。若し人ありて我は愚人にあらずといはゞ其の人は既に真の愚人にして、又人ありて我は凡人にあらずといはゞ其の人は既に真の凡人たればなり。(以下略)

●——愚人で凡人の私は、これを読んでちょっとホッとした。(二〇〇七年五月一七日)[072←・→094]

087 各国語に翻訳された戦争文学

桜井忠温『肉弾』(丁未出版社、明治三九年)の英語版(同、明治四〇年)とドイツ語版(世界公論社、昭和一五年)

●——タイトルがなんと『肉弾』(!)である。著者は、日露戦争当時、陸軍中尉だった桜井忠温だが、日本の戦争文学といえば真っ先にあげられるほど有名だ。

[英語版]

[ドイツ語版]

『明治文学全集第九七巻 明治戦争文学集』(筑摩書房)の木村毅の解題によると、数年にして千版を突破したほどのベストセラーになり、英、独、仏、伊、中国、露、ギリシャなど各国語に翻訳されているという。

●——桜井忠温は明治一二(一八七九)年に愛媛県松山に生まれ、陸軍士官学校をへて軍人を志す。日露戦争に出征し、乃木希典指揮下の第三軍に所属して、旅順戦で負傷するまでの実体験を描いたのがこの本である。

●——日露戦争が終わってから間もなく発表さ

れたこともあり、同書は飛ぶように売れたらしい。私の手元にある日本語版『肉弾』(丁未出版社)は、初版から一年四ヵ月で、実に四六版に達している。最初のほうは、二日ごとに増刷されているほどだ。

●——また、巻頭には「天覧」の朱印、大山巌の漢文序、大隈重信の序文、乃木希典の題字などが載っている。そして、この著者は絵が得意で、この中にも自筆の彩色画が入っている。戦場で実際に戦った者ならではの臨場感にあふれた絵だ。

●——この『肉弾』に続いて桜井忠温は『銃後』を書き、軍人作家として名をあげた。昭和五(一九三〇)年に退役したときには、『桜井忠温全集』全六巻が刊行されている。

●——改めて年譜を見ると、桜井忠温はもともと絵が好きで画家をめざしたらしい。しかし、彼の父親は武士の子孫が画人になることを許さず、軍人になるように勧めたという。

●——また、意外だったのは、桜井忠温が亡くなったのが戦後の昭和四〇(一九六五)年だったこと。彼は八〇歳を過ぎても講演や執筆活動を続け、満八五歳まで生きていた。その頃まで、まだ日露戦争を自分の体験として語れる元軍人がいたのか、と思うと、あの戦争が少し身近に感じられた。

●——この『肉弾』も、『武士道』や『不如帰』と同じように、明治時代に日本人によって書かれて、各国語に翻訳された作品である。英訳本のタイトルは『Human Bullets』。まさに「肉弾」だ。この英訳本は、アメリカのセオドア・ルーズベルト大統領が愛読して、子供や知人に読ませた、というエピソードが残っている。改造社版『現代日本文学全集四九』には、ルーズベルト大統領から桜井忠温へ宛てた手紙の日本語訳が掲載されている。

●——その一節を引用すると——

予は既に此書の数章を我が二長児に読み聞かせたるが、貴下の実情目睹するが如くに描写せる驚絶すべき英雄的行為を学ぶは、一朝有事の時に際して、我国家の為に奉公すべき義務ある一般青年の精神を鼓舞すべきものたるを感ず。予は貴下に感謝し、併せて日本陸海軍に対し深厚なる驚歎の情を表す。

●――また、手元にはドイツ語版もある。表紙にはローマ字で『Niku-Dan』とあり、背には漢字で『肉弾』という文字が書かれている。これは時代が下って、昭和一五（一九四〇）年に刊行されたものだが、初版は明治四四（一九一一）年に出ている。

●――初版から二九年後に再びドイツ語版が再版されたのはなぜか。もちろん、この昭和一五年九月に日独伊三国同盟が調印されたことと無関係ではないだろう。巻頭には、著者の桜井忠温が「この書を我等の尊敬する独逸国総統ヒットラー閣下並に独逸国民社会党員各位に贈呈す」というメッセージを寄せている。そして、翌年一二月には日本が真珠湾を攻撃し、太平洋戦争が始まる。

●――ナチス・ドイツの軍人たちが当時、『肉弾』を読んで日本軍人をイメージしていたことを想像すると、なんとなく複雑な気持ちになる。

（二〇〇四年一〇月六・七日）［045←・→117］

東京古書会館の古書合戦──［二〇〇六］

●──今週は仕事の打ち合わせが三件あり、書きかけの原稿の締切もいくつかかさなって目が回りそうだ。といいつつ、仕事の資料が見つかるかも……という期待をこめて昨日も東京古書会館へ。朝から会場内はラッシュアワー並みの混雑で、すぐに汗が出てきたほど。熱気でコートがいらないくらいだった。自分のことを棚に上げて、よくもまあ、こんなにたくさんの人たちが古書を探しにやってくるものだ、と呆れる。

●──その人混みをかき分けて必死に棚の本に手をのばすと、身体が触れたおじさんにじろっとにらまれた。にらまれた瞬間、相手の方がびっくりして、もう一度じろっと顔を眺められる。これもよくあること。女性が少ないので、向こうも驚くのだ。「なんだ、この女は」と顔に書いてある。気にしていてはいけない。というか、そういう反応にも、もうすっかり慣れてしまったが。

●──今書こうと思っているテーマに役立ちそうな本を探す。不思議なもので、こんな本がないか──と思いながら見ていると、必ず一冊や二冊は出てくる。昨日は、ある明治人の上下二巻の評伝を三〇〇〇円で発見。さらに、別の作家のことが書かれた本と雑誌を四冊見つけて、思わず心の中でニッコリ。これだけでも来たかいがあったというものだ。

●──しかし、それだけで終わらないのが、〝古書中毒患者〟のつらいところ。またもや、「こんな珍しいものが!」というだけで、あれこれ買い込んでしまった。ふつうの人が聞いたら、「いったいそんなもの、何にするの?」というようなものばかり。やれやれ……。またしても、古い雑誌と新聞が増えてしまった。結局、今回も単行本と雑誌類で総額一万円を超える大散財。最近、古書を買うために仕事をしているのではないか──という状態になっている。（二〇〇六年一月二八日）

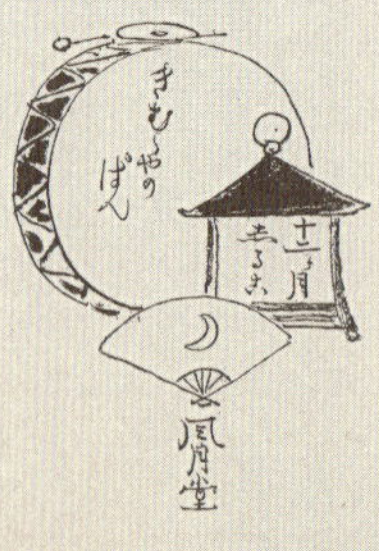

『近事画報』から『食養雑誌』まで
——明治四〇〜四五(一九〇七〜一九一二)年

第4章

088——『近事画報』第104号
089——『太陽 創業二十周年紀念 増刊 明治名著集』
090——『写真画報 臨時増刊 避暑博覧会』
091——『手紙雑誌』
092——『村井先生編 和洋料理道楽 附つけもの案内』
093——新渡戸稲造『帰雁の蘆』
094——蘆川忠雄『読心術修養』
095——『ISAAC PITMAN'S Short Course in Shorthand』
096——『文章世界』第3巻第1号
097——金子支江子ほか『家庭造花術全書 上下』
098——『婦人世界 臨時増刊 食物かがみ』
099——『新潮 国木田独歩追悼号』
100——赤堀吉松・峰吉・菊子共著『総菜料理』
101——『実業之世界』
102——冨山房編集局編『国民百科辞典』
103——村井弦斎『日の出島 合本 上中下巻』
104——杉村楚人冠『半球周遊』
105——伊藤文子ほか『裁縫 おさいくもの』
106——『婦人世界』
107——大町桂月『桂月書翰』
108——『無名通信 美人号』
109——『女学世界 定期増刊 マダム振り』
110——『婦人世界 春期増刊号 ことぶき草』
111——『グラヒック特別増刊 代表的日本』
112——『婦人画報増刊 皇族画報』
113——井上十吉『HOME LIFE IN TOKYO』
114——『東京パック』
115——『大阪パック』第21号
116——『婦人世界』
117——徳冨蘆花『不如帰』漢訳版
118——双楓書楼同人編『名流百道楽』
119——尾崎紅葉著、太田三郎編・画、川端龍子・名取春仙画『金色夜叉画譜 上巻』
120——『婦人画報 増刊 新家庭号』
121——黒法師『世界乃大秘密 美人探検』
122——『岡田式静坐法』
123——『家庭料理講義録』第1号
124——『ホトトギス』
125——『食養雑誌』第57〜60号

088 先駆的グラフ誌の最後

『近事画報』第一〇四号（独歩社、明治四〇年一月一日）

●——「日本の古本屋」で購入した『近事画報』の第一〇四号。表紙に「発売所　独歩社」、「近事画報社発行」と書かれていて、一応、発行は近事画報社になっているのだが、これは名目上で、この時期の『近事画報』は、国木田独歩が主宰する独歩社が制作・発行していた。矢野龍渓との関係などもあり、それまでの発行所だった近事画報社の名前だけは残したらしい。

●——『近事画報』は第一〇八号で終刊している。第一〇八号には、「この号で終わる」というような挨拶は、ひとことも書かれていないのだが、国会図書館にもそこまでしかバックナンバーが残っていないし、独歩社の社員による回想を読んでも、第一〇九号以降は出ていないと考えていいだろう。

●——そのため、ずっと独歩社のことを追いかけている私としては、先駆的なグラフ誌として一時代を築いたこの雑誌の記念すべき最終号は、ぜひ入手したいと思っていた。最終号ではないが、この第一〇四号が「日本の古本屋」に出ているのを見て、早速購入した。三五〇〇円という値段は、ほかの号を買ったときよりはるかに高価だったが、この際仕方がない。

●——元旦発行ということもあって、この第一〇四号では、表紙の刷色に金インクを使って、華やかさを出している。表紙画は、おそらく小杉未醒が描いたものだろう。女神が鏡のようなもので光を当てている先にあるのは、極東の小さな日本列島。その右に描かれているのは、明治四〇（一九〇七）年の干支である「ひつじ」。左側に去っていこうとしているのが、その前年の干支の「うま」だ。本文記事の中には、坂本紅蓮洞の「未年《ひつじどし》の僕」という随筆があって、とぼけた味で笑わせてくれる。それにしても、このわずか四号後に終刊してしまう、と予想した読者がいただろうか。

●——会社がついに倒産して、雑誌が終刊に至るまでの国木田独歩と独歩社の歩みは、なかなかドラマチックである。（二〇〇七年三月一〇日）

[084←・→096]

089 名著の一冊に食用植物本

『太陽　創業二十周年紀念　増刊　明治名著集』
（博文館、明治四〇年六月一五日）

●——先日の「趣味展」でこの『太陽』増刊を入手した。実は、この表紙の外側に、もうひとつダークグリーンの厚い表紙がついている。書籍のように製本されているのだ。個人が雑誌を合本して製本したものはよく見るが、これは一冊だけで製本してあり、しかも、表紙には型押しで「太陽」の文字とイラストがあり、背にも「太陽臨時増刊　第十三巻第九号　明治名著集　博文館創業廿周年紀念」と金文字で入っている。ということは、これは博文館が上顧客や著名人に記念品として贈呈するために、わざわざ表紙をつけた特製版なのだろうか。

●——『太陽』は安く出ていると買うのだが、臨時増刊号以外はそれほど役に立った記憶がない。

これは四〇〇〇円だったので、何かの役に立つだろうと思って購入。目次には次の「名著」が並んでいる。意外だったのは明治二〇（一八八七）年以前のものばかりが選ばれていたことで、『学問のすゝめ』（福沢諭吉）、『百一新論』（西周）、『日本経済論』（田口卯吉）、『人権新説』（加藤弘之）、『民約訳解』（中江兆民）、『王法論』（鳥尾小彌太）、『倫理新説』（井上哲次郎）、『天賦人権論』（馬場辰猪）、『文明東漸史』（藤田茂吉）、『救荒植物集説』（伊藤圭介）、『小説神髄』（坪内逍遙）、『社会改良と耶蘇教との関係』（外山正一）、『日本道徳論』（西村茂樹）、『新日本の青年』（徳富蘇峰）、『漢学不可廃論』『思想を管理する要を論ず』（中村正直）である。

●——有名なものばかりだが、この中でひとつわからなかったのが『救荒植物集説』（伊藤圭介）だ。「救荒植物」とはどんな植物なのか……。『広辞苑』を引くと、ちゃんと「救荒」で載っていた。「飢饉の際に救助すること」だそうだ。『太陽』の該当ページを開いてみると、たしかに『救荒植物集説』は、飢饉の際に食用にできる植物についてくわしく述べている。伊藤圭介は植物学者で、リンネの分類法を紹介した人だという。彼が小石川植物園で和漢洋のさまざまな品種の植物を栽培した中で、食用に適した植物を研究してこの書物を著したらしい。食用になる植物の研究ということになると、村井弦斎とも多少関係がある。この本が「名著」の一冊に数えられているのが、ちょっと面白かった。（二〇〇七年九月一七日）[076←・→014]

090 百年前のなぞなぞの難易度

『写真画報　臨時増刊　避暑博覧会』（博文館、明治四〇年七月一五日）

●——先日の古書展で、押川春浪が編集長を務める『写真画報』の臨時増刊を見つけた。少々高いと思ったが、「避暑博覧会」の文字に惹かれて購入。後で気づいたが、尾竹国観の彩色口絵がついているはずなのだが、どこにもない。ウーン。確認せずに買ってしまったが、口絵なしで一五〇〇円という値段はちょっと高すぎる。販売店による注意書きもなかったし……。

●——でもまあ、こういうミスはよくあることだ。この号の巻末には、「旅行必携　全国避暑地便覧」がついている。これは、明治末期に人気があった避暑地を知るのには便利だ。交通・旅館・付近の名勝古蹟・特効・名物と欄が分かれていて、旅館の宿泊料も載っている。全国の避暑地が、鉄道の路線別に並んでいる。

●——「娯楽館」のコーナーに「新撰　謎百題」というのが載っていた。いわゆる「なぞなぞ」である。小学生の頃、こういう「なぞなぞ」をしてよく遊んだ記憶があるが、百年前にもこんななぞなぞがあったのか……。最初の五つの問いを引用してみるが、答えがおわかりだろうか？

（一）細長い体で、最も肝腎なのは、被つて居る帽子、住家は方形で必ず群棲し、夜勉強して水を忌む者は何か。

（二）いろはを習ふて居る人が、朝夢見みれば、なぜ阿呆らしいと云ふだらう。

（三）そんなに暑いなら、少しこゝへ来て……鳥の名一ツ。

（四）地理学の先生曰く、もう三時になつたから阿弗利加《アフリカ》の都府にしやう。

（五）さア日が暮れたから、たてよつけよ、之れを遊具一つに判じ給へ。

●——答えは次の通り。

【明治四〇(一九〇七)年】――大阪最初の映画常設館開館(千日前・当栄座)。

(一)マッチ。
(二)きぬけ。
(三)雀(涼め)。
(四)カイロー(帰らう)。
(五)トランプ(戸、洋燈《らんぷ》)。

●――ナーンダ、という声が聞こえてきそうだ。とはいえ、私がすぐにわかったのは(一)と(三)のみ。(二)と(五)は完全にお手上げだった。

●――一問めの「マッチ」は、私が小学生だったウン十年前にも流行っていたなぞなぞで、ルーツは明治まで溯れるのか、とちょっと感動。

●――二問めは、「いろはを習ふて居る人」というのがポイントで、「浅き夢見」と「朝夢見」を比較すると、前者には「き」があり、後者には「き」がないので、「気ぬけ」で、「阿呆らしい」ということだろうが、ちょっとこれは難しいのでは。

●――三問めは、「暑いなら、少しこゝへきて」がキーワードで、鳥の名前ということで「涼め」。

●――四問めは、「もう三時になったから……」に当てはまるアフリカの国の首都名なので、エジプトの首都のカイロ。今もアフリカ最大の都市だ。

●――五問めは一番難しかったのでは……。「日が暮れたから、たてよ、つけよ」とテンが打ってあればわかりやすかったかも。このふたつを「遊具一つ」の名前にすると何になるか、ということで、立てるのは戸、つけるのはランプで、あわせて「トランプ」。

●――それにしても、あと九〇問もこんな謎が並んでいる。とてもやろうという気にはならないが。(二〇〇八年八月二八日・三〇日)[079←・→141]

091 世界に類のない雑誌

『手紙雑誌』(有楽社、明治四〇年七月)

●――現在、これほどEメールが普及してしまうと、ふつうの人が手書きで手紙を書く回数はかなり減っているだろう。封書を開くと、中身がワープロ文字ということも多い。私は昔から手紙やはがきを書くのは好きなので、未だに頻繁に書いているし、切手の消費量はかな

り多いのだが……。

●——明治期は、通信手段といえば郵便なので、こうした『手紙雑誌』という雑誌まで出ていた。電話は一部にしか通じていなかったし、急ぎの場合は電報だ。当然、離れた知人に連絡をしたい場合には、手紙を書くことになる。

●——この雑誌は横長の四六倍判サイズ、本文一四六ページ。写真版もかなり載っていて、いろいろな人の筆蹟がわかる。買ったとき、表紙に「婚約号」と書かれていたので、よく確認もせずに、おめでたい知らせの手紙を特集したものかと思ったのだが、そうではなかった。

●——冒頭に、「有楽社主人」による〈緊急披露の事　手紙雑誌は継続発行す　本誌の婚約〉という挨拶文が掲載されていた。それによると前号に、『手紙雑誌』は次号で終刊にする、という予告を載せたのだそうだ。すると、読者から終刊を惜しむ声が多数寄せられ、その中から「自分が譲り受けて発行を継続したい」という〝道楽者〟が現れた。そのため、「終刊号」と彫っていた表紙の木版画を、「婚約号」に替えたという。表紙画は平福百穂。継続発行人となった「手紙雑誌社主人」は、「手紙雑誌の如き雑誌は、日本に於いて、否世界に於いて恐らく類のない雑誌であらうと思ふ」と述べていた。

●——目次には、最初に手紙に関する小文が九篇、次に「手紙小説」として小栗風葉の「知らぬ恋」と三島霜川の「怖れ」の二篇、それに続いて「古今人書翰」がなんと九二通（！）、さらに、最後に「雑録」が数篇載っている。「古今人書翰」は、前田利家とか十返舎一九などから、坪内逍遙や徳富蘇峰などまでさまざま。これは、手紙をもらった人から借用して掲載したのだろうが、手紙を書いた人の許可はもらっていたのだろうか。手紙にも著作権がある、なんてことは明治の人は考えもしなかっただろうが……。といいつつ、かなりプライベートな内容も含まれているので、読むと面白い。

●——現在は『手紙雑誌』は成立しないだろうけれども、他人がどんなメールをやり取りしているのかを読みたい読者を対象にした『携帯メール雑誌』なら成り立つか？　あるいは、それが、今よく売れているケータイ小説なのかもしれないが。（二〇〇八年三月二七日）[077←・→184]

092 「食道楽ブーム」に便乗する出版人

『村井先生編 和洋料理道楽 附つけもの案内』
(春江堂、明治四〇年二月初版、四一年九月第二五版)

●──明治という時代においては、作家の〝著作権〟などというものは、ほとんど意識されていなかったらしい。第一、日本で著作権法が公布されたのは明治三二(一八九九)年三月、施行は七月である。それまでは、著作権法自体が存在しなかったわけだ。そのため、よく売れた本は、著者に無断で海賊版も出れば、パロディーも出るという具合で、著者は苦々しい思いをしていたにちがいない。

●──この本を古書展で見つけたとき、表紙を見ておやっ? と思った。『村井先生編 和洋料理道楽 附つけもの案内』と書かれている。「村井」ときて「道楽」とあれば、すぐに村井弦斎の『食道楽』が思い浮かぶ。ところが、奥付を見ると、「編集者兼発行者 湯浅粂策」とあって、「発行所 春江堂」になっている。刊行は「明治四十年十一月」で、この本は翌年の九月までに二五版になっていた。当時はたいてい一版が一〇〇〇部だったらしいので、初版も一〇〇〇部だったとすると、わずか一年足らずの間に二万五〇〇〇部も出たことになる(もちろん、この二五版という数字に信憑性があるかどうかは、また別の問題である)。二〇〇〇円もしたが、購入。

●──中を見ても、どこにも「村井弦斎」という名前は登場しない。そういわれれば、村井弦斎に対して、普通は「弦斎先生」という呼び方をして、「村井先生」とは呼ばない。要するに、「村井先生」というのはまったく架空の存在で、村井弦斎が書いた本に見せかけただけなのだろう。

●──この『和洋料理道楽』が出たのは、弦斎の『食道楽』が大ベストセラーになった四年後である。まだ、世間では「食道楽ブーム」の余波が続いていた頃だ。それに乗じてつくられたものであるのは、ほぼ間違いない。さらに、おそらく弦斎の許可は得ずに、無断で刊行されたものだったのだろう。もし、弦斎が抗議をしたところで、ただ「村井先生」であって、「料理道楽」という言葉を使っているというだけでは、刊行の差し止めなどはできなかったのではないか。

●——この本には、口絵もイラストも緒言も何もない。目次だけはついていたが、日本料理と西洋料理のつくり方が三二ページ書かれているだけである。本文がたったの三二ページの本にしては厚さが七㎜ほどあるので、おかしいなと思ってよく見ると、各ページを袋綴じにして製本してあった。しかも、本文を印刷した紙の下にもう一枚別の紙を重ねて、二枚の紙をふたつ折りにして綴じてある。要するに、二ページで八ページ分の厚さになっていたのである。

●——その各ページの紙の下に、厚みを出すために折り込まれたらしい紙を広げてみると、全然関係のない雑誌の誌面だったり、名簿らしきものだったり、ひどいものは子供が一面に鉛筆でいたずら書きをしたような紙まで使われていて、さすがに驚いた。

●——書かれている料理のつくり方自体は一応まともで、変なものではなかった。これもどこか別の料理本から引用したものなのだろうか。

●——ちなみに、編集兼発行者として名前が出ている湯浅粂策という人は、国会図書館で検索すると一九件ヒットした。ほとんどがこの春江堂から出た本で、『ポケット芸者』とか『東西格言国民座右の銘』とか『成功者と共運勢』とか『流行新歌集』などである。昭和初期には、同じ版元から『ピョンスケの珍競馬』とか『漫画スケさんカクさん』などというマンガ本まで出していたらしい……というあたりで、それ以上調べる気力が失せた。（二〇〇四年一一月二四日）［069←・→100］

093 ユーモアあふれる「図書館ネタ」

新渡戸稲造『帰雁の蘆』
（弘道館、明治四〇年一二月初版、四一年三月六版）

●——先日の五反田の古書展で一冊だけ買った明治期の本がこれ。二〇〇円。目次部分が六ページ分切り取られているが、目次なのでたいした問題ではなく、本文は非常にきれいだった。表紙の絵もいいし、二〇〇円ならと思って買って、帰ってから読み出したところ、これが思わぬ拾い物だった！

●——そういえば、新渡戸稲造はお札にまでなった人物なのに、その著書はほとんど読んだことがない。この本は初版から三カ月で六刷になっているが、よく売れたというのも納得。こんなにユーモアのある文章を書く人だとは知らなかった。この本には、著者が洋行を決意したきっかけと、洋行してからのさまざまな出来事——奇談や珍事も多い——が、百の短い項目に分けて平易な文章で書かれている。ルビはふられていないが、学生を読者対象にしたようだ。この本で、新渡戸稲造という人のイメージがかなり変わった。

●——いくつか登場するのが「図書館ネタ」。「(六一)規則なしに治まる——急がず息はず」という短い一項を以下に紹介しよう。

> 米国人の仕事の遣り方は手を省いても用が足る、実業社会は活気映盛なる丈け失敗も夥《おお》いが、此等の事は暫らく措き、今学校の話をすると、例へば、図書館で本を貸すに、閲覧人が庫の中に這入って勝手に読み度《た》き本を持ち出して、扣帳《ひかえ》に表題と自分の名を記入して、用が済めば返へす、それでも紛失の本などは殆んど無い、僕も政治科の図書館を暫らく預かつた事があつたが、数万の書物の中から数百の学生が勝手放題に引出しても紛失の無いのには羨しく思つて、帰朝後早速或学校で同じ方法を試みたら、一人の学生は読みもしない書物を七十巻も持ち出して、読みたい人の迷惑は更に顧みず、自分の部屋の装飾に供した、一人の生徒は矢張五十冊も持ち出し、三十冊以内の借用者はなかつた、巻中に落書は云ふも更なり、甚しきは綺麗な絵は切抜き……嗚呼《ああ》是が日本学生の公徳かと独り慚愧《ざんき》の至りに思つた、到底いまだ真似の出来ぬ事が沢山ある、強いて遣れば、啻《ただ》に傚顰《こうひん》の笑いを受けるのみか却つて悪徳を養成するの虞《おそれ》があり、何事にも改善は時を要す。僕の三段論法は——善は急げ、急がば廻はれ、廻はらば寝るな。

●——新渡戸が帰朝後に勤めた「或学校」とは、札幌農学校か、京都帝大か、はたまた第一高等学校か（以上を明治三九年までに歴任・兼任している）。図書館から読みもしない本を七〇冊も借り出して〝部屋の装飾〟にする学生がいたとか、落書し、絵は切り抜くとか……。いやはや。（二〇〇七年一〇月三日）［166←・→031］

094 男性の如き婦人の心情は？

蘆川忠雄『読心術修養』
（実業之日本社、明治四〇年二月初版）

●——これは「精神修養叢書第二編」の『読心術修養』で、明治四〇年初版。読心術か……と思いつつ、三〇〇円だったので、すぐに購入。こういう「〇〇術」というタイトルの本は、どこか妙で面白いのである。しかも、明治本とあれば、買わないわけにはいくまい。

●——序文によれば、この本は欧米諸国の読心術大家の珍書を渉猟し、その精髄を取り、著者の私見を加味したものだという。コッダードの『読心法』、ヘンリーフ・リッスの『筆跡判断学』、その他ラウェーター、エマーソンなどの著書も参考にしている、と書かれている。目次には細かい見出しが並んでいて興味を惹かれるが、章名だけを挙げてみよう。

第一章　読心術の根底
第二章　読心術と観察力
第三章　容貌上より見たる読心術
（一）容貌を読破するの法ありや
（二）正直と偽善の鑑別法
（三）容貌全般に関する読心術
（四）顔面の形体に基ける読心術
（五）円形の顔面の人
（六）顔面の各部に顕はれたる性質
（七）婦女らしき男子の性質
（八）額より見たる読心術の価値
第四章　筆跡より見たる読心術
第五章　筆跡より品性を判断す
（一）野心的人物の筆跡
（二）貪欲家の筆跡
（三）寛大と浪費家の筆跡
（四）同情心ある人の筆跡
（五）虚託者の筆跡
第六章　運用の妙は一心にあり

●——この目次を見ただけでもなかなか面白い。とはいえ、この本を読んでいると、笑ってしまうような「決めつけ」も多い。科学的なものではなくて、一般にそういうことが多い、という話だ。丸顔の人はこういう性質で、細長い顔の人はこういう性質で……というが、これは、ある人には当てはまるだろうし、別の人には当てはまらないだろう。

●——「婦女らしき男子の性」というところでは、次のように書かれている。

世には往々奇妙なる風采を帯ふるものあり、そは身男子として生れたるにも関はらず、其言語といひ、又其作法をいひ、宛然として女々しきこと婦女子をも凌ぐものあり。

●——今、こんなふうに書くと、女性から袋だたきにあうと思うが、それとは逆に「男性の如き婦人の心情」ということも書かれている。

然《しか》るに之と全然相反して、婦人の身にてありながら、其骨格は雄健に、其言語は活気を帯び、其気象は強健にして一歩だも仮借する所あるを見ず、其街頭を散策するに於てや、横行闊歩して、毫《ごう》も婦女子の特性たるべき温厚、従順の徳性、譲退、辞譲の精神あるを認めず、実に何れの点より見ても、婦女子にてありながら、婦女子として認むること能はざるものすらあるを認む。

●——村井弦斎の長編小説『日の出島』に登場する雲岳《うんがく》女史などは、まさにこのタイプの女性だ。明治期にもこういう〝女豪傑〟みたいな人がいて男たちを呆れさせていたのか、と思うと愉快だった。（二〇〇五年九月一三日）〔086←・→102〕

095 小説の文体改良と速記の関係

『ISAAC PITMAN'S Short Course in Shorthand』（ISAAC PITMAN & SONS, 1907）

●——先日の古書展で買った極めつけがこの一冊（持っていても役に立たない、という意味で）。これは、イギリス人のアイザック・ピットマン（一

八一三―一八九七）が開発した英語の速記法「ピットマン式」の講習本である。二一〇円。ヨーロッパではかなり早くからさまざまな速記法が創案されていたらしいが、現在、英語速記で最も有名なのは、ピットマン式とグレッグ式のふたつだそうだ。ピットマンは一九世紀前半にこのピットマン式を考案すると、学校をつくって普及に努めた。その功績を讃えて、ヴィクトリア女王から騎士（ナイト）にも叙せられているらしい。

●――古書展に来る人がいかに多くても、百年前の英語の速記本など、まず欲しがる人はいないだろう。なぜ、そんなものを買ってしまったのかといえば、村井弦斎の評伝を書くときに、日本の速記法についても少し調べたからだった。弦斎が矢野龍溪に才能を認められて『郵便報知新聞』に入るのは、明治二〇（一八八七）年のことである。同年の八月三一日から九月五日まで、弦斎は矢野龍溪と共に現在の横浜市磯子区滝頭へ小旅行をしているのだが、実は、そのときもう一人同行していた人物がいた。それが、若林玵蔵《かんぞう》だった。彼は、明治の「言文一致」に関連する話には必ずといっていいほど登場する日本の速記者の草分けの一人である。

●――日本語の速記術を最初に考案したのは、田鎖綱紀（別名・源綱紀）だということは知られている。田鎖は、明治二三（一八九〇）年に開設予定の帝国議会で速記者の需要が生まれることを見込んで、明治一五（一八八二）年に「日本傍聴筆記法講習会」を開いた。若林はそこで学んだ弟子の一人だった。

●――その後、若林は矢野龍溪に頼まれて、『経国美談』の後篇の口述筆記を、初めて速記によって行う。若林は自伝で「速記を著述に応用されたのは、恐らく先生がはじめであらうと思ふ」と述べているので、『経国美談』が日本で初めて速記を使って書かれた著作だといっていいだろう。しかも、矢野龍溪は『経国美談』後篇の巻末に「速記法ノ事ヲ記ス」という一文を書いてその実用性を強調し、若林が書いた速記の字体まで掲載してPRに努めているのだ。それまで日本に速記という言葉はなく、「記録法」とか「筆記法」とか呼ばれていて、「速記法」という言葉が定着したのは、矢野龍溪が書いたこの「速記法ノ事ヲ記ス」からだという。

●――若林が『経国美談』後篇の刊行を依頼され

たのは明治一六(一八八三)年だが、その翌年に、若林は東京稗史出版社から三遊亭円朝の口演を速記する話を持ちかけられた。若林は酒井昇造とともに、円朝が得意とする「牡丹燈籠」を速記し、これを本にした『怪談牡丹燈籠』は爆発的に売れた。

●――この『怪談牡丹燈籠』に賛辞を寄せている坪内逍遙が、自分の文章について悩んで相談に来た二葉亭四迷に対して、円朝の落語通りに書いてみたらどうか、と薦めたのは有名な話だ(二葉亭四迷「余が言文一致の由来」)。そのアドバイスにしたがって二葉亭四迷が『浮雲』を書き、一方では、山田美妙が講談を参考にして『武蔵野』を書いた。明治期の「言文一致」の小説はこの二作から始まったとされている。

●――だが、「言文一致」ではないものの、矢野龍溪はそれより早く速記に注目し、日本語の小説の文体改良に努め、さまざまな実験を行っていた。矢野龍溪は『経国美談』後篇の序文に「文体論」を付記して、「漢文体」「和文体」「欧文直訳体」「俗語俚言体」の四種類を挙げて、それぞれが小説のどんな場面にふさわしいかを分析している。

●――村井弦斎が矢野龍溪と若林玵蔵と過ごしたのは、龍溪が独自にこうした文体の実験を進めていたときだったわけで、彼らは休暇を楽しみながらも、かなり真剣に小説論や文体論を話し合ったのではないか……とつい想像してしまう。事実、弦斎はその後、矢野龍溪の影響を受けて、小説の中でさまざまな文体を使い分けている。「言文一致」とはまた別に、矢野龍溪に始まる小説改良の流れがあったこと、そこに速記が関係していたことは、記憶されていてもいいだろう。(二〇〇五年五月一一日)[028←・→085]

096
独歩最後の小説の徹底推敲

『文章世界』第三巻第一号
(博文館、明治四一年一月一五日)

●――東京古書会館の古書展へ。「趣味展」ではいつも、意外な安値で明治のものを買えるのだが、昨日も面白いものがいろいろあった。最初は、雑誌を中心にカゴいっぱい選んだのだが、

合計すると軽く二万円を越えそうだったので、なんとか自制して一万円程度に抑える。結局、二時間以上も会場をうろうろしていた。

●——その途中で胸の動悸がはげしくなったのは、思いがけない古書をたくさん目にしたからだろう。

●——というのは、国木田独歩の作品の初出誌が何冊か売られていたのだ。その作品自体は、独歩の死後に発行された本に収録されていて、すでに読んでいるものばかりだが、やはり見過ごすことができず、二冊を購入した。

●——その一冊が、『文章世界』の明治四一(一九〇八)年一月一五日発行の第三巻第一号。この年の六月二三日に独歩は肺結核で没している。『文章世界』の編集人兼発行人は、独歩の親友だった田山花袋で、奥付には彼の本名(田山録彌)が載っている。シミがあるが、独歩の「二老人」の初出誌で、巻頭口絵付きで一五〇〇円という値段は、決して高くはないだろう。

●——目次を見ると、巻頭に独歩の短篇「二老人」があり、そのほかにも、当時独歩と親しかった作家をはじめ、その周辺にいた人々の名前がずらりと並んでいて壮観だ。

●——小山内薫、正宗白鳥、真山青果、田山花袋、徳田秋声、佐々醒雪、竹越三叉、佐佐木信綱、田川大吉郎、上田万年、井上通泰、与謝野寛、岩野泡鳴、大町桂月、片上天弦、徳富蘇峰、小栗風葉、小山正太郎、土肥春曙、窪田空穂、内藤鳴雪。意外なところでは東洋史学者の白鳥庫吉の名前もあって、「史筆の極致」という文章論を書いている。

●——面白かったのは、口絵写真のページに、この号に掲載された作品の生原稿の写真が数カット載っていたことだ。独歩の「二老人」は、ほとんど文字が判読できないほど推敲が重ねられている。これを見れば、独歩がこの作品を、どれほど苦心して書いたかがよくわかる。ほかにも小山内薫、正宗白鳥、真山青果、田山花袋、徳田秋声の原稿が載っているが、独歩以外の作家の原稿にはあまり直しがなく、「きれい」だというべきだろう。

●——表紙画は橋本邦助で、「深山の猿」という題がついている。これは、この年の干支が「猿」であるためで、ほかのページにも猿が登場している。題号がセンターにあるレイアウト、題号の文字のデザインも洒落ている。巻頭の折り込み口絵は、和田三造の「鑿《のみ》の香」。挿絵は小杉未醒、橋本邦助、太田三郎、山村耕花、斎藤五百枝、佐藤生巣という顔ぶれだ。

●——実は、買わなかった一冊は、独歩の有名な短篇「牛肉と馬鈴薯」が載っている『小天地』。編集人は薄田泣菫である。その実物を手に取ったことが、動悸の原因だったかもしれない。迷ったものの、あの薄い雑誌一冊に六五〇〇円を払うのに躊躇して、棚に戻してしまった。ほかにも数冊の『小天地』が出ていて、やはり六五〇〇円以上の値段がついていた。ほかにも買いたい本はたくさんあったが、自費で払える資料代は限度がある。

●——この「二老人」と、『中央公論』の同年同月号に掲載された「竹の木戸」の短篇二篇が、独歩が生前に執筆した最後の小説になった。(二〇〇九年一月二四日)[088←・→099]

097 造花ブームに乗った実用本

金子支江子ほか『家庭造花術全書 上下』(大倉書店、明治四一年一月初版、四二年九月三版)

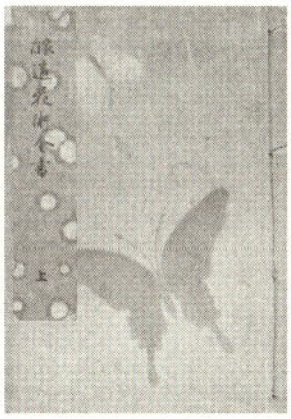

[挿絵]

●——相変わらず、買っても役に立つわけではないこんな本を買っている。明治四二年の本で、色刷り図版が多数入っていて、二冊で一〇〇〇円なら、やはり買ってしまう……。実は、昔から工作や手芸が大好きで、高校生の頃から、手編みのセーターやベストやマフラーは何枚編んだかわからないし、ミシンを使ってワンピースも縫ったし、端切れを買ってきては、バッグや小物入れやランチョンマットなど、何でもつくっていた。父親の日曜大工用の道具を借りて簡単な木工もやった。ところが、社会人になってからは、忙しすぎてまるで時間がなくなってしまった。そんな思いがあるだけに、こうした手芸の本をみると、かなり気持ちが動いてしまうのである。

●——明治時代、女学生や主婦の実用を兼ねた趣味として、「造花」がブームになっていたという。その教習書も何種類も出ていて、この本もブームに乗って出版された一冊だろう。著者は金子支江子、三好幸子、石川壽美子の三人で、発行所は大倉書店。上巻が春季之部と夏季之部で、梅、わすれな草、蒲公英、すみれ、桜、山吹、木蓮、芍薬、牡丹、藤、花菖蒲、バラ、カーネーション、鉄砲百合など。下巻が秋季之部で、菊、紫陽花、スイートピー、チューリップ、桔梗、コスモス、紅葉、山茶花、水仙、南天など。紫陽花やチューリップが秋の花になっているのは、ちょっと意外だが……。

●――表紙のデザインは上下巻共通だが、木版でアゲハチョウと白い蝶が舞い、題簽《だいせん》は水玉模様になっている。こうした本に、まったく関心がない人も多いと思うが、私はつくってみたくなってしまう。花のつくり方は本格的で、布を薬品で染めて色をつけ、茎などは針金を使用する。さらに、コテを使って葉脈などもつける。たぶん、つくり手が器用か不器用かによって、完成品の見栄えはかなり違ってくることだろう。

(二〇〇八年一〇月二三日)[179←・→105]

098

女性が関心を持っテーマは不変

『婦人世界　臨時増刊　食物かがみ』
(実業之日本社、明治四一年五月一〇日)

●――村井弦斎が編集顧問になってから、実業之日本社が発行する『婦人世界』は驚異的に部数を伸ばしていく。同社の社史によれば、創刊年の明治三九(一九〇六)年は一号当たり平均二万部未満だった。それが、翌年には平均五万六〇〇〇部、二年後には七万八〇〇〇部と急速に増加している。これは、実業之日本社が他社に先駆けて、雑誌の返品制を採用したためでもあった。従来、買い切りが一般的だった雑誌を、書店はリスクなしに仕入れることができるようになり、それがマスセールスに結びついたのだ。

●――『婦人世界』の勢いは止まらず、明治四二(一九〇九)年にはついに一号当たり平均一〇万部の大台に乗った。やがて、二五万部、最高で三一万部という驚異的な記録を達成する。現在の雑誌界を見ても、月刊誌で平均三〇万部以上売れているものはごくわずかだと思う。しかも、当時は日本の人口自体が違う。せいぜい四千数百万人というところだろう。

●——この空前の大部数を発行するようになった『婦人世界』の最大の功労者が、村井弦斎だった。というのも、弦斎はしばらくの間、読者の投書欄などを除くと、一冊の中で約四分の一の記事を自分で書いていた。署名記事のほかに無署名で書いたものもあり、「一記者」として書いているものもある。これらは、弦斎の遺族が神奈川近代文学館に寄贈した資料の中に、弦斎の自筆原稿が残っていたことからわかったことだ。

●——『食道楽』を書いたことで、「食」への興味を持った弦斎だったが、最初のうちは『婦人世界』に「食」以外のテーマで執筆している。しかし、創刊年の七月号から「弦斎夫人の料理談」という連載が始まっている。これは「一記者」が弦斎の妻の多嘉子に質問する形式で書かれた料理記事だった。この連載は読者から圧倒的な人気を誇り、足かけ六年も続くことになり、四冊の単行本としても刊行されている。実は、この記事を書いていたのも弦斎だった。しばらくして、弦斎の妹の嫁ぎ先の親戚で、弦斎の推薦で実業之日本社に入社した石塚月亭が引き継いでいる。

●——『婦人世界』の明治四一(一九〇八)年五月一〇日刊行の臨時増刊号は、題して「食物かがみ」。『婦人世界』では、売れ行きがいいので、春と秋に臨時増刊号を出すようになる。その特集テーマは、当時の若い女性たちが最も関心を持っていたであろう結婚、衣装、化粧、料理などだった。こうして並べてみると、現代の女性誌のテーマとほとんど変わらない。当時、実業之日本社社長の増田義一は、『婦人世界』を弦斎に一任していたので、こうした企画も、もちろん弦斎が中心になって決定していた。

●——この号に載っている「肥えたる人は如何なる食物を取るべきか」という記事に目がとまった。そういえば、明治時代にもさかんに「やせ薬」の広告が出ている。時代を超越して、ダイエットは女性たちの関心事だったのだ。

●——とはいえ、この「肥えたる人は如何なる食物を取るべきか」という記事はわずか一ページ。その書き出しは「ご婦人のうちには、肥つてゐる方が多いが、どうしたら肥満を治することが出来るかといふに、いちばん有効な方法は一切食物を食べぬことです」というものである。

残念ながら、ダイエットにはあまり有効そうではない。（二〇〇四年一一月二九日）[055←・→108]

099 没後追悼号発行は独歩が嚆矢

『新潮 国木田独歩追悼号』（新潮社、明治四一年七月一五日）

●——先月の古書展「趣味展」で、『新潮』の国木田独歩追悼号を見つけたので、五〇〇〇円という値段にウーンとうなったものの、購入した。私の場合、古書展で一冊を買うのに五〇〇〇円も出すのは、かなり勇気が必要だ。この追悼号の内容自体は、他誌の追悼号の内容と一緒に学習研究社版『定本国木田独歩全集』に収められているので、なにも実物を買わなくてもいい。だが、独歩関係の書籍広告や、独歩の写真や筆蹟などを集めたページは、全集には載っていない。それだけに五〇〇〇円払うのか、といわれてしまうと、やはり、うなるしかないのだが。

●——表紙の裏に「編集に就いて」という文章が載っている。国木田独歩が亡くなったのは六月二三日で、この号の発行日は七月一五日である。この文章によれば、独歩の没後、二週間で編集を終えたという。そして、掲載したものの九割までが談話の筆記で、「発行を急いだ為め校閲を経る事の出来なかつたものが多い」という。校閲も通さずに発行するほど急いで出すべき理由が、当時の新潮社にはあったのだろう。独歩の人気は、亡くなる一年前頃から急上昇し、その晩年（三〇代半ばで晩年とは変な感じだが）の『病牀録』も、独歩の友人たちによる『二十八人集』も、新潮社から出ている。なんとしても他誌より早く出して、国木田独歩と新潮社という結びつきを強固にし、独歩の全集も出そう、という新潮社の意気込みが伝わってくるようだ。

●——独歩は、生涯を通じてごくわずかな期間しか、経済的には恵まれなかった。だが、こうした追悼号や追悼の特集号が何誌も出た作家というのは、実は独歩が初めてだったらしい。その後、大物作家の没後には、追悼号が出るのが恒例になったようだが……。（二〇〇七年二月一四日）[096←・→112]

100 ようやく注目される「家庭料理」

赤堀吉松・峰吉・菊子共著『総菜料理』
(博文館、明治四一年八月初版、四三年五月三版)

●——日本で初めての専門家向けではない、家庭の子女を対象とする「料理学校」が開かれたのは、明治一五(一八八二)年である。加藤秀俊氏の『明治・大正・昭和・食生活世相史』(柴田書店、一九八〇)には次のように書かれている。

　それまで、料理を学ぶといえば、専門家をめざすものに限られていたが、ここに家庭の子女むけの料理教場が開かれた。場所は、東京日本橋、創始者は赤堀峰吉という。赤堀は、永年の修業が重要な要素とされていた料亭料理を理論的に解明することによって、家庭にも広めようとした。ご馳走といえば、料亭や仕出しの料理であった時代だが、知識階級の子女には、家庭料理の充実を望むものも多く、一〇年後には、教場を七カ所、増設している。また、料理学校によって良家の子女が、初めて立働式の台所を経験したことは、のちの台所変革史に大きな意味をもった。

●——また、小菅桂子氏の『近代日本食文化年表』(雄山閣出版、一九九七)の一八八二年の項目にも、「赤堀割烹教場開校」とあり、「家庭における接待料理から、時代を先取りして西洋料理も教えている」という記述がある。

●——私の手元には今、この赤堀割烹教場を開いた赤堀峰吉による料理の本が四冊あるが、その中で一番古いのが、明治四一(一九〇八)年に出た『総菜料理』(共著)である。赤堀峰吉は、村井弦斎の『食道楽』が書かれた頃から、女性を対象に料理を教える本を書き始めている。料理学校で教えるだけでなく、こうした料理の本にもニーズがあるということがわかったのだろう。

●——『総菜料理』の緒言の最初には、次のように書かれている。

　一、本書は従来の拙著、十二ヶ月料理、

家庭和洋料理法、即席料理法、総菜五百種、日本料理法等に泄《も》れたる料理法を説明したるものである。
一、本書は専ら何処の家庭に於ても行へ得らるゝ簡易の方法を選びたるものにて、殊に初学者の為には独習用として編述したるものである。

●――ここで、「何処の家庭に於ても行へ得らるゝ簡易の方法」と強調しているのは、弦斎の『食道楽』がベストセラーになって、一般の人々に〝家庭料理〟が注目されてきたことを裏付けているのではないか。（二〇〇四年一一月一八日）

[092←・→123]

101 財産家たちの容貌と性格

『実業之世界』（実業之世界社、明治四一年一二月）

●――『実業之世界』は野依秀一（のち秀市）が主宰する月刊誌だ。増田義一が発行していた『実業之日本』は、古書展では比較的よく見る雑誌で値段も安いが、『実業之世界』のほうはそれほど見ないので購入した。二〇〇〇円。

●――『実業之世界』のこの号には主幹の野依のほか、大隈重信、武藤山治、雨宮敬次郎、森村市左衛門などが寄稿している。

●――資料として面白いのは、「京都及び名古屋の五十万円以上の財産家は如何なる人々か」という記事。『実業之世界』に限らず、明治期のころは実名を挙げて、財産がいくらあるかをランキング順に紹介するような記事が、新聞や雑誌に載っている。プライバシーも何もあったものではない。この『実業之世界』の記事の面白いところは、職業と財産の額と名前と年齢を挙げるに留まらず、容貌や性格などにも言及している点。

●――ちなみに、「容貌」の項目はどんな書きぶりかというと、「貴公子然たり」「丈高く偉丈夫の面影あり」「苦味走れる好男子」「凛とした軍人風の処あり」など、誉めている場合も多い。しかし、「ニヤケ男」「藪睨《やぶにらみ》」「平凡」「富豪のボッチャン」「田舎の村長然たり」「何となく物足らぬ処あり」などは、書かれた本人はどう思ったことか。

●——財産家というだけあって、ほとんどが男性で女性は二人だけだが、その一人は名古屋の高利貸しの六二歳の女性。彼女の容貌については、「ベタベタと白粉を付けて色狂ひに浮身を窶《やつ》し居れり」と悪意に満ちたコメントをつけ、「先夫が非道なる金貸を為して財産を作りたる也」と書いている。この一例でも、『実業之世界』がどんな雑誌だったのか、だいたい想像はつくだろう。

●——野依秀一をけなす人が多い一方で、三宅雪嶺などのように彼を買っていた人もいる。この号の口絵には、大隈重信宅の有名な温室で、大隈と野依秀一が一緒に写った写真が掲載されている。（二〇〇九年五月八日）［050←・→104］

102 明治期編纂の辞典に惹かれて

冨山房編集局編『国民百科辞典』（冨山房、明治四一年二月初版）

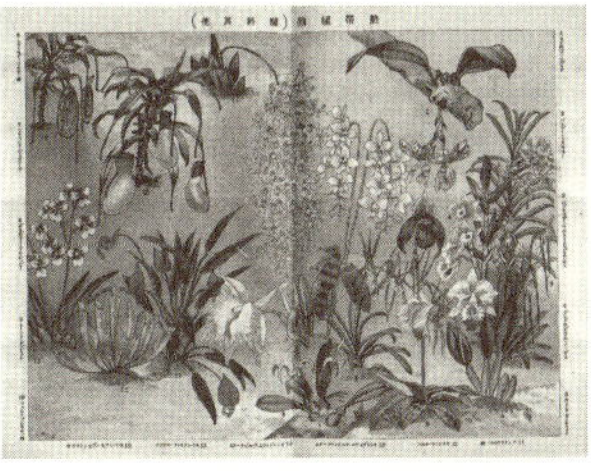

［図版ページ］

●——最近、明治期に編纂された辞典というだけで、とりあえず買ってはいるのだが、この『国民百科辞典』はすごい。まずボリュームは厚さ七・五cmで一六七〇ページ余りある。サイズは四六判。序文を芳賀矢一が書いているが、その文中に「ブリタニカなく、ラルーズなく、マヤーなき我国に於ては、此一小冊子を編纂するも、亦決して軽易なる事業に非ず」とある。

●——凡例の第一には、「本書は欧州諸国に行はるゝミニエチュア・サイクロペヂアの体裁に依り、普通辞書に採取せられざる科学百般の術語、社会人事上の故実語及固有名詞等を蒐集して逐一之が解説を与へたるものとす」とある。たしかに、ページをめくってみると説明文は簡潔だが、人名がかなり載っているようでうれしい。明治期のことを知るには役に立ちそうだ。

●——早速、ひとつ引いてみると——。

デンショバト　伝書鳩　音信の送受に利用する鳩。開戦前国内諸点の鳩を交換し置き所要の時之を放還する方法を用ふ。書信は薄紙上に認めアルミニウム小管中に入れ足に結ぶ。数世紀前より用ひられ、一八七〇年巴里包囲の時更に其必要を喚起す。アンウエルス、リエージュ種属賞用せらる。

●——なるほど。ちゃんと普仏戦争で伝書鳩が活躍したことにも触れている。現在の辞典には、こんなに具体的なことは書かれていない。ちなみに、現時点で最新版の『広辞苑　第五版』で「伝書鳩」を引いてみると「ドバトを改良した」と書かれているが、これは事実とは多少異なる。古代にイワバトという野性のハトを改良していったのが伝書鳩で、それが逃げ出して野性化したものがいわゆるドバトである。

●——この辞典は函なしで一〇〇〇円で購入したのだが、その少し後の古書展で函付きのものを見た。その函には、辞書らしからぬ鮮やかな絵が描かれていて、非常に心を惹かれたのだが、値段を見るとなんと八〇〇〇円！　さすがに函のために七〇〇〇円を払う気にはならない……。函なしだが、一〇〇〇円で買えてよかった。この辞典で何よりも素晴らしいのが、挿入されている挿絵や図版だ。地図類も含めると全部で四一種もあり、そのほとんどがカラーの石版印刷で、微細で非常に美しい。（二〇〇七年四月一九日）

[094←・→129]

103 全三冊・明治期最長の小説

村井弦斎『日の出島　合本　上中下巻』（春陽堂、明治四一〜四三年）

●——先日、あるトークショーの会場で初めてお会いした方の中に、なんと村井弦斎のファンだというHさんがいらっしゃった。村井弦斎にもこういうファンの方がいると知って、とても心強く感じた。岩波文庫で村井弦斎作の『食道楽　上下巻』が復刊されて、ようやく全文を手軽に読めるようになったのだが、Hさんは「『日の出島』を復刊して欲しいですね」とおっしゃるので、さらに驚く。

●——『日の出島』を知っている人は、相当な明治文学通というか、明治の大衆小説に通じた人だろう。とはいえ、明治三〇年代の日本で、この小説を知らない人はいなかった、といってもいいのだが……。『日の出島』は弦斎が『報知新聞』に(休載も含めて)、足かけ六年(!)も連載した大長編。六年というと、小学校に入学してから卒業するまで、ということになる。しかも、未完で終わっている。

●——よくぞまあ、これほど長い間書き続けたものだと思うが、それが許されるほど、当時の弦斎は人気作家だったわけだ。『日の出島』は明治に書かれた小説では最も長いといわれている。大正期に書かれた小説で一番長いのは、おそらく中里介山の『大菩薩峠』だろう。

●——連載中から春陽堂が順次単行本も刊行していて、全一一巻一三冊にもおよんでいる。私はその一三冊に約四五〇〇〇円を費やして、ようやく全巻揃えたが、その後、春陽堂が刊行した合本上中下巻の三冊も手元にある。上巻を古書展で見つけ、次にネットで下巻を見つけ、中巻はずっと見つからなかったのだが、何年か経ってようやく入手した。三巻で八〇〇〇円。百科事典のようなボリュームである。Hさんには申し訳ないが、おそらく『日の出島』を復刊しても、読もうという人がはたして何人いるか……。この大長編を復刊したい、という勇気ある(?)出版社の方はどうぞ名乗り出てください。いつでもご協力は惜しみません。たぶん、そんな奇特な出版社はないだろうと思うが……。(二〇〇六年六月七日)[018←・→204]

104 唯もう面白くて面白くて堪らない……

杉村楚人冠『半球周遊』
(有楽社、明治四二年一月初版)

●——旅行記は、読んで面白いものが多いが、それが明治時代の海外旅行記となれば、面白くないはずがない。しかも、書き手は杉村楚人冠《そじんかん》である。先週の古書展でこの本を一〇〇〇円で見つけた。写真もたくさん載っていて、それだけを見ていても楽しい。杉村楚人冠は、『東京朝日新聞』が日露戦争に備えて翻訳記者として採用した人物。英語の達人で、軽妙な記事を多数書いている。日露戦争中、主戦論の『東京朝日新聞』に在籍しながら、非戦論の『平民新聞』の幸徳秋水や堺利彦らとも、親しく交友していたのだ。

●——この『半球周遊』は、朝日新聞主催世界一周会付特派員として、楚人冠が欧米に派遣されたときに見聞したものをまとめたもの。地球の北半球を一周したので、『半球周遊』という書名になっている。現代の海外旅行と違って、まだ日本から外へ出るのが大変だった時代だ。現地で体験することや見るもの聞くものすべてが、明治の日本人には珍しくてたまらなかっただろう。朝日の同僚である渋川玄耳《げんじ》が書いた「序」も、楚人冠の「自序」も、どちらも人を食っている。まず、渋川玄耳の「序」はこんな書き出しだ。

　一書出づる毎に、褒讃《ほうさん》響応して、初版尽き、再版売切れ、忽《たちまち》にして四版五版を重ぬる楚人冠の人気は素晴らしいもので、吾輩が楽屋より道魔《どうま》声を絞つて景気を附けるに及ばない。併《しか》し何か附けなければ、序文にならぬ。依つて景気の代りにケチを附けて見やう。

　さて何にケチを附けたものかと、一巻隈なく繰返せば、唯《ただ》もう面白くて面白くて堪らない。満遍なく愉快で何時《いつ》読んでも可笑しいのである。（以下略）

●——続いて、杉村楚人冠の「自序」。

「大英遊記」も愚書なりしが、「半球周遊」は夫《それ》にもましたる愚書なり。

　斯《か》く此の書を愚ならしめたる所以《ゆえん》凡《およ》そ三あり。一には、此の書を草するに当りて、著者が余りに物識顔をし過ぎたるに由る。元来物識といふは、書物さへ読めば誰にも分るべきことを、左《さ》もしたり顔に書き立つるものにして、創意といふこともなければ、著者の個性といふものも没却せらるゝが常なり。（中略）是れ一つ。次に「大英遊記」の思の外好評なりしに心驕りゐたる著者は、初より今回の記事を一書として世に問はんとする、浅ましき野心を蔵したり。斯る野心ありしが故に、著者は要もなきところにかに角と無暗に気取つてのけたり。是れ二つ。昨年は単独欧亜を走せ廻りたる足手纏《まと》ひのなき身なりしが、今年は五十余人を引連れて、左ながら小日本を代表したる観ありしが故に、何につけかにつけ、気の引けること夥《おびただ》しかりき。新聞の一小記事すら、列国の大使館に翻訳せられ、世界の端の新聞紙にも転載せらるゝ今日、之が為に渋りがちなる筆の一層渋り増したるを覚えたり。是れ三つなり。此の三つの外に、尚くさ〴〵ありたるべけれど、面倒臭きが故に今は言はず。（中略）

倫敦《ロンドン》の某毛生薬屋の主人、常に禿頭を店頭に曝して、客の来るを待てり。人其のいはれを聞けば、乃ち曰く、斯く禿頭の醜きを示して、以て毛生薬を売らんと欲するのみと。是れ誠に著者が恥かし気もなく此の書を公にするに至れる微意に合す。（以下略）

●——こんな調子である。序文を読んだだけで、早く本文を読みたくなってくる。抱腹絶倒間違いなしの旅行記(?)、早く読みたい。（二〇〇五年一〇月一四日）[101←・→186]

105 明治のお嬢さまが楽しんだ手芸本

伊藤文子ほか『裁縫　おさいくもの』
（大倉書店、明治四二年三月初版、四四年二月六版）

●——明治の手芸本。大倉書店から明治四二（一九〇九）年に初版が出たもので、これは第六版である。

［口絵］

伊藤文子ほか著者の三人は共立女子職業学校教師。大倉書店から刊行された同種の本には、先に紹介した『家庭造花術全書　上下』（明治四一年）があり、この本は美しい色刷り図版が多くて、つい買ってしまったのだが、今回の『裁縫　おさいくもの』は最初、「裁縫」という文字だけが目に入ったので、危うく手に取らないところだった。和裁の本は、古書展にはいつもたくさん出ていて、二〇〇〇円程度で買え、珍しくもないからだ。女性のお稽古事として、今も茶道や生け花を習う人はいるが、和裁を習う人はごくわずかだろう。

●——ところが、この本を何気なく開いてみると、着物や浴衣の仕立て方が書かれているのではなかった。「おさいくもの」とは、可愛い小物を端切れなどでつくることだったのだ。小袋、飾置物、巾着、手提袋などの小物に加えて、子供用帽子や前掛け類、さらにはネクタイや玩具まで。厚紙を入れてつくる「電車回数券兼名刺入」なんていうのもあった。革製の定期入れや名刺入れは、非常に高価だったにちがいなく、端切れで手づくりしましょう、というわけだ。本文の説明を読み、図を見ているだけで、つくりたくて腕がうずうずしてくる。三〇〇円で購入した。

●——面白いのは、小物のそれぞれに名前がついていること。小袋なら、鼠袋、兎袋、蝉袋、蛤袋、梅袋、桜袋、桔梗袋、椿袋、鶯袋、鯉袋、金魚袋、亀袋……。色刷りの図版ページには、小袋、巾着、飾置物の完成図が描かれている。この他に、モノクローム図版も数枚あった。当時は、若い娘の楽しみとして、学校教育でもこうした手芸が推奨されていた。明治のお嬢さまたちも、こうした本を見ながら手芸を楽しんだにちがいない。（二〇〇九年六月四日）[097←・→118]

106 看板執筆者だった弦斎

『婦人世界』（実業之日本社、明治四二年九月一日）

●——これまでも書いてきたように、明治三九（一九〇六）年頃、村井弦斎は『日の出島』『食道楽』など数多くの小説を連載してきた『報知新聞』を辞めて、実業之日本社の『婦人世界』に移っている。このときが弦斎にとって、人生の大きな転機だったといえよう。彼はそれまで文壇からは低く見られていたが、〝新聞小説界の第一人者〟として、読者には絶大な人気を誇っていた。

●——その頃、文壇での大家といえば、「紅露逍鷗」の四家（尾崎紅葉、幸田露伴、坪内逍遙、森鷗外）であり、まだ夏目漱石は作家としては登場していない。漱石は明治四〇（一九〇七）年に東京帝国大学を辞して朝日新聞社に入社する。近代文学に造詣の深い柳田泉によれば、この四家の出す小説を合わせた以上に、村井弦斎や村上浪六のほうが数多くの読者を得ていたという。

【明治四二(一九〇九)年】——伊藤博文、ハルピン駅で暗殺。

●——それほど大衆に人気を博していた小説家だった村井弦斎が、そのピークで小説の筆を折ってしまう。弦斎は『婦人世界』に移ると、小説ではなく、もっぱら婦人啓蒙のための生活評論を書き始めるのである。

●——弦斎の評伝を書くために、彼が執筆した『婦人世界』のバックナンバーにはすべて目を通したが、この雑誌を揃いで持っている機関は少ないので、結局、国会図書館を頼ることになった。しかし、国会図書館では、閲覧できる冊数(といっても、閲覧できるのは実物ではなく、マイクロフィルム化されたもの)が限られているし、コピーも制限される。そのため、古書展で安く出ているのを見つけては買っていた。これは五〇〇〇円。

●——明治の婦人雑誌というのはなかなか面白い。毎号、いろいろな画家の描いた口絵がカラーで掲載されているが、この明治四二(一九〇九)年九月一日号は、竹久夢二の口絵である。村井弦斎はこの雑誌の創刊年からしばらくの間、巻頭記事を連載していた。弦斎は同誌の〝顔〟であり、看板執筆者だったのである。目次を見ると、次のような記事が並んでいる(最初の部分)。

嫉妬心は果して婦人の悪徳なるか
……………村井弦斎
初めて父となりし時の感想
……………山添喜代蔵
良人と共に楽しむ私どもの家庭遊戯
……………高橋千代子
巴里篭城中に実見したる仏国婦人の働き
……………渡正元
日本人の妻となりて舅姑に感服されたる英国婦人……………鈴木真
東京脳病院を訪問して婦人の精神病者と語る……………一記者
女髪結が良人を助けて医者を開業させし苦心……………長澤常子
私が交換手より判任官となりし実歴
……………井上とみ子

●——まだまだ続くが、とりあえず雰囲気だけはわかっていただけるだろうか。後半には「歴史講談『永井の局』」や「女中欄」というコーナーもあり、巻末には、読者からの投書を取り上げる「短文」「通信」「和歌」「文芸問答」「俳句」「育児問答」「歯科問答」などの欄がある。明治の雑誌は〝読者参加型〟というのか、毎号の投書の数がすごいのが特徴である。

●――考えてみれば、現在と違って、明治期の生活の中にはテレビもラジオもなければステレオもなく、電話もごく一部しかなく、娯楽も限られている。その中で、毎月定期購読している雑誌が届いたときのうれしさは、たとえようもなかっただろう。とくに、地方に住んでいる若い女性に対して、こうした雑誌が与えた影響は非常に大きかった。熱心な読者は、雑誌を隅から隅まで読み、味わい、自分の感想や喜びを編集部に宛てて書かずにはいられなかったのである。（二〇〇四年一一月二六日）[219←・→110]

107 息子を思う気持ちが表れた手紙

大町桂月『桂月書翰』
（成文館、明治四二年一二月初版、四三年一月五版）

［口絵］

●――大町桂月の書翰を集めた『桂月書翰』を三〇〇円で見つけた。以前紹介した『紅葉書翰抄』（明治三九年一月初版）よりひと回り小さいサイズで、同じように横長の本である。明治の著名な文人たちが書いた手紙や日記を読むのは楽しい。

●――大町桂月といっても、今でこそあまり名前を知る人もいないだろうが、彼の当時の人気といったら、それはすごいものがあった。評論家・詩人・随筆家として活躍し、著書も版を重ねてよく売れた。この『桂月書翰』も刊行から二カ月で五版になっている。『紅葉書翰抄』は、尾崎紅葉が亡くなってから編まれたものだが、大町桂月は大正一四（一九二五）年まで生きているので、紅葉の本に刺激されてつくったものなのだろうか。

●――目次を見ると、手紙を出した相手として、長谷川天渓、押川春浪、正宗白鳥、半井桃水、塩井雨江、笹川臨風、中村進午、三宅雪嶺、巌谷小波などの名前が見える。その合間に、自分の子供たちに宛てたものや、「某高利貸しへ」とか「金を乞へる友へ」とかいうのもある。やはり、我が子に宛てて書いた手紙が面白い。桂月にはこの頃、息子が二人いたようだ。以下に一部を引用してみよう。

【明治四二（一九〇九）年】――日本橋・丸善、初の本格的鉄骨構造で完成。

飢ゑては食をえらばずと、古の人が言へり。お前は、肴が嫌なるが、飢ゑたら、必ず食へる。嫌ひでも食つて居れば、終には好きになる。何かのかんづめでも送ることは、わけも無いが、それでは、却つてお前たちの為めにならぬ。長じて兵隊に出たり、旅行したり人の家に行きたり、その他いろいろの時にこまる。人は食物にすき嫌ひあるが如く、万事気随気まゝになり易し。気随きまゝでは世は渡られぬ。何事もしんぼうが大切なり。この儀よく〳〵心に銘すべし。（明治四一年一月一三日）

●――父親として息子を思う気持ちが表れていて、いい手紙だなあと素直に思える。今の時代は、親しい人同士でも電話かEメールになってしまって、なかなか手紙を書くことがないが、こうした書翰集がなくなってしまうとしたら、かなり寂しいことだ。

●――表紙を開くと、桂月自筆の絵葉書三枚の写真があり、その裏には、なんと本物の絵葉書が貼付けてあった。というのは、貼付けてある側を見ると、「POST CARD」の文字が印刷されているからだ。この葉書は、この本のために制作したのだろうか？　顔写真には「大町桂月先生」とキャプションがついていて、ここに書かれている桂月の文字は、どう見ても印刷されたもので、直接書かれたものではない。それでいて、赤いスタンプは「大日本十和田湖遊覧・十和田神社参拝」と書かれた記念スタンプである。十和田湖を観光した桂月がこういう葉書を実際に誰かに書いたのを、十和田湖観光協会か何かが「桂月先生もこのように褒めている十和田湖」という広告に使って、桂月の顔写真入りの絵葉書を制作して、観光客向けに売っていたのだろうか？（二〇〇五年一二月二一日）［184←・→169］

108 各界名士が美人を語る

『無名通信　美人号』（無名通信社、明治四三年一月一日）

●――『無名通信』という雑誌のことは、横田順

彌さんの『明治の夢工房』（潮出版社）で読んで知っていた。同書でも、「美人号」という特集号のことを紹介している。『無名通信』の創刊は明治四二（一九〇九）年四月。国会図書館には所蔵されているのだが、実物を見たことはなかった。

●――その『無名通信』を、先だっての古書展で初めて見た。しかも、まとめて四冊も……。その一冊が「美人号」だった。値段は「美人号」が一番高くて四〇〇〇円、その他は三五〇〇円で、薄い一冊だけは二〇〇〇円だった。初めて見る雑誌なので、パラパラとページをめくってみたが、やはり面白いのは「美人号」で、それ以外は買わなくてもいい感じだった。しかし、雑誌一冊で四〇〇〇円は痛い。表紙も汚れているし、状態はそんなによくない。買おうかどうしようか、とかなり迷ったが、買わずに後悔するのも悔しい。結局、買ってしまった。

●――この『無名通信』は、『婦人画報』と同じサイズで、『近事画報』よりは小さい。最初に少しグラビアページがあるが、グラフ誌ではなく文字中心の雑誌だった。月二回刊で、ページ数は二〇〇ページを超えている。編集兼発行人は三澤豊、発行所は無名通信社になっているが、実は作家の小杉天外が企画して創刊したものだ。『無名通信』という題号は、筆者庇護のため、無署名で記事を載せるということだったらしいのだが、横田さんも書いているように、この「美人号」はほとんど実名で掲載されている。

●――しかも、すごい名前がゾロゾロ……。美人について原稿を依頼されると（あるいは談話をまとめたのだろうが）、やはり喜んで書くのだろうか。ざっと名前を挙げると、大隈重信、林田亀太郎、大倉喜八郎、石黒直悳、元田作之進、金杉英五郎、伊藤銀月、三輪田元道、煙山専太郎、石河幹明、内藤鳴雪、成瀬仁蔵、足立北鷗、岩野泡鳴、森山吐虹、佐々醒雪、池辺義象、笹川臨風、山路愛山、伊原青々園、寺崎広業、岡田三郎助、荻原守衛、梶田半古、松村介石、福来友吉、芳賀矢一、馬場孤蝶、松居松葉、戸川秋骨、長谷川天渓、徳田秋声、徳田秋江……等々。

●――こうした人々が、それぞれ美人についてあらゆる角度から語っているのだ。「時代と美人」「通人的美人研究」「文明国の美人たる可き要素」「豪傑としての美人」「美人薄命の理」「美人の解剖」「美人存在の意義」「美人と化粧」「写真師の見たる美人」「小説中に現はれたる美人」「美人毒語」「美人の魔力」「デカダン式美人」など、面白いというか、笑ってしまうというか。

●――グラビアページには期待したほど美人の写真はないが、本文中にモノクロ写真で、美人芸妓が多数掲載されている。美人芸妓の写真の中には、横田順彌さんが「ゴクミそっくり」と評していう京都まつ本の「うめ」が。そういわれると、たしかにそんな気も……。（二〇〇七年六月五日）[098←・→109]

109 女学生の結婚相手への希望

『女学世界 定期増刊 マダム振り』
（博文館、明治四三年一月一五日）

●――『女学世界』を一冊六〇〇円で四冊まとめ買いした。この号の表紙画は、太田三郎が描いている。「当世マダム気質」「二十世紀の新奥様」「新妻物語」「小間使いの見たる若奥様」「クラスメート評判記」などが目次に並ぶ。

●――その中で、「文士の妻」になると貧乏で悲惨な境遇に泣く、という話があちこちに出てくるのが面白い。国木田独歩について調べていて、その貧しい生活ぶりに驚いたものだが、やはり文士は食えない、ということが常識だったのだろう。貧乏だけはいや、という女学生の結婚相手への希望が、「実業家で財産が沢山あつて、三越でも白木屋でも、馬車で隔日に通つて寸分流行に後れない服装で交際社会の大立物になつて、ダイヤの光と黄金のひらめきで、この身体の頭から爪先まで飾つて一生を送りたい」。思わず吹き出してしまうが、この条件を満たしているなら、少しくらいの頭の禿げは我慢する（!）そうだ。（二〇〇八年一月二一日）[108←・→116]

110 難病治療法・健康法満載

『婦人世界 春期増刊号 ことぶき草』
（実業之日本社、明治四三年五月）

●――予算の関係上、しばらくは古書展で『婦人世界』を見つけても買わずにいた。『婦人世

界』は、これまでも触れてきたように、村井弦斎が編集顧問を務めていた婦人月刊誌で、明治三九（一九〇六）年一月に創刊されている。一号当たりの発行部数が三〇万部を超えたこともある〝超人気雑誌〟だった。弦斎は足かけ二〇年にわたって、この雑誌に原稿を書いている。そのため、古書展で見かけるたびに買い込んで、たぶん三〇冊は持っているが、それでも、表紙の「婦人世界」という文字を見ると条件反射的に手が伸びてしまう。この「春期増刊号 ことぶき草」は八〇〇円だったので久しぶりに購入。こうした増刊号は面白い記事が多いから、と言い訳しつつ。

●――「ことぶき草」という言葉から何を想像するだろうか。実は、難病をいかに治療したかという病気治療法や健康法の特集号だった。村井弦斎は、巻頭に長寿法と脚気の治療法として糠《ぬか》を食べることを提唱する記事の二篇を書いている。これは、当時の〝脚気論争〟の中でも反響が大きかったものだ。この記事のコピーは持っていたが、実物を入手できてうれしかった。

●――ほかにも、「百五歳の長寿を保つ老婦人の健康実験」「熱帯地方を単騎旅行した当時」「乳癌に罹りて大手術を受け全快したる実験」「薬を飲まずに十年の難病を治した話」「七十四歳で和服を着て洋行した私の大元気」……等々。最後の記事は、婦人運動家として有名な矢島楫子が書いたものだ。明治期に七〇代の女性が和服を着て洋行していたというのはすごい。彼女は明治三九（一九〇六）年七月、日露戦争の翌年に渡米して各地をまわり、ルーズベルト大統領に招かれたときも和服で会ったという。

●――「看護婦が病家に行きて迷惑に感じた実験」というタイトルで、愛生産婆看護婦人会長の金子貞子が書いた記事は、小見出しだけ見てもショッキングだ。「藪医者だ筍医者だと悪口」「瀕死の病人の枕元で大議論」「生きた虫を召上る若奥様」「旦那様の看護婦を妬む奥様」……。看護婦の目から見た〝困った病人とその家族たち〟の行状が暴露されている。それにしても「生きた虫」って！ 病気が治るという迷信を信じて虫を食べるという話で、さすがに少し読んだだけで気味が悪くなった。いつの世もこうしたゴシップネタは、面白がって読まれたのだろう。

●――カラーで印刷された口絵がたまたま「山内一豊の妻」を描いたものだった。ＮＨＫの大河ドラマで放映されたが、仲間由紀恵さんとはちょっとイメージが違う。ちなみに、その対向ページは味の素の広告で、「弦斎先生の家庭にては常に『味の素』を愛用せらる」という宣伝文が書かれている。味の素創業者の鈴木三郎助が、弦斎に試食してもらい、これは売れると太鼓判を押してもらったことで自信を得て、企業化に踏み切ったことは、同社の社史にも書かれている。(二〇〇六年一月二九日)[106←・→139]

111 外国人向けにつくられた豪華雑誌

『グラヒック特別増刊 代表的日本』(有楽社、明治四三年七月)

●——古書展で、あまり見ないグラフ誌を入手した。有楽社から明治四二(一九〇九)年に創刊された『グラヒック』である。手元に一冊だけあるが、今回のものは特別増刊号で、「日英博覧会紀念出版 代表的日本」と題している。以前のものが二四ページなのに対して、これは本文が一六〇ページもあり、表紙には厚い別紙が使われていて、手に持つとずっしりと重い。

●——なにより迫力があるのは判型だ。『グラヒック』は、四六四倍判で、B4判よりひと回り大きい。このサイズで写真を満載して一六〇ページあり、状態もきわめてよく、発行年が約百年前の明治末期となれば、これはどうしても欲しくなる。値段を見ると五八〇〇円だったが、この内容なら仕方がない、むしろ安い、と思ったほどだ。ただし、すっかり忘れていたが、『グラヒック』は数年前に復刻版が出ていた。そのため、オリジナルは珍しいが、復刻版は国会図書館などで閲覧することができる。

●——目を惹くのは表紙の「代表的日本」の文字。すぐに思い浮かぶのは、内村鑑三の『代表的日本人』だ。『代表的日本人』の出版年を調べると、内村鑑三は同書に先行して、日清戦争中の明治二七(一八九四)年に英文著作『Japan and the Japanese(日本及び日本人)』を執筆し、その一部を除いた改版を、日露戦争後の明治四一(一九〇八)年に『Representative Men of Japan(代表的日本人)』として出版していることがわかった。いずれも内村は英語版しか書いていない。『Representative

Men of Japan』は、デンマーク語とドイツ語にも翻訳されているという。

●——内村鑑三が日本語版を書いていないのなら、『代表的日本人』という書名は明治四一年には存在しなかったのか？　岩波文庫版『代表的日本人』の解説によれば、内村自身が最初は『日本及び日本人』と呼んでいたものを、『代表的日本人』と改めたのだという。日本人にこの本について話すときには、おそらく日本語に訳していただろう。それなら、この『グラヒック』の「代表的日本」が、内村の著書のタイトルに由来するものだと考えても、発行年の上では矛盾しない。

●——本文はすべて日英併記で、広告も英文である。外国人向けにつくられたことは明らかだ。明治天皇・皇后の肖像にはじまり、皇族の写真、政府高官、軍人など日本を代表する人物の写真、日本の主要都市のさまざまな写真、名所・観光地、芸術・工芸品……等々、明治末期において〝日本を代表する〟にふさわしいものを選んで掲載している。さらに、日本の経済に関する記事も八ページあり、内容は充実している。

●——「発行の趣旨」には、この年の五月から一〇月にかけて同盟国のイギリスで日英博覧会が開催される、と書かれている。その機会に日本を広告する目的で、この特別増刊「代表的日本」を制作したのだという。表紙に「再版」の文字があることでもわかるように、初版はたちまちのうちに売りつくしたそうだ。定価は一円二〇銭。当時の一円二〇銭は、今なら六〇〇〇〜八〇〇〇円くらいの感じだろうか。そう考えると、私が五八〇〇円で買ったのは妥当な値段だった、といえるかもしれない。（二〇〇九年七月二九日）

[080←・→130]

112 ピンチを救った皇室ファン雑誌

『婦人画報増刊　皇族画報』
（東京社、明治四三年一〇月一〇日、一三版）

●——『婦人画報』は、近事画報社時代の国木田独歩が明治三八（一九〇五）年に創刊して編集長を務め、その後、独歩社で引き続き発行を継続していたが、明治四〇（一九〇七）年に独歩社が

解散し、発行所は東京社に代わった。編集長は、独歩社のメンバーの一人だった鷹見久太郎(思水)である。

●——だが、結局、東京社も経営が苦しくなり、このままでは『婦人画報』の発行を継続できない、という大ピンチに陥ってしまう。そこで、窮余の一策として思いついたのが、この臨時増刊号である。掲載するグラビア写真を皇族だけに限って、簡単な記事をつけることで一冊にまとめて、『皇族画報』として売り出すことにしたのだ。今でも、テレビの皇室番組などを欠かさず見る人はいると思うが、そういう層を狙った企画だったのだろう。

●——発案者は、やはり独歩社のメンバーの一人だった窪田空穂である。現在、歌の世界で有名な窪田が、若き日に雑誌ジャーナリズムに身を置いていたというのは、意外に思う人も多いのではないか。窪田は、鷹見を独歩社に紹介した義理があったので、鷹見に泣きつかれて『皇族画報』を提案したという。予想通り、『皇族画報』は飛ぶように売れて、次々に版を重ねるほどだった。私が買ったものは、実に第一三版だ。値段は一五〇〇円。

●——明治四三(一九一〇)年ということは、すでに国木田独歩は亡くなった後だ。それでも、独歩の〝形見〟ともいえるこの雑誌が、百年以上の歳月を経て、発行所は変わりながら、未だに書店に並んでいることは、奇跡のようにも思えてくる。(二〇〇六年八月八日)[099←・→155]

113 英文和製本の絢爛

井上十吉『HOME LIFE IN TOKYO』(東京印刷、明治四三年一〇月初版、四四年九月再版)

[口絵]

●——これまでも英文で書かれた和製本を紹介してきた。出版社はいずれも日本の会社だが、中身が英文ということは、当然、日本人ではなく外国人の読者を想定している。外国人にとって、糸でかがったこうした和製本は珍しかっただろうし、多少値段が高くても、日本を訪れたお土産として、あるいは記念として買い求めたことだろう。洋書を見慣れた目には、エキゾチックに感じられたにちがいない。明治以前にこうした本が存在するとは思えないが(確信はないが)、明治から戦前まででは、こうした造本の英文本がかなりたくさんつくられているようだ。内容は、日本や日本の文化をPRするものが多い。

●――私が最初にそうした本を知ったきっかけは、日露戦争中に刊行された村井弦斎の英文小説『HANA, a Daughter of Japan』である。これも、完全に海外向けにつくられた本だった。それから、弦斎の友人だった川井運吉も、自作の英詩を出版する際、帙入り二巻の和製本という装幀にしている。さらに、女性教育家の河井道も昭和一四(一九三九)年に『My Lantern』という自分の半生記を英文の和製本で出している。弦斎はロシアと戦う日本への理解を求めるため、河井道は国際的に孤立しつつあった日本を弁護して日本を世界に理解させるために、こうした目を惹く形の本を出して訴えたのだと思う。

●――それ以来、明治期から戦前の英文の和製本を見つけると、意識して買うようになった。明治一八(一八八五)年頃から輸出用につくられた多色木版挿絵が美しい欧文の和本である「ちりめん本」などは、数万円もすることが多いのでなかなか手が出ないのだが……。村井弦斎の『HANA, a Daughter of Japan』も、海外の古書市場で五〇〇ドルくらいの値段がついていることがある。たしかに豪華な本なので、それくらいの値段でもおかしくはないのだろう。

●――英文和製本の中でもけっこう気に入っているのが『HOME LIFE IN TOKYO』である。東京古書会館でこの本が五〇〇〇円で出ているのを見つけた。前の所有者が愛蔵していたらしく、帙も壊れていないし、中の本も新品に近い状態だった。表紙と裏表紙に描かれている蓮の池と神社らしい建物の風景画も、色鮮やかで非常に美しい。書名の背景の部分には金箔がちりばめられ、口絵には色刷りの木版画が一点、本文中にも一部カラーイラストが使われている。それ以外にモノクロのイラストが多数収載され、巻末には索引がついている英文ガイドブックだ。表紙を開くと、著者の井上十吉のサインまであった。

●――タイトルからわかるように、この本は日本全体のガイドブックではないが、日本の帝都・東京における一般の家庭生活を外国人に紹介するものだ。おそらく、日露戦争で勝利して以来、東アジアの新興国家・日本に関心を持って訪れる外国人は多かっただろうし、彼らは日本の習慣や風俗に戸惑ったにちがいない。著者の井上十吉（一八六二―一九二九）は英学者で、明治六（一八七三）年にイギリスに留学し、帰国後は『井上英和大辞典』『井上和英大辞典』など多数の辞書を編纂したことで知られている。

●――「知られている」と書きながら、情けないことに、この『HOME LIFE IN TOKYO』という本を買うまで、彼のことは知らなかった。しかも、生没年を見ると、私が評伝を書いた村井弦斎より一年早く生まれ、二年遅く亡くなっている。弦斎と井上とは同時代人だったことになる。その井上が、外国人に日本文化を紹介する『HOME LIFE IN TOKYO』という本を書いていることは、もっと早く知っていてもよかったのだ……。この本は、海外では、日本のことを知ることができる好著として、非常に有名だったらしい。

●――口絵は「秋の七草」。はにかんだような女性の姿は、西洋人の眼に写る「日本」のイメージそのものだったかもしれない。その一方で、スラムの様子も紹介されていたのは意外だった。横山源之助の『日本の下層社会』（岩波文庫）を思い出す。明治後期の東京の庶民の暮らしの案内書としては、実に詳細な内容であることに改めて感心する。（二〇〇六年一月四日・一月五日）

〔054←・→005〕

114 三カ国語併記の漫画雑誌

『東京パック』（有楽社、明治四三年一一月一日）

●――これまで名前だけはあちこちに出てくるので知っていても、実物を見たことがない明治の雑誌はたくさんあって、『東京パック』もそのひとつだった（復刻版は見ている）。まあ、漫画雑誌でもあり、わざわざ閲覧するというものではない、といってしまえばその通りである。

●――しかし、宮武外骨の『滑稽新聞』もそうだが、実は、こうした庶民から人気を得ていたメディアの誌面には、一般の新聞や雑誌からはうかがえない、その時代の空気というものがよく表れている。大衆文化を知るには、こうしたポンチや漫画を見るのが手っ取り早い。なによりも、見ているだけで面白い！

●――ずっと何年か古書展に通ってきて、初めて見た『東京パック』。これがあの北沢楽天の……と思った瞬間、買うことに決めた。そのときは、わずか一六ページの雑誌で、表紙にシミがあるし、中綴じの折りの部分が破れていて、バラバラになりそうなのに、一五〇〇円も払うの？　というような疑問は、頭にまったく浮かばないのだ。どうしようもない性格である。

●――サイズがこんなに大きいとは知らず、びっくりした。四六四倍判でB４サイズより一回り大きい。月三回発行になっている。一六ページのうちの一二ページがカラー印刷で、誌面はカラフルである。中身については……よく全ページをこうした諷刺漫画と文章で埋めたものだ、と感心するというか、呆れるというか。この雑誌の読者が、どこでどんなふうに読んでいたのかが、知りたいものである。

●――意外だったのは、この雑誌の本文は日本語だが、漫画の説明文は、日本語と中国語と英語の三カ国語併記になっていたこと。たしかに、漫画は世界共通で笑えるものだし、簡単な説明文がついていれば、十分意味は通じたことだろう。グラフ誌から、漫画雑誌のほうにまで関心が広がってきてしまった。誰か止めてください……。

（二〇〇六年四月五日）［115←・→126］

115 漫画にも関西人の心意気

『大阪パック』第二一号（輝文館、明治四三年一一月一日）

●――漫画雑誌の『大阪パック』。先行する『東京パック』と同じ四六四倍判一六ページで、同じ年の同じ日に刊行されたもの。『東京パック』の人気を見て、そっくり真似したのだろう。発行所は大阪の輝文館である。一五〇〇円で購入。

●――現在の日本は東京一極集中が過度に進み、出版社も印刷所も大半は東京にある。東京でつくられた雑誌が、各地にも配送されて、地方在住の人々にも読まれているわけだ。けれども、明治の頃は交通などの事情もあり、関東と関西とでは文化もかなり異なり、新聞や雑誌もそれぞれの地域で違うものがつくられていた。たとえば、『東京朝日新聞』と『大阪朝日新聞』にはそれぞれ主筆がいて、載っている記事も違えば、論説の内容まで異なっていた。題号は同じ『朝日新聞』でも、このふたつは別の新聞だったのである。

●——それを考えると、北沢楽天の『東京パック』が当時、いかに人気があったといっても、その読者のほとんどは関東近郊に限られていて、後発誌の『大阪パック』が大阪で創刊されると、関西の読者はこちらを読むようになったのだろうと思う。真似をしたとか、パクったとかいうクレームをつけられることもなく、それが当然のようになっていたのではないか。この『大阪パック』を見ていると、大阪は東京とは違うんや、という関西人の心意気というか、自負のようなものを感じる。

●——今でも、お笑いの本場といえば大阪、ということになっているが、『東京パック』が途中で何度か途切れそうになるのに対して、『大阪パック』は昭和二一(一九四六)年六月まで継続している。創刊が明治三九(一九〇六)年一一月だというのだから、この浮き沈みの激しい出版界で、四〇年も同じ雑誌として刊行されたことになる。これはすごい。中の漫画も、『東京パック』より毒の効いたものもあり、表現がストレートなものもあるような気がする。わずか一冊だけを見て比較した印象にすぎないが……。

●——その中に興味深いものがあった。「人種《ひとだね》輸出」と題した漫画のキャプションだ。

　四十一年(注・明治四一年のこと)の出産が百六十六万、死亡と死産が百十九万人、差引四十七万人の輸出超過とは可驚《おどろくべき》統計だ、いまに人口減少に苦しむ仏国あたりから人種《ひとだね》の注文が来る。これが合格者は子種沢山貧乏人との事だ。

●——人口動態統計によると、二〇〇五年に日本で生まれた子供の数は一一〇万四〇六二人とのこと。明治四一年に生まれた子供の数は一六六万人だというのだから、今のほうが約五六万人も少ないことになる。当時の日本の人口は、現在の半分を少し上回る程度にすぎない。一瞬我が目を疑ったが、計算上はそういうことになる。もちろん、明治期の乳幼児の死亡率は高かったので、何年かすると、かなり減ってはいたはずだ。人口増を心配していた明治四〇年代から、少子化が社会問題になっている現代の日本。これから百年後は、はたしてどうなっているのだろうか。（二〇〇六年四月七日）[075←・→114]

116 女性記者たちを花にたとえると……

『婦人世界』（実業之日本社、明治四三年一二月）

●——今の雑誌の一二月号には、クリスマス関連の記事が載っているだろうが、この号にはまったく「クリスマス」の文字はなかった。といっても、欧米のキリスト教の国でクリスマスを祝う、ということは日本に早くから伝わっている。明治の別の雑誌に載っていた料理記事には、「クリスマスの御馳走」として七面鳥料理などが紹介されていた。それどころか、バレンタインデーやイースターのお菓子などまで紹介されていたのは驚いた。日本人は新しいものが好きで好奇心が強いので、おめでたいことなら、何でも受け入れるのかもしれない。まさか百年前の日本人は、街中がクリスマスのイルミネーションで輝いている今の日本の光景など、想像もしなかっただろうけれども。

●——この『婦人世界』は四〇〇円で入手。巻頭には、村井弦斎が「お歳暮の贈答品は如何にすべきか」を書いていて、当時の世相をうかがわせて面白い。それ以上に興味深かったのが、「新聞雑誌婦人記者花くらべ」という記事である。明治期の新聞雑誌でどんな女性記者が活躍していたのかは、羽仁もと子など有名な人を除けばあまり資料がない。存在していたのかどうかさえはっきりしないのだ。第一、新聞には署名記事が少ないし（署名があっても、本名でないことも多い）、女性が堂々と署名記事を書くなどということは、ほとんどなかったのではないか。月刊誌で「女性記者」を揶揄する記事を見た記憶はあるが、それ以外に、これほどまとまった女性記者評を読んだ記憶がなかった。

●——この記事では、新聞雑誌で活躍する女性記者をそれぞれ「花」にたとえて、五〇〇字程度で人物評をしている。以下に名前を挙げ、どんな花にたとえられているかを挙げてみよう。

・『時事新報』大澤とよ子……芙蓉
・『報知新聞』磯村春子……紅ばら
・『萬朝報』服部桂子……椿
・『時事新報』下山京子……けしの花
・（フリーライター？）水島幸子……白百合
※『婦人世界』にも書いているらしい。
・「貴婦人社」村山文子……あざみ
・「毎日電報」山崎千代子……コスモス
・『女学世界』中村鈴子……梨の花
・『家庭の友』羽仁もと子
※「この人だけは花にたとえたくない」。
・『女学世界』杉浦翠子……桜草
・『中央新聞』山田邦枝子……花あやめ
・元『二六新聞』中野初子……蘭

●——この記事を読んでいると、いろいろなイメージがわいてくる。彼女たちの服装や身なり、取材ぶりはどうだったのか？　家庭を持っている場合、夫や姑たちはどう思っていたのか？　女性記者同士は互いに交流していたのか？　給料はどれくらいもらっていたのか？　それぞれの人物のくわしい資料などは残っていないかもしれないが、明治期の女性記者群像をエピソードもからめて描き出せたら、結構面白いものになるのではないか……。またしても調べたいことが増えてしまった！（二〇〇五年一二月二四日）

［109←・→120］

117 世界に広く知られた明治の小説

徳冨蘆花『不如帰』漢訳版
（千代田書房、明治四四年四月初版）

［函］

●——徳冨蘆花の『不如帰』は、まず英語圏で読まれ、それからドイツ語、フランス語、スペイン語といった具合にヨーロッパ各国でどんどん翻訳されていったようだ。昭和女子大学近代文学研究室編『近代文学研究叢書第二八巻』（昭和女子大学、一九六八）の「徳冨蘆花」の章には、「英、仏、独、中国、朝鮮などの諸国語に翻訳され」という記述が載っている。

●——東京・赤坂にある国際交流基金図書館の

蔵書には、英語版以外にスペイン語版（一九〇四）、スウェーデン語版（一九〇四）、ポルトガル語版（一九〇六）の『Nami-ko』がある。スペイン語版はブエノス・アイレスでも発売されたようで、南米アルゼンチンの人々も浪子を知っていたことになる。ともかく、すでに百年前に日本の現代小説が、スウェーデン語やポルトガル語に訳されていたのだから、驚きである。

●――装幀もそれぞれの国の特徴が出ているようで面白かった。スウェーデン語版はお洒落な革張りの装幀。おかしいのは浪子の絵で、原作では芳紀まさに一八歳の初々しい花嫁であるにもかかわらず、スペイン語版もポルトガル語版もどう見ても〝芸者〟にしか見えないのだ。しかも、着物を粋に着流す様子はかなりの年増（！）である。おそらく、日本のことを知らない画家が、芸者の写真を参考にして描いたのだろう。

●――私の手元には漢訳版の『不如帰』がある。出版年は明治四四（一九一一）年で訳者は杉原幸、千代田書房と杉本梁江堂が発売元になっている。そして、挿画はあの鏑木清方が描いている。ちなみに、最初の民友社版『不如帰』の挿画は黒田清輝だった。漢訳版は、さすがに横文字に比べて親しみがある。三五〇〇円もしたが、珍しかったのでつい買ってしまった。

●――日露戦争で日本が大国ロシアに勝つと、日本に対する世界の人々の関心は高まり、一種の日本ブームさえ起こった。そのため、明治三八（一九〇五）年以降になると、明治の文豪といわれた作家たちの小説も次々に翻訳されるようになる。しかし、『不如帰』はそれより一足早く世界に広く知られた明治の小説だったといえるだろう。

●――そういえば、約百年後の日本では『世界の中心で、愛をさけぶ』が大ヒットした。病気で女性が若くして死ぬという設定は、時代に関係なくベストセラーの不滅の法則なのだ、と納得。（二〇〇四年一〇月一日）［087←・→132］

118 「百道楽」という発想

双楓書楼同人編『名流百道楽』（博文館、明治四四年六月初版）

●――前述したように、『食道楽』という小説は、村井弦斎の「百道楽」シリーズの中の一篇だった。弦斎は博覧強記で知られていたが、この「百道楽」シリーズは、彼のエンサイクロペディスト

【明治四四（一九一一）年】——幸徳秋水ら大逆事件被告に死刑判決。

（百科全書家）としての面目躍如たるものだろう。百科全書的にあらゆる分野の新知識を網羅しつつ、同時に〝教訓小説〟として読者を啓蒙することが、弦斎の目的だった。しかも、それを面白く読ませるために道楽小説という形をとって、釣り、酒、女、食というそれぞれの方向へと展開していったのが、『釣道楽』『酒道楽』『女道楽』『食道楽』『食道楽　続篇』の五篇だったのである。

●——それぞれの道楽小説の中では教訓話がくり返され、一篇ずつの道楽小説は独立しつつも、互いに連環している。そう考えると、『食道楽』は美食小説として読まれているが、弦斎が本当に書きたかったのは、「食の楽しみ」よりもむしろ「大食や暴食への戒め」であり、「不健康な食事の改善」や「非衛生的な台所の改良」だったようにも思える。村井弦斎は誤解され続けた人だ、という気がしてならない。

●——ところで、弦斎はこの「百道楽」ということを、何から思いついたのだろうか。「百」という数字は「多い」という意味でもあり、同じテーマのものを並べるときによく使われる。「百物語」「百話」「百景」「百面相」などという言葉もあり、これらを本のタイトルに使ったものもある。

ただし、弦斎が「百道楽」シリーズを書き始める以前に刊行された本で、まったく同じ『百道楽』という言葉を含むタイトルは見つからなかった。「百道楽」という発想は、弦斎のオリジナルだと考えてもいいだろう。

●——一方、弦斎より後に「百道楽」という言葉をタイトルにつけている本は二冊あった。双楓書楼同人編『名流百道楽』（博文館、明治四四年）と、堀内新泉『当世百道楽』（文正堂書房、大正五年）である。この二冊も何かの参考になるかと思って古書展で買い求めたが、どちらも四〇〇〇円台で少々高かった。

●——『名流百道楽』の「巻首寸言」には次のように書かれている（一部省略）。

　題して名流百道楽といふ。これ現代の名流百人を選んで、其趣味を記述せるものである。道楽即ち趣味、趣味即ち人格、以て人様々の趣味を知ると共に、人様々の性格、取りも直さず其為人《そのひととなり》をも併せ知る事が出来やう。

　されど名流必ずしも名流たらず、上は台閣の諸公より、華冑《かちゅう》の公達、さては縉《しん》紳淑女、軍人、政治家、学者、文人、美術家、実業家等、社会の総ゆる階級を網羅せる中に、四五の芸人も交つて居る。力士あり、俳優あり、又義太夫語りがある。これ等の芸人は元より其社会的地位よりして、名流の二字を冠すべき者ではないが、さりとて何れも芸界に時めく花ばかり、以て角界、梨園の名流とするに足りる。でかゝる意味を体し、且つ社会の各階級を網羅するが為め、彼等を此中に加へた次第である。

●――このように、著名人など百人の趣味がずらっと並んでいてなかなか面白い。一部を紹介すると、新渡戸稲造が「人形道楽」、後藤新平が「擔《かつ》ぎ道楽」、伊藤博文が「五道楽」(酒、煙草、刀、碁、読書)、市島謙吉が「手紙道楽」、三浦梧楼が「縄暖簾道楽」、高田早苗が「謡曲道楽」、内藤鳴雪が「酒道楽」、饗庭篁村が「古池道楽」、小杉天外が「食道楽」、広津柳浪が「繍眼鳥《めじろ》道楽」、福来友吉が「不思議道楽」、大倉喜八郎が「史学道楽」、江見水蔭が「相撲道楽」、木下謙次郎が「女道楽」、杉山茂丸が「刀剣道楽」、井上円了が「妖怪研究道楽」、安部磯雄が「野球道楽」、幸堂得知が「芝居道楽」、幸田露伴が「釣道楽」といったところ。福来友吉の「不思議道楽」や井上円了の「妖怪研究道楽」はそのままだし、幸田露伴の「釣道楽」も有名だ。それにしても、趣味に関しては、誰もが子供のように夢中になってしまうのがおかしい。(二〇〇四年一二月一〇日)[105←・→136]

119 「身体に電気が走った」本

尾崎紅葉著、太田三郎編・画、川端龍子・名取春仙画
『金色夜叉画譜 上巻』(精美堂、明治四四年一二月)

●――最近の一番の掘り出し物がこの一二〇〇〇円の本。村井弦斎の『日の出島』数冊と同じところに雑然と積まれていた。残念ながら背が取れていて、表紙も薄汚れた感じなので、期待もせずに手に取ってみてビックリ! 大げさにいえば、「身体に電気が走った」。

[挿絵と本文]

●――開いてみると、右ページには尾崎紅葉の

『金色夜叉』の本文が五〜一二行程度ずつ引用されている。その左ページにはその各場面に合わせた挿絵が印刷されている。本のタイトルに「画譜」とあるように、本の半分がすべてヴィジュアルページなのである。しかも、その絵がすごい。別紙に印刷されたものを貼り込んであるページも多い。巻頭に編者の太田三郎が書いているが、挿絵は「石版、三色版、極彩色木版、亜鉛凸版、写真版、コロタイプ」の六種類で、全部で一二八点ある。それを精美堂、田中製版所、高坂東光堂、博文館写真製版所の四カ所で別々に制作し、製本は博文館印刷所で、発行所は精美堂、発売元は博文館になっている。定価を見ると「一円二〇銭」だが、これは当時の本の値段としてはかなり高い。カレーライス一皿が五〜七銭程度の時代だ。

●――装幀も太田三郎で、六種類の挿絵は、太田三郎と川端龍子と名取春仙の三人が競作している。最初、奥付に「川端昇太郎、名取芳之助」と書かれているのを見てもピンとこなかったのだが、序文には「川端龍子」と号で書かれていたので、びっくりした。川端龍子は、昭和のかなり後まで活躍していたような記憶があるが、あの日本画の大家がこんな本の挿絵というか、イラストレーションを描いていた時期があったとは！　彼は明治一八年生まれなので、このときは二六歳だったことになる。没したのは昭和四一(一九六六)年で八〇歳だった。

●――この本に関する情報は乏しく、国会図書館と神奈川近代文学館に所蔵があるのは確認できたが、大学図書館にはゼロ。その他には、成田山仏教図書館にあるということがわかったのみ。古書サイトでは全然ヒットしないので、相場もわからない。たぶん、美本なら数万円はすると思うのだが……。「上巻」となっているが、国会図書館にも神奈川近代文学館にも、中巻・下巻はないので、おそらく刊行されなかったのだろう。こんなに贅沢につくった高価な本が、飛ぶように売れたとは思えない。上巻だけで刊行が中止になったのにちがいない。

●――名取春仙については、生地の山梨県に、南アルプス市立春仙美術館というのがあることがわかった。そのサイトにいろいろな情報が書かれている。それによると、春仙は明治二〇(一八八七)年に生まれ、久保田米僊・金僊に師事している。明治三九(一九〇六)年には平福百穂・

水野輝方らと共に実用図案社に働き、明治四〇（一九〇七）年に『東京朝日新聞』の嘱託となって小説の挿絵を描き始め、夏目漱石の『虞美人草』以後の挿絵を手がけているという。川端龍子は、明治四〇年に『国民新聞』に入り、平福百穂たちと共に挿絵を担当していたらしいので、平福百穂を通じて春仙らと知り合ったのだろうか。年譜を見ていると、この本が出た明治四四（一九一一）年当時は、龍子より春仙のほうがずっと有名だったようだ。龍子はその後、大正二（一九一三）年に単身で渡米。サンフランシスコやニューヨークに滞在したが、帰国後に日本画に転向して活躍するようになったらしい。

●――そういうわけで、川端龍子の画集なども少し見てみたが、彼の渡米前の二〇代、挿絵画家だった時期に描かれた作品は載っていない。この『金色夜叉画譜』はその意味でも貴重な本だろう。それも、芸術的価値が高いとかいうような問題ではなく、ほとんど〝お遊び気分〟で勝手気ままに描いた、という感じの絵が多い点が面白い。マンガ風で、思わず吹き出しそうなものもたくさんある。こういう本を掘り出せることがたまにあるので、やはり週末になるとどうしても古書展へ足が向いてしまう。（二〇〇五年一〇月一八日）［083←・→133］

120 買取りを目論んだ雑誌企画

『婦人画報 増刊 新家庭号』（明治四五年一月）

●――明治といっても最後の年だが、明治期に刊行された『婦人画報』を古書展で見るのは珍しい。三〇〇円だったので、喜んで買ったのだが、後でよく見ると写真のページが半分くらい切り取られてなくなっていた。残念。

●――明治の上品な婦人雑誌のグラビアには、「名流婦人」の紹介として、華族や富豪や名士など上流階級の女性の写真がよく載っている。贅を凝らした衣裳で着飾った姿は人目を惹く。華族の姫君が着ているロングドレスなど、パリで仕立てさせた最新流行のものかもしれない。

●――実は、これは出版社にとって、販売戦略上非常に大事なことだったらしい。なぜなら、写真が載った家々がその号をまとめて注文して買い取って、親戚などに配ってくれたからだという。とくに、未婚の娘の写真の場合には、親がそれを見合い写真代わりにあちこちに配るのだとか。なるほど。明治期の『婦人画報』の売れ行きがよかったのは、そういうこともあったのか。この雑誌の〝売り〟といえば、まさしく「名流婦人」のグラビアページだったからだ。

●——この号は「新家庭号」という増刊号で、グラビアには有名人・著名人の家庭の写真や、新婚夫婦の写真がずらりと並んでいる。○○公爵とか○○伯爵とか○○博士とか、そういう人々がどんな顔で結婚の記念写真を撮ったのかを見るのは、たしかに面白い。まだテレビというものがなかった当時、女性読者は婦人雑誌のグラビアを、現在のテレビのワイドショーのような感覚で見ていたのではないか。有名人の結婚や離婚やゴシップは、直接知り合いではない人々にとっても、興味を惹かずにはいないのだろう。

●——ひとつ気になる短い記事があった。

　近頃欧羅巴《ヨーロッパ》では、手の爪に写真を撮影《うつ》すことが発明され、それが米国までも伝はつて昨今非常に流行して居るそうです。

●——これは、記事が短くて空白ができたところに穴埋め用に書かれたもので、わずか三行しかない。もちろん写真もない。「手の爪に写真をうつす」とは一体何のことなのか。気になってしまう。マニキュアのことでもなさそうだが……。百年近く前に、現在流行のネイルアートよりも、もっと奇抜なネイルアートが存在していたのだろうか。(二〇〇六年四月三日)[116←・→138]

121 五本の指に入る奇天烈古典SF

黒法師『世界乃大秘密 美人探検』
(東亜堂書房、明治四五年二月初版、三月再版)

[函]

●——今日は久しぶりに明治の奇書(!)を。最近の購入本のうち、間違いなく五本の指に入ると思われる奇天烈でトンデモな古書を発見した。

●——いつも来場者が多い古書展「書窓展」で、それほど混んでいなかった棚の一角に「美人探検」の背文字があり、思わず目を惹きつけられた。明治の美人について書かれた本なら興味がある。写真が載っていればなお嬉しい。そこで奥付を見ると「明治四十五年」とあって、資料に使えそうだと思ったのだが、ページをめくると残念ながら小説で、写真などは載っていなかった。しかも、函は背の部分が欠けていて、値段は一〇〇〇円。がっかりして一度は棚に戻した。だが、まてよ、と思ったのは著者名の「黒法師」。「黒法師」はたしか、渡辺霞亭の筆名ではないか。霞亭の小説なら面白いはずだ、と思い直してもう一度その棚まで戻ってみた。意外にも、その本はまだ誰にも買われずに、そこに残っていた。

●——菊判サイズのこの本は装幀がすごい。表紙は薄緑色のワニ皮模様である。もちろん、本物のワニ皮ではなく、それに似せて型押しをして、グレーのインクで模様を印刷した紙だが、驚くほど精巧にできている。明治末期に、こういう洋紙を日本で製造していたのか、それとも輸入品なのだろうか。あとで本文を読んでみて、ワニが登場したので納得した。そのワニ皮の模様の上に、南洋風の樹木と美女の姿が描かれている。巻頭にはカラー口絵が一葉。本体は状態もいい。

●——書名は『世界乃大秘密　美人探検』で、発行所は東亜堂書房。著者の「黒法師」は渡辺霞亭。村井弦斎とほぼ同世代の売れっ子新聞小説作家で、「東の弦斎、西の霞亭」といわれたように一時代を築いた。驚くべきはその多作ぶりで、霞亭のほかに別号（朝霞、碧瑠璃園、緑園、黒法師、黒頭巾、春帆楼など）で、歴史物から現代ものまで、さまざまなジャンルの小説を〝並行して〟書き分けている。霞亭の書斎にある机の引き出しには多数の新聞雑誌の名前が貼り付けてあり、それぞれの引き出しに書き上げた原稿を入れていくのだが、ときどき入れ間違えるので、登場人物が混乱してしまう……という笑い話のようなエピソードを、文士仲間の誰かが書いていたのを覚えている。この『世界乃大秘密　美人探検』は、その中でも〝古典ＳＦ〟ものとして異彩を放つ作品だろう。何かに連載されたものだと思うが、手もとの資料ではわからなかった。おそらく地方新聞だろう。

●——古典ＳＦといえば、横田順彌さんだ。ネットで検索した限りでは、横田さん以外にこの小説について記述している人はいないようだった。『ＳＦマガジン』二〇〇三年一二月号に、横田さんはこの小説のことを書いているらしい。

【明治四五(一九一二)年】――白樺同人、美術展でロダン、ルノアール展示。

その記事をまだ読んでいないものの、ともかくこの本をざっと一読してうなってしまった。突っ込みどころ満載(?)の強烈な面白さ。言い訳めくが、仕事で忙しく、小説を読んでいる余裕などない状態だったにもかかわらず、購入した翌日には読了してしまった。本文四七六ページで決して短くはないものの、会話が多いのでさっと読める。タイトル通り、本当に「美人探検」をするストーリーだった!

●――『世界乃大秘密　美人探検』はH・R・ハガードの『洞窟の女王』の翻案だという。あらすじを紹介するといっても、かなり荒唐無稽ではあり、時間の浪費という気もしないではないのだが……。

●――明治三〇年代の麹町に、万国語学校の校長を務める栗本申三という男がいた。彼は博士だが、容貌がきわめて醜く、独身で一生を教育に捧げようとしていた。この栗本のもとに、アラビア語を学びに来た三〇過ぎの男がいた。彼は肺病で亡くなるが、死の間際に不思議な遺言を栗本に託す。それは、息子に関わることだった。男の息子の名前は西小路真一で、アラビア語を教えてほしい、という。そして、真一が二五歳になったときに、箱を開けて中を読むように伝えてほしい、というのだった。

●――真一が二五歳の年がきて、栗本の立ち会いのもとで箱が開けられる。そこには奇妙なことが書かれていた。先祖代々二〇〇〇年以前からの仇敵がいるので、それを倒せ、というのである。さらに、その仇敵とはアラビアの「番地」に住む女王だという。二〇〇〇年前とはどういうことなのか、よくわからないうちに、真一と栗本の二人は、仇敵探しの旅に出るのだった。

●――要するに、その「女王」というのが、不老不死の秘密の力をもち、二〇〇〇年前から生き続けていたという驚くべき話なのだ。女王に会うまでにもさまざまな冒険があり、ロマンスがあり、命の危機にさらされたりする。真一は病気になって寝込んでしまうが、栗本はついに女王と対面し、女王の美しさに茫然とする。女王は学問にも通じていて、栗本は女王とさまざまなことを話し合って驚嘆する。さらに、女王は不思議な力を持ち、透視をしたり、目の光で人間の記憶を消し、殺すこともできた。

●――西小路家では代々、この女王のことを仇敵として語り継いできたのだが、女王は栗本に、二〇〇〇年前に自分が唯一恋した相手が西小路家の先祖で、その恋人が死んだのちも、きっと生まれ変わって会いに来てくれると信じて二〇〇〇年生き続けてきた、と話す。栗本はその話を信じないが、女王は、一万年や二万年は生きられるという。そうしているうちにも、真一の容態が悪化して、死に瀕してしまう。

●――栗本は、女王の力にすがって真一を助けてもらうしかないと考えて、懇願する。女王は真一を見るなり、彼こそ二〇〇〇年待ち続けた大切な恋人だ、という。女王が与えた薬で、真一は命をとりとめた。だが、そのあとで、女王こそ敵討ちの相手だと知って、真一は短刀で女王を殺そうとする。それを栗本が止めた。命の恩人に刃を向けては、日本男児の恥だ、というのだった。

●――女王は、真一と栗本にさまざまなものを見せた。それは奇蹟としか思えないものだった。女王は人間も製造(!)しているという。女王はその美貌をもって、真一の心を虜にしようとする。女王のあまりの美しさに我を忘れそうになりながらも、真一は心を石にして、いうままにはならない。ついに女王はあきらめて、真一のために不老不死の妙術を授ける、といい出した。真一が頼むと、栗本にもその術を授けよう、と女王は約束する。

●――そこからかなり離れた場所に「命の火柱」というものがあるという。それに触れると不老不死の身になり、容貌は美となり、気力は鉄となる、と女王は説明する。三人はひそかにその場所へ向かう。絶壁を越えて、ようやく火柱までたどりついた。だが、その火柱に触れれば、黒こげになりそうなので、真一も栗本も触れる気にはならない。そこで女王は、二人の見ている前で、身をひるがえして火柱に飛び込んだ。

●――ところが、女王はなかなか出てこない。二人が不安になって待っていると、中から老婆が出てきた。女王は幾度となく火柱に触れた結果、元に戻ってしまったのだった。そのまま女王は息絶えてしまう。結局、真一は手を触れずして、敵討ちを果たしたことになった。そして、二人は急いでその場を離れ、なんとか無事に日本に帰り着いたのだった。(完)(二〇〇九年一〇月一四日+一六日)[141←・→213]

【明治四五(一九一二)年】——山路愛山、堺利彦の唯物史観を批判。

122 一大ブームを引き起こした健康法

『岡田式静坐法』
(実業之日本社、明治四五年三月初版、六月一八版)

●——村井弦斎のことを前に"健康オタク"と書いたことがある。「食」の研究に励む一方、弦斎はさまざまな健康法を試していた。明治末期から大正時代にかけて、さまざまな人による健康法が現れて、中には一大ブームを引き起こしたものもあった。とくに有名なのが、岡田虎二郎による岡田式静坐法だろう。

●——明治最後の年である明治四五(一九一二)年三月に刊行された『岡田式静坐法』を一五〇〇円で見つけた。この本は、表紙に「拾八版」と書かれているように、奥付を見ると、初版からわずか三カ月で一八版になっている。当時、この本が飛ぶように売れたことがわかる。

❖

●——岡田虎二郎は明治三九(一九〇六)年、東京に静坐法の道場を開いたが、その評判を聞いた実業之日本社の記者が入門し、『実業之日本』に連載した。この連載を単行本にまとめたのが『岡田式静坐法』である。当時、村井弦斎も実業之日本社が刊行する『婦人世界』の編集顧問をしていたので、岡田式静坐法については早くから聞いていて、興味を持っていたことだろう。

●——『岡田式静坐法』には、岡田虎二郎の静坐の姿勢が掲載されている。岡田は子供時代、病弱だったらしい。断食法もそうだが、こうした健康法の創始者は、(当然ともいえるが)自分自身が健康になるために、長年にわたってさまざまな研究を重ね、その結果、頑強な身体を得て世間の評判になった、というケースが多い。"論より証拠"というわけである。

●——また、いわゆるインテリ層に受けて支援者を増やしていく、という点でも共通している。岡田の静坐法の道場には、木下尚江、高田早苗、坪内逍遙、相馬黒光をはじめ、当時の著名人たちが通ってくるようになり、ますます評判が高まったという。最初、実業之日本社の記者が取材に来たとき、文字では正しく伝わらないといって岡田は断ったらしい。しかし、入門して岡田から静坐法の指導を受けた上で正確に書く、という約束で、ようやく許可をとる。つまり、この『岡田式静坐法』は記者による聞き書きの形になっている。

●――同書によれば、岡田は古今東西のあらゆる書物を渉猟し、また、欧米にも歴遊してさまざまな心身修養法を比較研究した。そして二〇年余りの研究の末、ついにこの静坐法を創案し、〝人間修養〟の法として友人などに説き始めた。

●――当時すでに静坐法の道場は東京だけで百数十カ所もあり、ひとつの場所で少なくても数人、多いと二〇〇～三〇〇人にも及んでいたという。場所は個人の宅もあれば倶楽部もあり、寺院の広間などを借りていることもあった。入門者は少なくとも週一回は集まって静坐をする。本部に当たるのが日暮里の本行寺で、ここでは毎朝静坐会が開かれている。こうした各所で開かれている静坐会を、岡田は巡回して指導をしているという。

●――そのため岡田は非常に多忙な日々を過ごしている。毎朝五時には起き、本行寺の静坐会を皮切りに旋風の如く東西を飛び回り、帰宅するのは深夜一二時過ぎ。それから日記などを記入し、水風呂に入り、寝るのは一時頃。休日はまったくなく、睡眠時間は毎日四時間程度だったらしい。「奇人」と呼ばれていただけあって、少なくともここ四年くらいは水風呂ばかりで湯に入ったことはなく、独身で、衣服は四季にそれぞれ一着ずつ。食べ物はご飯と漬け物があればいい、といった具合。

●――記者は「先生は病あることを信ぜず」と書いている。静坐によって、精神的ならびに生理的に偉大なる発達を遂げたため、岡田は病気にかかるということを夢想していない、という。いや、終生自分には病気というものがありうべからず、と確信しているというのだ。なぜなら、病気というのは、人間が自然の法則に従わない結果、円満な発達をとげることができないために生ずる故障だからである。

●――また記者は「先生は所謂『死』あるを信ぜず」とも書いている。完全に発育した人間の生理的な終焉は、死ではなく「熟する」のだという。それに対して、不自然な終焉が死であり、そこには苦痛が伴う。完全に発育した人間の終焉は、眠るように逝くのであって、なんら苦痛を伴わないものである。それが肉体の終焉即人間の最後に対する岡田の確信だという。

●――記者はいう。「先生を見ると、いつまで経ても枯れることのない、常に新しい人のやうに見えるのは此の確信に生きて居られるからである。殆ど千年も万年も生きるかと想像されるような精神と精力とが充実して居るのを見受けるのは即之が為である」と。

●――その岡田が、大正九(一九二〇)年にまだ四八歳で急逝するとは、誰も想像していなかったにちがいない。

❖

●――さて、村井弦斎も一時、岡田虎二郎の岡田式静坐法を実践していたことがある。弦斎の『難病の治療法』(実業之日本社)によれば、それは妻の多嘉子の病気がきっかけだった。

●――もともと身体は丈夫だった多嘉子だが、三四歳頃にバセドー氏病を発病し、三六歳頃には初期の肺結核にかかり、医師から肺尖カタル兼肺浸潤と診断された。また、その頃からときどき神経衰弱のような状態になり、ヒステリーのような発作も起こしたという。弦斎によれば、多嘉子の肺病は、彼の指導で断食療法を行ってほぼ回復した。

●――ただし、その後も多嘉子は疲れやすく、少しでも無理をすると熱が出たり、気分が悪くなった。そのため、弦斎はなんとかして、多嘉子の健康を以前のように確実なものにしたいと、さまざまな健康法を探しては、試していたのだった。そのとき出会ったのが、岡田式静坐法だったのである。

●――弦斎の知人の中にも、この静坐法を実行している人が何人かいた。ただし、最初はあまり関心がなく、くわしい話を聞いたことはなかったらしい。

●――この大正五(一九一六)年頃になって、弦斎は知人に岡田式静坐法についてたずねてみた。すると、静坐は諸病に効能があり、肺結核さえ治った例がたくさんあるという。とはいえ、静坐は病を治すことが主意ではなく、いっそう高くいっそう深い目的があるのだが、人の身体を自然の本源に復する法なので、病のごときは自然に治っていくのだ、という話だった。

●――そこで弦斎は、多嘉子にこの静坐法をやらせてみよう、と思ったのである。最初は本を買ってきて、それを参考にして試したところ、次第に身体の具合がよくなっていく。そこで、今度は岡田虎二郎から指導を受けることにした。すると、多嘉子はめきめきと体重が増えてきた。普通は、身体が太ると動くのが鈍くなったり、坂をのぼると息切れがするが、静坐法で太るのは俗にいう脂肪太りとは違うという。筋肉が充実したためだ、と弦斎は書いている。事実、多嘉子はしばらくすると、弦斎と一緒に登山ができるまでになった。

❖

●——各界の著名人に支持され、大ブームとなった岡田式静坐法だったが、大正九（一九二〇）年一〇月一七日に岡田虎二郎が急逝したことで事態は急変した。前述したように、享年四九（数え年）のまだ早過ぎる死だった。

●——実はその前年あたりから、岡田はすでに自分の身体の変調に気づいていたらしい。しかし、医者にもかからず、相変わらず一日四時間しか睡眠を取らずに、各地の静坐会の指導に忙しく飛び回っていた。岡田は一度結婚していたが、離婚してからはずっと一人だった。そのため、門弟たちも誰も岡田の身体の異変には気づかなかったようだ。苦しみ出した岡田はついに入院し、腎臓病から尿毒症を起こしていると診断され、その二日後に永眠した。

●——岡田は亡くなる二カ月ほど前に、書きためてきた日記類を自らの手ですべて焼き払っている。最初のほうでも書いたように、静坐について文字や言葉では伝えられない、と考えていたらしく、後には何も遺さない、という強い意志があったようだ。そのため、本人の著作などは残っていない。

●——それはともかくとして、この岡田式静坐法の例を見ても、健康法の創始者は長生きしなければいけない、ということがよくわかる。もし岡田が九〇歳くらいまで生きていたなら、岡田式静坐法はもっと違った展開を見せていたにちがいない。それを思うと、残念な気もするのだが。（二〇〇五年三月一六日・一七日・四月一四日・一五日）[037←・→125]

123 料理通信教育の発案者は?

『家庭料理講義録』第一号
(東京割烹講習会、明治四五年四月一日)

●——村井弦斎の評伝を書きはじめてから、明治の料理本にも興味を惹かれるようになり、古書展で目に留まると購入してきた。その中でも面白いのが、この『家庭料理講義録』(第一号)だ。第五号までの五冊で一〇〇〇円だったので買ったのだが、これは〝料理の通信教育のテキスト〟である。通信教育自体がそれほど古いものではないので、おそらく料理に関しては、本邦初のものではないかと思う。

●——奥付を見ると「明治四十五年四月一日発行　七月二十五日三版発行」とあり、発行所は東京市芝区白金台町の「東京割烹講習会」。テキストの巻頭には、東京割烹講習会の役員として、著名人の名前が綺羅星の如く並んでいる。いうまでもないが、「森林太郎」というのは森鷗外の本名である。

顧　問　伯爵　大隈重信閣下
同　右　貴族院議員・男爵　楠本正敏閣下
評議員　医学博士・文学博士・軍医総監　森林太郎閣下
同　右　大日本国民中学会監事　河野正義氏
会　長　伯爵夫人　板垣絹子

●——この後に「本会講師」として一七名の名前があり(その筆頭は、宮内省大膳寮庖司長の緑川幸二郎)、続いて「本会賛助員」として五九名の著名人の名前が、仰々しい肩書きと共に並んでいた。見ると、嘉悦孝子、増田義一、跡見花溪、三輪田真佐子、下田歌子など、当時、村井弦斎が編集顧問を務めていた『婦人世界』の執筆者も多数入っている。そもそも、最初に挙げた「顧問」は、弦斎との関係が深い大隈重信である。

●——これは、と思って見ていくと、やはり村井弦斎の名前があった。この料理の通信教育のアイデア自体、もしかすると弦斎の発案だったのではないか、という想像が膨らんでくる。こういう思いがけない発見が、古書を買うひそかな喜びなのである。

●——しかも、同じページに載っている大町桂月の肩書きが二行にわたって「第一高等学校講師・文学士」となっているのに対して（肩書きが三行の人もいる）、弦斎はといえば、単に「食道楽著者」である！　いかにも弦斎らしいというか、人を食っているようで、笑ってしまった。

●――さらに、「本会の主旨」として掲げられた文章を読むと、この草案を書いたのは間違いなく弦斎だろう、と思わずにはいられなかった。最初の部分は以下の通り（原文に句読点を補った）。

　人間生存上第一の要素たる食物は国民精華の源でありまして、食物調理法の研究と之れが改善は、今日の家庭に最も急務とする所であります。一体我国の家庭は食事に就て余りに冷淡でありますが、一家の内政を掌る人に割烹の素養があつて、割合に少き費用で風味の好い而《しか》も衛生上有益な食物を調進することが出来たならば、単に一家の幸福と愉快ばかりでなく、延いては国民の精力を養ひ、国家の経済をも補益する事となりませう。

●――この東京割烹講習会の通信教育のシステムは、毎月一回テキストを発行し、それを会員に郵送し、六カ月で修了するというものだった。入会は男女問わず（この点は新しい）、会費は六カ月で一円九五銭、会員は講師に自由に質問をすることができ、各種の懸賞課題を掲げて答案を募集し、優等者には賞品を授与するという。六カ月のコースを修了した者には「修業証」が送られた。また、会員は、料理器具を優待価格で購入することができる。つまり、すでに通信販売も行っていたのだった。（二〇〇四年一一月一四日）

[100←・→127]

124 編集長の独断企画

『ホトトギス』（ほとゝぎす発行所、明治四五年六月）

[表4]

●――一カ月後には明治天皇が没し、元号が大正に変わる、という時期に出たこの号の題字は、ストレートに「ホトトギス」である。左下の「芋」のサインから、小川芋銭が描いたものと知れる。この号には夏目漱石の文章は載っていなかったが、型破りな表紙のユーモアに敬意を表して購入した。五〇〇円。

●——目次を見ると、この号も豪華な執筆陣である、高浜虚子、島村抱月、森律子、徳田秋声、佐藤紅緑、森田草平、安倍能成、内藤鳴雪など。表紙画が小川芋銭だということも書かれていて、画題は「豆腐なめ」だ。豆腐をなめる妖怪、とのこと。さらに、石井柏亭、津田青楓などが挿絵を描いている。

●——巻頭に虚子が「愛読者諸君」を掲げて、この号の内容についての了承を求めているのを読んで、この執筆陣の理由がわかった。この号は、そうは謳っていないが、文芸協会公演「故郷」(松井須磨子主演)特集、とでもいうべき内容になっていたのだ。虚子は、自分が芝居好きであることを述べ、今度の「故郷」の公演を三度も観たという。そのため、編集長としての独断でこうした構成にしたわけだ。だが、それを批判する読者もいるだろうというので、あえて巻頭で自分の考えを述べたということらしい。

●——その説明の後に、さらに虚子は次のようにも記している。

詰まり編輯といふ事に重きを置きますと、私の趣味、量見、感興を土台にして広く材料を輯集するやうになりますから従来のホトトギスよりづつと広いものになるだらうと思ひます。たゞ幾ら広くなりましても、其が私本位のものであるといふ事は私も忘れぬやうに致しますから読者諸君もお忘れ下さいませんやうに願ひます。

●——ひとつの雑誌を継続して発行していく際には、おそらくどんな編集人でも、一度はこうしたことを考えるにちがいない。要するに、自分がつくりたい雑誌と、読者が期待する雑誌との間にある距離感を知りつつ、それとどう折り合いをつけて編集していくのか、という問題である。

●——それにも増して、虚子は細かいことにもこだわる性格だったのかな、と思わされたのは、この文章の最後の一文を読んだときだった。

終りに臨み、本文に用ゐた私という字

は「わたし」と読まず「わたくし」と読んで戴きます。

●――どちらで読もうが、自分が知らないところで読まれる分にはかまわないじゃないか、といいたくなるが、絶対だめ！　という決意表明のようなものが、この「読んで戴きます」から伝わってきた。裏表紙も見覚えがあるタッチの絵だと思ったら、やはり川端龍子だった。（二〇〇六年四月二七日）[085←・→137]

125 玄米食を提唱した「陸軍奇人」

『食養雑誌』第五七～六〇号
（化学的食養会、明治四五年七月～大正元年一〇月）

●――たとえば、宮武外骨の『滑稽新聞』の知名度の高さに比べると、この『食養雑誌』はほとんど知る人がいないだろう。表紙は『化学的食養雑誌』だが、普通は『食養雑誌』と呼ばれているので、通称を使うことにする。これも古書展で二〇〇〇円で入手したばかり。まさか、石塚左玄に関する原稿を書いているときに出てくるとは思わず、自分の目を疑ってしまった。四冊プラス附録の小冊子で、『滑稽新聞』一冊分と同じ値段だったことになるが、妥当なところだろう。『滑稽新聞』を欲しいという人はいても、『食養雑誌』を欲しがる人は少ないだろうから。

●――この雑誌は、〝日本の食養医学の祖〟ともいわれる石塚左玄を顧問として、明治四〇（一九〇七）年に結成された「化学的食養会」の機関誌（月刊）である。石塚は明治四二（一九〇九）年に没しているので、この四冊は彼の死後に発行されたものだ。表紙はどの号も同じ絵だが、一冊だけ黒枠で囲まれているものがある。これは明治天皇が逝去したためで、「食養会」では、天皇の容態が悪いことを知って、石塚が提唱する食事療法を宮内省に奏上しようとしていたらしい。奏上する前に天皇は亡くなったのだが、もし間に合っていても、玄米を食べることを奨励する食養法が宮中で採用されたかどうかは疑わしい。

●――石塚左玄は陸軍軍医だった人で、幼い頃から病気持ちだったため、自分の身体を実験台にしてさまざまな食事療法を試みたという。近代の有名な健康法の創始者たちに共通するパターンである。石塚の場合、当時の食の西欧化に逆行するように、日本人には玄米食が合っていることを提唱し、肉食の害を説き、自然食を勧め、いろいろな民間療法も研究した。ずいぶん変わったこともしていたので、〝陸軍三奇人〟の一人とも呼ばれていたという(後の二人が誰なのか気になるのだが、それは伝記には書かれていなかった)。

●——石塚の食養法は「食養道」として、一種の修養とも受け取られ、宗教のように信奉者を増やしていった。まさに〝石塚教〟である。しかし、さすがに石塚の死後は求心力を欠いて、その後、食養会は分裂する。石塚の流れを引いた人々はそれぞれの道を歩み、その一人である桜沢如一《さくらざわゆきかず》は欧米にわたって食養法を広め、「ジョージ・オーサワ」として有名になった(フランス語読みではジョルジュ・オーサワ)。彼を源流とするマクロビオティック運動は、欧米ではニューエイジ運動のひとつとして支持され、今も世界各地に拠点があるという。フランスで桜沢はアンドレ・マルローら著名人の知遇を得ていたといい、本当かどうかわからないが、戦前の一時期、欧米で最も有名な日本人は「東条英機とジョージ・オーサワだ」といわれたこともあったという。

●——そんな石塚左玄の流れを調べるに当たって、『食養雑誌』はなかなか興味深い資料だ。何かを調べたいと強く願っていると資料のほうから近づいてきてくれる……ということもある。これからは古書展へ行く前に、どうかあの本が出ていますように、と〝古本の神様〟に祈るようにしよう。(二〇〇五年一二月七日)[122←・→134]

二〇〇円均一で夢心地――［二〇〇六］

●――今年も残りわずか。いよいよ追い込み、という時期にもかかわらず、五反田と神保町の古書会館をハシゴする。一応、今日が古書の買い納めだから、と自分で自分に言い訳をしてみるが、実際にはネットでも古書は買えるのだった。

●――幸い今日は雨もほとんど降らなかった。五反田の南部古書会館に着くと、いつもより人は少なかったように見えたが、中公文庫が二〇〇円均一でずらりと並んでいて、思わずあれもこれも、とつかみ取る。さらに、二四〇〇円の本も二六〇〇円の本も二〇〇円で、三八〇〇円の本は三〇〇円で売られている。本の置き場所がなくなってきたので、買うのはごく古い本だけにして、比較的新しい本を買うのはやめよう、と思ってはいるのだが、これを見てしまうと、買うなというほうが無理だ。五反田へ行くと、たいていこの状態になってしまう。

●――本好きの人なら、一度でいいから新刊書店で、誰かが「ここにある本を好きなだけ買っていいよ」といってくれないものか、と夢見ているのではないか。もちろん、値段は関係なく買いたい本をいくらでも買っていい、という状況。その願望を今、五反田の古書展で〝疑似体験〟しているような気がする。一冊二〇〇円なら、「好きなだけ」とはいわないものの、かなり思い切って買える。今日は一八冊も買ってしまった。一八冊で計四五〇〇円だったので、平均価格は一冊二五〇円。私はブックオフにはあまり行かないが、買いたい本は一〇五円均一の棚にはほとんどない。五反田の古書展は、貧乏ライターのささやかな楽しみなのである。

●――五反田ですでに手に持てる限界近くまで買い込んだにもかかわらず、今年最後の東京古書会館へも行かねば、と執念で神保町へ。こちらでは、何万円もする本で欲しい本が何冊かあったが、なんとか自制心を取り戻して棚に戻す。五〇〇円の雑誌を二冊だけ購入して、全部で二〇冊の本と雑誌を抱えて、よろけながら帰宅する。さすがに、早稲田のT書店で開催中の古本市へ行く元気は出なかった。もし、あと一〇歳若ければ行ったと思うが……。（二〇〇六年一二月二二日）

第5章

『楽天パック』から立川文夫『最新　欧米礼儀作法』まで——大正元～九(一九一二～一九二〇)年

126 大逆事件後の批評の矛先

『楽天パック』第四号（楽天社、大正元年八月一日）

●──前出の『東京パック』は有楽社の刊行で、主筆の北沢楽天は同誌を舞台に大活躍した。清水勲編『近代日本漫画百選』（岩波文庫）によれば、楽天は有楽社と印税契約をしていたため、発行部数の増大で大金を手にしたという。

●──明治四〇年代は漫画雑誌の創刊ラッシュとなったが（独歩社の『上等ポンチ』もそのひとつ）、その燃え上がった火に一気に水をかけたのが、明治四四（一九一一）年一月の大逆事件の被告・幸徳秋水ら一二名の死刑執行だった。この年からしばらくの間、漫画ブームは下火になる。

●──北沢楽天も、大逆事件後に『東京パック』の有楽社を退職している。清水勲氏は、その理由もやはり大逆事件にあったのではないか、と述べている。ただし、楽天が辞めた明治四五（一九一二）年六月の直後から、別の人々の手による第二次『東京パック』がスタートしていて、刊行は継続している。一方、辞めた北沢楽天のほうでも新たに楽天社を旗揚げして、この『楽天パック』を創刊した。

●──『楽天パック』は、サイズが菊倍判で『東京パック』よりひと回り小さい代わりに、ページ数は二四ページに増えている。四色ページと二色ページが半々で、漫画の説明文は日英併記だ（中国語はない）。刊行は月二回で、この号は明治天皇が七月三〇日に死去したため、「明治四五年八月一日発行」が「大正元年」と上から訂正されている。しかし、中身を印刷したときはまだ逝去が発表される前だったので、表二の全面を使って明治天皇の肖像画が掲げられ、その対向ページには天皇の病状を憂える文章（ごく真面目なもの）が載っている。さすがに、漫画雑誌といえども、危篤状態の天皇を漫画のネタにすることはできなかったのだろう（昭和天皇が亡くなる直前のさまざまな〝自粛〟が思い出される。当時は、赤飯の販売でさえ中止になったのではなかったか？）。

●──この号を見る限り、中の漫画も、鋭い批判というよりは、むしろほのぼのとしたもの、ユーモラスなものが多いような感じを受けた。

【大正元（一九一二）年】——乃木希典陸軍大将夫妻、自宅で殉死。

主に明治期を生きた人々にとって、四五年間も続いた「明治」という時代が終わるのは、考えられないほどのショックだったそうなので、北沢楽天にしてもこの時期、いろいろな意味で動揺していたのかもしれない。

●——余談ながら、インターネット上で「楽天パック」を検索すると、あの三木谷浩史氏が社長を務める楽天のほうで「楽天パック」というのがあるらしく、そればかりヒットしてしまう。文字通りＩＴ界の新時代の旗手となった三木谷氏は、北沢楽天やこの雑誌のことを知っていて、自分の会社を「楽天」と名づけたのだろうか？（二〇〇六年四月六日）［114←・→160］

127 仁義なき出版戦争

『料理の友』（大日本料理研究会、大正二年一月〜四月）

●——先に紹介した『家庭料理講義録』（東京割烹講習会）による料理の通信教育は、成功したといってよさそうだ。テキストが毎号ほぼ再版されていることからも、予想より生徒が多く集まったと見るべきだろう。第二号からは、当時の雑誌には欠かせない会員の投書欄が創設されているが、その中にはこんな投書もある。通信教育はやはり、東京・関西圏から遠い地方に住んでいる女性たちに喜ばれていたらしい（原文に句読点を補った）。

御会御発行の料理講義録御送付下され御親切のほど身にしみて厚く御礼申上候。扨、長足の進歩なる明治の御代におくれぬようにと御教へ下さる御高恩のほどを思へば、雲にまみゆる富士がねよりもいや高く、底井もしれぬ枇杷の海よりもなほ深き御めぐみを、いかでか何頃の世にか忘れたてまつるべき。されば不肖なる此身も常にわすれず、御高恩のほどをかんがみて、将来良妻賢母になりて、いさゝか御恩にむくひんと考へ、嬉しさあまり御礼申上候。（鹿児島県　坂元）

私は田舎暮しの事とて、何の楽しみとてもなく淋しく暮し居り候処、御会へ入会致し候てより、次第に料理も上達致し、人様に誉められ、家の人には喜ばれ、実に実に私の嬉しさ何にたとへん物もなき程にて、只々御会の方々へ厚く御礼申上げますと共に、御会の益々御盛大を祈り上候。(福岡県　大平)

●——商機があると思えば、すぐに同じ分野に参入してくるのは今も昔も変わらない。この『料理の友』は、四冊の合本で二〇〇〇円だったが、中を見て驚いた。ほとんど先行する『家庭料理講義録』と同じスタイルで、なんと翌年の大正二(一九一三)年に創刊しているのである。

●——しかも『家庭料理講義録』に比べて、こちらのテキストは口絵にカラー印刷を使っていて、見た目も豪華で美しい。その上、通信教育修了までの期間は同じ六カ月だが、会費はかなり安く一円一〇銭に設定している。発行所は「大日本料理研究会」と名称は違うが、住所は同じ東京市芝区白金台だ。驚いたことには、この二種類のテキストの印刷所は同じである(その後、『家庭料理講義録』のほうが、途中から別の印刷所に変わっていた)。もしかすると、最初にできた東京割烹講習会の中で意見の衝突があって、仲間割れでも起こったのだろうか。

●——両者のテキストを比較すれば、『家庭料理講義録』から新規参入した『料理の友』のほうに生徒が流れたことは、容易に想像できる。いくら顧問が大隈重信でも、普通に考えれば、より安くて豪華なほうを選ぶだろう。

●——後発の『料理の友』が一九三〇年代までは確実に継続していたのに対して(戦後も同名誌が刊行されている)、『家庭料理講義録』はどうも一九一〇年代で終刊したらしい。ビジネスとは、仁義なき戦いであるということを痛感させられる。(二〇〇四年一一月一五日)[123←・→081]

128 「バロン薩摩」と風流PR誌

『都鳥』(発行所不明、大正二年一〇月二〇日)

●——古書展では、何だかわからないが面白そう、というものに出会う。とくに雑誌は、迷っ

て買わずに帰ると、二度と出てこないことが多いので、値段が安ければとりあえず買うことにしている。これもパッと手に取った瞬間、何の雑誌なのかわからなかった。表紙には『都鳥』という題号と「第拾壹巻第四号」という号数があるのみ。裏表紙にも「大正二年十月十七日印刷、二十日発行(毎月二回五日廿日発行)」とあるだけ。肝心の発行所の名前がない。

●——意外にも、中を開くと鮮やかな色刷りページが続いている。商品カタログのような感じだ。通販誌『みつこしタイムス』のようなものか、と思って後半を見ると、文芸誌のような体裁で随筆や俳句が掲載されている。ただし、巻末はやはり商品カタログだ。随筆や俳句は投稿されたものから選んで載せているらしい。

●——奥付を見ると、「発行兼編集人　熊井由次郎」と個人名が載っているだけだった。この名前で検索しても何も出てこない。奥付の上に「本誌ハ有益ナル投書ヲ歓迎ス」と書かれていて、投稿規定の最初に「『みやことり』には商業に関したる商況及び実業上の意見其他文芸に属する作品は何人にても投稿をなす事を得 就中《なかんずく》 織物に関する事項は特に歓迎す」とある。

●——発行所として名前は出していないものの、商品カタログや広告を見ると、東京日本橋区田所町の「薩摩治兵衛本店」と各地の「薩摩治兵衛支店」のものが多い。発行の資金を出しているのは、薩摩治兵衛商店グループだと考えていいだろう。薩摩治兵衛という名前からすぐに連想されるのが薩摩治郎八だが、薩摩治郎八は薩摩治兵衛の孫だった。パリの社交界の花形となり、「バロン薩摩」と呼ばれた薩摩治郎八は、途方もない贅沢をしたことで有名だが、その膨大な財産は、祖父が日本橋に開いた和洋木綿商店が成功して築かれたものだった。その薩摩治兵衛本支店のPR誌が、この『都鳥』だったというわけである。

●——これが発行された大正二(一九一三)年といえば、治郎八はまだ一二歳くらいの少年だ。彼は大正八(一九一九)年にヨーロッパに遊学して、藤田嗣治や作家のジャン・コクトーやレーモン・ラディゲ、作曲家のモーリス・ラヴェルと知り合い、湯水のようにお金を使う。それを思うと、この『都鳥』のような風流なPR誌を発行するくらいのことは、当時の薩摩家にとっては何でもなかったのだろう。とはいえ、薩摩治郎八の背景がこうした木綿・織物商店だったというのは面白い。

●——風呂敷の商品カタログも掲載されていた。いくつかのパターンの中から選んで、自社のマークを染めてもらえば、オリジナルをつくるより安上がりだったのだろう。手拭のカタログもあり、デザインが面白い。美術品ではなく、実用品だが、つい見入ってしまった。（二〇〇七年五月二四日）[214←・→179]

129 福引はクジの文句に価値あり

酔狂散史『大正福引一千題』
（求光閣書店、大正二年一二月初版、六年一二月四版）

●——最近見つけた古書で一番小さいのがこの本。一二・四cm×七・二cmしかない。こんなものを買ってどうするのか、と笑われそうだが、タイトルに〝福引〟と入っている古書が、二〇〇〇円前後という結構高い値段で何種類か古書展に出ているのを見て、前から少々気になっていたのである。これは二〇〇円だったので、見つけた！ という感じで買ってしまった。ペンネームの「酔狂散史」を見ただけで、内容はだいたい見当がつくだろう。

●——福引といえば、歳末に商店街などでやっているガラガラポン、という光景を思い出す。では、この福引とは？

●——手元にある明治四三（一九一〇）年刊の『現代娯楽全集』（晴光館書店）で、早速「福引」の項を引いてみると、九ページにもわたって説明と実例が詳細に掲載されていた。この本はなかなかのものである。普通は、たかが福引、と片づけられてしまうところだが、ここまできちんと丁寧に調べているのはすごい。

●——『現代娯楽全集』によれば、「福引」は次のように説明されている（句読点を補った）。

> 宴会の興を増さしめんが為めに各自に籤《クジ》を引かせて物を分与するものなり。古は年始に二人むかひて餅を引き破るを福引と言ひしこと、壒嚢抄《かいじょうしょう》に見えたり。而して此餅の多少に依りて其年の運の吉凶を判じたるものなりと言ふ。

●——以下、延々と歴史的な説明が続くのだが、そのへんは省略して、現今（明治四三年当時）の福引について書かれている部分——。

現今行はるゝる福引は一座の興味を助くる為め、其物品をあらはに書かずして、地口めきたる事を籤に書き、之を引きたるものと雖も如何なる物品を得るや判断に苦しみ、彼れか此れかと右眄左顧《うべんさこ》の其様殊に可笑しく、分配方にては籤の文句と物品との説明を、節面白く滑稽交りに述べつゝ物品を付与するなど、確かに一座の興を起さしむる価値あり。

●——その後に、商店街や新聞雑誌で行われる福引のことも説明されている。こちらは、今の私たちが福引という言葉からすぐに思い浮かべるものと同じだ。

●——この『大正福引一千題』は、前半の説明にある宴会の座興として行われる福引で当たった品と引き替えるクジに書く文句を、一千題並べている。たとえば、こんな具合（上がクジに書かれている言葉、下が賞品）。

・一夜妻……如露（女郎）
・出雲の忠臣……縄箒と紙（名和《なわ》伯耆守《ほうきのかみ》）
・伊藤博文公の暗殺地……饅頭（満州）
・ハイカラ演説……コップ（水ばかり飲む）
・日露戦争の結果……拍子木（二本がかちかち）

●——あまりにくだらないので、このへんで止めておこう。なんとこれが千も続くのである。

●——でも、福引の本がたくさん出版されているところを見ると、明治・大正期には結構ブームになっていたのだろう。宴会で酒を飲みながら、こうして一人ずつクジを引いては、大爆笑した光景が目に浮かぶようだ。昔の福引、今はビンゴゲームか。（二〇〇六年二月七日）〔102↑・↓140〕

130 見たい欲望に応えるメディア

『写真通信』創刊号（大正写真通信社、大正三年五月）

●――東京古書会館で購入したグラフ誌。判型はＡ４横長である。英語で「THE MONTHLY PHOTOGRAPHIC ILLUSTRATION」とあるように月刊の写真誌で、これが創刊号だった。値段は三〇〇円。表紙はまったく飾り気がなく、事務用封筒に使われるようなザラ紙に刷られている。しかし、中のページは上質アート紙で、表裏にモノクロ写真が印刷されている。これまでに紹介してきた『近事画報』や『写真画報』や『風俗画報』とは違って、『写真通信』には「本文ページ」というものはない。写真に特化して、全部が写真ページであり、長めのキャプションがついている。この仕様体裁からするに、表紙は取り去って、写真ページのみを綴じて保存する、という想定でつくられているのだろう。

●――この大正三年七月に第一次大戦が始まっている。田中雅夫の『写真一三〇年史』（ダヴィッド社）によれば、「第一次大戦の時期から一九二〇年代へかけての一〇年ほどの間に写真の科学的、技術的な面が変貌と進歩を遂げ、新しい技法としてのフォトグラム、フォトモンタージュが出現したのであるが、この一〇年ほどの時期は写真の芸術思潮の上でも画期的な変貌と進歩のあとを見せているのである」という。そういう流れの中で、この『写真通信』の巻頭の「発刊の辞に代へて」には、次のように書かれていた。

凡《およ》そ世の中の文明が進歩するにつれて社会は益々忙しくなつて来ます。従つて諸君も文明国の一員として心得て置くべきことが愈々《いよいよ》多端になつて参りました。殊に日日起つて来る出来事を知つて置くといふことは時勢に後れない所謂《いわゆる》時代後れの人とならないやうになる第一の手段であります。此目的を達するためには新聞をよみ雑誌を見るやうにするのも一つの方法でありませう。然し今日の社会は新聞や雑誌を隅から隅まで一字も余さず見る程呑気なものではありません。そしてまた新聞や雑誌の重要記事を精読して一々之を記憶して置くといふことは殆んど不可能のことであります。そこで我社はこの写真通信といふことを思ひ立ったのであります。写真に依れば百聞一見に如かずとの譬《たとえ》も漏れず、一目して其全般を知り得るのみならず、写真の上に現はるゝ色々の連想を伴ひ、極めて諸君の記憶に便利であります。（以下略）

●――次第に、写真が単にその場の情景を正確に写したものではなくなり、「時代を写し出すメディア」であり、人々の見たい、知りたいという「欲望に応えるメディア」に変貌していく過程がうかがえて興味深い（直接そう書かれているわけではないが、最新のニュースを写真で見ておかないとあなたは時代後れの人間になってしまいますよ、と煽っているに等しい）。ここから、いわゆるスクープ写真への欲求まではあと一歩、という感じである。それまで見られなかった刺激的な写真を、人々は求め始めるのだ。『フォーカス』や『フライデー』などの写真雑誌の登場や、パパラッチの登場も、この路線の延長線上にあるだろう。

●――たとえば、この『写真通信』には、「女子大学の火事」とタイトルが付けられた写真ページがある。四月二二日午後四時一五分に、日本女子大学で火事が発生して講堂を焼失したという。その消火作業を見せるのではなく、この写真はどう見ても、火事という非常時における若い女性たちの姿のほうに、強い好奇心を示している。キャプションには「往く春に雪と散り敷く花吹雪と煙の中に年頃の娘が脛《すね》も露《あら》はに駆け廻る大混雑は他処に見られぬ趣なりき」とある。「脛も露はに」！（二〇〇六年一月二六日）［二二↑・→150］

131 元寇で伝書鳩が使われた？

日の丸太郎編『武侠お伽噺 伝書鳩』（三芳屋出版部、大正四年一月初版）

●――『伝書鳩――もうひとつのIT』（文春新書）という一風変わった本を書いたのは、もう数年

前のことだ。この本がご縁になって、思いがけない方々とも知り合うことができて、私にとっては大事な一冊である。その後も、「伝書鳩」という文字を見かけると、つい反応してしまう。古書展「和洋会」で、久しぶりに伝書鳩本を見つけた。大正四(一九一五)年に出たわずか四〇ページ余りの薄い本で、二〇〇〇円。高いとは思ったが、これは初めて見る本だったので購入した。拙著『伝書鳩』を書いたときに、国会図書館で書名に「伝書鳩」の語が含まれている本はすべてチェックしている。明治・大正期の伝書鳩本は少なく、五、六冊しかなかったのだが、この『武侠お伽噺 伝書鳩』は見たことがない。大正四年にこんな伝書鳩本が出ていたのか。

●——編者は日の丸太郎になっているが、国会図書館の著者・編者名では一件もヒットしない。版元の三芳屋出版部(芝区三田聖坂)は、明治から大正にかけて、浪花節や義太夫本を十数冊出版していることがわかった。それらの本の編者名は、すべて神谷竹之輔になっている。この『武侠お伽噺 伝書鳩』の奥付を見ると、発行者名のところに神谷竹之輔と書かれている。ということは、日の丸太郎は神谷竹之輔の筆名か。装幀は佐藤素洲、挿画は服部峰厓。

●——巻末目録を見ると、この『武侠お伽噺』シリーズの一五冊のタイトルは次の通り。

・第一編　南洋太郎　・第二編　鬼の窟
・第三編　空中軍艦　・第四編　伝書鳩
・第五編　新造潜航艇　・第六編　竜宮城探険
・第七編　仙人修行　・第八編　海賊船襲来
・第九編　月世界征伐　・第十編　百眼大王
・第十一編　悪魔の世界　・第十二編　日本男子
・第十三編　赤鬼退治　・第十四編　獅子王
・第十五編　幽霊船探険

●——「逐次刊行」とあるので、まだ何編かあったのかもしれない。子供向けの読み物とはいえ、なかなか興味をそそられるラインナップではないか。第三編の『空中軍艦』とか第九編の『月世界征伐』などは、おそらくSF小説だろう。読者の方に教えていただいた大阪国際児童文学館の児童書の総合目録で検索すると、『武侠お伽噺』の第一編南洋太郎、第二編鬼の窟、第五編新造潜航艇、第九編月世界征伐、第十編百眼大王、第十四編獅子王の六冊が、大阪国際児童文学館に所蔵されている。さらに、都立多摩図書館にも、第七編仙人修行の一冊があるという。

【大正四（一九一五）年】——中国政府に「二一ヵ条の要求」を提出。

●——というわけで、当然のことながら、拙著『伝書鳩』を書いたときには、このような本が存在することさえ知らなかった。ところが、本文を読んでみてさらに驚いた。ひょっとすると、日本の伝書鳩による通信の歴史を大きく書き換えねばならないかもしれない！　なんと、元寇の際、最初に蒙古に攻撃された壱岐の国の城を守っていた大将が、家来に伝書鳩を持たせて逃がし、その家来が首尾よく対馬の国に渡り、戦況を伝書鳩で壱岐の国に知らせた、と書かれていたのである。もしこれが事実なら、日本人が伝書鳩で通信をした歴史は鎌倉時代までさかのぼることになるのだ！（興奮しているのは私だけ？）

●——もちろん、これはお伽話である。事実とは限らない。ただし、これに近い伝説のようなものがあったという可能性はある。少なくとも、私がこれまでに調べた伝書鳩の歴史を綴った本には、文永・弘安の役で伝書鳩が使われた、などとはひと言も書かれていなかった。はたして事実なのかどうか。こんなに古い時代の記録となると、調べたくても、さすがにどこからどう手をつけていいのやら……。もし事実だったら面白い。それにしても、伝書鳩のことになると、どうしてこんなに熱くなってしまうのだろう？

（二〇〇七年四月二日）［049←・→158］

132 幻滅から生まれた「お菊さん」

ピエール・ロティ著、野上臼川訳『お菊さん』（新潮社、大正四年五月初版）

●——サイズは文庫本より少し大きく、表紙が本体から取れていて、背も壊れていて背文字がよく見えない本を見つけた。しかし、装幀に心惹かれるものがあったので、値段を見ると三〇〇円。それなら買おうと思ってよく見ると、ピエール・ロティの文字がある。エッと思って扉を開くと、ロティの『お菊さん』だった。奥付は大正四（一九一五）年五月初版、発行所は新潮社。訳者は野上臼川《きゅうせん》。

●——ロティは明治一八（一八八五）年に海軍の軍人として初めて日本を訪れ、長崎で日本の娘と一緒に過ごしている。そのときのことを書いた『お菊さん』の原著は明治三〇（一八九七）年に出たようだが、意外にも、日本語訳の『お菊さん』は、大正四年のこの本が初めてらしい。小泉八雲が日本を賛美したのとは対照的に、ロティは日本への幻滅を皮肉っぽく書いているので、なかなか翻訳されなかったのだろうか。

●――この本の訳者の本名は野上豊一郎、英文学者で野上弥生子の夫である。驚いたのは、目次の横に「訳者装幀」と書かれていたことだ。たしかに、裏表紙の左下に「K.N」というサインがある。そればかりか、本文中の挿絵も、訳者の野上豊一郎が、原著から模写したのだそうだ。絵心がある人とは知らなかった。

●――ロティのこの本は世界的なベストセラーになり、明治期に日本を訪れた外国の男性たちは、たいていこの本を読んでいた、という話もある。この本からオペラ「蝶々夫人」が生まれたのも有名だ。

●――だが、日本の女性としてこれを読むと、怒りとまではいわないものの、まずい料理を食べたような不快感が残る。日本の娘を「人形」にたとえて、感情を持たない動物のように描いているからだ。明治一〇年代の日本を訪れた外国人男性は、そう感じたかもしれないが。

●――その上、ロティはこの小説の前にトルコ、タヒチ、仏領アフリカの三人の〝未開国〟の少女について書いていて、訳者によれば、これに日本のお菊さんを加えて、ロティの〝未開国の女のカルテット〟ができるという。しかし、他の三人の少女たちがそれぞれ魅力的なのに対して、お菊さんはその魅力を欠いていて小説の主人公となるだけの資格を備えていない、と訳者はロティに同情するのである。そうですか、悪うございましたね、といいたい気分。（二〇〇九年二月一五日）[117←・→151]

133 書き継がれる貫一・お宮

小栗風葉『縮刷 終編金色夜叉』（新潮社、大正四年七月縮刷初版、大正六年一月六版）

●――古書展で見つけた小栗風葉の『終編金色夜叉』の縮刷版。縮刷ではない単行本の初版は明治四二（一九〇九）年に発行され、縮刷版は大正四（一九一五）年に初版が出ている。尾崎紅葉が没して『金色夜叉』は未完に終わったが、すぐに何作もの続篇が書かれることになった。その中で、紅葉門下の小栗風葉が書いたこの『終編金色夜叉』は、いわば本家筋といえる。巻末に風葉自身が「『終編金色夜叉』の執筆に就いて」という一文で、この続篇を書くことになった経緯を述べている。

●——まあ、ストーリー自体は、こういうことになるのだろうな、という結末になっている。尾崎紅葉は、お宮が貫一と結婚しなかったことを悔いて、彼に手紙を何通も書いていること、一方の貫一も、心中しようとしていた男女を救ってから、人間らしい心を取り戻しつつある、というところまで書いていた。

●——『終編金色夜叉』では、親友の荒尾譲介らの説得で貫一は高利貸をやめる決意をし、精神に異常を来して精神病院に入れられたお宮を見舞いに行って、ついに彼女を許す。しかし、お宮は正常な状態には戻っていない。荒尾はヨーロッパへ渡り、一時は貫一にまつわりついていた赤樫満枝も、荒尾に強く勧められて、フランスへ旅立った。皆を見送った貫一は、自分はお宮の看病をしながら一生を過ごすのだ、と決意する。

●——小栗風葉によれば、このストーリー自体は、尾崎紅葉が自ら書き残していたメモに沿ったものだということだ。とはいえ、この結末はさらに続篇が書かれることを読者に期待させる。やや巻末の広告には以下の宣伝文が載っていた。やはり、『終編金色夜叉』の続巻として、小栗風葉は『荒尾譲介』を書いていたのである。

『終編金色夜叉』を読める人は
其の続巻たる『荒尾譲介』を看よ
今回新たに縮刷本出来せり

●——また、この左ページには、黒法師と名乗る人物(前出だが、渡辺霞亭の筆名)が同名の書を出して人々を顰蹙《ひんしゅく》させた、と書かれている。読者の方からのご示唆によると、代作の疑いがあるが、小栗風葉の『終編 荒尾譲介』もあるのだという。しかも、内容はかなりハチャメチャ(!)なものになっているらしい。『荒尾譲介』と『終編 荒尾譲介』も、手に入ったら読んでみたいものだ。(二〇〇八年六月一二日)[119←・→193]

134

大正期健康法ブームをけん引

川合春充『強い身体を造る法』
（武侠世界社、大正五年八月初版、一〇月二版）

［口絵］

●――『岡田式静坐法』（実業之日本社、明治四五年）の岡田虎二郎が急逝したこともあって、岡田と村井弦斎との交友は短期間にすぎなかった。それに比べて、川合式強健術の創始者である川合春充（一八八三―一九五六）と弦斎との交友は長く続いた。川合は本を何冊も書いているが、その中にも弦斎のことが出てくる。それによると、川合が弦斎の平塚の自邸に何度か招かれて、彼の家族に強健術を指導したことなどがわかる。

●――ところで、この川合春充は後に肥田《ひだ》家に養子に行ったため、肥田春充と名乗るようになり、著書も川合春充と肥田春充の両方の名前で出ている。彼が始めた健康法も、「川合式強健術」と「肥田式強健術」の両方で呼ばれているが、知らない人はこのふたつは違うものだと誤解してしまうだろう。そこで、ここでは「川合」で統一することにしたい。

●――いずれにしても、川合式強健術は、大正期にブームになった健康法の中で三本の指に数えられるほど有名なものである。しかも、今日でも新たな関心を呼んでいるのが興味深い。川合の著書は近年、壮神社からかなり復刻されているが、定価は八〇〇〇円くらいで、その復刻本が古書市場でも五〇〇〇円台の値段がついている。村井弦斎との関係で川合のことを調べ始めたとき、あまりに高いので、ほとんど国会図書館で閲覧するだけだった。

●――ところが数年前、幸運にも『強い身体を造る法』（武侠世界社）の第一一版を、新宿・伊勢丹での大古本市で発見！　信じられないことに五〇〇円で買えた。この本は持つとずっしり重く、約五〇〇ページで、中には写真と図版が多数入っている。

●――巻頭には赤い文字で「賜天覧」とあり、天皇、皇后、皇太子、皇子などの前で、川合が強健術を実際に演じたことが書かれている。目次を見ると、自分の半生を語った後、「内臓強健術（簡単なる説明）」「内臓強健術（詳細なる説明）」「自己療法」と三章に分けて、川合式強健術の実践方法が述べられている。さらに、健康に関する覚え書きというような断片的な話が続き、最後に「世評一束」として、新聞雑誌に紹介された川合式強健術の記事が転載されている。そこには、『岡田式静坐法』と同様に錚々たる著名人の名前が並んでいるが、その筆頭が村井弦斎だった。

❖

●――川合式強健術については、インターネット上でもさまざまなサイトで取り上げられているようだ。ここでは川合式強健術の詳細は述べず、村井弦斎との関わりを中心にしていきたい。前述した『強い身体を造る法』のユニークな点は、強健術の動きを一枚の写真ではなく、連続写真で示していることだ。著者の川合春充は「変化の道程を、活動写真のヒルムで示すことにしました」と述べている。これは、この種の本では初めての試みではないかと思う。

●――川合春充も、生まれつき虚弱な体質で痩せ細っていたという。彼はそれを克服するために、独学でさまざまな運動法、健康法を研究して川合式強健術をつくりあげた。巻末に転載された各界の著名人が感嘆しているように、その筋骨隆々とした肉体は素晴らしい。川合は文字通り「肉体改造」に成功したわけで、以後は明治大学の政科と商科、中央大学の法科、早稲田大学の文学部の四つを卒業して人々を驚かせた。

●――明治四四（一九一一）年に初めての著書『簡易強健術』（文栄閣）を出して以来、次々に著書を発表。その独特の文体で書かれた著書は瞬く間に版を重ねていった。岡田式静坐法の岡田虎二郎もそうだったが、本人のユニークな履歴や人柄の魅力が知識人層に大いに受けて、メディアでの宣伝と口コミによって大ブームを巻き起こしたのだろう。村井弦斎は川合式強健術について次のように述べている。

> 余は先年川合春充君の心身強健術なる一書を読んで、その術の最も我邦人に適するを思ひ、青年子弟と共に其書に就て川合式の運動法を研究した。後数月初めて親しく川合君に接し、その技その法を目観して、君が実に斯道の名人たるを感じた。
>
> 川合君の強健術は西洋風の体育と東洋

風の武術とを融和せしめて、之に自家の考案を加味したものである。その方式に於ては殆どあらゆる運動法の粋を蒐め、しかも短時間に之を実施し得る点が最も世人の練習に適している。

❖

●――弦斎が初めて川合春充の強健術に接したのは、大正三（一九一四）年に東京の新橋倶楽部で開催された「みのる会」の場だった。「みのる会」とは、当時、弦斎と親しく交友していた医者の加藤時次郎が始めたものである。加藤時次郎は一時、加治姓を名乗っていたが、ここでは加藤姓で統一する。

●――加藤は、弦斎の友人の中でも異色の人物で、ドイツへ留学して学位を得て、帰国してから医師として活動するかたわら、社会主義者として社会運動に関心を抱く。開業して加藤病院の院長として裕福だった加藤は、幸徳秋水や堺利彦らの活動をパトロンのように支援してもいた。幸徳秋水らが『平民新聞』を創刊したときも、資金の一部を提供している。また、官憲の圧迫で『平民新聞』が廃刊すると、加藤は自分が発行していた機関紙『直言』を、『平民新聞』の後継紙として提供している。

●――だが、明治四三（一九一〇）年に大逆事件が起こり、翌年一月に幸徳秋水たち社会主義者一二名が処刑され、加藤は大きな衝撃を受けた。このとき、堺利彦が中心になって幸徳秋水らの遺体を引き取ったが、それにかかった費用百円のうち三〇円を加藤が負担している。それを最後に、加藤は社会主義者としての実践活動からは完全に手を引いた。

●――その代わり、加藤は医師という立場で衛生・医療論の分野で、熱心に発言を続けていく。貧民救済の目的で「実費診療所」を設立したり、「平民食堂」を開設したりしている。個人機関紙として月二回刊の『平民』も出している。「みのる会」というのもそうした活動の一環で、加藤が平民演芸の場として設けたものだった。加藤は、娯楽というものが民衆の生活には必要不可欠だと考えていたのである。

●――その頃に加藤は川合春充と出会う。そして、川合の人物に惚れ込んで、直ちに自分の病院内に道場を設けて、川合がそこで強健術を指導できるように取りはからった。さらに、道場を新築することを勧め、その資金を提供しようと申し出る。ついには川合を自分の養子にしたい、といい出したという。加藤には実子がいなかったのである。しかし、川合はどちらの申し出も丁重に断った。

●――加藤時次郎は熱烈な川合春充の支援者となって、川合式強健術を世に推薦した。その理由のひとつとして、「近頃憂ふべきは、不健全極まる、精神療法の流行である。川合氏の強健術の世に薦む可きは、其の徹頭徹尾理学的なる点にある」と述べている。

❖

●――村井弦斎も、川合春充が実演するのを見て、『婦人世界』にくわしく書いている。川合式強健術の特徴としては、だいたい加藤と同じようなことを挙げているが、弦斎は創始者の川合春充について、よりくわしく描写している。

●――川合式強健術で最も重要なのは、腹胸式呼吸法だと弦斎はいう。この腹胸式呼吸法は、日本風の腹式呼吸と西洋風の強肺術を兼備したもので、朝は起床前、夜は就眠前に寝床の中で行う。具体的にその方法も述べられているが、まず枕なしに仰臥して、身体には少しも力を入れずに、足の先を少し離して、いわゆる仰臥式自然体を取る。それから自分の両手を腰の骨の上に当てて、なるべく頭を仰向きに伸ばしながら、鼻から徐々に空気を吸い込んで、腹部をできるだけ大きく膨らませる。吸えるだけ吸い込んだ後は、喉の奥でいきむようにして、静かに長く鼻から空気を吐き出す。

●――この腹式呼吸がすんだら、次にひじを張って胸を広げるようにして、鼻から空気を肺に吸い込む。もう吸えないというときに、いったん口から少し空気を吐いて、また鼻から吸い込むようにすると、前よりいっそう多く吸い込める。極度まで吸い込んだ後に、今度は口から細く強く吐き出す。これは強肺術である。この腹式と胸式とを交互に五、六回くり返すと、全身から汗が出るほどで、夜は安眠することができ、朝は頭が軽くなって元気よく起きられるという。

●――この内臓操錬法は、あたかも内臓の諸機関にマッサージ的な働きをするので、腹部の鬱血を散じ、肺活量を増加させ、心臓の働きを容易にするという効果があるそうだ。弦斎によれば、川合春充がこの運動を実行すると胸と腹が交互に膨張し、鍋でも呑み込んだように胸がむくむくと大きくなり、腹は山のように高くなって、驚嘆しない者はいないという。

●――これを読んで、この呼吸法を毎日続けるのは大変だという気がしたが、私が興味を惹かれたのは、弦斎が書いている川合が考案したという「椅子運動法」である。これは川合が陸軍経理部に勤務中、事務が煩雑で、終日椅子を離れることができないので、ほんの寸隙を利用するために研究したものだという。その方法には七種類あって、いずれも椅子に腰掛けたまま、むしろ椅子を応用するようになっているらしい。しかも、この運動に要する時間はわずか四分間で、その四分間に七種の運動法を行うと、全身の血行が旺盛になって、疲労はたちまち回復するという。

●――弦斎は「平生椅子によって多忙の事務を執る人の為めには最も便利な運動法」だと勧めている。原稿を書く仕事は〝座業〟で、私も最近、ずっと一日十数時間パソコンの前に座ったままだ。そのため、腰は痛くなるし、肩は凝るし、全身運動の不足を痛感している。この運動法は一度試してみる価値がありそうだ。（二〇〇五年二月一九日・四月一八日・二〇日・二一日）［125↑・↓135］

135 クリスチャンの断食伝道書

市原鷲頭『断食療法論』
（帝国数理学会、大正五年一〇月初版）

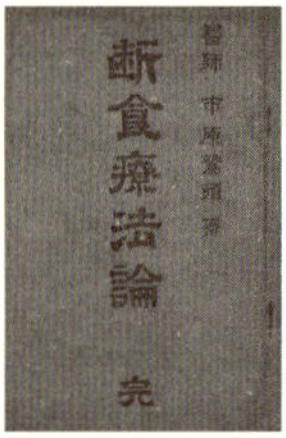

●――断食関係の本は、古書展でもそんなにたくさんは見ない。また、たまに出ていると、数千円の値がついているので、買うのにかなり躊躇してしまう。数年前にこの市原鷲頭『断食療法論』を古書展で見つけた。一五〇ページ足らずの薄い本で装幀もごくシンプルだったのだが、序文の中に「村井弦斎先生」という文字があり、さらに弦斎が寄せた文章も一ページ掲載されている。一五〇〇円で購入した。

●――この本は国会図書館には所蔵されていない。市原鷲頭は自ら「帝国数理学会主宰」と書いていて、奥付にも「発行者兼著者」とあるので、自費出版らしい。国会図書館の所蔵本で検索すると、大正期に七冊の〝断食本〟が出版されているが、そのうちの四冊が大正五(一九一六)年から七(一九一八)年までの三年間に集中している。

●——宮原立太郎『短期実験断食療法と其の実効』(広文堂書店、一九一六)、西川光次郎『断食療法』(北文館、一九一六)、村井弦斎『弦斎式断食療法』(実業之日本社、一九一七)、宮坂喆宗『断食と修養』(成蹊学園出版部、一九一八)という具合だ。この市原鶯頭『断食療法論』も入れると、三年で五冊の〝断食本〟が出ていることになる。

●——大正五年は、弦斎が『婦人世界』に断食実験のルポを連載した年だ。単行本になるのは翌年だが、発行部数からいっても、雑誌に連載した記事のほうが広く一般の人々の目に触れたことは間違いない。弦斎が断食について書いたことがほかの人たちを触発した、とも考えられるのではないか。

●——大正五年に出たこの市原鶯頭の『断食療法論』の序文を書いているのは、同じ年に『断食療法』を出している西川光次郎(別名・光二郎)だった。当時の西川光次郎は『自働道話』という雑誌の主宰者でもある。その序文の最初の部分には次のように書かれている。

私は自分の慢性胃腸病を根治せんと、種々の療法を研究中、計らずも断食療法あるを知り之れを試みて其偉効を知り、尚ほ研究を進めて断食は啻《ただ》に胃腸病のみならず、殆んど凡ての病気に対して偉効あるを知り、のみならず人の精神を清浄ならしむる上にも、偉大な力あるを知るに至つた。

ソコデどうか此の事を広く知らせたいと思つて、曩《さき》に一書を著したが、其時から私は心に、断食療法の熱心な主張者の現はれんことを熱望していた。

所が村井弦斎先生の断食の経験談が婦人世界の八月号から連載さるゝに至つた。而して今又近日出版されんとする市原先生の断食療法論の原稿を拝読することが出来た。先生は医師である、医師の中から此の熱心な断食療法家が出たことは、私の先づ何によりも嬉しく思ふ所である。先生は単独に断食を経験されしのみならず、既に屢々《しばしば》患者と共に断食を経験されたのであつて、其の経験よりして、断食療院設立の急務を主張されて居るのである。私は近く先生の手によりて、我国最初の断食療院の設立を見るに至るべきを信じて居る。

●――それまで断食といえば、成田山新勝寺の断食堂が有名だった。しかし、ここには「我国最初の」と書かれているので、それ以外の民間の断食道場のようなものはまだなかったらしい。というのは、時代がもう少し下って昭和に入ると、断食希望者を集めて参加費を取り、断食を指導する道場のようなものが存在するからだ。

●――この序文に続いて、村井弦斎の文章が載っている。これはおそらく市原鷲頭が弦斎に、本にする前の自分の断食療法論の草稿を送って、感想を求めたのだろう。「拝啓」から始まるこの文章は、それに対する礼状をそのまま掲載したものらしい（句読点を補った）。

拝啓　断食療法論拝見仕候。小生も断食実行者の一人に有之、断食の諸病に有効なるを深く確信仕候。就ては世人をして一人も多く此自然療法の効験較著なるを知らしめたしと思ひ居る際、貴君の如き専門家にして此事を主唱せらるゝを見るは、国家の為め大に慶賀すべき事と存候。断食に対する理論に至つては小生如き素人の敢て容喙《ようかい》すべき所にあらざれども、其事実に於ては小生の飽まで証明し得べきものと信じ申候。小生は世人が此書によりて断食の効力を会得し、実行者の愈よ衆《おお》からん事を希望するものに有之候。

敬具

●――市原鷲頭はクリスチャンで、『断食療法論』の中でも心霊や神の愛について長く語っている。また、先に紹介したハスケルの『断食諸病新療法』（一九〇三）の原著のように、旧約聖書からの引用も多い。つまり、著者が最もいいたいことは、食べることにとらわれず清らかに生きよ、ということらしい。とくに、前半は断食についての本というよりも、キリスト教の伝道書という感じである。後半に入って、どのようにして断食をすべきか、という具体的なことが書かれている。

【大正五(一九一六)年】——日米間の無線通信開始。

●——そして、巻末には著者が設計する「断食療院」の規則や入院料について細かく書かれている。入院料は三種類に分かれていて、一等が金二円、二等が金一円五〇銭、三等が金一円となっていた。ただし、入院期間に関する記述はない。病気治療を目的にした「入院」なのだろうが、断食療法でその病気が治らなかった場合、料金はどうなるのか。そのあたりがやや不明瞭なので、入院を希望する人がいたかどうかはさだかではない。キリスト教とは肌が合わない、という人も来なかっただろう。

●——ともあれ、この頃から、こうした断食療法を実施する場所が登場し始めたことがわかる。その意味ではこれも貴重な資料といえるだろう。

(二〇〇五年一月一九日)[134←・→149]

136 露伴の代作者の奇人変人紹介

堀内新泉『当世百道楽』
(文正堂書房、大正五年二月初版、六年一月五版)

●——先に明治四四(一九一一)年の『名流百道楽』を紹介したが、「百道楽」という言葉がタイトルに入っているもう一冊の本を紹介しよう。堀内新泉『当世百道楽』である。村井弦斎が「百道楽」シリーズを書き始めたのは明治三四(一九〇一)年なので、その一五年後だ。この『当世百道楽』は、『名流百道楽』とは違って、著者が百の道楽を挙げてそれについて述べていく形式をとっている。「或る人」とか「或る商店の主人」とか「或る工学士」というように書かれているが、ほとんど著者の創作と考えていいのではないか。巻頭に「例言」として、著者は次のように書いている。

一 本書中貧乏道楽以下第三十八饗応道楽にいたるまでは、昨年七月脳出血に罹る前の余が想と筆とに成るものなるも、その他のものは梗概を人に口授して筆記せしものに懸る。
然れば其の想に将その文章の上に於いて、両者の間には思ふに大なる逕庭《けいてい》あらん。洵《まこと》に遺憾に堪えざる所なるも、病患の為に此れ万止むを得ざる所なり。読者諸君幸に之れを諒せよ。
一 噫《ああ》、我が信愛なる読者諸賢よ、余が従来の想と筆とは今回の大患の為に全く奪ひ去られたり。今は是非なし、世をかへて又我が信愛なる読者諸君に見《まみ》えんかな。

●——この後に「東京本郷千駄木町二四五番の病床に於いて」とある。病床でこれを口述したのかと思うと、複雑な気持ちになる。ここに登場する〝百の道楽〟を著者本人が楽しむことは、もはやできない相談だったのだろう。

●——この『当世百道楽』に出てくる百の道楽は、「読書道楽」「茶道楽」「芝居道楽」「釣道楽」などまともなものがある一方、「貧乏道楽」をはじめとして、「意見道楽」「蚤取道楽」「法螺道楽」「葬式道楽」「火事道楽」「引越道楽」「便所道楽」「計算道楽」など、果たしてこれを道楽というべきなのか、というものがかなり含まれている。いわば、〝奇人変人〟の紹介でもあり、人間の姿をユーモラスに描いた連作集といえばいいのだろう。

●——ちなみに、この著者の堀内新泉の名前を、偶然別のところで見つけた。村井弦斎に関連して、明治の新聞小説のことを調べていたときのことである。

●——新聞小説の場合、書き下ろしと違って、連載が始まってしまえば毎日休まずに書き続けなければならない。その上、一回ごとに読者を惹きつける山場をつくることが要求される。当時の新聞の読者は、小説がつまらないと購読する新聞を変えてしまうこともあったからである。小説家にとってはかなりの重圧だっただろう。その中で、弦斎はそれを楽々とこなし、まさにプロフェッショナルな新聞小説家だったといえる。それに対して、幸田露伴は若い頃、『読売新聞』に連載を開始した『ひげ男』をわずか五回で中止したことがあったそうだ。

●——その露伴が明治二二(一八八九)年の『読売新聞』に、『雪紛々』というアイヌ人を主人公にした小説の連載を始めたが、これも事情があって途中で中断した。しかし、後に堀内新泉が書き継いで、この『雪紛々』は春陽堂から単行本として出版されている。

●——『雪紛々』は、近代作家の手になるアイヌ民族を描いた最初の小説として評価されている。それを完成させたのが、実は『当世百道楽』の著者だったと知って驚いたのである。こんなふうに、思いがけない人間関係がわかってくるのが、古書の世界の面白さともいえるだろう。(二〇〇四年一二月一一日)[118←・→002]

137 漱石追悼号の「幻の九ページ」

『新小説 臨時増刊 文豪夏目漱石』
（春陽堂、大正六年一月二日初版、一月一〇日再版）

●——最近の古書展で買った雑誌の中に、『新小説』臨時増刊の夏目漱石の追悼号があった。漱石は大正五（一九一六）年一二月九日に亡くなっているが、翌年一月二日に、一カ月もたたずに（しかも年末と正月をはさんで！）文芸誌で追悼号が出るとは、ずいぶん手際がいいと驚いた。一月一〇日にはすぐに再版していて、私が入手したのは再版分である。値段は一〇〇〇円。

●——この追悼号の巻頭には、漱石自筆の短冊を印刷したものが折り込まれ、本人の写真・描いた絵・彼が住んだ家の写真なども掲載されている。また、漱石と親しかった人々をはじめ、当時の文壇の作家たちが談話を寄せている。さすがに原稿として書いている余裕はなく、インタビューに応えたものなのだろう。和辻哲郎、戸川秋骨、馬場孤蝶、内田魯庵、正宗白鳥、秋田雨雀、島村抱月、小川未明、久保田万太郎、与謝野晶子、田山花袋、島崎藤村、近松秋江、中村武羅夫、岡本一平、上司小剣、徳田秋声、中村星湖、岩野泡鳴、泉鏡花……などの名前が並んでいる。

●——ページをめくっていると、不思議な文字に出逢った。最初に「夏目漱石氏略伝」として、漱石をよく知る人々が、「幼年と青年時代」「学生時代」「松山時代」「熊本時代」「大学教授時代」「朝日新聞時代」というように、それぞれ述べている。東京帝国大学での漱石は「教授」ではなく「講師」だったということだが、ここでは「大学教授」と書かれている。

●——これが五五頁まであり、その次に「『人』及び『芸術』」というテーマでそれぞれの人が語っている。その最初のページに、どういうわけか「（壹頁より九頁まで省く）」と書かれていて一〇行ほどの空白があり、ページの途中から和辻哲郎の文章が始まっているのだ。ノンブルを見ると一〇頁になっている。つまり、五五頁の次がなぜか一〇頁になっているのである。

●——本来なら五五頁の次に、改めて一頁とノンブルを付け替えて、「『人』及び『芸術』」を始めるはずだったのだろう。それを、わざわざ九ページ分削除したので、中途半端な一〇頁から始まることになってしまったのだ。これは再版なので、初版のものには削除される前の〝幻の九ページ〟の原稿が載っていたのではないか。発売されてすぐ、抗議を受けたか何かして、九ページ分をバッサリ削除するということになったとも考えられる。それにしても、この九ページには誰が書いた文章が掲載されていて、誰が削除することを要求したのだろう。漱石はもう亡くなっているのだし……。

●――この追悼号が、漱石の死から一カ月もたたないうちに刊行されたため、編集上のミスかひどい誤植か何かがあったのだろうか。漱石についてくわしい人たちには、よく知られている話なのかもしれない。

●――気になって、また国会図書館へ行かなければならないと思っていたところ、N書店さんから初版について教えていただくことができた。N書店さんが在庫しているこの号の初版で、〝幻の九ページ〟がどうなっているかを確認してくださったのである。その結果、初版にも同じように「(壹頁より九頁まで省く)」と書かれているとのこと。「最初から無いのでは?」というご指摘だった。いわれてみれば、そう考えたほうがわかりやすい。私がついドラマを期待して、初版にあった九ページが何かの理由で再版では削除されたのでは? と深読みしすぎたようだ。

●――N書店さんはさらに「編集後記」のことも理由に挙げてくださった。こういうことを調べるとき、まず編集者が書いた編集後記を読むのは鉄則なのだが、お恥ずかしいことに私は読んでいなかったのだ。そこにはまさしく〝解答〟ともいえることが書いてあった。書き出しでは、この号が計画発表から二週間を出ないうちにこれだけの内容をそなえて世に出たことは奇跡にも等しい、と自画自賛している。続けて、次のような事情が述べられていたのだ。

……しかし出来上がつて見れば、吾々の意に満たない点も数多く見出されます。例へば、森田草平氏に御願ひしてあつた臨終の記や、芥川龍之介氏に御願ひしてあつた葬儀の記を初めとし、漱石氏英国留学時代に関する記事、漱石氏傑作梗概の数篇、興味ある書簡の十数篇など、総

て締切期日の間に合はなかつた為めに、遺憾ながら掲げ漏らしました。(後略)

●——初版の目次でも五二頁の次が一〇頁になっているとのことで、これも再版と変わらない。その五二頁と一〇頁との間に一行分の余裕があって、「□ □ □」というマークが入っている。ひょっとすると、ここに芥川龍之介の原稿を入れる予定で、ギリギリまで待っていたのではないか。そのため、ついに原稿が落ちるとわかっても、ノンブルを付け替えている余裕がなかったのだろう。この時期、すでに文壇の注目を集める作家になっていた芥川は、漱石に会って運命が変わったともいえる。その芥川が漱石追悼号に何も書いていない、というのは、やはり原稿が締切に間に合わなかった、と考えるのが妥当だろう。

●——というわけで、〝幻の九ページ〟の謎は、依頼した原稿が間に合わなかった……という平凡な結論に落ち着きそうである。(二〇〇六年二月一日・二日)[124←・→166]

138 大正女性に期待されていたこと

赤堀峰吉・赤堀菊子『嫁入文庫第四編 料理の巻』(実業之日本社、大正六年四月初版、一二年一二月三六版)

●——「嫁入文庫」とあるように、この本は全一二編のシリーズの中の一冊だ。函付きを一〇〇〇円で入手。シリーズの構成は、第一編から「育児の巻」「裁縫の巻」「礼法の巻」「料理の巻」「洗濯染色の巻」「編物刺繍の巻」「化粧の巻」「娯楽の巻」「生花の巻」「女中使方の巻」「家政の巻」「婦人衛生の巻」というラインナップである。こうした項目が、女性の〝嫁入り〟には必須の知識とされていたことを思うと、九〇年後の今日と比べてみて隔世の感がある。とくに、「女中使方の巻」というのはなかなかすごい。〝女中〟がいる新婚家庭というのは、もはやどこを探しても見つからないという気がするが、その代わりに「夫に家事をさせる方法の巻」という感じだろうか。

●——本の装幀も花をデザインしたもので、函入りで美しい。大正時代の娘たちは、この一二冊の中から何冊かを買い求めて、嫁入り道具として嫁ぎ先に持っていったのだろう。この本の巻頭に「『嫁入文庫』刊行に就いて」という一文がある。これを読むと、当時の女性に何が期待されていたのかがよくわかる（前半部分を抜粋）。

嫁入は婦人生涯の大事である。従来父母の膝下にあつて、其保護を受けて育つて来た無経験の若き婦人が、俄に他家の人となり、妻となり主婦となつて、夫、舅姑、小姑に対して多端にして複雑なる義務を尽し、一家経済の主権を握り、母となつては子女教育の重任に当るといふことは決して容易な業ではない。

然し、婦人の尊い使命は、家庭の主婦として、母として、始めて最も円満に且つ、最も完全に果されるのであつて、婦人一生の幸不幸は主として結婚後の働きによつて別れるのである。されば、結婚生活をして最も意義あらしむるには、結婚に先立つて先づ第一に主婦としての立派な資格を作らなければならぬ。是れ我が社出版部が、近く主婦たるべき若き婦人の為めに、特に新時代の主婦に必要なる家庭的新知識を網羅し、理想的文庫を刊行して、婦人が其の天職を果す上の一助たらしめんとする所以である。

●――これに続いて、著者の「緒言」が載っている（前半部分を抜粋）。

生活が文明的になるに従ひまして、種々雑多な果樹蔬菜類も海外から移植せられ、肉食する者も次第に多く、日常摂る食物の種類も漸次多きを加へ、食物に関する科学的研究と経済的研究とは近代の料理法に著しい進歩を与ふるに至りました。

食物は申すまでもなく生命と活力の根源であり、一家経済の主要な部分でもありますから、其の手に一家の健康を預り、一家の経済を預り、家庭団欒の快楽を預つて居る主婦たる人々は、どうしても此の料理法を等閑に附することは出来ません。

●――この本では、全体を大きく日本料理と西洋料理に分けている。日本料理では、さらに春夏秋冬それぞれの料理のつくり方を述べた後、

【大正六（一九一七）年】――堺利彦、衆議院選挙に立候補するも落選。

『家庭年中料理の仕方』と同様に、年中行事ごとのご馳走料理のつくり方も掲載している。西洋料理では、スープのつくり方、魚の料理、鶏卵の料理、肉類の料理、野菜の料理、ソースのつくり方と六章に分けて解説している。肉類の料理では、たとえばチッキン・カレー、チッキン・コロッケー、ビーフ・ステーキ、ロースト・ビーフ、ヂャーマン・ステーキ、ビーフボール・カレー、ポーク・チョップ、ポーク・カツレツといった具合。ほとんど、現在でもその名前で通じる料理が並んでいる。

●――それにしても、自国の料理のみならず他国の料理のつくり方まで、嫁入りの準備に学んでおかなければいけないというのは、日本独特のものではないか。明治維新以来、文明国の仲間入りを目指して、必死で西洋化を続けて来た日本人の姿が浮かび上がる。それまでは、ほとんど未知のものだった西洋料理も、こうして、徐々に一般家庭にまで浸透していったのだろう。

（二〇〇四年一一月二三日）[120←・→142]

139 美食家から断食家への背景

村井弦斎『弦斎式断食療法』（実業之日本社、大正六年五月初版、一〇年八月三版）

●――村井弦斎について語るとき、「人気新聞小説家」としての前半生と、「断食・木食・健康法研究家」としての後半生とに分けることができる。今、弦斎に対する評価は、前半生では大ベストセラー『食道楽』を書いたことが多少特筆されるのみで、それ以外の作品はほとんど黙殺されている。後半生になると、もう完全に奇人・変人扱いである。

●――というのも、弦斎は三五日間もの長期断食をしてみたり、東京・青梅の御岳山《みたけさん》の山中で半年間も穴居生活をして、自然の中の木の実や木の根や生き物のみを食べることを実践してみたり、〝仙人〟と称されたりもしているからだ。

●――奇人・変人扱いということは、まともに取り合わないということに等しい。そして、いつしか村井弦斎の名前も忘れられてしまった。『広辞苑』などにきちんと載っているにもかかわらず、彼の名は一般にはまったく知られていないといっていい。そのため、拙著『「食道楽」の人 村井弦斎』（岩波書店）が出たとき、読者の方々からまずいわれたのは、「こんな人がいたなんて驚いた」ということだった。

●――村井弦斎は『報知新聞』にいた頃、同僚たちから「弦斎は時代より早すぎる」と評されていたという（篠田鉱造の回想）。もちろん、すべてにおいてそうだという評価をすれば、彼への点数は甘くなりすぎるだろう。しかし、まず彼は百年以上前に『食道楽』を書き、その中で「食育論」を説いている。現在、世をあげての〝食育ブーム〟であることを思えば、やはり早すぎたのか、という気もしてくる。

●――さらに、明治末期からの弦斎は、脚気の研究から「玄米食推奨者」として有名になっている。これも、最近の〝玄米食ブーム〟や〝マクロビオティック〟の流行を見ていると、明らかに時代を先取りしていたといえよう。

●――そして、問題の断食である。弦斎は大正初期から亡くなるまで、幾度となく断食をくり返した。断食だけでなく、木食《もくじき》や自然食や菜食や果物食など、さまざまな食生活を自分で実験したために、寿命を縮めることになったのかもしれない。

●――その断食だが、これも最近ちょっとしたブームになっているらしい。インターネットで検索してみると、断食道場のホームページが全国各地でヒットする。東京都知事の石原慎太郎氏が常連だという伊豆の断食施設も、よく知られているらしい。そうした断食道場あるいは断食療養所では、長期ではなく二泊三日くらいの短期入所を宣伝している。二一世紀の現在、断食も主目的はダイエットに変わってきた、といえるかもしれない。マスコミなどでは、〝プチ断食ブーム〟と称して紹介している。

●――村井弦斎はおよそ九〇年前にすでに断食推奨者だった。そして、大正六（一九一七）年に実業之日本社から『弦斎式断食療法』を出版した。なかなか実物が見つからなかったのだが、インターネットの「日本の古本屋」で三〇〇〇円でようやく購入できた。

●――これはある意味では〝奇書〟である。しかも、それまで美食家として知られていた村井弦斎が突然、断食の本を出したわけで、当時の人々が驚いたのも無理はないだろう。

❖

●――弦斎が本格的に断食研究を始めたのは、

大正四(一九一五)年頃だった。それは、ダイエットのためでも、宗教上の理由でもなく、食養研究の一環としてのものだったといえる。『食道楽』を書いて以来、弦斎は食物が人間の身体に与える影響について、強い関心を持つようになった。

●——その直後に日露戦争が勃発。当時は、先進国である西欧諸国の人々に比べて、日本人の体格が劣っているということを、弦斎のみならず多くの日本人が痛感した時期だった。国を守り、西欧諸国と肩を並べて発展していくためにも、国民の食生活の改善と体格向上は、明治日本の大きな課題でもあったといえる。

●——さらに、日露戦争では予想をはるかに上回る死者が出た。戦死者ではなく、脚気で死ぬ兵隊が想像できないほど大勢いたのである。この脚気の歴史に関しては、板倉聖宣氏の『模倣の時代 上下』(仮説社、一九八八)にくわしく書かれている。同書の下巻には、村井弦斎の名前も何度も登場する。ただし、その後、弦斎の評伝を書くために行った調査で、同書には書かれていない事実を示す資料が見つかった。そのため、同書の弦斎に関する記述には、一部不十分な点があることを指摘しておきたい。

●——脚気に関する文献はほかにもいろいろあるが、ここではその『模倣の時代』の数字を紹介しておくと、日清戦争での陸軍の脚気患者は四万一四三一人、そのうち死者は四〇六四人だった。それに対して、日露戦争での陸軍の脚気患者は、なんと入院患者が一〇万四四九七人もいて、そのうちの二万七八〇〇人が亡くなっている。これはケタを間違えているのではない。多少の差はあるが、これ以外の文献でもだいたい近い数を挙げている。

●——では、実際にロシアと戦って死んだ人数はどれくらいかというと、四万八四二八人だった。つまり、日露戦争に出征して死んだ兵士のうち、三人に一人以上は戦死でなく、脚気が原因で死んでいたのである。これは当時も大変な不祥事であり、陸軍ではこの事実をひた隠しにしていた。というのも、これは陸軍だけの話で、海軍では、日露戦争の最中に脚気で入院したのは七二人だけだったからだ。それは、海軍医の高木兼寛が海軍の食事を洋食に切り替え、パンをいやがる兵士には白米に麦を混ぜて食べさせるなど、具体的な改善を行った成果だった。海軍では明治一八（一八八五）年以降、ほとんど脚気患者を出さなくなっていたのである。

●――脚気は、現在の日本ではほとんど消えた病気である。しかし、かつては白米を食べるアジア諸国に見られる原因不明の難病とされていた。脚気とはビタミンB_1の欠乏のために起こる病気で、足がしびれたりむくんだりする。重症になると死にいたる深刻な病気だったのだ。

●――陸軍では、パンと麦飯が脚気に効くという高木兼寛の説を、真っ向から否定していた。その上、ドイツ人の医師ベルツが、脚気は伝染病だという説を唱えたため、日本の医学界の大物はこぞってそれを支持する。その一人が、陸軍医だった森鷗外であり、鷗外は高木の説をあからさまに俗説として蔑み、陸軍の兵士に白米を食べさせることを止めなかった。その結果、鷗外の主張は、日露戦争で二万七八〇〇人もの脚気による死者を出すことに一役買ってしまう。この事実も、一般にはあまり知られていない。

●――前置きが長くなったが、村井弦斎が食物研究にのめり込んでいくきっかけは、当時の脚気論争だったのである。

❖

●――日露戦争が終わっても、日本国内の医学者や化学者は病原菌説に固執して、高木兼寛が唱えた麦飯が脚気に効くという説を、あいかわらず認めようとしなかった。だが、その間にも、たくさんの日本人が脚気で亡くなっていたのである。それに対して、弦斎は医学者でも科学者でもないので、脚気が何によって起こるのかを学術的に研究して裏付けを取り、臨床試験を行ってそれを論文に書いて発表する……などということには目もくれなかった。彼はただ、現実に自分の家にいる書生も含めて、周囲で多くの人たちが脚気に苦しんでいるのを見て、なんとかしてこの人たちを救えないかと考えたのだ。

●――すでにそれ以前より、脚気は白米を食べるとかかる病気で、白米の代わりに玄米を食べるといいらしいということは、漢方医などがいっていた。そして、玄米や糠《ぬか》を食べさせると、脚気患者の病状が好転することも知られていたのである。だが、当時の東京帝国大学医学部を頂点とするエリート医学者たちは、それらを頭から俗説として無視し、あるいは馬鹿にして、取り上げもしなかった。

●――弦斎は自分で玄米や糠の効果を調べることにした。まず、ニワトリで動物実験をして、白米ばかり食べさせると脚気の症状が出て歩けなくなり、玄米を食べさせるとそれが治ることを知った。それなら、人間にも玄米にある成分が効くだろうと考えて、糠入りみそ汁を工夫して家族や書生たちに飲ませてみた。すると、顕著な効果があり、糠入りみそ汁を一日三回一週間飲み続けて、脚気が全快したという人までいたという。

●――これに自信を得た弦斎は、明治四三(一九一〇)年五月号の『婦人世界』の誌面に、「脚気病の特効薬発見さる」という見出しの記事を書いて発表する。さらに、同誌でキャンペーンを行って、この糠入りみそ汁を試してみて、脚気に効果があった人はぜひそれを報告して欲しい、と呼びかけたのだ。

●――すると、続々と反響があった。翌月からの『婦人世界』には読者の体験談が多数掲載されているが、そのどれもが、糠入りみそ汁のおかげで脚気が早く治った、という成功事例だった。反響の大きさ、読者の反応の早さに驚くが、脚気はその頃〝国民病〟と称されるほどだったことを思えば、それも不思議ではない。

●――弦斎は、『婦人世界』だけでなく、主要な新聞に個人広告を掲げて、脚気に糠入りみそ汁が効くというキャンペーンをさらに拡げている。同時に『婦人世界』にも脚気と糠のことを書き続けた。そして、海外ではオランダの医学者エイクマンが、糠の中に脚気を予防する成分があるという仮説の研究を続けて、ついにビタミンB_1の発見につながった。エイクマンはこの功績で、昭和四(一九二九)年にノーベル医学・生理学賞を受賞している。

●――しかし、弦斎が「脚気には糠が効く」と派手に宣伝し始めたのを見ても、日本の医学者たちは嘲笑するだけだった。それでも、弦斎はそんなことは気にしていなかった。彼が書いた記事によって、一人でも多くの脚気患者を救えればそれでよかったのだ。しかも、彼が勧めた糠入りみそ汁は、インチキなものではなく、たしかに脚気に効果があったのである。弦斎の元には、脚気に苦しんでいた人たちからたくさんの感謝の手紙が届いた。その中には、弦斎を「神様」のようにあがめているものさえあった。

●――その後、弦斎は玄米から取り除いた糠を再び白米と一緒に食べるより、糠を除去しない玄米を食べたほうが有効だろうと考える。そこで玄米の食べ方をいろいろ工夫して『婦人世界』に発表した。そのため、弦斎はそれまでの「食道楽の弦斎」から、「玄米推奨者」として知られるようになったのだった。

●――ちなみに、先に挙げた板倉聖宣氏の『模倣の時代 下巻』によれば、一九〇九（明治四二）年の脚気死亡者数は一万五〇八五人だが、一九一〇年は九五九八人、一九一一年は八二三七人、一九一二年は四七五〇人と、一九一〇年以降は急激に減少している。一九一〇年は、まさに弦斎が民間人の立場で「糠入りみそ汁」キャンペーンを始めた年だ。日本の医学者たちが、有効な脚気の治療薬も見いだせずに、手をこまねいている間に、糠による脚気療法が大衆化したといっていいだろう。

❖

●――弦斎は国民病ともいわれた脚気が、糠や玄米を食べることによって回復することを知った。彼は科学者ではないので、糠や玄米に含まれている成分の化学構造を明らかにすることはできなかったが、多くの人々がそれによって救われたという事実に、ジャーナリストとして強い関心を持ったものと思われる。

●――この〝脚気論争〟以降、弦斎は難病の治療法について研究を始めた。それは、自分の名利のためとか、金儲けをしようというのではなく、純粋に人間の身体と食物との関係について興味を抱いていたからだといえる。ただし、周囲の人々の目に、その研究がある意味で「あやしげな民間療法」として映ったのは事実だった。

●――そして、弦斎が世間の人々をあっと驚かせたのが、断食の実験だった。断食にはハンガーストライキなどの政治的な目的で行われるもの、宗教的な目的のものなどいろいろある。フランツ・カフカは『断食芸人』という短編小説を書いているが、ヨーロッパでは実際に見せ物として断食をしたサーカスの芸人もいたらしい。現在は前述したように、ダイエットの目的で短期間の断食をする人もいる。それ以外に、病気治療の目的で行われる断食もある。断食で癌が治る、などいろいろな説がある。

●――弦斎が研究したのは、その病気治療を目的とする断食療法であり、食養研究の一環としてのものだった。食養研究家たちはおしなべて、白米よりは玄米を、肉食中心よりも菜食中心に、腹八分目でやめる、ということが身体にいいと強調している。では、一日三食と一日二食ではどちらがいいのか、朝食を抜くのは身体にいいのか悪いのか、というようなことも問題になってくる。こうしたことを書いた本は最近でもさかんに出版されているので、多くの人々にとって食生活と健康というテーマは、変わらぬ関心事だといえるだろう。

●——一日三食か二食かをさらに追究していけば、一日一食ではどうか、一日ゼロ食＝断食したらどうか、ということになる。弦斎は何事も徹底してやらずにはいられない性格だったので、当然、自分で断食の実験をしてみる気持ちを抑えきれなくなった。

●——大正五（一九一六）年、彼はその断食実践のルポルタージュを逐一『婦人世界』の誌面（八月号〜一二月号）に発表している。その翌年、さまざまな人々の断食体験談を加えて一冊に編集して出版したのが、『弦斎式断食療法』である。同書の「はしがき」で、弦斎は断食に関する本を書くことについて、自ら次のように語っている。

○本書の編纂につき、著者は成るべく我邦に於ける断食の実例を蒐集して、世人の参考に供し度いと思ひ、知友を介して各方面の人士に援助を干《もと》めしところ、皆な多大の好意を寄せられて著者の事業を賛《たす》けられたるは、深く感謝する所であります。（中略）

○尚ほ印刷に附したる後、有益なる報告が参りましたらば、それ等は改版の節掲載する事に致します。

○断食には修法上の断食もあり、心願の為めの断食もあり、療病の為めの断食もあり、或は偶然の断食もありますが、大抵はその目的の全部又は一部を達し、或は何等かの効果を収め得るを見ると、断食は実行者の信念と機根との如何によりて、その心身に偉大なる力を与へます。或る場合には殆ど神秘の境にまで進み得る事もあります。然し軽卒に之を行ひ、恢復期の養生を誤ると、不測の害を醸しますから、断食は尚ほ一層各方面より研究を要すべきものでせう。

○著者は自家の小実験を以て、敢て断食の真相を識り得たと申しません。唯《ただ》世人に材料を供して、識者と共にその真価を闡明《せんめい》し度いと思ふばかりです。（後略）

❖

●――村井弦斎の『弦斎式断食療法』には、弦斎が実験した二回の断食の記録と、彼の妻の多嘉子の断食、彼の知人である力士の黒瀬川と伊藤検校の断食、さらに弦斎の周囲で断食をしてみた人の結果が報告されている。

●――そして、後半には『実業之日本』や『婦人世界』に掲載された断食の記事と、弦斎の元に届いた一般読者からの断食体験記が三十数編紹介されている。一般市民だけでなく、高野山の僧侶から寄せられた断食レポート三編のほか、その他の宗派の僧侶からのものもかなりあり、これらは弦斎が寄稿を頼んだのだろう。成田山断食堂の調査記もあれば、過去の文献に記述された高僧たちの断食記録からも抜粋・引用されていて、宗教と断食の関係には弦斎がかなり関心を持っていたことがわかる。一方で、医師による「飢餓の試験」という報告もあり、医学的にも断食をきちんと取り上げよう、という姿勢が見て取れる。

●――とにかく、村井弦斎という人物は、何かをやりだすと徹底してやらずにはいられない。そのため、極端から極端へ走るように見えるのだが、『食道楽』を執筆していたときは、毎日さまざまな料理を雇ったコックや妻につくってもらい、それを試食して美食の限りをつくしていた。今度は断食にのめり込み、この本に書かれている二回の断食だけでなく、亡くなるまで頻繁に短期断食をくり返している。

●――だが、弦斎の『食道楽』は大ベストセラーになったが、『弦斎式断食療法』は四年間で三刷程度。普通に考えても、読んだだけでもよだれが出そうな料理が次々に登場する小説を読みたい、と思う人はたくさんいるだろう。一方、これから断食をしたいという人を除けば、あえて断食の本を読もうという人は、ほとんどいないはずだ。やはり、人は誰でも、飢餓感よりは満腹感を味わいたい、と思うのが自然である。『食道楽』は読むと楽しい気分になれるが、他人の断食の生々しい記録を読んでも、楽しいというより痛々しい気持ちにさせられてしまう。

●——結果的に、それまでずっと弦斎の熱心な読者だった人たちも、弦斎の出す本から離れていくことになった。弦斎の「小説」の愛読者は、こうした実用書を最初から読まなかった可能性も高い。弦斎本人の思いとは違って、次第に彼の著作が売れなくなっていくのも仕方がないことだった。

●——あれだけたくさんの小説を書いてきたのだから、断食についても『食道楽』のようなユーモア小説に仕立てればよかったのに……などと私はつい思ってしまう。肥満体の大原満に対して、断食にくわしい中川(弦斎の分身)がある日、健康のためには断食するのがいいと勧める。大原は断食してみることを決意し、それをお登和嬢が手伝うが、お代が何かと邪魔をする。だが、ついに断食をやりとげた大原は、前よりずっとスマートになり男ぶりも上がる——。そんなストーリーなら、読者も笑いながら読み流すことができただろう。本も、もう少し売れただろうに、などと想像してしまうのだ。(二〇〇五年一月四日・六日・七日・九日・一〇日)〔110←・→029〕

140 「離婚病」「天民式」「淫蕩文学」……

服部嘉香・植原路郎『新らしい言葉の字引』(実業之日本社、大正七年一〇月初版、一三年五月増補九五版)

〔扉〕

●——大正時代の面白い字引を見つけたので、二〇〇〇円で購入した。実業之日本社から大正七(一九一八)年に刊行され、翌年すぐに増補版が出て、その後も重版を重ねた服部嘉香・植原路郎著の『新らしい言葉の字引』。手もとにあるのは第九五版である。「新らしい」といっても八〇~九〇年前に使われていた「新語」や「流行語」なので、現代から見れば古くさいものもあるが、逆にそれが面白い。面白すぎてつい読んでしまうのだが、じっくり読んでいる時間がないので、目にとまったものを「リ」の項目から二つ……。

【離婚病】飛行家の罹る病で空中病といふのと同じことである。飛行家は常に空中から急激に地上に降下するので、結局空気の稀薄な上空から遽《にわ》かに降下して濃厚な空気を吸ふ為に、その当時は快いが、忽ちその反動として精神が曇り、神経は過敏となり、態度語気は荒々しくなり、家庭の愉快も感じなくなり、淋しい孤独の生活に陥るといふ奇なる現象を呈する。例のスミス・クロード・グラハムホワイトの諸氏はこの病に犯された人々である。

【流行文芸】二通の意味がある。即ち一は時代民心の適合しよく流行し広まる文芸。一は誰か一人がいゝと云つた為めに猫も杓子も読みたがり流行する文芸。前者の例には所謂天民式（其項参照）文芸あり、後者の例には淫蕩文学（其項参照）上の作品が多くある。

●――「離婚病」にかかったというスミス、クロード、グラハムホワイトとは、いったい誰なのだろう。「天民式」は松崎天民のことだろうと見当がつくが、「天民式」と「淫蕩文学」の項には以下のように書かれていた。

【天民式】松崎天民氏の好んで用ひた報告雑報記事的文体、多く市井のロマンス・エピソードを主題とし、小説と雑報記事との中間を辿る一種の文体。「倫落の女」「銀座界隈」の如きは其の代表的作品である。

【淫蕩文学】取材描写のすべてが男女、花柳の情事に渉り、ニキビ党の歓迎する色慾の方面のみを精写する文学。

●――いかがだろうか。かなり笑える一冊だと思うのだが。（二〇〇九年九月二六日）[129←・→144]

141 早世した春浪の武侠の思い

押川春浪『春浪快著集　第四巻』（大倉書店、大正七年）

●――五反田の古書展で入手。汚れていて、五〇〇円だった。この本はこれまでまったく見たことがないので、珍しいのではないか。『快著

集』というのもタイトルとしては変わっている。当時、彼の冒険小説は圧倒的な人気を集め、たくさんの少年たちに影響を与えていた。

●——押川春浪の作品はあまり読んでいないので、早速手に取ったところ、扉に「小杉未醒画」の文字。『近事画報』『戦時画報』で活躍している小杉未醒ではないか。小杉未醒は序文も書いていた。

●——この第四巻に収録されているのは、次の一〇篇である。

武侠の日本／腕環の行衛／豪快老書生／幽霊旅館／巌窟の海賊／魔島の奇跡／女侠姫／猛犬燈台／美少女冒険談／海底宝窟

●——ただし、最後の「海底宝窟」は未完で終わっている。編集者が「此小説の完結せざりしは、読者諸君と共に頗る遺憾とする所なれども、作者此頃より病を得て、以後遂に筆を執る事能はざりしなり」と付記している。『春浪快著集』もこの第四巻で終わっているようだ。ページをめくっていくと、少年少女が押川春浪の小説を読んで、いかに心を躍らせ、正義感に燃え、愛国心をかき立てられたかがよくわかる。同時代に生きていたら、私も夢中で読んでいたことだろう。

●——文学事典によると、押川春浪は博文館の『日露戦争写真画報』の編集に当たった後、雑誌『冒険世界』の主筆として活躍する。博文館を辞してからは、小杉未醒らと『武侠世界』を創刊した。健康を害して大正二（一九一三）年に小笠原島に渡ったが、島の酋長と争うなどして一ヵ月あまりで帰京し、翌年、風邪から急性肺炎にかかって波瀾の人生を閉じた、という。小杉未醒以外に松村介石がこの本の序文を書いているが、松村によれば、春浪の死因は酒の飲み過ぎだったそうだ。

●——三八歳、早すぎる死である。考えてみれば、石川啄木にしても宮沢賢治にしても早世しているが、その作品は永遠ともいえる生命を保ち続けている。「馬齢を重ねる」という言葉があるが、わが身をふり返ると情けない。（二〇〇五年一二月二九日）［090←・→121］

142 大正デモクラシー下の雑誌企画

『婦人画報』(東京社、大正九年三月)

●――この『婦人画報』は五〇〇〇円で入手。写真は相変わらず、上流階級の人々の話題に偏っている。必ず誰か(といっても名士の子息と子女だが)の結婚式の記念写真が載っているのが面白い。「新郎の〇〇男爵子息の□□と新婦の××令嬢△△の君」とか書いてあると、つい写真をつくづく眺めて、この新郎は小太りで背が低いなあ、とか、この新婦は二〇歳にしては老けて見えるなあ……などと、きわめて失礼なことを思ってしまう。そうした読者の野次馬根性(?)も、『婦人画報』を支えていたのかもしれないが。

●――ただし、記事のほうはこの時代を反映して、トップは「万国婦人労働大会に出席して」というレポートだった。社会学者の田中孝子(一八八六―一九六六)が、ワシントンで開催された万国婦人労働大会に出席して書いたもの。

●――人名辞典によれば、田中孝子は日本女子大在学中に渡米、スタンフォード大学を卒業し、大正七(一九一八)年に帰国したという。すでにこの頃には、そうした女性が何人も出てきていたのだ。記事の最後を彼女は次のように締めくくっている。

> 然るに日本の婦人は、未だ昔の因襲や伝統から離脱することが出来ず、斯かる現代社会の要求に応ずるだけの自覚が出来て居りません。たとひかゝる自覚を持つ婦人があつても、社会の旧勢力に反抗する力が乏しいために、この自覚に基く自由な活動をなすことが出来ない状態にあります。是れは日本の社会的欠陥を救済して行く上に於ても、又、日本の文明を進めて行く上に於ても大に悲むべきことであると私は思ひます。どうかして一般日本婦人の覚醒と奮起を促したいものであります。

●――少し前の『婦人画報』では考えられないような記事だ。大正デモクラシーの中で、婦人の社会運動もさかんになっていたことがうかがえるのである。

●——また、この号には長谷川時雨の「美人伝」の連載第二回「マダム貞奴」が載っている。これなど、約八五年も前に書かれたものだと知らなければ、最近書かれた人物評論ではないか、と思ってしまうような文体で書かれている。男性が書いたような短い簡潔な文章で、畳み掛けていくようなリズムが心地よい。

●——小説は、泉鏡花の「由縁の女」、菊池幽芳の「忘れがたみ」が連載されている。そのほかに短篇や随筆もいくつかあり、盛りだくさんの構成だ。実用的な記事もあるし、化粧品の広告、白木屋の広告なども、もちろん大きく載っている。「女性の解放」が叫ばれていた当時、さすがの『婦人画報』も旧来の読者層のみならず、より広範な女性読者を獲得しようとしていたのだろう。(二〇〇六年一月二五日)[138←・→147]

143 「木食」「果物食」「生食」への挑戦

村井弦斎『十八年間の研究を増補したる食道楽』(対岳書屋、大正九年五月初版)

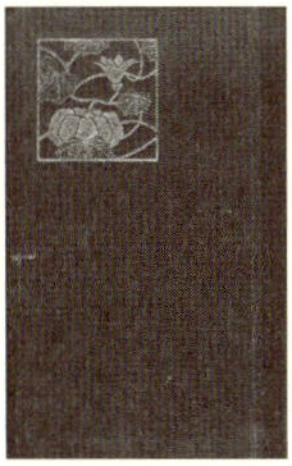

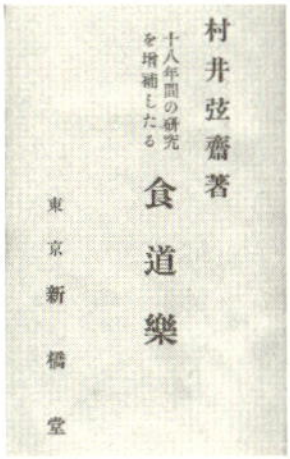

[扉]

●——村井弦斎は『婦人世界』に明治三九(一九〇六)年から大正一四(一九二五)年までの足かけ二〇年、ほとんど毎号に執筆している(最後の年だけは、病気のために何度か休載)。弦斎の没年は昭和二(一九二七)年だから、亡くなる二年前まで『婦人世界』に書き続けていたことになる。

●——弦斎は『婦人世界』では「食」について、まず脚気を治療するためには糠《ぬか》や玄米が有効だというキャンペーンを、明治一〇(一八七七)年に展開している。さらに、大正四(一九一五)年に「食物問題」を連載し、翌年には「日本料理の改良意見」などを書いているが、この年の八月号からは、世間を驚かせた「断食の実験と其効能」の連載を始めた。そして、亡くなる四年前から三年前にかけて「三十年間生命を懸け、自分の身体を実験台として新たに発見した健康増進法」を連載している。この連載を弦斎は単行本にするつもりだったらしいが、実現せずに終わってしまった。

●——大正九(一九二〇)年五月、弦斎は自費出版の形で『十八年間の研究を増補したる食道楽』を出版した。大正四年の連載「食物問題」に手を入れて、『食道楽』に増補したものである。『食道楽』を読みたい、というファンの声に応えたものだった。ネットで一一〇〇円で購入した。

●——『食道楽』は『報知新聞』に連載された後、春夏秋冬の四巻の単行本、全一巻の合本、全一巻の縮刷本と形を変えて刊行されている。弦斎の死後にも『食道楽』の復刻本や現代語訳が何度か出ているが、この本は、弦斎の生前に出た最後の『食道楽』である。その内容は、『食道楽』の春夏秋冬の四巻全部と、弦斎が「十八年間の研究」と自ら謳っている食物に関する記述だ。

●——その中に、以下の「食物の原則」「料理の原則」「食事法の原則」がある。

〈食物の原則〉

一、成るべく新鮮のもの
二、成るべく生のもの
三、成るべく天然に近きもの
四、成るべく寿命の長きもの
五、成るべく組織の緻密なるもの
六、成るべく若きもの
七、成るべく場所に近きもの
八、成るべく刺戟の寡《すくな》きもの

〈料理の原則〉

一、天然の味を失はざる事
二、天然の配合に近からしむる事
三、消化と排泄との調和を謀る事
四、五美を具《そな》ふる事（五美とは味の美、香の美、色の美、形の美、器の美）

〈食事法の原則〉

一、飢を待って食すべき事
二、良く咀嚼する事
三、腹八分目に食する事
四、天然を標準とする事

●——九〇年以上前に書かれたものだが、このほとんどは現在の日本人の食生活にも通用するだろう。とくに、最近では「食と農」の距離が離れてしまったことへの反省から、「地産地消」という言葉がさかんに使われるようになっている。これは、地元で生産して地元で消費しようという提唱だ。こうしたことも、弦斎はすでに大正時代に考えていたことになる。

●——百年以上前に「食育」を提唱して以来、村井弦斎の頭にはずっと、食が人間に与える影響ということが大きなテーマとなっていた。それが弦斎を、自分の身体を使っての断食や木食《もくじき》の実験へと駆り立てていく。

❖

●——木曽の御嶽山で〝今仙人〟ともいうべき藤江老人をはじめ、何人かの木食行者に会って話を聞いた村井弦斎は、早速、自分でも木食を始めている。これもすべて、木食をすることで人間の身体にどのような変化が表れるのか、また、病気治療にどんな効果があるのかを知るのが目的だった。弦斎は『木曽の神秘境』（実業之日本社、一九二〇）の中で、この藤江老人について「何にせよ人体に要する栄養律から考へても、蛋白律から論じても、斯くまで最小限度の食物で生存する人は多くありますまい。此の翁の如きはまことに医学上の一好資料なりと云はざるを得ません」と述べている。このように、食と身体の謎に対して、弦斎は抑えきれないほどの好奇心を抱いていたのだろう。

●——この御嶽山への取材旅行が、後に弦斎に「山中で天然食生活を営む」ことを決意させたのは間違いない。彼は『十八年間の研究を増補したる食道楽』の中で、天然食や木食について、次のように述べている。

●——弦斎が御嶽山で出会った木食行者の一人は、三年間、熊笹の若芽を主食としていたという。熊笹を食べるだけでも生命を保てるというわけだ。それ以外にも、山中にいれば春になれば野生のウド、ヤブカンゾウなど味のいい若芽がたくさんある。秋になれば木の実はもちろん、松茸、椎茸などみんな生でも美味しく食べられる。冬はジネンジョ、山ニンジン、その他根のものがたくさんある。また、仙人は松の葉や松の実を食べていると言い伝えられているが、松の葉も松の実も松脂もみな生で食べられる。

●——ただし、昔はクルミや榧《かや》の木など人間の食物になる木が多かった場所が、最近では伐りつくされてしまって、ほかの樹木が植え付けられている。「胡桃沢」とか「胡桃谷」という名前だけが残っていて、胡桃の木は小銃の台座にするために伐りつくされ、なくなってしまった。

●——弦斎は天然食についてこのように説明し、天然食を実行したら難病も全快するはずだという。なぜなら、天然物を天然のままで食べていると、血液が自然と清浄になり、塩や砂糖の刺激もなく、火を通す毒もなく、肥料の毒もなく、仙人の如き生活になるからだ、と述べている。

●——次に、弦斎は木食について「天然食に次いで自然に近い食事法」と書いている。以下に、その内容をざっと紹介してみよう。

●——山に籠る行者や、田園に住んで特殊な理想を持つ人や、信仰の一種を有している人たちの多くが、この木食を実行している。本来、できるだけ天然食生活をしたい人も、仕事や環境などに妨げられるため、毎日天然のままの食物をとるわけにはいかない。そこでやむをえず、そば粉とか大豆というものを主食にして、木の実、草の根、若芽若葉などを混食している。

●——なぜ、生のそば粉や生の大豆を主食とするかというと、これらのものはみな人工的に栽培されているが、山間のやせ地で肥料分を要せずにできるからだ。つまり、その成分や栄養素が天然物に近いため、木食者はこの二品、ことにそば粉を多く選ぶ。そば粉も、細密なふるいにかけて、皮の黒い部分をことごとく除き去って粉の色が白くなったものは、やはり白米同様に栄養分が少なく、人体のためにはならない。

●——また、木食者はそば粉のほかに生の野菜や果物を食べる。この野菜や果物も、肥料を多く加えたものは刺激性が強くなっているので、避けなければいけない。田園生活をしていると、生の野菜や野草の新鮮なものが得られる。

●——弦斎はつまみ菜やキャベツ、白菜などを生で食べていると書いている。そして、「木食生活もまた、塩断ち、火断ち、肥料断ちの三断ちを行ふ訳になりますので、大抵な難病を根治し得る力があります」と断言している。

❖

●——弦斎自身、木食を始めてから最初の三、四カ月から半年ぐらいの間は、身体が疲れて、これではとうてい耐えられない、と思うことがしばしばあったらしい。しかし、それを辛抱しているうちに、自然と身体が慣れていった。そして、以前は感じたことがないほどのいい気分を感じるようになったという。ただし、身体にはいろいろな変化が生じ、三年をすぎないと、身体が完全に木食に慣れるということはなかったそうだ。

●——さらに、先に述べた天然食生活と木食生活をすることの意味を、弦斎は次のように説明している。

●——天然食生活と木食生活は、人間にとって最も自然に近いものであり、こういう生活を行っていれば、決して病気にかかるということはない。人間の病気は、たいてい刺激性の食物より生じたもので、幼少の頃から不自然な生活を行うために、塩の刺激、砂糖の刺激、香料の刺激、酒の刺激、煙草の刺激、肉類の刺激、あるいは薬味料として用いられる辛味などの刺激が、次第に蓄積されて中毒を起こし、血液が濃厚不潔になって流れも悪くなり、ついに慢性の内科病を発生させることになる。

●——糖尿病といい、腎臓病といい、胃腸病といい、癌といい、リューマチといい、脳溢血といい、卒中といい、中風といい、その他いろいろ病名は異なっても、たいていはその源を血液の汚濁に発している。つまり、食物の刺激から生じたものといわざるを得ない。

●——これに対して、血液が清浄になっていれば、病原菌が体内に侵入しても、清浄な血液の作用で直ちにこれを撲滅する力があるので、伝染病にかかる憂いもない。人間は無病に生まれ、無病に死ぬのが自然である。病気にかかるのは不自然生活の結果というしかない。

●——このように述べた後、弦斎はさらに「果物食」と「生食」についても語っている。要するに、弦斎の説によれば、人間の食生活として理想は自然に最も近い「天然食」であり、続いて「天然食」に近い「木食」であり、もう少し自然から遠ざかったものとして、果物ばかりを食べる「果物食」や、素材にできるだけ火を通さずに食べる「生食」という形もあるというわけだ。

●——だが、「果物食」については否定的なことも書いている。木食を始める前に、果物食を三回実験してみたが、三回とも失敗したというのである。一回目は、毎日自宅で栽培しているイチゴだけを食べてみたが、そのイチゴ生活を一カ月ほど続けると胃腸を害して、続けられなくなってしまったという。二回目は夏に桃で試したが、これはイチゴよりも早く胃腸を害した。

それでも懲りずに、胃腸がよくなると再び試す、ということを数回くり返したが、無益に終わったという。

●——後で考えてみると、そのイチゴや桃は最良の栽培法で育てられ、肥料分が非常に多くて、味も非常にいいものだから失敗したのだろう、と弦斎は推測している。つまり、肥料のために味がいいのは刺激性が強いということの証拠で、一時的にはご馳走になるが、決して永久的な食物にはならない。もし、そういうものを長く常食すると、必ず身体を壊す結果になる。

●——そのため、果物生活をするなら、なるべく肥料分の少ないものを選ばなければならない。天然に産する果物ばかりを食べる生活は、原始時代の人々は実践していたわけで、今も動物などはそういう生活をしているものがあるので、やはり自然に近いものだということになる。

●——弦斎はこの本の中で、このようなことを語っていた。そういえば、最近でもグレープフルーツばかり食べるダイエットとかリンゴダイエットなどが、雑誌の記事の見出しになっているのを見ることがある。ああいうものの効果は、はたしてどうなのだろうか。

●——それにしても、弦斎は果物食を自分の身体を通して知るために、一カ月もイチゴばかり食べて胃腸をこわすことまでいとわない。読んでいるこちらのほうが、胃がキリキリと痛くなってくるようである。（二〇〇四年一一月三〇日・二〇〇五年二月一九日・二一日）[180←・→148]

144
「出鱈めーしょん」「飲みにけーしょん」

自笑軒主人『秘密辞典』（千代田出版部、大正九年六月初版）

●——ここ数カ月、忙しすぎて古書展にも行けないことが多かったが、代わりに古書目録で注文して買っている。実は、これまで注文品が当たらなかったことは、わずか二回ほどしかない。クジ運がいいわけではないので、きっと私以外に注文した人がいなかったのだろう。欲しいと思うものが、古書マニアと競合しないというのは、喜んでいいのかどうか複雑な心境。高値で買っている、ということかもしれないし……。

●——この本も古書目録で注文して買ったうちの一点である。タイトルが『秘密辞典』で刊行が大正九（一九二〇）年。ちょうどこの時期のことを調べているので、いったい何が書かれているのかと想像し始めると、もういけない。なにしろ『秘密辞典』ですよ！　これも無事に入手できた。三一五〇円という値段は、古書展に足を運んでいれば、たぶん「高い」と感じて買わないのだが、目録だとそう感じないのが不思議だ。

●——著者の「自笑軒主人」は翻訳も手がけているようだが、誰かの変名だろうか。ネットで検索すると、宮崎直次郎という人が、明治四一（一九〇八）年に会席料理店「天然自笑軒」を田端に出店しているとのこと。この宮崎の娘が芥川龍之介の義弟の妻で、芥川龍之介もこの「天然自笑軒」をよく利用していた、という記述があった。たしかに、近藤富枝『田端文士村』（中公文庫）を見ると、「天然自笑軒」という項がある。天然自笑軒主人＝宮崎直次郎＝『秘密辞典』の著者、ということなのだろうか。株の売買をし、茶や花をやり、一中節を語り、料理をつくる趣味人だったということだが。

●——発行所は千代田出版部で、サイズは袖珍本。巻末には附録がついている。「秘密」というので、もしかするとかなりアヤシイ方面の語彙が載っているのか、と期待する向きもあるだろうが、そうでもない。ただし、たしかにアブナイものも……。巻頭の例言には、「此の書に収めたる詞は、他の普通の辞書などには、無いものが多いと思ひます。本書に収むる処は、隠語、略辞、謎、俚諺、地口、洒落、俗説、符牒、記号、外来語、新流行語、特殊階級語、方言などです」とある。

●——これを読み始めると、知らない言葉が多いのでやめられなくなりそうだ。大正時代に使われた隠語で、今では意味がわからなくなっているものも多いだろう。とくに悪口の言葉というのは面白い。たとえば「師範面《しはんづら》」。「師範学校の生徒には美人が居らず、何れも、晴れ晴れしくない、沈んだ渋い容貌なるをいふ」って、あまりにも失礼でしょうが！

●——意外にも、「出鱈《でたら》めーしよん」なんていう語も載っている。意味は「出たらめといふ事。めーしよんと附けて英語の形に成したるもの」とある。「飲みにけーしょん」という語はそれほど古くないと思うのだが（もちろん『秘密辞典』には載っていない)、この手の造語はすでに大正時代からあったのか。こういう発見があるので、古い辞書は面白い。(二〇〇九年一一月三日)[140↑・↓145]

145 パリ「紅燈界」で恥をかかないために

立川文夫『最新 欧米礼儀作法』
(隆文館、大正九年一〇月初版)

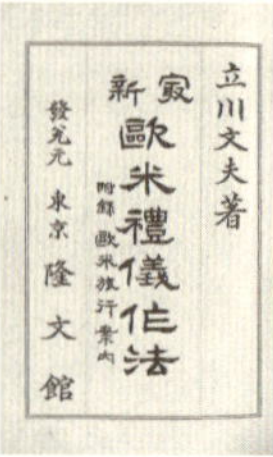

[扉]

●——九〇年近く前に書かれた実用書。タイトル通り、欧米のさまざまなマナーについて書かれたものである。それだけといえばそれだけだ。だが、こういう本が意外に面白い。当時、欧米旅行ができる日本人は一部に限られていたが、滑稽な失敗談が伝わっている。日本人が海外でどんなカルチャーショックを受けたかは、こうした実用書からも想像できる。この本には婦人と同席するときの注意、握手するときの注意、スープを飲むときの注意など、驚くほど細かいことまで書かれていた。五〇〇円で入手。

●——著者の前書きによれば、「多年海外に在り」ということだが、国会図書館で検索すると、この著者名ではこの一冊しか出てこない。どんな仕事をしていた人物なのかは不明である。前書きでは、アメリカ西海岸で排日問題が起こっていることにも触れられている。大正九年は一九二〇年で、世界的にさまざまな事件が起こって落ち着かない時期だった。その中で、日本人が海外で誤解を招かないように、という願いをこめてこの本は書かれたようだ。

●——前半は欧米礼儀作法、後半は欧米旅行案内という構成。非常に具体的で、当時の人々にとっては役に立つ内容だったと思う。前半の欧米礼儀作法の中で目を惹くのは「オジクルナ、カブルヽナ(外人欠点集)」という章だ。「怖じけるな、かぶれるな」の意味だろう。当時は、外人と聞いただけで、卑屈になる日本人も多かったはずである。そのため、あえて欧米人の欠点を並べて、「なんだ、大したことはないじゃないか」と思わせようとしたらしい。

●——アメリカの話が多いようだが、離婚が多いこと、子供が親の面倒をみないこと、夫婦本位であること、黒人問題があること、性教育があらわに行われていること、女性の貞操が日本婦人ほど守られていないこと(!)、社交界が淫猥なること(!!)、強姦・男色が多いこと(!!!)……等々。いやはや、ものすごい。英語に関する話もかなり載っているので、著者が海外での生活が長かったというのは事実らしい。

●――後半の欧米旅行案内のほうは、まさに海外旅行ガイドブックで、汽車の乗り方から名所案内までくわしく書かれている。紹介されているのは、アメリカ各地、イギリスのロンドン、フランスのパリ。おかしかったのは、この本の最後がパリ案内なのだが、その末尾に書かれていたのが「紅燈界」だということ。やはり、男性の海外旅行者にとって一番恥をかきたくないのがここだろう。こんなことも書かれている。

> 世人は一般に仏国婦人とさへ云へば直ちに仏人娼婦を連想するであらう。然しそれは大きな誤解であつて、恰《あたか》も邦人の内には外国人に鮫肌のあるのは知つて居ても、餅肌あるのを知らないのと同一論法の半可通者の考なのである。

●――これを読んで、またしても笑ってしまった。鮫肌と餅肌！　とはいえ、本書が大真面目であることは間違いない。大正時代、欧米へ旅行することになった男性は、きっと必死になってこうした本を読んだことだろう。鮫肌の仏人娼婦とぜひ知り合いたい、と思ったかどうかは知らないが。(二〇〇六年五月一八日)[144←・→153]

本の神様のお導き!――――［二〇〇七］

●――昨日は五反田と神保町の古書展二カ所を駆けめぐる。五反田の「本の散歩展」には、古書展は初めてという本好きの人をご案内した。なかなか仕事の都合がつかなかったのだが、ようやく一時間だけということで、九時三五分には南部古書会館へ。その人が仕事に戻られた後、二階会場に上がろうとすると、そこにいらっしゃったのがライターの岡崎武志さんと南陀楼綾繁さんだった。

●――そこから東京古書会館に移動したのだが、この日はまだ驚くべきことが待っていた。「がらくた市」で、我が目を疑うようなものを見つけたのだ。地下出版されて、ほとんど出回っていないはずの本である。二一〇〇円で買うことができた。ちなみに、帰宅して「日本の古本屋」で検索すると二冊ヒットして、値段はそれぞれ八万九〇〇〇円と五万五〇〇〇円。しかも、私が買った本には署名と日付があって、その名前を検索すると、夭折した作家だということまでわかった。これまで古書展でずいぶんいろいろな古書を買ってきたが、珍しさの点では、おそらくこれに勝るものはないだろう。

●――この本を見つけたのは午後二時すぎ。こんな時間まで誰にも買われずに残っていたのは不思議だ、と思う人もいるだろう。ついていた値段から考えて、古書店の方も気づかなかったのだろうが、外側にまったく別の著者の本の表紙を被せて、カモフラージュしてあったのだ。奥付を見たときに、おかしいと気づいて、目次を見てアッと息を飲んだ次第。信じられないことに、ちょうど今月、私はその本が出てくる原稿を書いていたのである！　もし、一カ月前の古書展だったとしたら、この本を偶然手に取っても、何も気づかずに買わないで帰っていたことだろう。

●――さすがに、これは古本の神様のお導きにちがいない……と震えそうになった。しかも、午前中、岡崎さんや南陀楼さんたちと、古本の神様の話をしていたのである。こんなことがあるから、古書展めぐりはやめられない。（二〇〇七年四月二一日）

第6章

木村小舟『日本国宝巡礼』から『警句の泉』まで

——大正一〇〜一五(一九二一〜一九二六)年

146——木村小舟『日本国宝巡礼』

147——『婦人世界　愛情研究号』

148——『婦人世界』

149——『太陽　不老長生之研究』

150——『写真乃友』第2号

151——ゾラ著、飯田旗軒訳『巴里』

152——『婦人世界　怨みと憎み号』

153——加藤美命編『現代帝国百科全書』

154——『芸術写真』『写真芸術』

155——田山花袋『東京近郊一日の行楽』

156——『大震災写真画報』

157——『写真時報　臨時増刊　関東大震災画報』

158——『婦人世界　特別号　大震災写真画報』

159——『大正大震災記』

160——『大阪パック』

161——『婦人倶楽部』附録

162——小松崎三枝『家事界之智嚢』

163——高田徳佐『子供達へのプレゼント　近世科学の宝船』

164——嘉悦孝子『花より実をとれ』

165——『アサヒスポーツ　臨時増刊　第2回明治神宮競技記念号』

166——土屋小介編『警句の泉』

146
贅を尽くした造本に一目惚れ
木村小舟『日本国宝巡礼』
（東亜堂、大正一〇年一月初版）

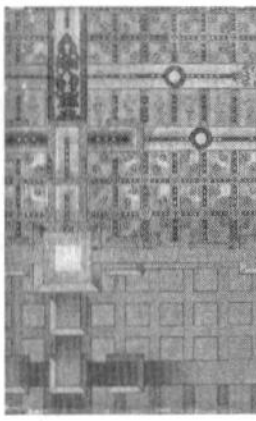
［函］

●――埼玉・所沢駅前のくすのきホールで開催されている「彩の国　古本まつり」に、初めて行ってきた。最初は、往復の交通費やかかる時間を考えて、この古本まつりに行くつもりはなかった。

●――言い訳がましく書くと、急に告別式に行くことになり、交通機関を調べると、告別式会場の最寄り駅から七分あれば所沢駅に行ける、と判明してしまったのである。それでも、別に行かなくてもいいわけだが……。何か見つかるかもしれない、と思って自宅とは反対方向の電車に乗り、所沢まで行ったのだった。喪服姿(!!)で古本あさりに行くなんて、不謹慎だといわれそうだが……。

●――くすのきホールは所沢駅東口からすぐ。一階フロアに文庫本などのワゴンが出ていて、「エッ、たったこれだけ？」と、来たことを一瞬後悔しそうになったが、それは早とちりでメイン会場は八階だった。その広いこと、広いこと！　イスを並べた休憩所まであった。たしかに、この会場を歩き回るだけで、お年寄りは疲れてしまうだろう。周囲に文庫本のコーナーがあるが(それだけでも膨大な冊数)、それは最初から見るのを放棄して、比較的黒っぽい本がありそうな棚だけを見て歩く。

●――全体には新しい本が多く、映画のパンフとか、漫画関係とか、おもちゃみたいなものとか、料理本や洋裁や手芸本とか、普段は古本と縁がない人や、中学生や高校生なども興味を持ちそうな棚がある。そのため、そのあたりの棚はパスしたが、それでも歩き疲れた……。気がつけば、時間もかなりすぎている。最初は一冊も買えないのではないかと思ったものの、最終的には六冊購入した。交通費を使ったことが無駄にはならなくてよかった。

●――その六冊の中で、装幀に一目惚れして買ったのがこの本。木村小舟の『日本国宝巡礼』という函入りの文庫サイズの本である。「木村小舟五部作の第二編」と書かれている。天金で初版本。一〇五〇円だが、気に入ったので値段は関係ない。

●――国宝めぐりの本なので、当然のことながら寺社仏閣・仏像関係が多い。東大寺、春日神社、法隆寺……という具合。中を開いてみると、一〇〇枚の図版ページが挿入されている。だが、その本の中身よりは、装幀である。本体と函とはどこにも共通点がないのだが、この函の精緻な模様に惹かれてしまった。密教の曼荼羅もそうだが、どうも、こうした細かい文様に私は弱い。脳のどこかの部分が刺激されるのだろうか。函の背の部分にもどこにも、まったく文字が書かれていないのも珍しい気がする。本体のほうは絹張りで、金箔押しが目立つ。ずいぶん贅沢な装幀だ。

●――巻末に、版元からの言葉として次のように書かれていた。

東亜堂と其出版物に就て

（一）用紙は＝　力めて精良の品質のみを選定いたします。

（二）印刷は＝　出来得る限り新活字の鮮明を期します。

（三）製本は＝　優美にして堅牢ならしむべく努力します。

（四）内容は＝　力の及ぶべきたけ《ママ》充分に吟味を致します。

（五）装幀は＝　或物は華麗或は質素而も感じよくします。

●――なるほど。その通り、函には一部破れがあるものの、本体はしっかりしていて製本も美しい。九〇年近くの歳月が過ぎているとは思えないほどだ。

●――こうなると、五部作のほかの四冊の装幀も見てみたくなる。国会図書館にはこの五部作の所蔵がすべて揃っているが、なんと五冊ともマイクロ化されているではないか。装幀ばかりは、実物に触れないと魅力がわからないのだが……。

（二〇〇七年三月八日）［213←・→163］

147 大正期の女神様列伝

『婦人世界　愛情研究号』（実業之日本社、大正一〇年一月）

●――『婦人世界』は明治期と違って、大正期には表紙がいわゆる〝美人画〟に変わる。今の女性月刊誌のほとんどが、表紙に女優やモデルの写真を使っているのと同じ感覚だろう。雑誌のタイトルを手で隠せば、どの雑誌も同じに見えてしまう。『婦人世界』も次第にほかの雑誌との違いを打ち出せなくなっていく。読者の中には、もっと新しい感覚を求める女性が出てきていたが、それに対応できなかったため、大正期後半以後の『婦人世界』は元気がない。同誌の「良妻賢母主義」の限界だといえるだろう。

●――この大正一〇（一九二一）年一月号は五〇〇円で入手。「愛情研究号」と銘打っているが、それほど新味を感じさせる記事は載っていない。ちなみに、この号で村井弦斎は特集とは関係なく、「断食」に関する記事を書いている。

●――目を惹いた記事に「女神様列伝」があった。挙げられているのは、「天理教の中山みき女、大本教の出口なお女、三峰山の女行者、巣鴨至誠殿の山田つる女、梅の木稲荷のさく女」の五人。最初の二人以外は聞いたことがなかったが、当時、こうした女性を開祖とする〝新宗教〟が各地で誕生していたことをうかがわせる。

●――長谷川時雨の「麗人伝」、岡本綺堂の長編小説「錦紗」、小杉天外の長編小説「三代地獄」、ドストエフスキー原作の「虐げられし人々」、長田幹彦の小説「波のうへ」、室生犀星の「カッレッと令嬢」など、読み物も多数掲載され、総ページ数は二四〇ページを越えている。それでいて、一冊全体のイメージが希薄というか、なんとなく雑多なものをつめこんだという印象を受け、この雑誌がどこを目指しているのかがよくわからない。雑誌は時代を写す鏡、とよくいわれるが、大正期という時代がそうだったのか――。

（二〇〇五年一二月二五日）［142←・→152］

【大正一〇(一九二一)年】——一粒三〇〇mと宣伝する栄養菓子「グリコ」発売。

148 身体を賭けた山中穴居生活

『婦人世界』(実業之日本社、大正一〇年二月～六月)

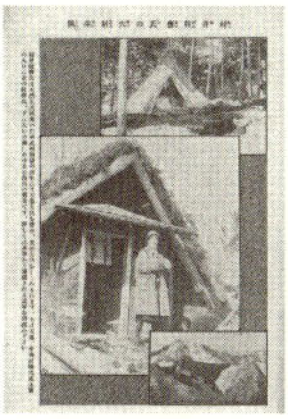

[口絵]

●——村井弦斎は大正一〇(一九二一)年の『婦人世界』二月号から五回連続で、「武州御《み》嶽《たけ》山《さん》に於ける私の山中生活」と題する山中での天然食実験のルポルタージュを連載した。さらに、次の号には「山中生活の経験より得たる登山の心得」という記事も載っているが、これは天然食生活とは関係がない記述である。

●——残念ながら、この連載は単行本化されていないため、読むには国会図書館などで『婦人世界』のバックナンバーを見るしかない。村井弦斎はこの記事も含めて、晩年に、食に関する自説を集大成した本を刊行するつもりだった。しかしその後、健康を害したことなどもあり、『婦人世界』にこの記事が連載された六年後、昭和二(一九二七)年七月に死去してしまう。

●——ところで、この連載が始まった大正一〇年頃、『婦人世界』はそれまでとは違って、販売部数の上でかなり苦戦をしていた。創刊から一〇年くらいでピークを迎えた『婦人世界』は、明治末期から大正初期にかけて、婦人誌ではもちろん日本一であり、最高で一号当たり三一万部という驚異的な部数を誇っていた。しかし、その後は大正五(一九一六)年に『婦人公論』(中央公論社)、大正六(一九一七)年に『主婦之友』(東京家政研究会、のち主婦之友社)という強力なライバル誌が創刊され、読者を奪われていく。

●——『婦人世界』を刊行する実業之日本社の社長である増田義一は、部数減少に歯止めをかけるため、さまざまな戦略を練った。だが、『婦人世界』そのものは従来の〝良妻賢母雑誌〟の枠内にとどまっていたため、大正期の女性読者には物足りなく感じられ、また飽きられてきたのは無理のないことだったのだろう。そんな時期だったため、悪くいえば〝見せ物的〟に、センセーショナルに弦斎の山中生活を取り上げて読者の興味をつなごう、という意図もあったのではないか。

●——この『婦人世界』大正一〇年二月号は八〇

○円で見つけた。口絵ページに二ページにわたって弦斎の山中生活が写真で紹介されている。そこには大きく「村井弦斎氏の穴居生活」という文字が掲げられる。この「穴居生活」という文字からは、原始人のように洞窟の中で暮らしたかのようなイメージがわき上がるが、実際はそれとはかなり違っていた。弦斎は大正九（一九二〇）年の夏の終わりから、武州御嶽山（現在の東京都青梅市の御岳山）の長尾の峰という場所にテントを張って暮らし始めている。当時、そこは普段、誰も足を踏み込まない場所だったという。弦斎にそうしたアドバイスをしてくれたのは、御嶽山神社前で旅館を営む西須崎宮治という人物である。西須崎は御嶽山神社の御師《おし》でもあった。

●——そのうち秋の終わり頃になると、弦斎は寒さを感じ始めた。そこで西須崎に相談したところ、竪穴式穴居をつくるように勧められた。これは縦に穴を掘って、屋根は地上に出ている形の小屋である。でき上がったのはかなり立派なもので、しかも本職の大工たちの手でつくられたものだった。中には畳も三枚敷いてあり、空気の流通にも気を配って煙突もついていた。壁も塗ってあった。『婦人世界』の弦斎の記述によれば、「大工の手が三十三人分、左官が五人分、他に人夫十人の労力を要しました」という。これも少々誇張されているかもしれないが。

●——つまり、〝山中穴居生活〟とはいえ、弦斎は一人で暗い洞窟で暮らしていたわけではない。その中で原稿が書けるほど明るくて、暖かくて、快適な住まいで暮らしていたのである。そのため、当時の新聞を探してみると、『東京朝日新聞』大正一〇年一月二六日に、弦斎の穴居生活について「旅館より気楽なはず」と皮肉った記事が載っていたほどだ。

●——そういうわけで、「穴居生活」と称したあたりからは、『婦人世界』の販売促進のためのパフォーマンス的な臭いも感じられる。文章だけでなく写真まで掲載しているということは、弦斎自身、読者に大々的にPRする意図があったことは間違いない。あの『食道楽』の著者である村井弦斎が、断食に続いて今度はこんな奇妙なことをやり始めた、と世間に知らせる。そうすれば、現代のいわゆるワイドショー的興味から、『婦人世界』を買って読もうという人も出てくるにちがいない。

●——だが、窮地に立たされている『婦人世界』

【大正一〇（一九二一）年】――大本教教主・出口王仁三郎ら不敬罪で逮捕。

を救う目的があったとしても、それだけで、すでに文名を得ている作家が六〇歳近くにもなって、笑い者になる危険を冒してまで、こうした奇行をするだろうか。やはり、私はここにも、弦斎のあくなきジャーナリスト魂というものを感じずにはいられないのだ。

❖

●――村井弦斎は同誌で、なぜこうしたことを始めたかを、「山籠りの動機」としてくわしく述べている。

●――最初に「私は二年前より木食を始めた結果、一度は山の中に引き籠って山中の天然生活を実験し度いと心掛けてゐました」と書き始めている。弦斎は大正九（一九二〇）年の夏、妻と長女と長男と二人の甥と、友人の八百善主人の栗田善四郎の七人で上高地へ行き、焼岳のふもとにテントを張って、男性たちはテントで生活したという。その経験もあり、弦斎はいよいよ長く山中に引き籠って生活したい、という思いを抑えられなくなった。

●――そこで、東京に戻ってから、付近の山でいい場所はないかとあちこち探しまわった結果、武州西多摩郡の御嶽山に登ってみることにした。この御嶽山《みたけさん》という表記は、木曽の御嶽山《おんたけさん》と同じなので取り違えやすいのだが、一応、当時の表記のままで統一することにしたい。

●――前述したように、弦斎はここで御嶽神社の御師の西須崎宮治と知り合い、以後もずっと交友している。というよりも、山中生活でなにか困ったことなどがあると、この西須崎のお世話になった、といったほうがいいかもしれない。

●――当時、村井弦斎の名前はまだ、〝『食道楽』を書いた人気作家〟として人々の記憶に新しかったし、還暦近い高名な作家が、物好きにもこんな山中で冬を越そうというのを聞いて、倒れたりしないだろうかと、村の人々は心配してくれたらしい。そのため、弦斎のテント、後には竪穴式住居にも、村人たちが何か異変はないかと巡回してくれていた。

●――さて、話が前後してしまったが、弦斎は西須崎に案内されて、御嶽山の長尾の峰という場所へ行ってみた。そこからは素晴らしい景色を望むことができ、弦斎は「此処《ここ》よ、此処よ、此処より外に天幕を張る場所があらうとは思へない。山中生活は断然此処に決しよう」とすぐに決めた。西須崎は、この場所は神社の附属地なので、一応、社務所の承諾を受けなければならない、と弦斎にいった。早速、二人は社務所へ行って山中生活のことを話して、差し支えなし、という回答を得た。

●——ということで、弦斎のテント生活は無断で行われたのではなく、正式な許可を得たものだった。何もいわずにテントを張って住み始めたら、これは現在における〝ホームレス〟と同じに思われても仕方がない。

●——私は二〇〇四年の四月二九日に、この御嶽山に一人で登ってみた。たしか、小学校の遠足で登ったのが最後だった気がする。雲ひとつない素晴らしい快晴で、絶好のトレッキング日和だった。休日だったこともあり、また偶然にも、その日は御嶽神社の剣道奉納試合のトーナメント戦の日だったため、大勢の人でにぎわっていた。新緑の美しさに目を奪われ、東京の都心からそう遠くないところに、これほどの自然がそのまま残っているのか、と感動を覚えずにはいられなかった。

●——現在の御嶽山は、家族連れで自然を満喫するのには絶好の場所だ。その人々の人気スポットが「長尾平」である。ここからは実にいい景色が眺められるのだ。たくさんの人がそこで寝転んだり座り込んだりして、お弁当を食べたり、飲み物を飲んでいた。おそらく、この長尾平が、弦斎の山中生活の舞台となった長尾の峰だろう。当時と比べても、行楽客が増えたことを除いて、周囲の自然環境はそれほど変わっていないのではないか。

●——長尾平に立ったとき、ああ、弦斎は八〇年余り前、この場所に一人引き籠って、天然にあるものだけを食べ、半年間沈思黙考していたのか——と思った。もし、ここでそうした生活をしたら、弦斎ならずとも、人生というものについて大きく考え方が変わるにちがいない、とも直感した。

●——さらにうれしかったのは、御嶽神社の参道には何件もの民宿や土産物のお店などが並んでいたが、神社のすぐ近くに「西須崎坊 蔵屋」という民宿があったことだ。「西須崎」とあるので、もしや西須崎宮治という人のご子孫ではと思い、そこで昼食に蕎麦を食べながら、いろいろお話をうかがってみた。

●——蔵屋の女将さんによれば、確かに先々代のご主人が宮治氏だったそうだ。つまり、現在のご主人のおじいさんに当たる方である。宮治氏は文芸や芸術に造詣が深く、弦斎の山中生活より時期は後だが、文人たちが宿泊して、記念に色紙を書いたり、宮治氏と一緒に写真を撮ったりもしていたという。

●――驚いたことに、私が村井弦斎の名前を出すと、女将さんはすぐにわかってくれた。なぜ驚いたかといえば、まだ拙著『『食道楽』の人 村井弦斎』が二〇〇四年六月に岩波書店から出る前のことで、周囲の知人たちは、ほとんど誰も村井弦斎の名前を聞いたことがない、という状況だったからである。

●――ところが、御嶽山の「西須崎坊 蔵屋」では、村井弦斎がここで大正時代に長く山中生活をしたこと、そして、それを先々代の宮治氏がお世話をしていたことが、ちゃんと記憶されていた。どうやらこの民宿では、「ちょっと変わった人だった」という弦斎のことが、八〇年以上も語り継がれてきたらしい。

●――弦斎の生の痕跡というものを、このように確かな形で感じられたのは初めてで、私はほとんど胸がつまって涙が出そうにうれしかった。

❖

●――こうして、村井弦斎は武州御嶽山で山中生活を開始した。このとき、一カ月間は甥の石塚菊次郎を一緒に伴っていた。菊次郎は高校に入学してからひどい神経衰弱にかかり、勉学が不可能になっていたという。いわゆる〝不登校〟の状態だったようだ。それを知った弦斎が強く勧めて、一緒に山中生活をすることになったのである。

●――その一カ月間、山上の生活では一切火を使わないことを決め、弦斎は生そば粉と生のキュウリ、干し葡萄、とろろ昆布、果物などを食べて過ごした。甥の菊次郎のほうはそういうわけにもいかず、食パンを用意しておいて、夕食だけは西須崎宮治の旅館まで降りて普通食を食べさせてもらい、〝半木食〟という感じで過ごした。弦斎によれば、その一カ月間の半木食生活で、菊次郎の神経衰弱はかなり回復し、学校に戻って勉強を再開したという。

●――甥の菊次郎が下山してからは、弦斎は完全に一人になった。早くも弦斎の山中でのテント生活は評判になり、時折は、都会からわざわざ噂を聞きつけてやってくる物見高い人々もいたらしい。そういう人からは例外なく、「こんな所に独りで居て気味が悪くありませんか?」と質問されたという。また、あるときは「村井さんがいる長尾の峰へ熊が出たそうだ」という噂が立ち、心配してくれる人もいた。

●——あるいは「一人では不自由ではありませんか?」と問われることも多かった。それに対して、弦斎は次のように述べている。

元来人間は一人で生れて来たもので、お伴や奉公人を伴れて生れて来たものは決してありません。されば、自分一人の事を一人で処置すれば別に不自由も感じません。況して飯も炊かず、火も起こさず、至極簡単な生活ですから、不自由と思ふ事もありません。

問余何意栖碧山　笑而不答心自閑
桃花流水宛然去　別有天地非人間

李白の詩はよく我が心を得てゐます。

●——こうした漢詩をすらすらと暗誦できてしまうあたりは、明治維新以前に武士の家に生まれた男性ならではだろう。しかも、村井家は代々藩の儒学者で、弦斎の祖父は高名な詩人でもあった。江戸時代における「詩」とは、当然のことながら漢詩のことである。もちろん、弦斎も幼い頃から漢学を学んできているわけで、彼の小説や評論、随筆などを読んでいると、漢詩漢文に関する造詣の深さを感じさせられる。

❖

●——弦斎が詳細に記録しているのは、「何を食べたか」ということだ。『婦人世界』大正一〇年三月号掲載の「武州御嶽山に於ける私の山中生活(二)」によると、前述したように、最初のうちは、生のそば粉と生のキュウリと干し葡萄ととろろ昆布を食べていた。その後、山にアケビの実と栗とが熟するようになったので、なるべくそのアケビと栗を多く食べるようにした。慣れてくると、一日にアケビを二、三〇個食べ、昼食はアケビだけですませるようになった。

●——また、その年は栗の当たり年だったため、御嶽山周辺の村人たちが一家総出で栗拾いに来ていたという。親指の先ほどのごく小さな山栗である。早朝から二〇〇人くらいの人々が山に入るため、そのにぎやかなことは想像できないほどで、多いと一人一日で一石(約一八〇リットル)も拾う。昔のことわざでは「栗の成る歳は五日市の米屋が千両違ふ」といわれたそうだ。つまり、村人は栗を食糧にするため、米の売れ高がそれだけ落ちる、というのである。しかし、栗の木が伐採されているため、昔と比べて拾える天然の栗の量は減っているという。

●——弦斎は村人と同じように山で栗を拾い、最初は栗の渋皮をむいて生で食べていた。ただし、たくさん食べると栗が甘くて胸にもたれる。その後、村人たちは渋皮をむかずにそのまま食べるのを見て真似すると、意外なことに味もよく、たくさん食べても胸につかえる感じもしなかった。そうした経験から、弦斎はいよいよ天然食は何でも天然のまま食べなければいけない、と痛感した。

●——さらに、栗の盛りが過ぎる頃には、キノコ類がたくさん発生した。弦斎はこれも多くは生で食べた。キノコ類が盛りを過ぎると、今度は山葡萄やエビヅルの実などつる物の実が熟してきて、それが何よりの御馳走になった。山葡萄を食べているうちに、人工栽培の葡萄が甘すぎて食べられなくなったという。

●——秋の果実が終わる時分には、根の物が次第に味を持ってくる。とくに、ヤマユリの根と自然生《じねんじょう》は、地中から掘ってその場で食べると非常に美味しい。これらも、生で食べてこそ天然の深い味を知ることができる。

●——弦斎は、村人に教えられた自然生の掘り方についてもくわしく書いている。慣れてくると、七年物、八年物という大物も、傷つけずに掘り出すことができるようになったそうだ。一本の長い自然生を掘り出すには数時間かかるが、布で泥をふいてその場で丸かじりしたときの美味しさは、山中の珍味というしかない。これを食べていると、一食一品ですみ、ほかのものを食べる必要もない。近辺の山人で自然生掘りを生業としている人は、弁当を持たずに山へ入り、掘った自然生を食べて食事をすませることが多い、ともいう。

●——弦斎によれば、自然生ほど天然物と人造物の味の違いがわかるものはないそうだ。彼はこのようにして、御嶽山山中で天然食生活を続けていった。

●——実は、村井弦斎は山中で半年余り生活したとはいえ、その間ずっと仙人のように山に住んでいたわけではない。「私は毎月一回東京に戻って一週間乃至十日滞留しました」と本人が書いている。その間に、たまった雑用などを片付けていたらしい。なーんだ、そうだったのか、といいたいところだが、そういうことは伝わらずに〝奇人〟としての風評のみが語り継がれることになったのだろう。

❖

●——自宅に戻っている間、弦斎はそば粉と生野菜と生の果物を常食としていたが、御嶽山での天然食に慣れてくると、以前は美味しいと思って食べていたものが、次第に食べられなくなってきたという。多くは、塩気を強く感じすぎて食べられないのだった。

●——弦斎によれば、天然物は、塩分と糖分と酸味のほかに、渋味と苦味と、まだ名前がついていない何ともいえない味を何種類も含んでいる。そこに自然の調和が取れている。そう考えると、人間は調理するときに、火を加えることでその食べ物から失われた味を補うために、塩や砂糖や食酢を加えている。つまり、天然の味の不足分を人工的な調味料で補っていることになる。だが、人工的な調味料をとりすぎると、その刺激が人体を害することになり、腎臓病や糖尿病などの病気の原因にもなる。

●——また、弦斎は山中で天然食生活を始めてから、味覚だけでなく、においに対しても非常に鼻の神経が鋭敏になったという。わずかなにおいも非常に強く感じるため、以前はいいにおいだと思っていた香水も、強烈すぎると感じてしまう。とくに、山から下りて自宅に戻ったとき、台所で煮物をつくっている醤油のにおいが、強く鼻をつくようになった。時々は頭痛がするように感じることさえあった。これまで、よくこんな強いにおいを何とも思わずにいたものだ、と呆れるほどだという。

●——さらに、耳の神経も鋭敏になって、以前は耳に慣れていた音が、非常にやかましく感じられるようになった。もちろん、誰でも山の静かな所に慣れると都会の喧噪が厭わしくなるだろう、と弦斎は述べているが、とくに天然食をとっているためにその感が強いのではないか、という。もともと弦斎は音楽愛好家だが、山から下りて日本の音楽や西洋の音楽を聴いても、ただ鼓膜を刺激されるばかりに感じたらしい。
●——山中生活をしている弦斎からみると、世間にある音楽でも絵画でも芸術でも文学でも、みなその刺激が強すぎるように感じるという。芸術ばかりでなく、今日のいわゆる文明というものは、食塩や砂糖や食酢のような刺激物に培われて、数千年間にでき上がったものなので、どの方面を見てもその刺激性が強く、いよいよ深刻になっていく傾向がある。
●——そう述べた後で、弦斎はこう問いかけている。「これは人の健康上に対して善い事でありませうか。或は悪い事でありませうか。頗る疑問と云はざるを得ません」。

❖

●——前述した通り、御嶽山で冬を迎える前に、村井弦斎は自分の冬越しの住まいを、テントから竪穴式住居に変えた。それはかなり快適なもので〝山中穴居生活〟という言葉から連想されるようなものではなかった。
●——次第に山での生活に慣れてきた弦斎は、さらに天然食の実験を続けた。彼がいう〝天然食〟とは、天然にあるものをなるべくそのまま食する、という意味である。木食とは違う。木食では植物性の物しか食べないが、弦斎は天然の物でさえあれば、動物性の物も食べている。ただし、その場合に、火や調味料は一切使わない。冷たい生のままの状態で食べるのだ。そのため、現代の私たちからすると、ぎょっとするような食生活が展開されていくことになる。
●——栄養学にくわしくないので、はっきりしたことはいえないが、現在、発見順にビタミンは一五種類ほど発見されていて、発見順にビタミンA、B、C……と命名されているらしい。一方、弦斎が『婦人世界』大正一〇年五月号に「武州御嶽山に於ける私の穴居生活」を書いた時点では、ビタミンはまだA、B、Cの三種類しか発見されていなかったようだ。弦斎はこの記事中で、千秋雄雌良という医学者が発表した『ビタミン新食養法』という論文を引用して、その三種類のビタミンについて説明している。
●——今なら、小学生でも「ビタミン」という言葉を知っているが、千秋雄雌良によれば「ビタミンとは如何なる形態のもので、如何なる化学的構造を有するか、未だまったく不明であって、一種の触媒素或は発酵素の如きものならんと称せられるに過ぎない」という。八〇数年前はそんな状況だったのである。脚気がビタミンB_1の不足で起こる病気だと知られるようになるのは、弦斎がこれを書く少し前の大正六年頃だった。

●――私たちからみればビタミンの話など珍しくもないが、『婦人世界』の誌面でわざわざ弦斎がビタミンA、ビタミンB、ビタミンCについて医学者の論文を引用して書いているのは、当時の人々にとっては新しい知識だったからである。ちょうど、カテキンとかオリゴ糖とかドコサヘキサエン酸とかタウリンとかいう成分に現代人が興味を持つように、大正期の人々はビタミンという言葉に関心を持ったのだろう。

●――弦斎はここで、食物を煮たり焼いたりすると、食品に含まれているビタミンが破壊されて効力を失う、ということを強調している。どの食品にどんなビタミンが多く含まれているかも挙げ、新鮮な野菜や果物には多くビタミンが含まれていると述べている。しかし、その野菜や果物も、古くなったり煮たりするとビタミンは消失してしまう。それなら、天然の食物を新鮮なうちに食べることが人体のためになるだろう、と弦斎は指摘する。

●――また、肉類や魚類の場合はどうかというと、肉の部分よりも、むしろ内臓や脳髄の部分にビタミンを多く含んでいる。ビタミンは人体にとって必要欠くべからざる成分だが、まだその他にも学問上未知の成分で、人体に有利なものが新鮮な食品には含まれているだろう――そう述べた上で、弦斎は「此に於てや山に籠つてから成るべく新鮮なる生の食物を摂る様に心掛けました」と述べる。

●――その先には、少々すさまじい記述が続く。虫を生のままで食べてみた、というのである。辟易される方もいるかもしれないが……。

御嶽山上は雪が多いから、雪が沢山積もると新鮮なる生の野菜を得られなくなります。されば世界各国何処でも雪の多い国の人は冬になると動物の肉を食べて、所謂活きた力を動植物から摂つているから、私も試験の為め虫の類や小動物を生の儘《まま》で食べて見ませうと思ひまして、最初に先づ谷川の小さな蟹を丸かじりに食べて見ました。それもイザ食べよう思ふと、気味の悪いのと、残酷らしい気持ちがして、口の内に念仏を唱へながら食べましたが、食べて見るとその味の良いことと申したら、塩気も多量にありますし、甘味もありますし、山中第一の御馳走だと思ひました。

　蟹を段段食べ慣れてから、今度は種種の虫を試みました。蝗《いなご》や螽斯《ばった》は、勿論葡萄の虫でも、エビヅルの虫でも、木の幹や蔓にゐる虫を捕つて食べましたが、草木の虫が生で食べては一番味の良いものです。草木の虫は小児の薬だと云つて往往小児に与へます位で、虫の中の御馳走です。

●——こうした記事が『婦人世界』に載ったのである。これに対する投書は、その次の号には載っていない。しかし、編集部には読者から「気味が悪い」というような批判や苦情も届いていたのではないだろうか。

❖

●——『婦人世界』大正一〇年六月号掲載の「武州御嶽山に於ける私の穴居生活（五）」では、ついに尾籠な話になるのだが、どうかお許しいただきたい。

●——この中で弦斎は、稗《ひえ》や黍《きび》の試食をしたことを書いている。山奥でなければ容易に食べられないものを食べてみよう、と考えたのだった。ただし、さすがに稗を生で食べることはできず、村の人に稗餅を焼いたものをつくってもらって食べた。これは、稗を粉にして熱湯でこねて丸め、熱い灰の中で気長に焼いたものだった。最初は淡白無味に思えたが、よく噛み締めると深い味が出てきて美味しいという。

●——弦斎によれば、全国で八〇歳以上の長寿者を調査したとき、秋田県では稗を常食している人に長寿者が多かった。一〇年ほど前——つまり明治四三（一九一〇）年頃までは、まだ山奥の村では稗を常食することが多く、稗と小豆と大根とを一緒に煮て食べたらしい。しかし、その後は山奥の生活も豊かになり、ほかの地方から米や麦を買ってきて常食するようになった。

●——弦斎によれば、山奥の人に会って「あなたは稗を食べますか」と聞くと、言下に首を振って「いいえ、稗などは食べません」と否定するという。とくに若い人がそうで、稗を食べるということが恥辱になると思って隠すようだが、それは嘆かわしいことだ、と彼は述べている。さらに、「穀物中最も衛生的にして、最も長寿の資となるべき稗が、斯くまで虐待せられるのは、甚だ嘆ずべき事ではありますまいか」ともいう。

●――こうして稗を食べ始めた弦斎は、「毎日稗を食べると、身体に著しく影響するのは、便通の良くなる事と便量の非常に増加する事です」と書いている。実は、穴居生活を始めて以来、弦斎は毎日の自分の便の重さを測って、食物が便量にどのように影響するかを調べていた。断食実験のときは、そこまではしなかった。そのときの経験をふまえて、今度は必ず便量についても調べようと思っていたらしい。

●――それまでの『婦人世界』の誌面では便の話は書いていなかったが、この号には堂々と載せている。たとえば、二月八日の日記には、

温度　室外　一六度（これは華氏なので、摂氏では約マイナス八・九度）
朝の食事　自然生九八匁《もんめ》
昼の食事　胡桃二七匁五分、干葡萄九匁、林檎五九匁五分
夜の食事　そば粉一〇匁、水四七匁、昆布三匁、蜜柑七匁
一日合計二五三匁（一匁は三・七五 gなので、約九四九 g）

●――と書かれていて、これ以外にはお茶も水も一滴も口にしていないという。それに対して、この日の便量は、

一昼夜尿量　四〇〇グラム
便量　五二匁　硬度は軟　一回

●――と記されている。その後も、日付とともに毎日の便量の変化が几帳面に記録されている。それまで、排便は毎日一回、便量は平均五〇～六〇匁の間だったが、稗を食べ始めると、便量がどんどん増えていった。毎日二回、七〇～一〇九匁という具合である。

●――弦斎によれば「便量を正確に定めるのは、水分を除去する為めに、十分乾燥させて、乾燥した分量を以て比較しなければなりませんけれども、穴居の際これだけの準備がありません為

め、単に西洋風の便器に採って、毎回之を秤量したのです」という。

●——さらに、「便量の増加は身体のためにいいのか悪いのか」ということを考察し、便通がよくなるから便量が増加するのであって、胃腸内に食物が停滞せずに異常発酵などを起こさないから、身体にはいいはずだ、と結論づけている。

●——それにしても……。毎日、便量を計っている状況を想像すると、なんともいえない気持ちになる。大真面目に便量を記録する弦斎の姿には、呆れるというか、それを通り越して唖然とせざるをえない。よくここまでやれるものだ、と思う一方で、知人たちが弦斎を奇人扱いしたことも納得できる。

❖

●——村井弦斎は御嶽山での山中生活を、大正一〇年の三月下旬まで続けた。その間の日記が残っていればいいのだが、残念ながらこの時期に書かれた日記は見つかっていない。その代わり、留守宅の妻の多嘉子への手紙は残っていて、その中に生活の様子が書かれている。

●——あるとき、穴居生活中の弦斎が険しい谷間に墜落した、という誤報が『東京朝日新聞』（大正一〇年二月一六日）に載ったことがあった。それを読んだ多嘉子の心配は、どれほどだったことだろう。それでなくとも、夫は一人で青梅の山に半年も籠っていて、子供六人と弦斎の継母（弦斎の父親の後妻）と使用人も含めた一〇人前後の人々の世話や監督は、妻である多嘉子一人の腕にゆだねられていたのである。相談したいことがあっても、弦斎は山中にいる。もちろん電話はなく、やりとりは手紙だけだ。

●——さすがにこの誤報が出たときは、驚いた多嘉子からの電報が弦斎のもとに届いた。その電報で初めて『東京朝日新聞』の誤報を知った弦斎は、まったく根も葉もないことだと否定している。その一方で、今度の誤報は『婦人世界』のためにはちょうどいい広告になるだろう、とも書いている。前述したように、当時の『婦人世界』は強力なライバル誌に押され、少しずつ部数を減らしていたからだ。

●——このような手紙の記述を読むと、弦斎は自分が〝客寄せパンダ〟になる覚悟もした上で、この山中穴居生活を始めたのではないかとも思えてくる。実際、かつてのベストセラー作家が、こうした奇行をしているというので、かなり評判にはなったらしい。

●――こうして、山中で天然食の実験を終えた弦斎は、その後、かなり過激なことも書いていた。それは、友人である医者の加藤時次郎へ宛てた手紙の文面である。加藤時次郎については先にも紹介した。

●――彼はもともと社会主義者だったが、大逆事件に衝撃を受け、その後は社会主義の実践からは手を引く形となり、医者として衛生や医療の分野で社会活動を続けていく。また、婦人・家庭問題に対してもさまざまな発言をしていて、弦斎とはその点で関心領域が重なっていたらしい。明治三九年に知り合ってから、弦斎と加藤時次郎は家族ぐるみで交友していたのである。

●――その加藤が『第二維新』(生活社)という本を上梓し、弦斎に一部贈呈した。これは、明治維新に次ぐ大正の第二維新の必要性を説いたものだった。同書で加藤は「土地の国有」をはじめ「大産業の国有」「私有財産の最高制限」「男女対等主義の国家」などを提唱している。弦斎が書いた加藤への手紙には、『第二維新』を贈られたお礼とともに感想が述べられていて、末尾には次の一文があった。

若しも小生の真意を披瀝せば土地国有や教育等の事は頗る過激なるものと相成可申候。小生は一切の私有を廃し度く人間の私有物は身体あるのみと存候。

●――御嶽山での天然食の実験を通じて、弦斎は、人間は自分の身体さえあれば生きていける、という確信を得たにちがいない。それが、弦斎に「人間の私有物は身体あるのみ」と断言させたのだろう。そして、以後、彼は物質文明を批判し、「自然に還ろう」と提唱していくのである。

(二〇〇五年二月二六日・二七日・二八日・三月六日・七日・八日・九日・一〇日・一二日)[143←・→028]

149 名士たちの「健康法」アンケート

『太陽　不老長生之研究』
（博文館、大正一〇年六月一五日）

●——これも表紙のインパクトで思わず買ってしまった雑誌。四〇〇円だった。表紙には「博文館創業第卅四年紀念」と書かれている。創業三四年というのは、少々中途半端な気もするが……。

●——明治末期から大正時代にかけて、有名な岡田式静坐法をはじめとして、さまざまな健康法、断食法、呼吸法、強健法などが流行っていた。もちろん、不老長寿術や健康法は、いつの時代でも人間にとって、興味の尽きないテーマではあるのだろうが……。その中で、『太陽』でもこうした特集号を出していたのである。表紙に描かれている老人は、頭に二本の角があり、草をかじっているが、これは医薬と農業を司る古代中国の「神農」を表しているようだ。

●——目次を見ると、さすがに『太陽』だけあって、怪しげな人物は寄稿していないようだ。大部分は肩書きが「医学博士」である。「少食菜食と無病長寿」「健康長生と栄養の関係」「高齢者の統計的観察」「近時流行　各種薬物の効力」「歯は歯なり」「老年学」「老衰予防としての栄養学」「性欲と長寿との関係」「平凡なる健康長寿の諸条件」「余は如何にして長寿を保てるや」……と目次の見出しを挙げていくと、このまま二一世紀の現在でも雑誌の特集として通用しそうだ。

●——四〇人余りの名士に「余の実験せる健康法」をアンケートで質問して、回答をまとめたページも面白い。いろいろな人が、安眠第一とか、禁煙節酒節食とか、静坐法とか、冷水摩擦とか自分の健康法を回答しているのだが、その中で、型破りな奇人として知られる南方熊楠は、「小生は随分健康な男なれど健康法と申す様な事に懸念致さず」というそっけない回答。編集部がつけた見出しは「無関心」で、これが一番目立っていた。（二〇〇七年五月一三日）［135←・→171］

150 消えていった写真雑誌

『写真乃友』第二号（写真之友社、大正一〇年六月）

●——この雑誌は「和洋会」で六〇〇円で見つけた。近代の写真関係のものは、書籍も雑誌も表紙に「写真」とあれば必ず手に取るようにしているが、この雑誌は初めて見た。大正一〇（一九二一）年五月の創刊で、これが第二号だ。発行所は「写真乃友社」というありがちな名前……かと思えば少し違っていた。広告や奥付を見ると、「写真之友社」と「之」になっている（でも、社名でも「乃」になっている場合もある）。一応、雑誌名は『写真乃友』で統一されているようだ。

●——表紙の絵は、どうみても竹久夢二もどき。どこにも夢二の名前はないので、おそらく、誰かが真似して描いたのだろうと思うのだが……。この雑誌について調べようと思ったものの、バックナンバーを所蔵しているところがほとんどない。創刊号が東大明治文庫にある以外は、「日本の古本屋」でも一件、二年目の一月号から七月号までの七冊（価格は三万九九〇〇円！）が出てきたのみ。戦後になって『写真の友』という雑誌が出ているが、大正期の『写真乃友』はわずかな年数で廃刊になったのだろう。ひょっとして、この一冊は非常に貴重なものかもしれない。

●——目次で目を惹かれたのは、「電送写真の話」。これはつまりファックスのことだ。ヨーロッパで実験された電送写真の原理が、機械の写真までつけてくわしく書かれている。ほかにも、面白い記事がいろいろあった。それにしても、ページ数が一〇〇ページほどもあるこうした写真雑誌が存在しているのに、そのバックナンバーを閲覧できないというのは、なんとももどかしい。写真史の上でいろいろ新発見があるだろうに……。

●——ところで、この雑誌の表三対向ページの全面広告に、「電気ホーム」の文字があった。キャッチコピーは「高尚にして廉なる理想的家庭食堂おすし弁当 パンヂウ ヘモグロパン コーヒー ソーダ水」。食堂の名称が「電気ホーム」とは？ それに、おすし弁当とコーヒーの間にある「パンヂウ」と「ヘモグロパン」とはいったい何？

●——下には「料理場は総て電熱器を使用」「卓上ストーブ扇風器等悉《ことごと》く電気装置」とあるので、「電気ホーム」の由来がわかる。

●——ちなみに、「パンヂウ」はおそらく、「パン」+「まんじゅう」だろう。あんパンの親戚のようなものか。あんパン自体は、明治八（一八七五）年にはあったそうなので、中身が違うものを工夫して創作したのだろうか。

●——一方、問題の「ヘモグロパン」。これも、誰が見ても「ヘモグロビン」+「パン」としか思えないだろう。何か、聞いたことがあるような気もするのだが、勘違いかもしれない。手元にある「食物」関係の資料をざっと見たところでは、「電気ホーム」という店名も、「パンヂウ」も「ヘモグロパン」も載っていないようだ。ただし、浅草雷門にあった「神谷バー」で創作された葡萄酒の変種「電気ブラン」の全盛期が、大正三（一九一四）年から七年頃だという。「電気」という言葉が、当時、まだ珍しかったことは間違いない。

●——さらに、大正八（一九一九）年には、脚気予防のパンとして「玄米食混成油入麺麭《パン》」と「糠製新麺麭」が考案されて、試食会が開かれているという。ちょうどこの時期、食品が含んでいるビタミンなど栄養素のことが話題になっているので、ヘモグロビンを増やす食品として、「ヘモグロパン」なる珍妙なものを考案したのではないか？　（二〇〇六年八月二日・三日）〔130↑・↓165〕

151 西園寺公望礼状入りの発禁本

エミール・ゾラ著、飯田旗軒訳『巴里』（大鐙閣、大正一〇年六月改版初版、一一年一月二〇版）

●——エミール・ゾラの『パリ』を飯田旗軒が訳した『巴里』。この本を最初に知ったのは、拙著『歴史のかげにグルメあり』（文春新書）を『文學界』に連載中に、西園寺公望について調べていたときだった。同書の冒頭で訳者の飯田旗軒が書いているように、この本は明治四一（一九〇八）年に共同出版から前後編の二冊で刊行されたのだが、後編は内務省から「治安妨害風俗壊乱」の廉で発売禁止処分を受けたといういわくつきの本なのである。その後、飯田は文章を改めて続編として出版したものの、共同出版が倒産したため、絶版になってしまった。それを新たに一冊にまとめて大鐙閣から刊行したのがこの本だ。

改版初版は大正一〇(一九二一)年六月で、私の手元にあるのは、大正一一(一九二二)年一月の二〇版だった。

●――この本が西園寺公望と関係があるのはなぜか。飯田旗軒はこの元本の『巴里』の前編を出すとき、時の内閣総理大臣でフランス文学に造詣が深い西園寺に序文を求めた。飯田は西園寺がフランス留学中からの知り合いだった。西園寺は序文を書くことは断ったが、前編を贈られて礼状を書いた。そこで、飯田は前編には、西園寺に対する献辞を掲載し、後編には西園寺から受け取った礼状を載せた。つまり、『巴里』の後編の巻頭には、現職の総理大臣の賛辞が掲載されていた。なんと内務省はその本を発禁処分にしたのである! 訳者の飯田としては、納得できない気分だっただろう。だが、西園寺はその後まもなく辞職する。このあたりの政界の勢力争いの構図は、深読みするとなかなか面白い。

●――そういう意味で、この『巴里』は忘れられない本だったのだが、前に古書展で見たときは、函なしでも一万円近くの値段だった気がする。函付きではもっと高値がついているようだ。国会図書館で所蔵を調べると、発禁になった共同出版刊『巴里』後編がない(前編はマイクロフィッシュで所蔵されている)のはわかるが、なぜか、この大正一〇年改版の大鐙閣刊『巴里』も見当たらない。

●――この本は先週の古書展「愛書会」で見つけた。函なしで、表紙の右上と裏表紙の内側を補修してあり、八七年前の本なのでそれなりに汚れているが、天金で一千ページ以上の分厚い本で、綴じなどはしっかりしている。表紙の金文字とゾラの肖像もはっきり見える。ゾラだと確認できたのは、この本に原作者の口絵写真がついていたためだ。値段を確認して、震えてしまった。五〇〇円だったのだ。何かの間違いではないか、と後ろめたいことをした人のように、こそこそと抱えこんだ――。間違いではなかった。ときどきこういうことがあるので、やはり古書展には行ってみなければ……。

●――巻頭に、本を贈呈された西園寺公望が訳者の飯田旗軒に送った礼状が、そのまま復刻されて折り込まれていた。これだけでも資料価値がある。本を発禁にされた飯田旗軒の憤慨ぶりもよく伝わってくる。改版本の売れ行きがよかったのは、この西園寺公望の手紙をつけた効

果もあったのか。（二〇〇九年五月二三日）〔132↑・↓187〕

152 婦人雑誌の興亡の果てに

『婦人世界　怨みと憎み号』（実業之日本社、大正一〇年九月）

●――朝から古書展へ。仕事の関係で二カ月古書展通いを禁じていて、それが解禁された気分というのは、煙草が大好きな人が二カ月禁煙した後に、また吸い始めたときのような感じなのではないか。古書展会場に着くともう抑えられない。古書欲爆発、という状態だ。今回は単行本一一冊に雑誌四冊。重い。それでやめておけばいいものを、さらにK書店の一〇〇円均一の棚から三冊掘り出して買った。こんなに本を抱えて歩くから、肩が痛くなるのだが……。

●――さて、『婦人世界』のこの号の特集テーマは「怨みと憎み号」。これは五〇〇〇円だった。いったいどんな内容なのか、とちょっと興味を惹かれる。目次には「人を怨んだ経験」「人を憎んだ経験」「怨深き女の心理」などが並んでいる。

●――前にも書いたが、『婦人世界』は明治三九（一九〇六）年の創刊で、かつては日本一どころか「東洋一」の大部数を誇っていた。明治末期頃の一号当たり三一万部というのが最高の数字だというが、日本の人口が五〇〇〇万人の時代に、ほぼ女性対象の雑誌で三〇万部以上売れたというのはものすごいことだ。だが、この大正後期になると、さすがの『婦人世界』も、後発の『婦人公論』（大正五年創刊）、『主婦之友』（大正六年創刊）などの強力な競合誌に、読者を奪われ始めている。『婦人世界』が相変わらず「良妻賢母路線」だったのに対して、後発の婦人誌は、それよりも時代の先を行く「新しい女性」たちに向けて、誌面をつくっていたのである。そうした中で、少しでも読者を惹き付けようとして、この「怨みと憎み号」をつくってみたのではないか。

●――考えてみると、『婦人公論』と『主婦の友』は現在まで残っているが、『婦人世界』は消えてしまった。やはり、時代の波に乗り損ねたということだろう。雑誌の興亡というのは、時代を読む上で非常に興味深いものがある。（二〇〇五

年九月九日）

追記／これを書いた三年後に『主婦の友』は休刊した。［147←・→161］

153 何でもアリ状態の百科事典

加藤美命編『現代帝国百科全書』（国民通俗教育会、大正一二年三月初版、七月訂正一〇版）

●——このコンパクトな百科事典は、たしか五反田の古書展で二〇〇〇円で買ったものだ。つくった人の苦労を思うと、つい古い事典類に手が伸びる。編集者は加藤美命、発行所は国民通俗教育会。初版が大正一二（一九二三）年三月で、この本は七月発行の訂正一〇版である。

●——約一四〇〇ページというボリュームに詰め込まれた内容の多彩さには、とにかく驚かされる。何しろ、目次だけで一一四ページもあるのだ！　こんなことを知りたい人がいったい何人いるのだろう、と思ってしまうような項目も結構ある。たとえば、「第十三編　土地利用副業　三種」とあって、「第一　椎茸の繁殖」「第二　薄荷の栽培」「第三　除虫菊の栽培」のそれぞれが具体的に記述されている。「第十五編　動物の知識」には「十二人力のゴリラ」とか「エスキモー人の熊狩奇法」とか「誰も相手にならぬ臭獣」などという見出しが並んでいる。

●——また、性に関する事項がこれでもかというほど細かく分類されて掲載されているのも、この百科事典の特徴だといえそうだ。さらに、最後の「第四十二編　雑編」になると、もう何でもアリ状態。「人の字の付くもの一覧」として、「軍人《ぐんじん》、軍人《いくさびと》とは云ふが、軍家《ぐんか》、軍者《ぐんしゃ》とはいはぬ、妙なものです」とわざわざ書いてあって、次のように「人の字の付くもの」が羅列してある。

［じんと読むもの］

賢人、美人、土人、愚人、佳人、蛮人、偉人、老人、野人、聖人、楽人、俗人、貴人、主人、故人、巨人、軍人、粋人、哲人、文人、旅人、奇人、詩人、情人、凡人、歌人、都人士《とじんし》、公人、俳人、西洋人、私人、通人、帰化人、才人、達人、外国人

［にんと読むもの］

善人、番人、相続人、料理人、悪人、罪人、受信人、発起人、仙人、傭人、使用人、取次人、芸人、支配人、精算人、給仕人、商人、周旋人、製造人、鑑定人、酌人、支払人、無叛人、面会人、稼人、受取人、世話人、引取人、役人、裏

書人、関係人、見物人、訴人、請負人、町人、細工人、譲受人、通人、後見人、営業人、証人、取締人、病人、保証人、別人、人非人

●——この中で、「情人」は現在では「じょうじん」より「じょうにん」と読まれることが多いのではないか、と思ったり、逆に、今は「別人」を「べつにん」と読むことはないだろう、と気づいたりしたが……。わざわざこうして挙げてあるくらいなので、八五年前はたしかにこう読まれていたにちがいない。

●——その先には、「者の字の付くもの一覧」や「家の字の付くもの一覧」が続き、「者」を「しゃと読むもの」と「ものと読むもの」の例が挙げられ、学者とか識者とか受験者とか悪者とか果報者とか無礼者とか敏腕家とか名望家とか饒舌家とかの言葉が、多数並んでいる。この百科事典のユニークさが少しでもわかっていただけたら、こんなしょうもないことを書き写した私の努力も、無駄ではなかったと思えるのだが……。（二〇〇七年四月二三日）［145←・→164］

154 見逃せないマニア向けの小雑誌

『芸術写真』（芸術写真社、大正一一年八月）
『写真芸術』（東新商店出版部、大正一〇年一二月）

●——ある日の古書展でこの『芸術写真』と『写真芸術』の二冊があったので、それぞれ三〇〇〇円で購入した。買ったときはてっきり同じ雑誌だと思い込んでいたのだが、あとで表紙をよく見ると「芸術」と「写真」が逆で、まったく別の雑誌だった。何とも紛らわしい。しかも、この『芸術写真』は国会図書館でもその他の図書館でも、所蔵が確認できなかった。写真専門の資料室ならあると思うが、珍しい雑誌のようだ。この前年に創刊されたらしいが、長続きはしなかったのだろう。

●——こういうマニア向けの小雑誌が無視できないのは、ときどき面白い記事が載っているからである。この号には「文壇のカメラ党」と題する記事が、別の雑誌から転載されていた。それによると、この大正一一年における文壇での写

真の流行は素晴らしいもので、カメラを手にする作家は、永井荷風、里見弴、宇野浩二、久米正雄、谷崎潤一郎、近松秋江、南部修太郎、田中純、長田幹彦、長田秀雄、三島章道、吉田絃二郎、宮原晃一郎、小山内薫……と、挙げていくときりがないほどだという。

●――その中でも名人といえるのは、里見弴だそうだ。かつて里見が、三越における俳優画家文士の写真展覧会に出品した作品は、眠っている子供を撮影したもので、その手腕は「凡ならざるを思はせるに十分である」と誉めている。さらに、高価なカメラの名機を誇っている文士たちの中で、一人、安物のカメラで平気で撮影しているのは吉田絃二郎。また、久米正雄は、写真を旅行中のスケッチに代えている。そういえば、松本清張もたしか、取材に行くとメモ代わりに写真を撮っていた、と聞いたことがあるが、久米正雄のほうが早かったわけだ。（二〇〇九年六月一〇日）[217←・→157]

155 花袋が綴る独歩の思い出

田山花袋『東京近郊一日の行楽』（博文館、大正一二年六月初版、七月三版）

［扉］

●――先日の古書展で入手。全体にひどく汚れているせいか、五〇〇円と安かった。新書判より少しタテが小さいサイズとはいえ、厚さは四cm近くあり、本文六九二ページの本。かなり使い込まれている、という印象だ。博文館から大正一二（一九二三）年六月に出て、一カ月足らずで三版になっている。

●――田山花袋のこの種の本といえば、『温泉めぐり』が有名だが、巻末の広告には博文館から出ている田山花袋の同種の本が何冊も並んでいた。『日本一周』（全三冊）、『京阪一日の行楽』（全一冊）、『温泉めぐり』（全一冊）、『花袋紀行集』（全三冊）。あちこちをずいぶん歩いているものだ。このうち、『日本一周』（全三冊）の宣伝文によれば、「紀行にあらず、小説にあらず、地理書にあらず、案内記にあらずして、紀行たり小説たり地理書たり案内記たるものである」……。

●――この本にはどこにも装幀者の名前が出ていないが、扉の「牛」というサインは誰だろう。牛がつく画家といわれると、奥村土牛くらいしか思い浮かばないが……。奥村土牛はこの年三四歳。気になったのは、目次や奥付は「東京」だが、この扉だけが「東京《とうけい》」になっていたこと。明治前期にはよく使われていた表記だが、大正末期でもまだ「東京」の文字が使われていたわけだ。ある世代の人々は、無意識に「東京」と表記していた、ということなのだろうか。

●――もうひとつ気になったのは、前の所有者が目次の五項目を鉛筆でマークして、「初版にナシ」と書き込んでいたこと。初版も持っていて比べたのか、どういう事情かはわからないが、一カ月もたたずに三版が出ているのに、五項目も書き加えるということがあるのか。それとも、何かの事情で初版に間に合わなかったものを増補したのか。これは一度、初版本と比較してみなければ……。

●――『東京近郊一日の行楽』ということなので、当然、神奈川県の茅ヶ崎も取り上げられている。田山花袋で茅ヶ崎といえば、親友の国木田独歩が亡くなった地なので、何か書かれているはずと思って、最初に「茅ヶ崎と平塚」というページを開いてみた。だが、「茅ヶ崎に高田病院があり」「茅ヶ崎館がある」と述べているのに、独歩がここで亡くなったことや、その死の翌日に茅ヶ崎館で起こった騒ぎなどには、まったく触れていない。それどころか、ほかの地域に比べても記述が非常に短い(その前の「江の島」は六ページだが、「茅ヶ崎」はわずか一ページ余りだった)。

●――少々不審に思ってパラパラとページをめくっていると、別のページに「国木田独歩」の文字が出てきた。茨城県の水戸について述べた次に、「湊の杉田氏の別荘」という項目があり、この書き出しに「死ぬ前の年の秋から冬にかけて、国木田独歩はその湊の杉田氏の別荘に二月ほどゐた」とあったのである。花袋はここで独歩社の破産のこと、小杉未醒の紹介で独歩がこの別荘で過ごしたこと、その間に「渚」という短篇を書いたことなどを述べている。

●――これまで知らなかったことも書かれていた。独歩が亡くなった翌年の四月初めに、花袋は、独歩と親しかった中沢臨川と田村江東と小杉末醒の四人で、この杉田氏の別荘に行って独歩を偲んだという。そして、花袋の個人的な述懐が続いた後、こう締めくくられていた。

> 今でも私は独歩を思ふこと切だ。旅に出ても、酒を飲んでも常に独歩のことを思ふ。『かれが生きてゐたらなア』から思はない時はない。

●——花袋はここで独歩への思いを綴ったため、少し後の茅ヶ崎のページでは、あえて独歩の死については触れなかったのだろう。さらに、独歩の生誕地の銚子のページには、銚子で独歩が写真を撮っていた、と書かれていて、私にとってはとても貴重な証言を得られた。日光や逗子のページにも独歩の名前があった。

●——考えてみれば、この本の発行年は独歩が亡くなってから一五年後だ。それでもこうして独歩の思い出が書かれているわけで、花袋にとっては、それほど忘れ難い友だったということなのだろう。五〇〇円で買った本だが、思いがけず、いろいろな発見があってうれしかった。

（二〇〇八年七月四日）〔112←・→203〕

156 震災二週間後に発行された画報

『大震災写真画報』
（大阪朝日新聞社、大正一二年九月一五日）

●——先日の五反田の古書展で、二〇〇〇円で掘り出した一冊が、この『大震災写真画報』だった。関東大震災の二週間後に発行されたものらしい。四六四倍判で、表紙と本文が共紙の三二ページの冊子だが、用紙が薄いためにあちこち破れている上、ふたつ折りになっていた。でも、写真は被災直後の東京や横浜の情景を捉えていて、目を奪われてしまう。

●——表紙に使われている写真は、上野公園の西郷隆盛の犬を連れた銅像。台座の部分や西郷さんの胴体にまで、たくさんのビラが貼られている。下のキャプションには「行方不明者を求めるビラを無数に貼つた西郷南洲翁の銅像（上野公園）」と書かれている。通信網がずたずたになってしまった東京で、いわば現代のネット上の掲示板の役割を、人々はこの銅像に託したのだろう。あの〝西郷どん〟に頼れば、行方不明になった家族が見つかるのでは……という庶民の切実な思いが伝わってくるようだ。(二〇〇七年一月二一日)[157←・→001]

157 B4判を越えるサイズで震災報道

(『写真時報 臨時増刊 関東大震災画報』第八号(東京写真時報社、大正一二年一〇月))

●――これは大正一二(一九二三)年九月一日に起こった関東大震災の翌月に、『写真時報』の臨時増刊「関東大震災画報」として刊行されたものだ。五〇〇円。サイズはB4判よりひと回り大きい四六四倍判。大正期に大事件を特集したグラフ誌として、内容も非常に興味深い。発行所は東京写真時報社となっている。

●――この『写真時報』というグラフ誌は大正一一年二月に創刊されているが、これまで一度も見たことがなかった。調べて見ると、国会図書館に所蔵されているのは、この臨時増刊「関東大震災画報」一冊のみで、通常号のバックナンバーは所蔵されていない。発行所の東京写真時報社で検索しても、大正一三(一九二四)年の『皇族写真画報』というタイトルが出てくるだけだ。この『皇族写真画報』も臨時増刊号なのだろうか。

●――さらに、神奈川近代文学館、日本の古本屋のサイトなどでも検索してみたが、やはり出てこない。東大明治文庫には、『国際時報』と改題された第四巻第四号の一冊だけがあるらしい。これは大正一五(一九二六)年に刊行されたもので、それ以前の『写真時報』のバックナンバーはなかった。このように、古い雑誌は発行されていたことがわかっていても、現存しないものが多い。これほどサイズが大きくて、存在感がある雑誌でさえ、一度失われてしまえば手がかりはつかめなくなってしまうのだ。

●――関東大震災後には、たくさんの雑誌や新聞が臨時特集号を刊行したので、当時の生々しい情報はかなり残っている。とはいえ、単行本にしても雑誌にしても、この半分以下の誌面のものが多いはずなので、『関東大震災画報』の一ページ全面写真の迫力にはかなわないと思う。

●――写真を撮影した者の名前は書かれていないが、最初の部分に、会社は無事だったが社員たちは茫然としたこと、しかし、この事態を記録しておくべきだと考え、手分けをして各地で撮影を敢行したこと、中には遭難者の写真を撮ろうとして人々の憤激を買い、〝半殺し〟にあった者もいたこと……等々が説明されている。

●——また、関東戒厳令司令部が特別の便宜を払ってくれ、特ダネ写真を多数貸与してくれた、とも書かれている。戒厳令が布かれて軍隊が出動した様子や、崩れた建物、救援を求める多数の人々など、当時の東京の情景をリアルに伝える写真が多い。なんと、空撮写真まであった（飛行機から撮影した、と書かれている）。上野に大仏があって、大震災で首が落ちたことを、皆さん知っていました？（本当に、首なしの大仏の写真が掲載されている）

●——もし、今東京が当時と同じような規模の地震に襲われたら……。〝本が崩れる〟程度の話ではすまない。まったく笑いごとではない。（二〇〇六年三月二九日）［154←・→156］

158 ドバトの行方に思いをはせた夢二

『婦人世界　特別号　大震災写真画報』（実業之日本社、大正一二年一〇月）

●——連鎖反応的にまた震災ものを発見！『婦人世界』の大正一二（一九二三）年一〇月特別号である。八四〇〇円で購入。「大震災写真画報」と銘打っているのに恥じない内容で、震災の被害を伝える生々しい写真が多数掲載されている。九月一日の地震から約一カ月後に一七二ページの雑誌を発行したのは、快挙と呼んでもいいのではないか。

●——『報知新聞』を辞めた村井弦斎が、『婦人世界』の編集顧問を務めていた関係で、この雑誌については、創刊号から弦斎が亡くなった昭和二年までのすべての号に目を通している。関東大震災は、弦斎の生涯にも大きな影響を与えたため、もちろんこの号も閲覧した。国会図書館所蔵の『婦人画報』はマイクロ化されたものだが、この号は神奈川県立図書館に実物があったので、それを見ている。ちなみに、震災が起こった日、弦斎は娘二人を伴って信州にいた。地震で通信網も交通機関も分断されてしまったため、しばらくの間、信州に足止めされ、会社や自宅とも連絡がとれない状態だった。この「大震災写真画報」の編集にも携わっていない。

●——神奈川県立図書館でこの号を閲覧したとき、竹久夢二が寄稿していて、寺のドバトは地震後どうしただろう、と心配して書いていたのが記憶に残っていた。『伝書鳩』の著者としては、著名人と鳩の組み合わせに無関心ではいられない。入手したこの号を開いてみると、確かに載っていた。「新方丈記」というタイトルで竹久夢二が三ページ書いている。枯木が五本立つ風景のカットが一点。サインはないので、竹久夢二が描いたのかどうかはわからない。この「新方丈記」は次のように書き出されている。

東京は私の住む郊外でさへ、日のうちは蝉も鳴かず、鳥さへ飛ばなくなつてしまつた。初秋《はつあき》の夜のたゞさへ寂しいに、さすがに蟲も、音を忍んで鳴いてゐる。震災以来蚊もあまり出なくなつた。

浅草観音堂の鳩は、どうしてゐるだらう。火事と聞いて私はすぐさう思つた。往つて見ると、施米《せまい》のこぼれを拾つて僅《わず》かに生きてゐた。それでも騒ぎのあつた最中には、餌がなくて疲れてひよろ〳〵になつてゐたのを、境内へ避難して飢えた人に、大部分は殺されたさうだ。

●——日本人はなぜ鳩を捕えて食べないのか、と聞いたのは、たしかアグネス・チャンだったが……。このときはさすがに、ドバトも人の胃袋に入っていたらしい。さらに、夢二はネコのこと、そして人の死について書いていた。

猫は魔物だと世俗にいふ、こん度の火事に猫は何処かへ逃げたものか、姿も見せなければ、死骸も見ない、馬や犬のやうな人なつこい動物は、飼主と共に殉死した死骸を到る所で見かける。人間の死はあまり直接で、哀れんだり嘆いたりする以上の強い感動のためかまだ私にははつきり心に来ない。被服廠《しょう》跡の死骸の波を見た時にさへ私は、たゞ悄然として考へる事を知らなかつたが、焦土に化した東京の街跡を歩いてゐて、小動物とか、小さい草や木の生存に、何かしら心が引かれるのを覚える。京橋の大根河岸に一本残つた柳の木、車坂に残つた小さい芋畑、築地河岸で見た一茎の草花をいぢらしく眺めた。

●——関東大震災がいかに大きな災害であったかということが、この一冊の雑誌からだけでも十分に伝わってくる。地震国日本に生きている以上、地震が起こらないことをただ祈っているだけではすまされない、とつくづく思う。（二〇〇七年三月一二日）［131←・→167］

159 震災の悲惨さを活写

『大正大震災記』
（時事新報附録、大正一二年一二月一日）

●——先日の「和洋会」でも関東大震災関係の雑誌を一冊入手。これは見たことがなかった。『時事新報』の附録として発行された『大正大震災記』で、五〇〇円だった。表紙四ページ、本文六四ページで、紙はかなり粗悪なザラ紙だ。表紙の色刷りもあまりきれいとはいえない。背中に翼のある天使と二羽の白い鳩が描かれているが、天使の左手に建物（?）のようなものが乗っている。地震でなぎ倒された建物の復興を象徴しているのだろうか。

●——発行が関東大震災当日から三カ月後ということで、本文記事を見ると、かなり詳細に各地の被害状況などが記述されている。避難する人々の光景を描いた文章は悲惨なものが多く、見出しに「無事な家を見ると腹が立つ」という文字があるのを見て、ハッとさせられた。家財すべてを失い、命からがら逃げ出した人々の心境をよく表している。もちろん、大災害の中でも美談として語られるエピソードもあったにはちがいない。だが、反対に、わずかな物資を奪い合うことも当然のように起こっていた。

●——別のページには「汽車から振り落とされて死ぬ」という見出しもあった。東京から逃げ出そうとした人々が鉄道に殺到したが、これを書いた記者によれば、「その混雑は筆にも紙にも記す事は出来ぬ程」で、一日も二日も駅で待たないと乗れない状態だったという。列車が構内に入ってくると、停車するのも待たずに飛びついたり、這い上がったり、窓から飛び込んだり、誰も駅員の制止など聞かず、すぐに列車は鈴なりになってしまう。そのため、女子供は到底乗車できる見込みはない。また、無理に汽車の車両の上に登った人が振り落とされて、一二人が死んだこともあったそうだ。

●——記者はさらに続けている。「中でも気の毒だつたのは駅員のお蔭で漸《ようや》く車内に落ち着いた婦人達が用を足し度くなつても身動きさへ出来ないので、そのまゝ用を済ませるより外に途のない事だつた」。大地震のときには、そうした状況を想定しておかねばならないのか……。

●——さらに「償ひ難き文献的の損害」というページに目がとまった。三日間燃え続けた火災で、東京帝国大学（農学部を除く）では、約七六万冊の蔵書のうち、五〇万四〇〇〇冊（!）が灰燼に帰したという。その五〇万四〇〇〇冊の購入時の価格を見積もると約一〇〇万円、時価では六〇〇万〜七〇〇〇万円の価値があるという。しかも、貴重な写本や自筆本は、到底その損失価格を見積もることは不可能だということで、焼失した貴重本の書名一覧も載っていた。また、大橋図書館も焼失し、尾崎紅葉の遺族から寄付されていた手沢本が、同様にすべて灰になってしまったそうだ。（二〇〇七年二月八日）[031←・→182]

160 発禁命令を恐れた諷刺の鈍り

『大阪パック』（輝文館、大正一三年七月一日）

●——諷刺漫画雑誌『大阪パック』を見つけた。『大阪パック』はこれ一冊だったが、一緒に置いてあった『アサヒグラフ』などと同じ一〇〇〇円の値段がついていたので、それなら買わざるをえないだろう、と勝手な理屈をつけて購入。主筆は小寺鳩甫、月二回刊で、これは大正一三（一九二四）年七月一日号だった。

●——サイズは四六四倍判、中綴じの一六ページで三色・一色刷。四色カラーでないのが少々寂しい。大正一三年といえば関東大震災の翌年で、アメリカ合衆国では日本人移民の入国を禁止する「排日移民法」が成立した年である。それ以前から日米関係は悪化していたが、この号の記事や漫画からも、日本国内での反米運動の高まりがうかがえる。

●——表紙には、加藤高明（憲政会）、高橋是清

（政友会）、犬養毅（革新倶楽部）の護憲三派の党首が描かれているが、「揃はぬ手並　『羅漢さんが揃たら廻そぢゃないか、ヨイヤサヨイヤサ』の掛声はイヽが、早くも先達との一致を見ぬ、案じられた寄合ひ権」とからかわれている。加藤高明内閣（護憲三派内閣）は、同年六月に発足した。ただし、この寄り合い所帯は一年一カ月しかもたず、第二次加藤内閣は憲政会単独で組閣された。とはいえ、その前の内閣を見ると、高橋是清が七カ月、山本権兵衛が四カ月、清浦奎吾が五カ月というように、ごく短命で終わった内閣が多い。

●――ほかのページにも党首三人をからかった漫画がちりばめられているものの、どうも全体にパンチが効いていない。大阪で発行されているだけに、もっとドギツイ諷刺を期待したいところだが、期待はずれだった。おそらくこの時期になると、発禁命令が出るのを恐れて、自己規制するようになっていたのだろう。悪名高き治安維持法が公布されるのはこの翌年、大正一四（一九二五）年である。（二〇〇八年五月七日）［126←・→013］

161 大正版・男の見分け方

『婦人倶楽部』附録（大日本雄弁会講談社、大正一三年一〇月、昭和七年一月）

●――村井弦斎の関連で、明治から大正期の婦人雑誌に目を通すことになり、当時、婦人向けに出版された実用書などもいろいろ買い集めている。『婦人倶楽部』の附録もふたつ入手した。ひとつは大正一三（一九二四）年一〇月号附録の『実地指導　成功秘書　結婚の巻・育児の巻』で、もうひとつは昭和七（一九三二）年一月号附録の『家庭向　来客向　冬のお料理』（巻頭口絵参照）だ。前者は普通に製本された冊子だが、後者は蛇腹折りになっている。どちらも二〇〇円だった。

●――後者の『家庭向　来客向　冬のお料理』の料理指導の講師の一人は、村井弦斎夫人の多嘉子だった。弦斎が亡くなったのが昭和二（一九二七）年で、昭和七年当時の村井家は家計が逼迫していた。長女の米子はすでに結婚していたが、多嘉子の元にはまだ五人の子供がいて、生活費も学費も必要だったのである。そのため、多嘉子は雑誌に料理記事を書いたり、料理を教えて収入を得るようになっていた。新宿中村屋の相馬黒光とも交友があり、黒光の依頼で、中村屋の料理メニューを考えたこともあったという。

●——前者の『実地指導 成功秘書 結婚の巻・育児の巻』は面白かった。巻頭に花嫁衣裳を着た女性の写真が何枚か載っている。ほとんどは和装だが、一点だけ洋装のウエディングドレスの写真もあった。目次を見ると、当時の結婚について基本的なことが書かれている。「如何にして良縁を得べきか」とか「人相手相から見た良縁と悪縁」とか「結婚調度品価格一覧表」など興味深い項目が並んでいる。後半は育児の巻で、こちらも、当時の育児の実際がよくわかる。

●——巻頭の「如何にして良縁を得べきか」からその一部を引用してみよう。

◇男の見分け方

さて年頃になると、男でも女でも巧みにその生地を隠して、化ることが上手になるものであります。だから一目見たゞけで其人を知る事は凡人の到底出来ないことであります。(中略)口前のうまい男は第一に警戒せねばなりません、殊に女性に近づくことのうまい男は、多くは軽薄な性情を有して居ります、才子のやうにみえても、利恰《りこう》ぶつても、それは極く浅はかな男だと御思ひになるがよろしい。

◇気前のよい人は?

また浪費家は避けたがよろしい、之は何の悪気もなく行ふところではありますが、一家の主人としては内を守る女房に世帯の苦労をかける男であります。浪費家とはつまり気前のよい人であります、例へば大勢人の居る処で、菓子を買うて御馳走するとか、或は俥に乗つてもお剰《つり》を取らないとか、それ等はまだ小さいことですが、何でもない人にまで気前を見せる人があります。

◇先づ身なりを見よ

その身なりを見てその人を知ることも亦《また》一の方法です。真面目な人は着物も真面目に着ます、縞柄でも色でも、突飛なものを好む青年は、矢張りオッチョコチョイであります、常に違つた風をする男もまた気の変りやすい男であります、例へば昨日会つた時には、地味な扮《なり》をしてゐたが、今日見たら随分派手な着物を着てゐる、帽子でも持物でもその通り、矢鱈に人のせぬことをして人の目につくやうな扮装をする青年は、内面も亦その通りで常に一定の志操のないことを現はしてゐます。

●——なかなか勉強になって面白い(?)。(二〇〇六年七月二五日)[152←・→190]

162 八〇年前の暮らしを浮き彫りに

小松崎三枝『家事界之智嚢』(中興館書店、大正一四年二月初版、九月五版)

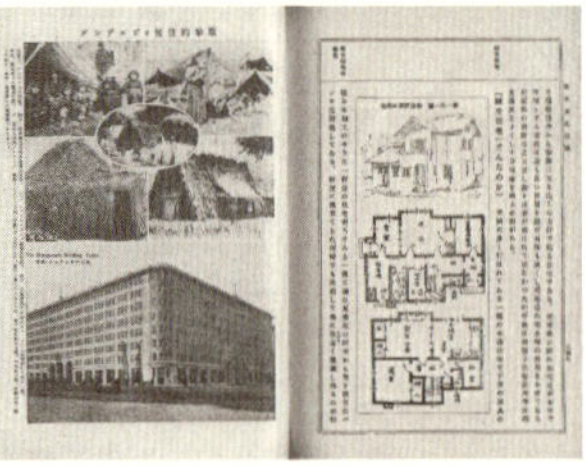

[図版と本文]

●——これも東京古書会館で見つけたものだ。本来は函付きらしいが、本体のみだったので二〇〇〇円。「新国民理学叢書」というシリーズの一冊である。ラインナップは、『植物界之智嚢』『動物界之智嚢』『自然界之理化智嚢』『自然生活界之理化智嚢』『生理衛生界之智嚢』『天文界之智嚢』『鉱物界之智嚢』『家事界之智嚢』という具合。「智嚢」は「知恵袋」という意味なのだろう。写真ページが豊富で、内容が盛りだくさんで、私にとっては思いがけない掘り出し物だった。

●——目次には、被服、糸、織物、飲食物、燃料・電気・庖厨具・食器、住居、摂生及疾病、育児という章が並んでいるが、その下の細かい項目が興味深い。被服の章の中には「帽子に関すること」という項目があり、そこには男子帽の種類、シルクハット、オペラハット、山高帽、中折帽、ベロアー、ソフトハット、トルコ帽、防寒帽、ヘルメット、パナマ帽、タスカン帽、台湾パナマ帽、東洋パナマ帽、大甲帽、麦藁帽という小項目が並んでいる。たとえば、「パナマ帽」のページを見ると原料の「パナマ草」の挿絵があり、「台湾パナマ帽」のページには原料の「たこのき」の写真がある、といった具合。このふたつの帽子の違いがよくわかる。それぞれの帽子の素材から形状まで書かれているので、大正末期の日本人がどのような帽子をかぶっていたのかが一目瞭然だ。

●——帽子だけではない。当時の人々が身につけていたもので、下着とか靴下とか、そういうものに関する記述もある。住居のところでは台所についても書かれている。そのほかにも、当時の暖房法などが面白かった。見たこともないような変わったストーブの写真なども載っている。何しろマニアックな本なのである。

●――この本の「住宅」の章に挿入されている「原始的住居とビルデング」という見出しが付けられたグラビアページが面白い。上段にはアラビア人の住居、岐阜県白川村の合掌造家屋、シベリア・ゴルチ種族の住居、北海道旭川におけるアイヌ人の熊笹でつくった家、東インドのドダ種族の家の写真が紹介されている。その下には近代的な丸の内ビルディングの写真。「東洋第一の建築物」と誇らしげに書かれている。また、対向ページには「和洋折衷の住宅」の間取り図が載っていた。ほかにも何種類か間取りが載っていて、見ているだけでも楽しい。八〇年前の日本人の暮らしぶりが浮かび上がってくるような本である。（二〇〇五年七月六日）〔053←・→173〕

163
子供にはたまらない化学手品読本
高田徳佐『子供達へのプレゼント　近世科学の宝船』（慶文社、大正一四年二月初版、三月六刷）

［函］

●――五反田の古書展で面白い本を見つけた。「子供達へのプレゼント」というシリーズの一冊、高田徳佐の『近世科学の宝船』である。三〇〇円だった。奥付を見ると、発行から一カ月で六刷になっている。古書展では、手に取った瞬間に買いたくなる本というのがあるのだが、これもその一冊だった。著者は、化学の教科書や参考書などを多数書いている科学者らしい。

●――函に四角い窓を開け、そこから表紙の絵が見えるようにしてあるのが洒落ている。表紙の絵は、少年が本を見ながら化学の実験をしている場面。いかにも大正期の本という感じだ。装幀者の名前は書かれていないが、函に描かれた絵のデザインも面白い。

●――それにもまして驚いたのは、本の内容だった。高田徳佐という名前は聞いたことがないが、この人の文章は、科学者にしておくのがもったいない(?)ほど面白い! 科学技術の話が書かれているのだが、後半には「化学応用の手品 不思議な火と不思議な水」「化学応用の手品 幽霊絵と陰顕墨」「化学応用の手品 面白い実験」「化学応用の極致 放送無線電話」という具合に、化学反応を利用した〝手品〟が多数紹介されている。

●――たとえば、「水をシェリー酒に、シェリー酒をポート酒に、ポート酒を水に変ずる法」とか、「コップの水を攪拌して先づ黄色に変じ、紅色と変へ、最後に水に還す法」とか、「混合された二種の葡萄酒を分離する法」とか、「水を牛乳と変へ、牛乳を水に還す法」とか、「牛乳を葡萄酒に変へる法」とか、「葡萄酒を牛乳に変へる法」とか、「水の中で火を燃やす法」とか、「氷で煙草に火をつける法」とか、「きらめく星を水の中に造る法」とか、「猫を画いて虎に変へる法」とか、「白薔薇を赤薔薇に変へる法」とか……。書いているだけで頭が痛くなってきた。

これは、子供にはたまらない! すべて化学の実験のように、その方法が解説されている。学校の理科の授業がこういう内容なら、子供はみんな科学が大好きになるのに。

●――この本の最後に収録されていたのは「原子村の大評定」という小篇。原子を擬人化したお伽ばなし、とでもいえばいいのだろうか。まるで落語みたいに面白い。こんな本を書いた高田徳佐さんって、いったいどんな人だったのだろう? 手元の人名辞典を繰っても、載っていないが、大正から戦後にかけて、多くの物理や化学の本、参考書を出しているようだ。(二〇〇七年六月二五日)〔146←・→170〕

164 大正婦人の覚悟と運命

嘉悦孝子『花より実をとれ』

(忠誠堂、大正一四年五月初版、七月五版)

●――相変わらず、明治・大正時代の実用書も、目にとまると買ってしまっている。百年から八〇年くらい前に〝実用〟的だったものが、今ではほとんど意味を持たないことは、十分承知の上だ。つまり、現在においては〝非実用書〟だともいえる。そんなものを、なぜ買ってしまうのか。

カッコよくいえば、そうした本の中から、その時代ごとの庶民の実像が浮かび上がってくるからだ。それよりも単純に、面白いから、といったほうが正しいかもしれないが……。

●――この『花より実をとれ』の著者は、教育家で嘉悦学園創立者の嘉悦孝子である。函入り、ポケットサイズの本。三〇〇円だった。嘉悦孝子は『婦人世界』の執筆者の一人で、同誌の編集顧問だった村井弦斎とその妻の多嘉子とは親しかった。平塚の弦斎の家も時々訪れている。とくに、嘉悦孝子と村井多嘉子は、名前が「たかこ」で同じ、料理上手だという点でも同じだったため、気が合ったらしい。そんなわけで、縁を感じて購入した次第。

●――嘉悦孝子のモットーは「怒るな働け。花より実をとれ」だったという（スゴイ……）。この本の前に『怒るな働け』が前編として刊行され、この『花より実をとれ』が後編という位置づけらしい。

●――目次には次の項目が並んでいる。

修養篇……注意の話／是の美風を遺したし／極りを極りよくせよ／古い女新らしい女／菊も我が主義の花／不幸を幸福に転ずる妙法／婦人の娯楽

教育篇……女学生の成功方法／少女訓／女子と商業教育／現代婦人と教育／今後の若い婦人に

私淑篇……学ぶべき尼さん／嗚呼《ああ》昭憲皇太后陛下／嗚呼乃木夫人／模範的婦人／少女時代理想の人物／西村茂樹先生を追憶す

主婦篇……主婦訓／餅搗は主婦の試験／時間の利用法／僕婢《ぼくひ》の使ひ方／夏と女中

衣服篇……婦人と裁縫／衣服の保存法／汚染抜法／洗濯法／婦人服に就いて

食物篇……食物の話／食事の心得／料理と主婦／飲食物の鑑定法／私の無病長生法

経済篇……家事経済の執り方／主婦と経済／外国米使用に就て／国産使用同盟会／家計帳簿と経済

時局篇……将来の日本婦人の覚悟／大正婦人の覚悟／大正婦人の責務／婦人と克己／時局に対する婦人の覚悟／世界大戦乱と婦人／勤労是れ快楽としたし／軍人遺族に同情す／東北の飢饉に就いて／歳暮の感／現代婦人と経済と道徳

附録　料理篇

●――大正末期の日本で、女性はどんなことを求められていたのかがうかがえる。今から見ると、時代後れとか古めかしいと感じる点も多い。しかし、当時における「古い女新しい女」とか「女学生の成功方法」などは何が書かれているのか興味を惹かれるし、この本は三カ月で五刷になっているので、かなり広く読まれていたといえる。

●――残念ながら、その後の昭和の歴史を知る私たちは、この本を一〇代後半から二〇代で読んだ女性たちが、まもなく泥沼の戦争に巻き込まれていくことを知っている。

●――本文中に「時局篇」という章があるのも象徴的だが、このように「大正婦人の覚悟」を胸に刻んだ彼女たちが、結婚して子供を持った頃に始まった一五年戦争をどう過ごすことになったのか……。それを思うと、複雑な気持ちにならざるをえないのだった。（二〇〇六年五月一七日）

[153←・・→027]

165

「アンメルツ」の驚くべき由来

『アサヒスポーツ　臨時増刊　第二回明治神宮競技記念号』（朝日新聞社、大正一四年一一月二〇日）

●――五反田の古書展でグラフ誌をたくさん買い込んだ。この大正一四年一一月二〇日発行『アサヒスポーツ』（朝日新聞社）臨時増刊「第二回明治神宮競技記念号」は五〇〇円。四六四倍サイズで、写真はすべてモノクロだが、さまざまな競技の様子が撮影されていて迫力がある。

［表2広告上段］

●――そのなかで目を惹いたのが、五〇メートル競走と三段跳びで優勝した人見絹枝選手の写真だ。女子の陸上選手たちは中途半端に長いブルマー姿で、今とは大違い。

●――ところで、このグラフ誌の表紙裏の広告を見て驚いた。皆さんは「アンメルツ」という商品のネーミングの由来をご存じだろうか。知らなかったのは私だけかもしれないが、「強力なる塗擦剤　アンメルツ」とある横に、「別名あんまの瓶詰」と書かれているではないか！「疲労即滅」というキャッチコピーもすごい。アンメルツは現在も小林製薬から販売されているが、まさか「あんまの瓶詰」だったとは……。古い雑誌を読む楽しさは、こういうところにもある。（二〇〇七年一二月二九日）[150←・→079]

166 大正時代の漱石の人気ぶり

土屋小介編『警句の泉』（修教社書院、大正一五年一〇月初版、一二月一〇版）

●――この本は函なし、表紙に汚れありで五〇〇円だったが、内容はなかなか面白い。大正一五（一九二六）年一〇月に初版、一カ月半で一〇版になっている。文庫サイズの布製本で厚さは四cm、六〇〇ページ近い。背のタイトルの下に「漱石、雪嶺、独歩、桂月、白村、浪六」と書かれている。中を開くと、夏目漱石、三宅雪嶺、国木田独歩、大町桂月、厨川白村《くりやがわはくそん》、村上浪六という明治の六人の著名な文人の作品の中から、〝警句〟を抜き出して並べたものだった。

●――序文には、「明治大正に跨る文豪の千古不滅の名文中より洒脱、飄逸にして然も肺腑を抉《え》ぐるが如き警句を抜き、一誦三嘆、絶唱に値する章句を網羅した」と書かれている。英文学者の厨川白村や、今では通俗作家としかみられていないような村上浪六が、六人の中に入っているのが面白い。大正末期、厨川白村や村上浪六、さらには大町桂月を「文豪」と呼ぶことに、読者は違和感を持たなかったのだろう。もちろん、個人的には国木田独歩の名前があったので迷わず買ったのだが。独歩の場合、大部分が『欺かざるの記』からの抜粋引用だった。

●――さすがなのは、二一世紀の現在も「文豪」と称され、お札に肖像画が載っている夏目漱石である。六人の名前を挙げておきながら、本文の三分の一は漱石の警句だった。次に多いのが村上浪六で、以下、三宅雪嶺、大町桂月、国木田独歩、厨川白村の順。ただし、「警句」とあるものの、漱石の場合、『吾輩は猫である』『坊ちゃん』『二百十日』『草枕』『野分』『それから』『三四郎』『門』『心』『道草』のそれぞれの作品から、何ページにもわたって引用している。警句というより、むしろ〝名場面集〟といったほうがいいだろう。ともあれ、この本の構成からも、当時の漱石の人気というものがよくわかった。（二〇〇七年一一月二七日）[137←・→093]

逃がした魚を追って……——[二〇〇七]

●——今年は元旦から原稿を書いていて、気持ちの上でずっと余裕がない状態が続いていたが、ここ数日は珍しくリラックスしている。いつも自分にノルマを課して、一日最低二〇枚書くとか、この章の最後まで書くとか、そんなふうにして書き続けていくのだが、一枚も書けない日があってもいい、と勇断した(?)せいかもしれない。こうしたスケジュール管理というか、目標達成まで規則正しく毎日ノルマをこなし、成果を積み上げていくこと自体は、長い間スポーツをやってきたのでまったく苦にならない。学生の頃、オリンピック種目にないマイナーなスポーツ(ソフトテニス)をやって何になるのか、と悩んだこともあったが、そうしたことの訓練になった、と思えばいいのかもしれない。

●——昨日は東京古書会館の「書窓展」へ。開場と同時に大勢の人が入場していて、私が五分遅れて着いたときにはもう人でいっぱいだった。情けないというか、馬鹿馬鹿しい話を書いてしまうと、昨日は、今までの古書展で一番悔しさを味わった記念すべき日になった。わずか一、二分の差で、ずっと探していた雑誌が別の人の手に落ちてしまったのである。ある棚の前に行ったとき、すぐ隣にいた人の手元を見ると、見覚えのある雑誌(あえてタイトルは挙げないが)の表紙が見えて、その瞬間、目が釘付けになった。

●——周囲の人のこともかまわず、思わず悲鳴を上げたくなった。何しろ、その雑誌のその臨時増刊号こそ、昨年からずっと資料として実物を入手するために、ネットの「日本の古本屋」やあちこちを探しまわって、ついに発見できずにいたものだったのだ。毎週通っている古書展でも見たことがない。そのため、国会図書館で全体の半分くらいのページをコピーして持ってはいるが、現物がやはり欲しい。その喉から手が出るほど欲しい号が、わずか二〇cmほどの場所にあるのに手を出せない。知らない人がそのページをめくって、買うか買わないかの品定めをしているのだ。しかも、外見で人を判断してはいけないが、どこから見ても古本屋さんである。

●——私に限らず、古書好きな人なら誰でも、こういうときは心の中で「どうか、それを元の棚に戻してください!」と祈るだろう。だが……私の必死の願いもむなしく、その雑誌はずっとその人の手の中にあった。その雑誌から目が離せなくなってしまったので、ちらっと値段も見たのだが、信じられない安値。その一〇倍の金額を出しても私は買っただろう。もう絶望的である。と、しばらくすると、本と雑誌の五〇cm以上の山を抱えて、その人は隣の棚へ移動した。開場してからわずかな時間でこれだけの本を抜くのは、やはり古本屋さんにちがいない。

●――それで、結局どうしたの？　と聞かれるだろうが、恥をしのんで書くと、一五分ぐらい後をつけていた（ストーカーだ！）。でも、さすがに「アブナイ人」と見られても困るので、途中で諦めることにした（それでなくても、女性だというだけでも目立っている）。その雑誌を見なかったことにすればいい、そうすればガッカリすることもない。しかし、理屈ではわかっていても、やはりショックは大きく、しばらくは茫然として、珍しく本を探す気力も出なかった。

●――おそらく、あの雑誌はあのまま買われて行ったにちがいない。未練がましく、何度もその棚の前に行ってみたが、ついにその雑誌が戻ることはなかった。少しすると、ついていた値段の一〇倍くらいの売価で「日本の古本屋」に登場するかもしれない。複雑な気分だが、やはり一〇倍なら買うことになるのだろう。そう思うと、またショックがぶり返してきそうなので、もう忘れよう……。（二〇〇七年二月一〇日）

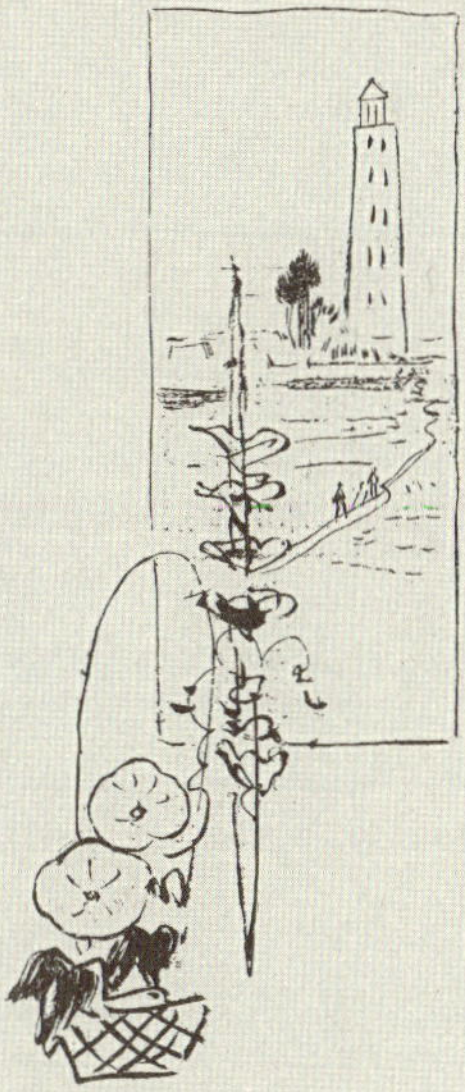

神田古本まつりでの眼福——［二〇〇八］

●——しばらく古書を買えない日が続いていたので、今日は神保町に出かけて、一万円以上を使ってしまった……。一冊二〇〇円程度から高くて二〇〇〇円以内のものを、合計一万円分も大量に買い、しかも、それをわざわざ持ち帰ってきた自分にも呆れる（五〇〇〇円以上買えば宅急便が無料になる）。そのおかげで今、肩と腕が痛い。

●——最初は、東京古書会館で開催されている特選古書即売展へ。一〇万円以上の単位の洋書がズラリ並ぶ一角に、村井弦斎の英文小説『HANA, A Daughter of Japan』の帙入り美本を見つけた。古書展で見たのは初めてだ。値段は六万円……。その一角にはちりめん本なども多数あり、いつもは見ない珍しい本を眺めることができた（眺めるだけだが）。すべて、それなりの値段がついていて、欲しくてもさすがに買えない……。でも、美本揃いなので一見の価値はあった。

●——洋書の棚だけでなく、もちろん日本語の本もあり、例によってA書店の棚の前で押し合いのすごい状態。そこに参戦して、明治期の雑誌と本をかなり買い込んだ。後で見ると、なぜこれを買ったのだろう、というようなものまで買ってしまっていたが、全体的には満足のできる収穫だった。ここで、すでに七〇〇〇円以上の出費。

●——古書会館を後にして、古書店街で開催されている青空掘り出し市へ。いつもより、ずいぶん人が多い感じがする。会場の雰囲気につられてさらに数冊買う。とはいえ、荷物が重いのでじっくり見ている余裕はなく、ざっと流して帰った。それでも、一日でこれだけ古書と古雑誌を買うと、さすがに充実感がある。部屋はどうしようもない状態になるのだが。できれば、明日から始まる神保町ブックフェスティバルにも行きたいが、やはり時間のことを考えると難しそうだ……。

（二〇〇八年一〇月三一日）

第7章

『尋常小学　全科参考書』から『戦時女性』まで

——昭和二〜一九(一九二七〜一九四四)年

167——普通学講習会編『尋常小学　全科参考書　第5学年後期用』

168——菊池剣『歌集　道芝』

169——佐佐木信綱編『九條武子夫人書簡集』

170——タゴール著、和田富子訳『タゴール有閑哲学』

171——高比良英雄『断食研究』

172——『アルス婦人大講座　第9巻　日本料理法・西洋料理法・和洋菓子の作り方』

173——『建築写真類聚　第7期第16集　カフェー外観集・巻1』

174——『キング』附録『明治大正昭和大絵巻』

175——『健康時代』

176——第2期『食道楽』

177——松本興『鳩』

178——『婦人倶楽部』附録『婦人書翰文範　附・新時代手紙常識』

179——『婦人倶楽部』附録『和装洋装　流行見立大集』

180——『栄養の日本』

181——『講談倶楽部』附録『全国金満家大番附』

182——「図書館週間」しおり

183——軍用鳩調査委員会編『軍用鳩通信術教程草案』

184——逓信協会編『前島密遺稿集　郵便創業談』

185——『小学国語読本　尋常科用』復刻版

186——フェレンツ・モルナアル著、鈴木善太郎訳『ドナウの春は浅く』

187——マーガレット・ミチェル著、阿部知二抄訳『物語　風に散りぬ』

188——佐藤春夫『佐藤春夫新詩集　東天紅』

189——内閣情報部編集『写真週報』第49号

190——『主婦之友花嫁講座　お惣菜料理』

191——ヨランダ・ド・オルムッソン著、澤田美喜子訳・装幀『子供の国から』

192——『写真週報』第197号

193——武者小路実篤著、河野通勢挿画『金色夜叉』

194——『新美術』

195——『婦人画報　改題　戦時女性』

167 古書が古書を呼ぶ

普通学講習会編『尋常小学 全科参考書 第五学年後期用』(田中宋栄堂、昭和二年七月初版)

●――類は友を呼ぶというが、なぜか、古書も一冊見つけると、似たものを見つけることが多い。先だって鳩に関する本を見つけたが、この本も同じ日の古書展で、三〇〇円で売られていたものである。

●――かなり傷んでいたが、何気なく手に取ると、裏表紙に軍用伝書鳩のイラストが描かれているのを見てびっくり。その裏側(表三)の奥付の上には、「軍用伝書鳩」という見出しで「鳩の写真師」「鳩の長屋」「鳩の別荘」「鳩のお使ひ」「鳩の脚」「鳩のお友達」という具合にイラストの説明が書かれている。

●――さらに、よく見ると表紙も軍用伝書鳩の絵で、その裏側(表二)には「神の使」という短文が載っていた。要するに、表紙回りの四ページすべてが伝書鳩に関するものだったのだ。改めて本文を見ると、そこにも「伝書鳩」のページがあった。こんな本はこれまで見たことがない。

●――この本は尋常小学校五年生用教科書の全科の参考書を一冊にまとめたもので、中は修身、読方、綴方、書方、国史、地理、理科、図画・手工、唱歌・体操、裁縫、珠算、算術というように科目ごとに分かれている。発行所は大阪の田中宋栄堂だった。

●――たしかにこの頃、日本の陸軍では軍用伝書鳩を訓練して、実戦でも使っていた。その後、日中戦争・太平洋戦争では、軍用伝書鳩が〝小さな戦士〟として讃えられ、国民の戦意高揚に利用されるようになっていく。当時の新聞には多数の〝鳩美談〟が載っている。今では、こうした事実を知る人も少ないのではないか。(二〇〇五年四月二五日)[158←・→168]

168 手にした歌集に軍用鳩の歌が

菊池剣『歌集 道芝』(国民文学社、昭和三年四月初版)

●――昨日の「書窓展」は人出がすごかった。押し合いへし合いする中で負けじと手を伸ばし、何度か押され、足を踏まれながらいろいろ買った。その一冊が菊池剣という人の『歌集 道芝』で三〇〇円。今朝、友人から『朝日新聞』の別刷り『be』の「サザエさんを探して」に、拙著『伝書鳩——もうひとつのIT』(文春新書)が出ていると教えられたのだが、実はこの『歌集 道芝』には、軍用鳩の歌が何首も載っていたのである。それだけの理由で、装幀も地味な歌集を買ってしまった。

●——菊池剣という名前は知らなかったが、この歌集は「国民文学」叢書第一二編として、昭和三(一九二八)年に国民文学社から発行されている。序文は窪田空穂、口絵は小林古径、装幀と挿絵は小泉勝爾。菊池剣は徴兵された後、大正八年頃から、軍用鳩の訓練と研究に従事するようになったようだ。その後、当時の通信の総合研究所といえる中野電信隊で半年過ごし、北九州で行われた陸軍大演習には「北軍鳩車長」として参加したという。軍用鳩に関するキャリアは錚々たるものだったことがわかる。

●——それにもまして、そうした軍用鳩の分野のいわば選り抜きのエリートが歌人で、軍用鳩の歌をたくさん詠んでいた、というのは私にとっては発見だった。しかも、古書展で何気なく手に取った一冊の歌集の目次に、軍用鳩関係の文字が並んでいたなんて、まさに奇蹟としか思えない。

放鳩演習
昼すぎてしきりに睡《ねむ》き眼の前の地《つち》に影お
とし鳩かへり来ぬ

鳩車往来
ことごとく稲は刈られて鳩車みちけさは
田の面《も》を斜によぎる

立石南軍鳩車見学
山峡《やまかい》は日あたる遅しこのあさけ鳩舎《とや》ぬち
の鳩みなふくれ居り

大演習観兵式
日の皇子《みこ》ははやも来ますをいつまでか籠
に争ふ鳩の声あはれ

(二〇〇八年四月二六日)[167←・→177]

169
「女性のなかの女性」の手紙
佐佐木信綱編『九條武子夫人書簡集』(実業之日本社、昭和四年四月二五日初版、五月一日六版)

●——五反田の古書展で、この本の装幀がパッと目に飛び込んできた。布装本で金文字。これまでにも、九條武子の本は古書展でよく目にしていたが、買ったことはなかった。しかし、これは随筆や歌集ではなく、書簡集だ。作家が書いた手紙というのは面白い。二〇〇〇円だったので、迷わず購入した。

●——九條武子という名前を聞いても、ピンと来ない人もいるだろうが、序文で佐佐木信綱が手放しで褒めまくっているように、九條武子は「女性のなかの女性」というほど讃美されていた人である。明治二〇(一八八七)年生まれで、佐佐木信綱に学んだ歌人だが、四二歳で没した。また、彼女は西本願寺門主の大谷光瑞の妹であり、浄土真宗の布教にもつとめていた。

●——この本の目次を見ると、彼女が亡くなった昭和三(一九二八)年の書簡から始まり、昭和二(一九二七)年、大正一五(一九二六)年、一四年、一三年、一二年……明治四三(一九一〇)年という具合に、時代と逆行して掲載されている。ぱらぱらと拾い読みしてみると、年上の人への礼儀正しい手紙にまじって、親しい友人に宛てたらしい、軽い調子の手紙、冗談まじりのくだけた手紙などもあって面白い。たとえば、大正一一(一九二二)年一〇月一四日の手紙はこんな感じだ。

何処かへ出かけたいやうなよい御天気で御座います。この間は、西片町も、私共だけで気がはらなくて楽しう御座いましたのね。あみもの、御気長に教へていたゞきましてありがたう。帰りましてお歌の清書も鳥渡《ちよつと》そつちのけで、夢中になつて致してをりました。でもやつぱり駄目なの。まちがへてばかり。間違つたとわかつても、解きましたらあとがとてもまとまりませぬから、どうかかうかやつてまゐりました。編目の筋がいつの間にやら一本途中で消滅してしまつてますの。

(中略)

この間三越でもとめまして御送り申あげました英詩選釈、着きまして？　原詩と対照して御座いますから、原詩が御よめ遊ばしますから、屹度《きっと》御興味があるだらうと存じます。泰西の詩人は、どういつたらいゝのでせう、ほんたうに懐かしいことをいつてくれますのね。詩の世界だけには、国の隔たりもなんにもございませんわね。私どもは、まだ中々その世界の園のなかに入ることは遠い〳〵ので御座いませうが、蜜蜂が花の匂を慕つてよりますやうに、何だか道だけは、その道に入る様な嬉しい心もちだけは持つてをります。なにごとにも純でありたいと願ふので御座いますが、時には心にもない偽をいつてみたりすることは、ほんたうになさけなうおもひます。まだその間は、詩の国のほんたうの園に入りきれない汚れで御座いませうね。何だかわからぬこと、ごた〳〵認め、御ゆるし遊ばせ。かしこ。十月十四日　武子。

●――なるほど。上流階級の女性たちの生活ぶりが目に浮かぶようだ。「でもやっぱり駄目なの。」というあたりは、笑いを誘われる。奥付を見ると、この本は初版が昭和四(一九二九)年四月二五日で、翌二六日に再版、二七日に三版、二八日に四版、二九日に五版で、五月一日に六版！　ほぼ毎日重版していることになる。才色兼備で知られる九條武子の早世した翌年出た書簡集だけあって、さすがによく売れている。手の届かない世界にいる人の素顔を、ちらっとでも見てみたいと思う気持ちは、いつの時代も同じなのだろう。(二〇〇五年一〇月二六日)[107←・→178]

170　「本は文明の旗」の恩地装幀本

タゴール著、和田富子訳『タゴール有閑哲学』(東京朝日新聞社、昭和四年九月初版)

●――装幀がいいから、などという理由で本を買い始めると、ますます収拾がつかなくなるが、

美しい本というのは眺めているだけで幸せな気分にしてくれる。
●――この本は、東洋初のノーベル文学賞受賞者であるタゴールが来日して、東京朝日新聞社で講演したときの話を刊行したものだという。『有閑哲学』とは妙なタイトルだと思ったのだが、「有閑の価値」について語ったものだそうで、最初のほうのページに、「善事を為す為めに余りに忙しい人は、善人である為めの時間を持たない」という警句があって興味を惹かれる。
●――さて、気になる装幀者は誰か？ 版画家の恩地孝四郎である。明治二四（一八九一）年生まれの彼は、明治末期にムンクの木版画やカンディンスキーの木版画を見て、木版画に惹かれるようになったという。その後、北原白秋や山田耕筰と組んで、子供のための本や楽譜の装幀を手がけたり、アルス社の「日本児童文庫」などの装幀もしている。後に有名な絵雑誌『コドモノクニ』の画家としても知られる。
●――表紙のパープルがかったグレーの木の葉の模様と、黒地に白抜きのペーズリー模様の組み合わせが何とも斬新だ。また、見返し紙にも、表紙のペーズリー模様と同じ模様が淡い茶色で刷られていて洒落ている。中のページの上下は、木の葉をデザインした帯で飾られている。どこを見ても手抜きをしていない丁寧な装幀だ。これが三〇〇円。これでは買わずにはいられない、という気持ちを、本好きの方ならきっとわかってくれるだろう。
●――恩地孝四郎のことが気になったので、『恩地孝四郎装幀美術論集 装本の使命』（阿部出版）を参照したところ、口絵にカラーで、『夢二童画選集』や『白秋全集』、『島崎藤村集』などさまざまな装幀作品が掲載されていた。また、巻末には「恩地孝四郎装幀作品目録」として、七〇〇冊以上ものおびただしい書名が並んでいた。ところが、この目録の中には『タゴール有閑哲学』が載っていない。七〇〇冊以上を把握しても、まだ漏れている作品があるということなのだろう。
●――『恩地孝四郎装幀美術論集 装本の使命』のあとがきは、「文明の旗」と題して子息の恩地邦郎氏が書かれている。その中に次の文章がある。
装幀家として第一人者として認められ

【昭和四(一九二九)年】——新歌舞伎座(新宿)開場。

ていたものの原稿料は安く、当時とても生活の糧といえる程のものにはならなかった。それでもなお営々と装幀の仕事を続けていた。それはやはり天職意識というべきものであったのだろう。

●——この「文明の旗」というのは、恩地孝四郎自身の言葉だった。「本というもの」という小文の中で、恩地は「本は文明の旗だ」と述べている。そして、装幀という仕事について、次のように記している。

——本は文明の旗だ、その旗は当然美しくあらねばならない。美しくない旗は、旗の効用を無意味若しくは薄弱にする。美しくない本は、その効用を減殺される。即ち本である以上美しくなければ意味がない。

●——「本は文明の旗」というのは、思わず襟を正さずにはいられない言葉だ。そういう意識で本造りに携わっている人が、今の出版業界にはどれほどいるのだろうか。(二〇〇五年五月七日・九日)[163←・→208]

171 医学者が書いた断食学術書

高比良英雄『断食研究』(岩波書店、昭和五年二月初版)

●——村井弦斎は、『弦斎式断食療法』(実業之日本社、大正六年)を出版した後も、『婦人世界』に断食についての随筆を一度書いていた。『婦人世界』の大正一〇(一九二一)年一月号に掲載された「感興録」がそれである。その中で、弦斎は過去のさまざまな断食者の事例を挙げている。

●松本市の藤江正明老人は、毎月一回ずつ一週間から二週間の断食を二〇年間継続した。

●七面山の伊東普大師(日蓮宗の行者)は、一〇年間に合計二三三日の断食を行った。

●高野山の山田覚初僧正は、荒行としての断食を三回している。一回目は一週間断食して滝に打たれながら不動明王法を念誦した。二回目は二週間断食して八〇〇〇枚の護摩を修した。そして、三回目は一〇万枚の護摩を修するため、二週間の準備断食と二週間の断食断飲を行った。

●高野山の松橋慈照僧正は、毎月八日間〜一七日間の断食をするのが常例になっている。三週間の断食も行った。また、高野山の雲照律師も三週間、十方化覚《とぼけ》三師は三〇日間の断食を行った。
●真言律宗渋谷実泉寺の日原実乗律師は、一九年間継続して一月元旦から二一日まで三週間の断食を行った。
●成田山の断食堂では、三五日間を飲まず食わずで過ごした人及川某という人がいる。
●成田山の断食堂で明治四三年の夏に、東京高等女学校の教諭である山根寿寿栄《すずえ》女史（二三歳）と、伊勢国津市の小川しげ子（三四歳）とが競争して断食を行った。山根女史は六月一三日から九月三〇日までの一一〇日間、小川氏は六月一五日から一〇月二三日まで一三〇日間の断食参籠をしとげたという。
●――最初の藤江正明老人と伊東普大師の二人は、弦斎が自分で直接会って本人から話を聞いている。次の高野山の僧侶たちの事例も、弦斎が依頼したアンケートに対して回答されたものなので、信憑性は高いだろう。ただし、最後の成田山の断食堂での記録は、断食堂の堂守をしている老人からの伝聞である。とくに女性二人の話は、弦斎もあやしんでいるように、ちょっと信じられない。いくらなんでも、何も食べずに一〇〇日以上は生きていられないだろう。
●――断食については、これまでに弦斎以外にもさまざまな人が本を書いている。『弦斎式』が出た後には、『西式』や『高木式』というのも出てきた。そして、たいていの本には、最初に「断食の歴史」について書かれた章があり、過去の断食者のことについても述べられている。その中で、高比良英雄『断食研究』は医学者が書いた学術書で、この『断食研究』以前には、断食について医学的な立場から書かれた本というのは存在しなかった。この本が出たのは、弦斎が亡くなった三年後だ。高比良氏は同書で、成田山断食堂で断食したこの二人の女性の事例について次のように述べている。

この二人の婦人は遂に断食競争の状態となり、驚くべき長いレコードを作つてゐる。然しよく調べてみると、小川氏はこの間計約三十日旅館に帰つて休養及摂食をしてゐるし、山根氏も一週間に一度宛食を摂つて合計十八日間は粥や葛湯を喫した訳になる。成田山で奇跡の如く語られるこの二人の断食は元来間歇《かんけつ》性断食であるから、辛ふじて堪え得たらうといふ想像丈はつくのである。

●――つまり、成田山の断食堂では一週間に一回の半断食の日が入ることになっている。それも食べずに一〇〇日以上も断食したわけではないだろう、というのである。高比良氏の調査によると、成田山では大正七（一九一八）年三月から大正一一（一九二二）年一二月までの約五年間に、総数で二二五六人の断食参籠者があったという。

●――ちなみに、成田山で断食した作家には、『出家とその弟子』の著者として有名な倉田百三がいる。彼は昭和六（一九三一）年四月六日から三週間の断食を行った。もちろん、この三週間の断食にも、一週間に一回はお粥などを食べる半断食の日が入っていたはずだ。長期断食をした作家ということでは、村井弦斎に続いて、この倉田百三の名前を挙げることになるだろう。

（二〇〇五年一月一四日）［149←・→175］

172 白秋の弟が創立した出版社

『アルス婦人大講座　第九巻　日本料理法・西洋料理法・和洋菓子の作り方』（昭和五年八月初版）

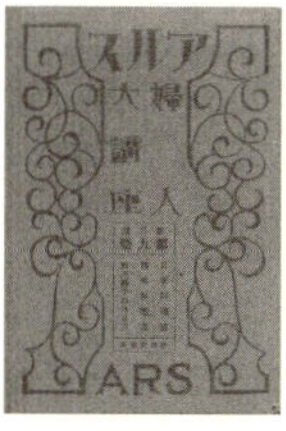

［函］

●――アルスが戦前に出していた『婦人大講座』のことは以前から知っていたが、実物は見たことがなかった。『婦人大講座』と銘打っているからには料理の巻があるはずなので、一度見てみたいと思っていたところ、先日の古書展に四冊ほど並んでいて、運よくその一冊が『日本料理法・西洋料理法・和洋菓子の作り方』だった。村井弦斎つながりで古い料理本をずいぶん買っているが、さすがにきりがないので、昭和に刊行されたものは見送るようにしていた。でも、これは昭和五（一九三〇）年だし、初めて見たのだから……と言い訳をして購入。値段は五二五円。古書を買うたびに自分で自分に言い訳をするのも、古書病患者の症状のひとつなのだろう。

●――アルス（ARS）とはラテン語で芸術を意味し、北原白秋と弟の北原鉄雄が大正四（一九一五）年に創立した阿蘭陀書房がその前身である。

私にとってアルスは、月刊誌『CAMERA』をはじめ、写真関係の書籍の版元としてなじみが深い出版社だ。白秋の著作の大半もアルスから出版されている。デザイン的に目を惹く本も多く、この『婦人大講座』も実用書のシリーズとしては意表を衝く装幀だった。マーブル紙を使った表紙と見返しと背の金文字は、当時としてはかなり高級感があったのではないか。

●——表紙を開くと、カラーの口絵としてセザンヌ、モネ、アングルなどの名画があり、続いてモノクロの料理の写真が載っている。その後には、多くの料理本同様にさまざまな料理のつくり方が説明されている。西洋料理法の「ポタージュ」の章には、ポタージュ・クレール・エ・コンソメ・オルヂネールだの、ポタージュ・クレール・エ・コンソメ・ド・ヴォライユだの、スープ・ド・レコル・プロヴァンサルだの、ポタージュ・エ・スープ・エトランジェだの、舌をかみそうな名前が多数ならんでいた。西洋料理を食べる際の「食卓作法」にもかなりのページが割かれている。『婦人大講座』は結構、上流階級の女性を読者ターゲットにしていたようだ。

●——はさまれていた月報によると、この時期のアルスは『婦人大講座』以外にも、『アルス音楽大講座』『アルス美術大講座』『アルス写真大講座』『アルス建築大講座』『アルス電気工学大講座』『アルス機械工学大講座』という六種類のシリーズを刊行中だということなので驚いた。それほど事業を拡大していたのか。しかし、現在アルスは存続していない。出版界の栄枯盛衰の激しさを改めて感じさせられた。（二〇〇六年二月八日）［081←・→176］

173 モダン建築写真カードに満悦

『建築写真類聚　第七期第一六集　カフェー外観集・巻二』（洪洋社、昭和五年一二月初版）

［ケース］

［カード］

●——古書展へ行くのは宝探しのようなもので、思いがけないもの、珍しいものを一冊でも買えれば、それだけで足を運んだかいがあったと満足できる。何十冊買ったとしても、ある一冊と出会えた喜びのほうが大きい場合もある。幸運にも、昨日はそういう〝一冊〟を手にすることができた。

●——それは、洪洋社という出版社から昭和五(一九三〇)年に発行された『建築写真類聚 第七期第十六集 カフェー外観集・巻一』。細い紐で結ぶようになっている外側のケースは、汚れが目立つ上、破れてセロハンテープで補修してあり、見栄えは悪い。だが、「カフェー外観集」というのに惹かれて手に取り、紐をほどいてみて驚いた。中には数十枚のカードがあり、一枚ずつが当時の(おそらく有名な)カフェーの外観の建築写真なのである。場所は東京に限られているが、ざっと見たところでも、カフェー・タイガーとか、カフェー・モンパリとか、カフェー・オロラとか、聴いたことがある名のカフェーの写真が含まれている。その店舗外観のモダンなこと! しかも値段は八〇〇円だった。これを買えただけでも古書展に行ってよかった。

●——帰宅して調べると、この『建築写真類聚』には、台所や浴室なども含めてさまざまなバリエーションがあることがわかった。しかし、『カフェー外観集』は古本のサイトでは見つからなかった。慌てたのは、他のシリーズで出品されているもののうち、「五〇枚セットのうち何枚欠」という表示がかなりあるのを見たとき。カードの枚数など気にもせずに買ってしまったが、ひょっとしてこれも何枚か欠落しているのか? 確認すると、カードにはナンバーがふってあり、順番も正しく五〇枚すべて揃っていた。約八〇年前に発行されたバラバラのカードが、よくぞこのように残っていたものだ。

●——こういう形で当時の建物の写真を見られるというのはありがたい。なにしろ、カフェーの名前からは想像もできないほど、洒落た外観の店が多いのだ。「目次」カードもあり、掲載店の名前が載っている。一枚のカードに二店が載っているものと、一店を角度を変えて撮った写真が二〜三枚のカードになっている場合もある。昭和五(一九三〇)年発行だが、明治時代にもこういう形で、食堂や西洋料理店の写真が残っていたら……と思ってしまった。(二〇〇九年六月六日)[162←・→174]

174 五六人の画家が「蛇腹」で饗宴

『キング』附録『明治大正昭和大絵巻』（大日本雄弁会講談社、昭和六年一月）

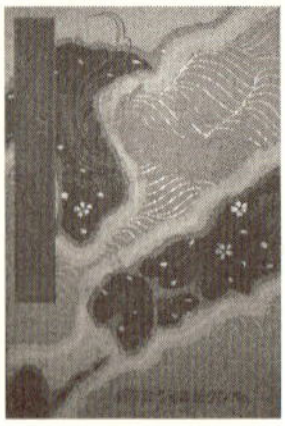

●——蛇腹折りの印刷物を見ると、つい買ってしまう（巻頭口絵参照）。昭和初期の雑誌の附録には、この形式のものをよく見かける。昔の「折帖」の流れを受け継いでいるのだろうが、中綴じや無線綴じにせず、あえて紙をのり付けしてどこまでも細長くして、それを山折りと谷折りにする——という手間のかけ方に、どうも圧倒されてしまうのだ。たかが附録とはいえ、侮れない。蛇腹折りでヴィジュアルを多数見せるというパターンは、「絵巻物」の一種と見ればいいのだろう。私はかつてＰＲ関係の印刷物の編集者をしていたが、こうした特殊な形式のものを提案する勇気はさすがになかった。現在なら、どれくらい制作費がかかるだろうか……。

●——蛇腹の折りの数が多ければ多いほど、制作には手間がかかることになる。この昭和六（一九三一）年新年号『キング』の附録の『明治大正昭和大絵巻』は、数えると〝山〟の数が三九もある！　一山が表裏で四ページにあたるので、なんと一五六ページという計算だ。その表も裏も絵画で埋めつくされている（五ページ分は表紙と広告と奥付）。内容は、年代順に明治元年の「西郷と勝の会見」に始まり、昭和五（一九三〇）年の「帝都復興祭」で終わっている。近代日本の歴史上の主な事件が並んで壮観だ。これが三〇〇円だった。

●——買ったときはよく見なかったのだが、すごい画家たちが競演している。登場順に挙げると、山田敬中、尾竹国観、山村耕花、本田穆堂、細木原青起、清水対岳坊、石井朋昌、小田富弥、小村雪岱、石井滴水、河野通勢、荒井寛方、鰭崎英朋、吉村忠夫、木村荘八、井川洗厓、小山栄達、富田千秋、神保朋世、尾竹竹坡、岩田専太郎、結城素明、柚木久太、服部有恒、近藤紫雲、五姓田芳柳、小林草悦、斎藤五百枝、小林万吾、中沢弘光、永地秀太、水島爾保布、山川秀峰、吉田秋光、定方塊石、石川寅治、磯田長秋、渡辺審也、吉邨二郎、大橋月皎、松本姿水、安宅安五郎、辻永、田中比左良、大野隆徳、林唯一、加東三郎、小寺健吉、三上知治、池上秀畝、谷脇素文、ウォルト・ハインバー、寺内万次郎、遠藤教三、高取稚成、野崎貞雄。

●——数え間違えていなければ、五六人の画家が一〜三点ほどを描いている。それぞれ画風が異なるので、見ていて飽きない。小村雪岱も、『キング』の附録の絵を描いていたのだね……。

（二〇〇七年八月三〇日）［173←・→188］

175 不健康な表紙の健康雑誌

『健康時代』（実業之日本社、昭和六年二月）

●——古書展でこの雑誌を見つけたときは、すごい人混みだったので、じっくり見ている余裕もなく、「健康」の二文字が目に入っただけで買おうと決めていたのだから、実にいい加減な話である。頭の中で『婦人世界』と混ざってしまい、『健康世界』だとばかり思い込んでいたのだが、後でよく見ると『健康時代』だった。発行所は『婦人世界』と同じ実業之日本社で、三〇〇円。

●——それにしても、「健康」という題号とは似ても似つかないこの表紙画の〝不健康さ〟！ 頽廃ムードを漂わせている女性のコートの襟には、ミンクのような小動物の頭が……。なんとも不思議な雑誌、というのが第一印象だった。昭和五（一九三〇）年創刊で、これはまだ創刊から半年後の号である。この時代の日本は、それこそテロが横行し、金融恐慌で、社会は不安に満ちていて、「健康時代」どころではなかったはずだ。一種の皮肉で名づけたのだろうか。

●——目次を見ると、医学界・実業界・芸能界その他さまざまな人たちが、「〇〇法」なる健康法について書いている。健康法では有名な西勝造も「西式触手療法」を寄稿していた。

●——村井弦斎の長女の米子による「魂躍るスキーの快味」も載っていた。彼女は早くから登山やスキーを始めたスポーツ・ウーマンである。何気なく手にした古書に、村井弦斎と縁がある原稿が載っているということが多いのは不思議だ。なにかが引き寄せているとしか思えない。村井弦斎は昭和二（一九二七）年に没しているので、この雑誌を見ることはなかったのだが……。

●——「各大学医学部教授評判記」という連載も

あった。この号は「東京帝大の巻」。さらには「誰にもできる仙人の神秘的仙術」とか、「どういふ骨相の人が長生きするか」とか、「輝く健康美とエロ心理」なんていう記事も！　病気の治療法に関する記事も多いが、いわゆる〝健康雑誌〟というのは、現在のものを見ても、どうもいかがわしいというか、眉につばをつけて読みたくなってしまう。一方、この雑誌に載っている広告を見て行くと、それだけでも面白い。健康法を馬鹿にせず、信じきって毎日きちんと実践する人にとっては、どんなことでも文字通り「健康法」になるのだろう。（二〇〇五年一二月二六日）【171←・→180】

176 「くい道楽」？・「しょく道楽」？

第二期『食道楽』（食道楽社、昭和六年五月）

●——村井弦斎の『食道楽』が世間で大評判を呼ぶと、同じタイトルをつけた『月刊食道楽』という雑誌が、明治三八（一九〇五）年五月に有楽社から創刊された。この雑誌は明治四〇（一九〇七）年八月に終刊し、第一期の『月刊食道楽』と呼ばれている。

●——というのは、少し間を置いて、同じ『食道楽』という雑誌が、昭和二（一九二七）年九月に食道楽社から創刊しているからだ。発行人・編集人は松崎天民で、昭和一一（一九三六）年に彼の死去とともに終刊している。これが第二期の『食道楽』と呼ばれるものである。その松崎天民が主宰した第二期の『食道楽』昭和六（一九三一）年五月号を五〇〇円で見つけた。

●——村井弦斎の小説『食道楽』の読み方については先に触れたが、雑誌の『食道楽』は何と読むのだろうか、と思って第一期の創刊号の扉を見ると、「月刊食道楽の発行」という文章が一ページ掲載されている。そのルビは「くいどうらく」になっていた。ただし、その後、雑誌名にルビをふっている例が見つからない。しかも文中では「食道楽」という言葉に「しょくどうらく」とルビをふっているケースも多いのである。

●——一応、第一期の『月刊食道楽』のタイトルは「くいどうらく」でいいのだろう。それでは、第二期は？　同誌のバックナンバーを調べているときに、面白い記事を発見した。「新聞人寄合話」という見出しで座談会が載っていたのである。

●――出席者は朝日の土岐善麿、都の平山蘆江、東京日日の小野賢一郎、読売の寺尾幸夫、毎夕の御手洗辰夫、報知の後藤喜間多、そして、松崎天民という七人の面々。その最初に、こんなやり取りが出てくる。

土岐　松崎さん、雑誌の名前はしよく道楽ですか、くひ道楽ですか。
松崎　しよく道楽と呼んでゐますがね、どちらが本当だとか嘘だとか云ふ議論もあるが……
土岐　くひ道楽と云ふのが日本語だらうな。あの人はくひ道楽だとは云ふが、あの人はしよく道楽だ……とは一寸云ひませんね。
御手洗　飲み道楽なども云ふから、これはくひ道楽が本当かもしれないな。
土岐　しよくと読むのなら、寧ろ、楽をがくと読んでしよくどうがくと読んだらどうだらう。管弦楽……といふやうに、ちよつと面白いね。
松崎　なるほど……。

●――こういう記述が偶然見つかるとうれしい。これで、第二期の『食道楽』は「しょくどうらく」と読んでいたことがわかった。主宰者の松崎天民の発言なので間違いない。版元の食道楽社を「くいどうらくしゃ」と読むのはちょっとまずい、ということもあったのではないかと思う。しかし、この様子では、世間では「くいどうらく」と読んでいた人もいたのだろう。それにしても、歌人として有名な土岐善麿が、こんなところに朝日の新聞記者として登場していて、「しょうどうがく」という読み方の新説(!)を唱えていたというのは面白かった。(二〇〇五年七月二〇日)

[172←・→207]

177 「鳩少年」たちのバイブル

松本興『鳩』(三省堂、昭和六年／大蔵出版、昭和三〇年最新版初版)

[最新版]

●――先日の古書展で買った二〇冊の中で一番高かった二五〇〇円の本は、なんと鳩の本である。松本興著『鳩』だ。なぜ鳩の本などを、といわれると思うが、取材で聞いた話がきっかけで、興味を持って伝書鳩のことを調べ始めたのが一九九九年。それ以来、寝ても覚めても鳩、という生活を続けて、翌二〇〇〇年一二月には、文春新書から『伝書鳩――もうひとつのIT』という〝奇書〟を上梓してしまったのである。

●――副題に「もうひとつのIT」とつけたのは、私ではなく文藝春秋の人なのだが、それに惹かれて買ってくださった人も多かったらしい。発売直後に神保町の三省堂へ行ったとき、ITコーナーに並べられていたのを見て、絶句した(嘘ではなくホントの話)。ちょうどITという言葉がブームの頃で、『ITのことがわかる本』とか『企業のIT化を考える本』などの間に伝書鳩の本(!)が並んでいるという光景は、記念に写真にでも撮っておけばよかった。

●――その後、鳩のことを書いた〝変なライター〟ということで、新聞や雑誌の取材を受けたり、鳩レースの団体から講演依頼が来たり、かつての「鳩少年」だった方々からたくさんの熱烈なお手紙をいただいたり、ずいぶんいろいろなことを体験させていただいた。二〇〇四年にはライターの岡崎武志さんがラジオで拙著を紹介してくださったり、日立製作所執行役社長(当時)の庄山悦彦氏が、月刊『文藝春秋』二〇〇四年八月号の「鳩とIT」という随筆で、拙著のことを「鳩好きには必読の書と思う」と書いてくださったのには恐縮した。

●――その『伝書鳩』を書くために、国会図書館で過去に書かれた鳩関係の本を、当時それこそしらみつぶしに調べたのだが、松本興氏の『鳩』は、その中でも名著といっていい本である。伝書鳩だけでなく、観賞鳩や食用鳩のことまで網羅されていて、鳩についての総合的な解説書になっている。しかも、本文中には貴重な写真が満載。手には入らないと思っていたが、それを今になって古書展で発見したわけで、しかも、箱には著者の自筆サインが入っていた。そんなわけで、二五〇〇円だったが買ってしまった。

●――伝書鳩については、面白いエピソードがたくさん残っている。かつての伝書鳩は新聞社のスクープ合戦を担っていた。取材に駆けつけた各社の新聞記者やカメラマンは、伝書鳩に通信管(写真を入れて背負わせるもの)や信書管(通信文を書いた紙を入れて足に取りつけるもの)を装着して、さあ、本社まで急いで飛んで行ってくれ! と放す。各社の鳩がいっせいに飛び立つ中で、どういうわけか、ある記者が連れてきた鳩だけは、一度は飛び立ったが、すぐに降りてきて近くの木の枝にとまったきり動かない。生き物だけに、その日は鳩にとって、あまり飛びたい気分ではなかったのかもしれない。記者は焦る。木の下で「シッ、シッ」といったり、両手を大きく振り回して鳩を飛ばそうとするのだが、鳩はいっこうに動かない。そこで、小石を拾って鳩の方に投げつける。「コラッ、怠けていないで飛べ!」――ようやく、仕方なさそうに飛び立つ鳩。他社の記者たちからは同情のまなざしが。

●――そんな牧歌的な光景も、今では遠い昔の話だ。どこへ行っても携帯電話がつながるようになり、記者もノートパソコンを持参して、その場でインターネットでデータの確認もでき、原稿を書いてすぐに送信できる。デジタルカメラで撮った写真も文書と一緒に送れる。いや、携帯電話のカメラで撮った写真でも十分なほどだ。なんと味気ない世の中になったことか。

●――松本興氏の『鳩』によれば、鳩には四〇〇種以上の品種があって、その中には観賞鳩もあれば食用鳩もある。観賞鳩は尾がフリルのようになっているものが多いようだ。この本を見ていると、これが鳩? と思うほど珍しい鳩の写真も載っている。でも、観賞鳩を飼っている人も、最近はあまりいないのではないか。

●――伝書鳩をめぐってはいろいろな思い出があり、書き始めるときりがない。ちなみに私自身は、小学生の頃から現在に至るまで鳩を飼ったことは一度もないのだが。

❖

●――日本の新聞社や通信社が伝書鳩を使っていたのは、一九六〇年代まで。「通信鳩」とも呼ばれた鳩の鳩舎は、新聞社のビルの屋上にあり、毎朝放たれた鳩の群れがその上空を旋回していた。かつての有楽町には大手新聞社の東京本社ビルが集中していたので、ビルの上空を鳩が大きな輪を描いて飛ぶ姿は、都会の風物詩にもなっていたという。

●――また、鳩を使わなくなってからも、しばらくは鳩舎で飼っていたらしい。しかし、いよいよ鳩が時代後れになると、各社とも鳩舎を撤去して、鳩は希望者に頒布した。その子孫は「毎日系」とか「読売系」と呼ばれていたそうだが、それも次第に忘れられていった。

●――元の朝日新聞東京本社があった有楽町マリオンの一四階には、鳩の銅像がある。彫刻家朝倉響子氏の作で、一九六二年六月二六日に除幕式が行われたということだ。この二羽の通信鳩は、一羽は背中に通信管を背負い、一羽は足に信書管をつけている。新聞社のために離島や僻地から、あるいは嵐の中を飛んで、貴重な情報をもたらした〝小さな通信士〟を讃えて立てられたのだった。

●――それも今は昔。拙著『伝書鳩』が出たとき、三〇代の新聞記者の人に、「鳩が写真を運んでいたって話は、神話みたいに聞いていましたが、本当だったのですね」といわれたのを未だに覚えている。新聞社の社員でさえ、もはや伝書鳩の活躍を知らない時代になっているのだ。そのうち、新聞社が鳩を飼っていたなどという話は、本当に神話か伝説になってしまうのではないか。

●――新聞社の鳩係だった人から、取材のときに聞いた話が印象深い。鳩係は一羽ずつの鳩の勤務評定というか成績表をつけていたそうで、それを見るとどの鳩がよく働き、どの鳩があまり働いていないかが一目瞭然だった。新聞記者もスクープを狙って、できるだけ過去に実績のある優秀な鳩を連れていこうとする。道草を食って帰還するまで二、三日かかるような鳩は役に立たないので、次第に出動回数が減っていくのである。

●――普通、鳩の寿命は約一〇年といわれ、長生きすれば二〇年ということもあるらしい。ところが、新聞社の通信鳩は平均寿命がわずか五、六年。それだけ酷使されるということだろう。しかも、鳩係の人の話では、「よく働いてくれた鳩ほど短命で、鳴かず飛ばずの鳩は長生きした」という。

●――つまり、優秀な鳩は、大変な現場へ連れて行かれ、必死で困難な道のりを帰還しては、また次の現場へ――とどんどん出動回数が増えていき、早く死んでしまう。一方、いわゆる〝ダメ鳩〟はその間、巣でのんびりすごし、エサを食べているので長生きするというのである。何だかサラリーマンの社会を彷彿とさせられる。過労死するか、窓際ですごして楽をするか――。どちらが幸せな人生なのだろうか。（二〇〇五年四月二四日・八月一四日・一八日）

追記／その後、インターネットでこの本を検索して、私のブログを読んだ松本興氏のご遺族から、手元にこの本がないので譲ってほしい、と連絡があった。お目にかかってお話をうかがい、謝礼も過分にいただいて恐縮した。翌年、戦後に出たこの本の〈最新版〉を八〇〇円で見つけた。

[168←・→183]

178 一〇mの「蛇腹」手紙文集

『婦人倶楽部』附録『婦人書翰文範 附・新時代手紙常識』（大日本雄弁会講談社、昭和七年四月）

●――『婦人書翰文範』は、「本」ではなく蛇腹折りになっているもの（巻頭口絵参照）。表裏で一六四ページもある！　全部広げると、いったい何mになるのか知りたいところだが、畳むのが大変なので計っていない（計算すればいいだけのことだった。一ページの幅が一三cmなので、なんと一〇mと六六cm！）。これは大日本雄弁会講談社刊『婦人倶楽部』の昭和七（一九三二）年四月号の附録。わずか二〇〇円だった。明治期を中心に、こうした婦人向け実用書みたいなものを買い集めているので、つい手が出てしまった。前にも書いたが、蛇腹折りという特殊な仕様体裁に心を惹かれる。昔、会社勤めをしていた頃、デザインや印刷関係の仕事も担当していたので、蛇腹折りの印刷物をつくるのにどれほど手間がかかるか、ということは知っている。それだけに、「おそ

れいりました」と脱帽せざるをえない。

●――「附録」とはいえ、一六四ページの内容は充実している。手紙だけでなく、葉書、電報、海外への郵便物の宛名の書き方まで、写真版で掲載されている。しかも、文範というだけあって、作家たちの手による手紙が数多く掲載されている。よく知られている名前を挙げただけでも、山川菊栄、巖谷小波、西条八十、村岡花子、水野葉舟、野口雨情、長田幹彦、中村武羅夫、川端康成、吉田紘二郎、加藤武雄、奥むめおなど。それ以外に、著名人の妻や娘も書いている。杉浦翠子（杉浦非水の妻）、山室民子（山室軍平の娘）、若山喜志子（若山牧水の妻）、賀川春子（賀川豊彦の妻）、中河幹子（中河与一の妻）、佐佐木雪子（佐佐木信綱の妻）、三宅花圃（三宅雪嶺の妻）など。

●――片面は、冠婚葬祭に関する型通りの手紙の文案が多いのだが、もう片面は、結構すごい状況設定のもとに書かれた手紙が多い。「義妹の婚約を祝ふ嫂の手紙」や「初めて俸給をもらつて郷里の母へ」などはいいとして、たとえば「愛人との結婚を許されぬ娘へ」『失恋した友達を慰める』『離婚せんとする友人へ』『嫁げる娘を戒めて』『失意の友を慰める手紙』『夫の失業に悩む婦人へ』『不幸な奥さんに同情して』『旧師の不遇を慰めて』『妹の臨終の模様を姉へ』『一人子を亡くした悲しみを親しき友へ』『病弱の身の寂しさに』……という具合。「愛人との結婚を許されぬ娘へ」なんて、修羅場を想像させられる。こうした文案が載っているということは、当時、こうした手紙を書く機会が女性たちにある、と編集部では考えていたからにちがいない。昭和七年という時代の世相が浮かび上がるようだ。

●――これらは全部〝創作〟された手紙文というわけで、作家による〝超短篇小説〟ともいえるだろう。野口雨情は、「遊学中の兄へ妹より」という手紙を（妹の立場に立って）書いている。

久し振りでお便りを申上げます。

今日はよいお日和で、お兄さまがお好きな田《た》雲雀《ひばり》も啼《な》いてをります。太陽は庭一杯にさして、鶏も蔵の前で砂浴びをはじめてをります。さて、いつからか欲しいと思つてゐました白色レグホンの卵を、きのふ森の伯母さんから戴きました。早速、巣についてゐる鶏にあたためさせましたから、そのうち可愛い雛鳥が生れるでせう。雛鳥が生れたら、木小舎の側へ新しい鶏小屋も欲しくなつてまゐりませう。

今日はお彼岸の中日なので、お祖母さんのお供をして、朝のうちにお寺詣りをいたしました。帰りは、お寺の坂を下りて、小川のほとりを通つて来ましたら青々と田芹《たぜり》がのびてゐました。お兄さまとよくここへ芹を採りに来て、川で足を洗つたことなども思ひ出しました。（以下略）

●——読みながら、ほのぼのとしてくる。とはいえ、この野口雨情の書いた文案を、そっくりまねて手紙を書いても、心に響く手紙になるとは思えないが……。その次の川端康成が書いた「春雨の日に友へ」という手紙も、新妻から出したという状況になっていて、結構長い手紙で面白い、というか、書き出しから驚かされる。

いきなり彩子さんをびつくりさせてあげますわ。

軽い病の夫の枕もとに、新妻がじつと坐つてゐる春の夜の静けさは、ほんたうに、春雨がこの小さい家をやはらかくつつんでくれるやうな気がします。結婚のお報せもせずに、去年の春雨の日にお別れしたつきりのあなたに、こんなことを書き出して、でも、こんな静かな夜に、彩子さんをどんなになつかしく思ひ出してゐるかつてことが、知つていただきたいの。あの時の彩子さんは卑怯だつたつてことを、はつきり云つてあげたいの。

（以下略）

●——突然、「あの時の彩子さんは卑怯だつたつてことを、はつきり云つてあげたいの」と書かれても……。こんな文案を見本に使う人がいるのか、という気もするが。いやはや、川端康成、やってくれるじゃないの、という感じだった。（二〇〇五年一〇月一六日）[169←・→032]

179 「忘れられた美女」及川道子

『婦人倶楽部』附録『和装洋装 流行見立大集』
（大日本雄弁会講談社、昭和八年五月）

［ケース］

［カード］

●——『婦人倶楽部』昭和八（一九三三）年五月号附録の『和装洋装 流行見立大集』。これは、ケースの中に二つ折りのカードが一六枚入った商品カタログだ。二〇〇円は安い。

●——一枚のカードが四ページなので計六四ページある。着物と洋服だけでなく、バッグ、財布、指環、パラソル、扇子、スカーフ、髪飾り、ブーケ、草履、靴、腕時計、帯留、ネクタイ、帽子などの小物もあった。昭和八年当時のファッションの流行がわかって非常に面白い。また、すべての値段がわかるのも、資料としてありがたい。

●——このカタログの掲載品は、高島屋、松屋、松坂屋、三越、白木屋の〝帝都五大デパート〟の特選品で、大日本雄弁会講談社代理部の取次で購入できるようになっている。さらに、「御選定の方々」として、鳩山薫、花柳壽美、大妻コタカ、及川道子、長田幹彦、栗島すみ子、山川秀峰、西条八十、水谷八重子、森律子の名前が並んでいる。

●——この著名人一〇人が、各デパートの特選品の中からさらに選んだ商品だということで、読者の購入意欲をあおったのだろう。たしかにカードを見ると、それぞれに選定者の名前と、商品に関するコメントが書かれている。

●——この一〇人の中に、及川道子が入っていたのは思いがけなかった。及川道子は、二〇〇九年五月一七日付『読売新聞』に私が書評を書いた虫明亜呂無の『女の足指と電話機——回想の女優たち』（清流出版）に登場する〝忘れられた美女〟である。同書の中でも印象的な一人が及川道子だった。若くして世を去ったが、絶世の美女だったという。及川道子はこのカタログで「流行のハンドバッグ一切」のページを担当しているが、そこには上品でシックなバッグだけでなく、黒猫マスコット型バッグ（！）というのもある。彼女は可愛らしい小物が、きっと好きだったのだろう。美しい大きな瞳の少女の姿が

思い浮かんだ……。（二〇〇九年六月八日）〔128↑・→097〕

180 大きな弁当箱は恥ずかしい？

『栄養の日本』
（日本栄養連盟会、昭和八年八月、九月、一一月）

●——以前の古書展に、『栄養の日本』の昭和一六（一九四一）年の九月号と一〇月号が各五〇〇円で出ていた。太平洋戦争の直前ということもあって興味を持ったが、中を見るとそれほどの内容でもなかったので買わなかった。表紙のタイトルが右から読むようになっているため、値段が書かれた帯に『栄養の日本』ではなく、『本日の栄養』（！）と誤記されていたのが印象に残った。たしかに、左から右へ『本日の栄養』と読みたくなる気持ちもわからなくはない。

●——今回入手した三冊は、創刊の翌年の昭和八（一九三三）年に出た八月、九月、一一月号で、三冊九〇〇円。この値段なら文句はない。本文一〇四ページのほかに巻頭グラビアが何ページかついていて、記事の内容も充実していた。昭和八年頃は食生活の面でも、まだそれほど悲惨なことにはなっていなかったはずだ。そのため、栄養料理について真面目に論じられている。太平洋戦争に突入した後は、栄養のバランスどころか、配給食糧も不十分で、欠食児童がたくさん出るようになっていくのだが……。

●——八月号と九月号には「脚気論」、一一月号にはサンカ小説で有名な三角寛の小説や、人口問題や、「女学生のお弁当拝見」などの記事が載っている。女学生の上級生たちは「大きな弁当箱を持ってくるのは恥ずかしい」といって、小学生と同じ弁当箱を持ってくるという。量も少なく、カロリーも不足気味だということが問題になっているのだが、そのあたりは現在と共通しているようだ。（二〇〇六年九月一五日）〔175↑・→143〕

【昭和八（一九三三）年】——名取洋之助・木村伊兵衛ら「日本工房」結成。

181 戦時体制直前の富豪たち

『講談倶楽部』附録『全国金満家大番附』
（大日本雄弁会講談社、昭和九年一月）

●——なぜか表紙に紅色のサンゴ（富豪の象徴？）が描かれた四六倍判のこの冊子、古書展で見つけるなり、すぐに買おうと決めた。四〇〇円。何しろ「金満家番附」である。私にはまったく縁がないが、いったい上位がどんな顔ぶれなのか、見てみたいではないか。

●——金満家という言葉は、最近ではいい意味では使われていないような気がする。だが、『広辞苑』を見ても「財産家。金持」と書かれているだけだし、別に悪い意味はなかったのだろう。これは附録とはいえ、一三二ページの立派な冊子である。おそらく私と同じように、一般の人々も当世の「金満家番附」を知りたかったにちがいない。他人の懐具合をのぞくのはいい趣味とは思えないが、誰にでも好奇心はある。

●——扉を開くと、「資産家の面影」という写真ページが二ページあり、三二人の顔写真が並んでいた。これが結構面白かった。政治家や小説家の顔写真はかなり見て知っている。ところが、財産家といわれる人の顔は意外に知らない。三二人の中で見たことがあるのは岩崎久弥、大倉喜七郎、安田善次郎くらいだった。後は「ふーん、こんな顔をしていたんだ」と思うばかり。実は、博文館社主の大橋新太郎の写真もあったのだが、そういわれると、これまで彼の写真を見たことはなかったような気がする。

●——その次に編集部による「はしがき」が載っている。その書き出し部分を引用してみよう。

　わが講談倶楽部は、大方諸彦の熱烈なる要望に鑑みて、茲《ここ》に第三回目の全国金満家大番附を編纂し、新年号附録として愛読者各位の几辺《きへん》に献ずることになりました。

　前回の発行は昭和六年でありましたが、爾後今日に至る三年間は、国家経済に於ても亦個人経済に於ても、実に多事多忙を極め、随《したが》つて富豪諸家の身上にも各種の波瀾起伏があり、番附面は、こゝに大訂正を要することになりました。そこで本誌は、三たび帝国興信所を煩はして、全国資産家の根本的大調査を刊行することになつたのであります。（以下略）

●――調査は昭和八（一九三三）年に行われている。この年の前年に五・一五事件が起こり、日本は満州国建国を宣言。昭和八年には国際連盟を脱退し、いよいよ戦時体制に突入する。防空大演習が行われ、『信濃毎日新聞』主筆の桐生悠々が「巻頭防空大演習を嗤ふ」を執筆して退社を余儀なくされたのもこの年だ。また、小林多喜二と野呂栄太郎が逮捕され、拷問を受けて亡くなるのもこの年である。

●――さて、そういう時代の〝金満家〟として上位に名前を連ねているのは誰か。番附なので、東西（といっても地域とは関係ない）に分けて記載されている。

（右ページ）

【横綱】四億五千万
岩崎宗家・男爵　岩崎久弥
【大関】三億五千万
三菱合資社長・男爵　岩崎小弥太
【関脇】二億三千万
三井信託取締・男爵　三井高精
【小結】二億
三井銀行社長　三井源右衛門（以下略）

（左ページ）

【横綱】四億五千万
三井合名社長　三井宗家・男爵　三井高公
【大関】三億
住友合資社長・男爵　住友吉左衛門
【関脇】二億
大倉組頭取・男爵　大倉喜七郎
【小結】一億八千万　安田銀行頭取　安田保善総長　安田善次郎（以下略）

●――これを見ると、三菱と三井の天下だったことがよくわかる。四億とか三億とかいわれても、それが現在のどれくらいの価値に相当するのかわからない。とはいえ、この『全国金満家番附』に掲載されている一番少ない資産の額は「六十万」である。ずいぶん少ない、と感じた人もいるのではないか。もし、当時の六〇万円が単純に今の千倍に当たるとして六億円だ。その計算でいくと、四億五〇〇〇万は現在の四五〇〇億ということか？（数字に弱いので、計算ミスをしたような……）昭和八年の銀行の初任給が七〇円、という数字もあるが……。二千倍と考えたほうがいいのか？　どなたか余裕があれば、昭和八年頃の四億五〇〇〇万円という資産が、どれほど莫大なものだったのか調べてください！（二〇〇六年六月二〇日）［070←・→189］

182　「東京移動図書館」とは？

「図書館週間」しおり（社団法人　日本図書館協会、昭和一〇年一一月一日～七日）

●――「和洋会」で四〇〇円で買った福田清人編『尾崎紅葉　文学読本　春夏秋冬』（第一書房、昭和一三年）に、しおりがはさんであった。つるはしをかついだ労働者が、本を読みながら歩いている。なんともいえない強烈な図柄である。

●――「図書館週間」と書かれているが、これは現在あるのだろうか。ネットで検索すると、「図書館週間」は関東大震災後に始まった「読書週間」が最初で、昭和六（一九三一）年に「図書館週間」と名称変更されている。その後、戦時下でさらに名称変更され、戦後の昭和二二（一九四七）年に「読書週間」として甦ったらしい。なるほど。

●――そこまではわかったのだが、このしおりの一番下の文字に目が惹きつけられた。「社団法人　東京移動図書館」と書かれているではないか。所在地は麹町区内幸町大阪ビルで、電話もある。「東京移動図書館」なるものが、社団法人として存在していたことは間違いなさそうだ。

●――しかし、この「東京移動図書館」に関する情報は、ネットからは何も得られなかった。ウィキペディアには、日本初の移動図書館は昭和四八（一九七三）年七月に高知県立図書館で始まった、と書かれているのだが、それより三八年も前の昭和一〇年に、名称としては東京にすでに「東京移動図書館」があったことになる。この図書館は、いったいどんなものだったのだろう？　しおりには、会費月一円で、五マイル（約八キロメートル）以内に配本する、とある。（二〇〇九年四月四日）

追記／この件については、ブログ「書物蔵」さんがくわしく追跡調査をしてくださった。感謝！

[159←・→007]

183 本文ガリ版印刷の鳩稀覯書

軍用鳩調査委員会編『軍用鳩通信術教程草案』（北林鳩具店印刷所、昭和一〇年）

[図版]

●——八月一五日。毎年、この日が来るたびに、自分がもしあの戦争中に生まれていたら——と想像してしまう。一九四五年八月一五日以来、軍の施設や官庁や軍人の幹部の自邸などでは、書類などを焼却処分する煙が高く立ち上っていたという。もちろん、証拠隠滅のためである。そして、敗戦によって鳩も受難のときを迎えた。軍用鳩も、一部は逃がしたりもしただろうが、何しろ帰巣性があるので、いくら放してもそれまで飼われていた軍の施設にある鳩舎に戻って来てしまう。そのため、証拠隠滅の一環として、軍用鳩も殺してしまったというのだ。なにも、鳩が好んで戦争のために働いたというわけでもなし、なんということを——という気がするが、敗戦が決まったときというのは、実際には、正常な精神状態でいられるものではなかったにちがいない。上司から、証拠をすべて消せ、と命令されれば、それまで大事に育てていた鳩でも殺すしかなかったのだろう。

●——新聞社で飼われていた通信鳩も、戦中・戦後の食糧難の時代は悲惨だった。鳩係の人の話によれば、鳩に食べさせるエサの確保には相当苦心したらしい。それも当然だろう。人間だって食べるものがないときに、鳩に食べさせるエサなど、いったいどこで調達できるというのか。豆や穀類を鳩にエサとしてやるくらいなら、人間が食べたいという状況だったのだ。それどころか、通信管を背負っている鳩が、飢えた人間に猟銃で撃ち落とされてしまう、ということも結構あったようだ。そのため、新聞社で記者たちが首を長くして鳩の帰りを待っていても、鳩はいつになっても帰って来ない。鷹やハヤブサではなく、人間に食べられてしまったのである。

●——私が持っている鳩関係の古書の中では、おそらく一番珍しいものだと思う一冊。この軍用鳩調査委員会編『軍用鳩通信術教程草案』は、数年前に三五〇〇円で購入したもので、扉と奥付は活字だが、それ以外の本文はすべてガリ版印刷である。あくまで「草案」で、この後に印刷するつもりだったのだろう。とはいえ、印刷された本は国会図書館にも残っていない。

●——編者の軍用鳩調査委員会というのは陸軍の組織である。大正八（一九一九）年四月に、中野の陸軍電信隊の中に設けられ、そこで軍用鳩の養成や訓練が行われていた。いわば、この本は軍用鳩養成のための教科書のようなものだ。非常に専門的な内容で、附録も充実している。

●——大正一二（一九二三）年九月一日に関東大震災が起こったときには、陸軍軍用鳩調査委員会が飼育している伝書鳩二〇〇〇羽が、各地の被害の状況を調べるのに活躍している。「臨時鳩隊」が編成され、伝書鳩を携えて日光、宇都宮、千葉、横須賀、横浜、藤沢、小田原、清水港など関東周辺の各地へ出張した担当者が、現地の様子を書いて鳩に運ばせたのだ。交通網も通信網もずたずたになっていたので、人間が徒歩で戻るよりもずっと早く、鳩は中野の鳩舎に飛んで帰ってきた。機械通信が復旧したのは九月中旬で、それまで伝書鳩が大活躍したという。その活躍に対して、東京市長（当時は東京府東京市だった）、横浜市長などから感謝状が授与されている。

●——ところで、日中戦争では数多くの軍用鳩が活躍していたが、そんな時代の空気を感じさせるものがある。昭和一四（一九三九）年に日本伝書鳩協会が「伝書鳩普及標語懸賞」というものを実施していたのだ。

軍鳩飼って国護れ
国の為めみんなで殖やせ伝書鳩
いざ共に飼へよ興亜の伝書鳩

●——これが、一等、二等、三等の入選作。当時は「欲しがりません勝つまでは」のたぐいで、こうした標語が山のようにつくられていたようだが、伝書鳩の標語まであったのには驚く。

●——靖国神社に、「鳩魂塔《きゅうこんとう》」という軍用鳩の慰霊碑があることをご存知だろうか。国のために戦って亡くなった兵士たちを祀るのが靖国神社だ、とずっと思っていたのだが、実は、戦争に駆り出されて「戦死」した動物たちも一緒に祀られているのである。

●——靖国神社に慰霊碑がある動物は、馬、犬、そして鳩だ。軍用馬、軍用犬、軍用鳩として戦場で活躍し、敵の銃弾や砲撃などで死んでいった彼らが、靖国神社で人間と一緒に祀られている。馬と犬と鳩という組み合わせは意外に思えるだろうが、戦争に役に立つ動物はこの三つくらいだったことになる。たしかに、猫など戦争に連れて行っても、何も役には立たないだろう（猫にとっては幸運なことに！）。ほかにも、いろいろ研究はされてきたようだが、実際に戦争の役に立ったのは馬と犬と鳩だったのである。

●——家畜動物の中で、牛や豚やニワトリは、古くから食用として人間の役に立ってきた。しかし、何かの目的のために訓練して使役する動物ということになると、日本では普通、馬と犬くらいしか思い浮かばないだろう（東南アジアの国々では、象も使役動物なのだろうが）。しかし、馬や犬と違ってほ乳類でもなく、わずか二・四g程度の脳を持つにすぎない鳩が、軍隊や新聞社などで活用され、靖国神社に慰霊碑まで立っている——。この事実を知って、靖国神社で実際に鳩魂塔を見たときは、胸がいっぱいになった。

●——八月一五日の一カ月後の九月一五日には、毎年鳩レース関係者によって鳩の慰霊祭が行われている。鳩の慰霊祭、と聞くと馬鹿にする人もいるだろう。でも、いろいろ話を聞いてみると、慰霊祭を行う人々の気持ちもよくわかった。鳩レースをやっている人たちは、今もたくさんの鳩を犠牲にしているらしいのだ。

●——非常に矛盾しているのだが、鳩をレースに出すということは、つねに危険と隣り合わせである。もう二度と戻ってこないという可能性もあるわけで、可愛がっている鳩なら、レースになど出さずに大事に飼い続ければいいことになる。それでもレースに出す。最近は、鳩レースの鳩の帰還率が悪くなっていて、携帯電話の電波が鳩の帰巣性に悪い影響を与えているのではないか、という説もあるらしい。何百kmも離れた自分の巣まで戻ってくるのは、あの小さな鳩にとっては実に苛酷なことなのである。

●——迷い鳩はどうなるのか。途中でどこか別の鳩舎に紛れ込むということもあるらしい。その場合は、脚環のナンバーで持ち主がわかるので、発見した人が連絡してくれれば、元の飼い主のもとに戻れる。しかし、疲れきっているところをハヤブサなど空のハンターに襲われれば、ひとたまりもない。レースに参加した小さな鳩は、誰にも知られずにあちこちで命を失っている。それでも、競馬の馬と違って鳩はどんどん繁殖するので、たくさんの鳩を飼っている人はたくさんの鳩をレースに出し、帰還率が悪くてもまた次の鳩を出す、ということをくり返している。これは、愛鳩家にとっては、罪深いことでもある。だから、せめて慰霊祭を行って、人間の都合で命を落としている鳩の霊をなぐさめようというのである。そういう事情を知ると、なんともいえない気持ちになるのだが……。（二〇〇五年八月一五日・一七日・二〇・二一日）[177↑ ↓185]

184 郵便函を雪隠と間違えた理由

通信協会編『前島密遺稿集 郵便創業談』
（通信協会、昭和一一年一二月初版）

●——亡くなった私の父は、東京都内で郵便局長をしていた。そのため、郵便という言葉には、子供の頃から親しみを持っている。前島密にも関心があったのだが、先日この本をわずか一〇〇円で入手することができた。博文館刊『太陽』の明治三二（一八九九）年四月号から四回にわたって連載されたものを、まとめたものだという。

●——何しろ、まだ交通機関などほとんどない時代のこと。幕末頃の各藩相互の通信法は、その藩地と江戸邸の間に毎月一回以上の藩用飛脚便というものがあり、他藩に通信しようとする場合は、その信書をまず江戸の藩邸まで送り、それから届け先の藩邸まで使者が届けるのが通例で、長岡から会津まで早くても二〇日、遅ければ一カ月余りかかったそうだ。そうした状況で、時代は江戸から明治に変わっても、全国に信書を送る郵便事業の創設がいかに困難だったかは、想像するに余りある。

●——「郵便」という名称は、前島密が提案して決定したものだそうだが、庶民はこの言葉を読めず、中流以上でも意味がわからない者が多かったという。次のような珍談も載っている。

　或る田舎の人で、今日で謂へば紳士とでもいふ程の者であるが、東京見物に出て来て、明治五年始めて東京市中の辻々に、柱函を建てたのを見ると、白字で郵便と書いてあり、又其《その》信書の差入口の蓋に差入口と書いてある。其紳士は之を見て郵の字の偏が垂《たれ》といふ字である故、「タレベン」と読んで、郵便函を雪隠と間違へたのだが、其れにしても其差入口が余り小さいばかりか、又甚だ高過ぎるので、普通の日本人の用には適しないと、つぶやいたとの事で、本寮中の笑柄となつた。

●——まさかポストをトイレと間違えるとは！
（二〇〇六年一二月二〇日）[091←・→107]

185「軍用鳩美談」に涙して……

『小学国語読本　尋常科用』復刻版
（文部省、昭和一二年一月）

●——ドバトといえば……「ドバト＝土鳩」だと思っている人が多いが、実はこれはもともと「堂鳩《ドウバト》」に由来している。室町時代には「塔鳩《トウバト》」という名前が出てくるが、これは寺院などの塔に棲むことからきた名称で、これが安土桃山時代には「堂鳩《ドウバト》」となった。やはり、お寺などのお堂に棲んでいるかららしい。

●——そういう〝どうでもいい話〟は、拙著『伝書鳩——もうひとつのIT』（文春新書）の取材ノートをめくればたくさん出てくる。たとえば、鳩といえば、夫婦仲睦まじいことのたとえにされるほどで、一夫一婦制だ、とたいていの本には書かれている。だから、つがいの鳩は、片方が死んでしまうと、別の鳩とはカップルにならないのだという。ところが、鳩を飼っている某氏が話してくれたところによれば、鳩の中にも浮気をするものがいて、それどころか、同性愛の鳩（！）までいるのだそうだ。そんな面白い話を聞いて、驚くやら笑うやら。

●——文部省検定済み国定教科書『小学国語読本　尋常科用』（昭和一二年）の復刻版を二〇〇円で入手した。昭和一二（一九三七）年は満州事変の最中で、この年の七月の盧溝橋事件を契機に日中戦争が始まることになる。そして、四年後には太平洋戦争へと突入するわけだ。この教科書には「小さい伝令使」という〝軍用鳩美談〟が五ページ余り掲載されている。「小さい伝令使」は、こんなふうに書き出されている。

昭和六年十二月三十一日の夕暮、大石橋守備隊の鳩舎へ、血に染まつた一羽の鳩が飛んで来た。取扱兵がすぐ抱上げて、足の番号を見ると、四日前に、錦州へ向け出発した我が軍に連れられて行つた軍用鳩であつた。信書管は血にまみれ、身には重傷を負うて、息もたえ〴〵であつた。

●――錦州で日本軍は、兵力で上回る敵軍に苦戦をしていた。それを伝える手段は、通信もすべて破壊されたので鳩に頼るしかない。兵士は鳩の足に通信文を取り付けると、しばらく鳩の身体に頬をすりつけて、無事を祈って空へ放った。すると、鳩は空へ舞い上がり、方向を見定めるとやがて飛び去っていった。

●――途中で鷹の一群に出会ったため、鳩は低空飛行に移ったが、そこで敵軍に発見されて一斉射撃を受ける。一弾は左足を奪い、一段は腹部を貫いた。しかし、鳩はそれでも飛び続ける。

●――いったい夜はどこで休んだのか（鳩は普通、夜は飛ばない）、翌日になって、鳩は奇跡のように大石橋の自分の鳩舎にたどりついたのである。以下は「小さい伝令使」のラストの部分――。

大石橋守備隊では、さつそく信書管を取りはづし、手厚くかんごしたが、任務を果して気がゆるんだのか、鳩は取扱兵の手に抱かれたまま冷たくなつてしまつた。

しかし、此の報告で敵情は明らかになつた。さうして、間もなく我が軍は錦州を占領した。

●――この短い文章を読んだだけで、涙が出そうになってしまう。戦意高揚のための戦争美談に、やすやすとのせられてしまう自分が情けないが……。子供をずっとこうした美談で洗脳していけば、たやすく愛国心に燃える国粋主義者に仕立てることができるにちがいない。小さな鳩でさえ御国のために命を捧げているのだ、と。そして、日本の政府はそれをしようとしたのだった。（二〇〇五年八月一一日）［183←・→216］

186 野田書房社主の自殺の謎

フェレンツ・モルナアル著、鈴木善太郎訳『ドナウの春は浅く』（野田書房、昭和一三年三月初版）

●――少し前の古書展でこの本を見つけた。函なし、三〇〇円。最初、装幀を見て、第一書房の本だろうと思って手に取ったのだが、奥付を見ると「野田書房」という文字があった。検印紙も横長で七cm×四・三cmという大きさで、第一書房の検印紙とよく似ている。ちょうどその少し前に、野田書房のことをちらっと読んだことがあったので、興味を惹かれて購入した。

●――野田書房は、堀辰雄、芥川龍之介、永井荷風、佐藤春夫、室生犀星などの〝限定版〟(数十部〜数百部)を刊行していたことで知られている。同社を創業したのは野田誠三だが、この名前で人名辞典などに載っているのは、元阪神タイガースのオーナーで野球殿堂入りした野田誠三である。ネットで検索すると、野田書房についてくわしく書いているページがあった。

●――野田誠三は雑誌『ヴァリエテ』の編集に携わっていたが、早稲田大学在学中に野田書房を立ち上げたらしい。装幀などに凝った高価な限定本のほかに、『ドナウの春は浅く』のような普及版の本も刊行している。『ドナウの春は浅く』は初版一五〇〇部である。この本が刊行されたのは昭和一三(一九三八)年三月だが、実はその翌月、堀辰雄の『風立ちぬ』を刊行した三週間後に、野田誠三は自殺しているという。

●――昭和一三年までに野田書房から出た本を国会図書館の所蔵本で検索してみると、三四冊にすぎない。この『ドナウの春は浅く』の巻末には「近刊」と予告された本の書名が三冊挙がっているが、その書名の本は三四冊の中には入っていないので、出版されなかったらしい。モンテルラン(新庄嘉章訳)『若き娘たち』、三浦逸雄『イタリヤ文化論』、ポオル・ジェラルディ(木下杢太郎訳)『お前と私』の三冊だ。

●――それにしても、なぜ野田誠三はわずか二七歳くらいの若さで自殺をしたのだろう。借金を抱えて、金策に走り回っていたらしいが、その若さと情熱があれば、別の選択肢もあったのではないのか……。この本を手にしながら、そんなふうに考えずにはいられなかった。

●――その後、画家で文筆家の林哲夫さんから、野田誠三の自殺について、自著『文字力一〇〇』(みずのわ出版)で言及されていることを教えていただいた。孫引きになって恐縮だが、『文字力一〇〇』に引用されている『都新聞』の記事の内容を、ざっと紹介させていただきたい。

●――野田誠三が「謎の自殺」を図ったのは昭和

一三年四月。五月三日の『都新聞』の記事によると、野田は二年前に某花街の芸妓松本かのえ（二五）と恋におちた。かのえを身請けした野田は、鎌倉で同棲生活を始めたが、かのえには母や兄弟がいた。出版業界で躍進しようとしている野田に、お金の心配をかけたくないというかのえは、同棲から二カ月後に、野田の合意の上で再び芸妓となった。野田は孤独の寂しさに耐えかねて、かのえがいる土浦の花街をしばしば訪ねていたが、四月二八日に土浦からの帰途の列車の中でカルモチンを飲んだ。上野駅に着くと、野田は自分で親友に電話をして「いま毒を飲んだ」と知らせ、驚いて駆けつけた人々に病院に収容された。医者は一週間ほどで回復するだろうといったが、体質が弱かったため、急逝したという――。

●――どうも、この記事にも肝心のことは書かれていないという感じだ。こんなことで毒を飲むって、いったい……？　後は、それぞれのご想像にお任せしたい。（二〇〇六年七月二三・二四日）［104←・→199］

187 『風とともに去りぬ』題名物語

マーガレット・ミチェル著、阿部知二抄訳『物語 風に散りぬ』（河出書房、昭和一三年六月初版）

●――珍しい本を入手した。サイズはほぼ文庫版で、函入りのごく薄い本だ。四〇〇円。函のデザインもとくに目を惹くものではなかったが、手にして驚いた。『物語 風に散りぬ』とあり、マーガレット・ミチェル、阿部知二と連記されていたからだ。奥付によれば昭和一三（一九三八）年の初版で、発行所は河出書房。「訳述 阿部知二」と書かれているが、それ以外にはこの本のどこにも「阿部知二訳」とは書かれていない。間違いなく、マーガレット・ミッチェルの名作『風と共に去りぬ』を日本語にしたものである。

●――これは一六〇ページ足らずの薄い本なので、もちろん全訳ではない。ミッチェルのこの小説は、『風と共に去りぬ』という日本語のタイトルが印象的で、それ以外ではもはや考えられなくなっている。しかし、初めて日本に紹介されたときは、『風と共に去りぬ』という書名ではなかった、と何かで読んだ記憶があった。それがこの阿部知二が訳述した『物語 風に散りぬ』なのではないか……。

●——早速調べてみると、やはりそうだった。同じく昭和一三年から翌年にかけて、深沢正策が第一書房から『風と共に去る』と題して第一巻・第二巻を訳している。昭和一四（一九三九）年には、藤原邦夫訳で明窓社から『風と共に去れり』が出ている。昭和一五（一九四〇）年には、三笠書房から『風と共に去りぬ』のタイトルで第三巻・第四巻が出ているが、この訳者は大久保康雄だ。

●——大久保康雄の訳書の前に、『風と共に去りぬ』というタイトルは存在しないようなので、昭和一五年以降はこれで定着したのだろう。ただし、前述した深沢正策は、戦後の昭和二八（一九五三）年に、三笠書房から『風と共に散りぬ』のタイトルで二巻本を刊行している。「去る」ではなく「散る」の系統のタイトルを採用したのは、最初の阿部知二とこの深沢正策の二人のみで、それ以外の訳者は「去る」を用いている。しかも、深沢正策の『風と共に散りぬ』を除けば、昭和一五年の大久保康雄訳『風と共に去りぬ』以降、タイトルは全部『風と共に去りぬ』で、「去る」の系統が圧勝している。

●——とはいえ、大久保康雄が『風と共に去る』ではなく『風と共に去りぬ』、「去りぬ」と訳したのは、多少、阿部知二の『風に散りぬ』の「散りぬ」の影響があったのかもしれない。『風と共に去る』ではちょっと語呂が悪いし、ここまでの人気を得たかどうか。その意味でも、阿部知二の『風に散りぬ』には興味を惹かれた。

●——ざっと読んでみたところ、原作のストーリーがうまく短縮されている。あいにく全訳した本が手元にないので、厳密に比較はできないが、だいたいこういう話だったという気がする。山場はきちんと押えてある。巻末には阿部自身による「解題」があり、なぜこの本を紹介したかが述べられていて、なかなか面白かった。「大衆小説」だが、といいながら、作者の手腕を評価し、この作品の優れている点を指摘しているのだ。主要人物の家系図や、地図も付けているのでわかりやすい。気になるのは、阿部がタイトルをなぜ『風に散りぬ』と訳したか、ということだが、題名については、解題の書き出しの部分に次のように述べられている。

この、「風に散りぬ。」—Gone with the wind—は、一九三七年の夏のはじめ、マーガレット・ミチェル（Margaret Mitchell）といふ、全然いままで知られなかつた一女性の手によつて、忽然と世に出て、たちまちに、風のごとく、アメリカは勿論、英吉利にも、驚くべき勢ひで読まれて行つた大衆小説である。題名は、二十四章の中頃に、戦の跡の故郷タラの館について、主人公スカーレットが、「タラも、ジョージアを吹き払つた風に散り去つてしまつたのか。」といふ言葉から来てゐるものとおもはれるが、この異常な熱と力との漲《みなぎ》る物語については、果して見事にその性格をあらはし得た名であるかどうかは疑はしい。

●——その後、国立国会図書館編『明治・大正・昭和 翻訳文学目録』（風間書房）でマーガレット・ミッチェルを引いてみると、戦前に出た翻訳としては以下のものが挙げられていた。

『風と共に去りぬ』 上・中・下
　大久保康雄　三笠書房　昭和一三年
『風と共に去りぬ』 一～四
　大久保康雄　三笠書房　昭和一五年
（以下は戦後なので略。同じ訳者で同じタイトルの本が、何冊も刊行されている）
『風と共に去る』 一、二
　深沢正策　第一書房　昭和一三～一四年

●——昭和二〇（一九四五）年以前に刊行された『Gone with the wind』の日本語訳の本としては、この三種だけが載っていて、阿部知二の『物語 風に散りぬ』は載っていない。アメリカで大ベストセラーになった二年後の昭和一三年に、阿部知二と大久保康雄と深沢正策の三人が、同小説に興味を持ってそれぞれ訳した、ということなのだろう。この本によれば、いま定着している『風と共に去りぬ』というタイトルは、大久保康雄が昭和一三年に訳したもの、ということになる。

●——ただし、この本は国会図書館編になっているのだが、その国会図書館の所蔵図書を検索しても、昭和一三年刊行の大久保康雄『風と共に去りぬ』（三笠書房）の上中下三冊も出てこないし、その二年後の『風と共に去りぬ』（三笠書房）一～四の四冊のうち、三と四しか出てこない。結局、昭和一三年か一五年かは確認できなかったのである。

【昭和一三（一九三八）年】——商工省、新聞用紙制限を命令。

●——五年前、自分でブログに次の文章を書いていたことをすっかり忘れてしまっていた。

❖

木村毅の『丸善外史』（丸善）が一二〇〇円で出ていた。（中略）この本は読み物として面白い。まだ少し読んだだけだが、アメリカでマーガレット・ミッチェルの『風と共に去りぬ』が大ベストセラーになったとき、最初に日本の新聞にこの本のことを書いたのは木村毅だったそうだ。ただ、そのときはアメリカの新聞で前評判を見ただけで、内容まで読まずに書いた記事だったので、タイトルは『風吹くままに』と訳したという。『風と共に去りぬ』が、もし『風吹くままに』で翻訳されたり、映画のタイトルになっていたら、また違った印象を受けていたことだろう。

●——『風と共に去りぬ』について、前にどこかで読んだ気がしていたのは確かで、たぶん、木村毅の本だろうとは思っていた。だが、『丸善外史』とは気がつかなかった。『丸善外史』を改めて見てみると、木村毅は次のように述べていたのである。

「風と共に去りぬ」もイギリス版はマクミランが獲得した。じつはこの小説を初めて日本につたえたのは私で、まだ発行されぬさきに、前評判をアメリカ新聞でみて、内容がしっかりわからぬから「風吹くままに」と題して、東京日々新聞にのせた。一、二年をへて阿部知二氏の、これはほんとうにその書を読了しての紹介が出て、「風と共に去りぬ」という訳名はその創案であろう。

●——これを読むと、「まだ発行されぬさきに」ということなので、木村毅が書いたのは本の紹介文で、『風と共に去りぬ』を翻訳したわけではない。その代わり、木村毅は阿部知二の名前を挙げて、初めて『風と共に去りぬ』の訳書を出したのは彼だ、といっている。ただし、木村毅は書名については勘違いしていたようだ。（二〇〇九年二月五日・六日・七日）[151←・→191]

188 変型仕様好みの「蛇腹」詩集

佐藤春夫『佐藤春夫新詩集 東天紅』（中央公論社、昭和一三年一〇月初版）

●――〝装幀買い〟した本。本来は袋がついているらしいが、これは本体のみで表紙が少し破れていたので、五〇〇円だった。ページが長い蛇腹折りになっている。折り山は四五あり、片面のみ印刷されている。装幀は水谷清。これまでにも何度か書いているが、こうした蛇腹折りの印刷物は、制作に手間がかかっているので、つい買ってしまう。サイズは二二・七cm×一五・三cm。ページを広げると、全ページ二色刷で、茶色の罫線の間にスミで文字が印刷されている。佐藤春夫は変わった仕様体裁の本をいろいろ出しているが、この詩集を見たのは初めてだった。

●――発行されたのが、日中戦争が始まった翌年ということもあって、目次には「軍国の春」「国旗を謳ひて」「戦死軍人に捧ぐる歌」「駅頭に立ちて」「送別歌」「盧溝橋畔に立ちて歌へる」「南京空襲の報を聞きて」などが並んでいる。森鷗外の『うた日記』からの引用が冒頭に置かれているので、日露戦争に従軍して歌を詠んだ鷗外の立場に、自らをなぞらえていたのかもしれない。佐藤春夫はこのとき四六歳。

●――「駅頭に立ちて」という詩には序文があり、「七月末つ方友人檀一雄み軍の召により勇躍して郷里九州に帰る夜これを駅頭に送る（以下略）」と書かれている。文学辞典によると、檀一雄は処女作品集『花筐』（昭和一一年七月刊行）の出版記念会が開かれることになった当日、召集を受けて九州の久留米の連隊に入った、とある。「駅頭に立ちて」は、ごく短い詩なので引用しておこう。

なべてみな
なみだはかわき
言の葉に
また逢ふ日
ありやなしやと
わらべさへ問はぬなりけり
世の常の別れならねば

●——最後のほうに「友人某が詩稿に題す」という詩があるのだが、この「友人某」とは誰だろう。以下、「友人某が詩稿に題す」。

家はもたぬが正直で愛するに足る青年だ。
金にはならぬらしいが詩もつくつてゐる。

南方の孤島から来て
東京でうろついてゐる。風みたいに。

その男の詩は
枝に鳴る風みたいに自然だ。しみじみと
生活の季節を示し
単純で深みのあるものと思ふ。

誰か女房になつてやる奴はゐないか。
誰か詩集を出してやる人はゐないか。

(二〇〇七年一一月二五日)

追記/読者の人から、「友人某」は詩人の山之内貘であることを教えていただいた。佐藤春夫のこの詩は、山之内貘の処女詩集『思弁の苑』に書いた序詩だそうだ。[174←・→197]

189 内閣情報部の対外宣伝誌

内閣情報部編集『写真週報』第四九号
(内閣印刷局、昭和一四年一月二五日)

●——このグラフ誌は、知る人ぞ知る対外宣伝誌である。三〇〇円だったので、四冊購入した。一九三六年にアメリカで『ライフ』が創刊され、急激に発行部数を伸ばしていた。続いて『ルック』も翌年創刊され、こちらも大部数の雑誌となって、大衆に大きな影響を与えたといわれる。それを見て、日本の内閣情報部では、写真報道メディアを対外宣伝に使おうと考えた。そして、昭和一三(一九三八)年に創刊されたのが、この『写真週報』である。

●——当然のことながら、「対外宣伝」という〝隠れた〟目的は、表面的には出さないようにしていた(でも、見ればわかるが)。『写真週報』の誌面に載るのは、日本にとって都合のいい写真のみだが、そうした報道写真に英文のキャプションをつけて、海外の報道機関、通信社に廉価で提供する、ということも行っている。写真は、内閣情報部で独自に撮影したものもあれば、同盟通信社、朝日新聞社、毎日新聞社などから購入したものもあった。もちろん、検閲は必須。

●――そうした雑誌ではあるが、フォト・ジャーナリズムのあり方を考える上では興味深い。表紙を含んで二〇ページ。表一・表四のみが二色で、後はモノクロ。文字はわずかで、誌面の大部分は写真で埋まっている。まさに、視覚に訴えるグラフ誌である。この第四九号の表紙の写真は何かと思えば、日中戦争で使われていた一五センチ榴弾砲の砲身だという。向こうからのぞきこんでいる男性の笑顔が、いかにもしらじらしく見えるが、アメリカの『ライフ』で活躍するマーガレット・バーク・ホワイトの写真を少し連想させる。

●――「上海の暗黒面」という見出しのページは、夜の女、不良少年、犯罪、阿片窟など、マイナス面のみを強調した写真で構成されている。実は、その次の見開きページでは「上海の明朗色」という見出しをつけて、日の丸が掲げられた街路、学校で行われている日本語教育、日本製のバスが走っている姿……などの写真が多数掲げられている。ここまであからさまにやるか……と思うが、深く考えずにこの写真だけを見れば、たしかに、あるイメージが固定されてしまうだろう。（二〇〇六年六月一二日）[181←・→192]

190 婦人雑誌の国家総動員への道

『主婦之友花嫁講座 お惣菜料理』（主婦之友社、昭和一四年五月初版、一六年六月五〇版）

●――ブルーの地に鮮やかな野菜のイラストが描かれた表紙が、何ともいえず可愛い。この装幀は、現在見ても少しも古くないという気がする。吉邨二郎の装幀だった。巻頭にはカラーページがついていて、カラフルな料理の写真が載っている。「日曜日のお昼」という見出しで、「サンドウィッチにブラマンジ」が取り上げられているなど、ずいぶんモダンだ。二〇〇円で入手した。

●――巻末の広告を見ると、このシリーズは正続全二〇巻出ていて、この『お惣菜料理』が第一巻で、以下、生花と茶の湯、洋服裁縫、洋食と支那料理、和服裁縫(上)、和服裁縫(下)、お作法と美容、お客料理、家庭経営法、実用手芸と染色、婦人衛生と育児、毛糸編とレース編、健康料理、食料品とお菓子、和洋小物裁縫と編物、洗濯と衣類整理、習字兼用手紙の書き方、家庭医学、家庭園芸、住宅の知識、と続いている。

●――奥付を見ると、初版の発行日は昭和一四(一九三九)年五月だが、この本は二年後の昭和一六(一九四一)年六月で五〇版になっている。昭和一六年というと、かなり戦局が切迫してきている時期だ。そんなときに、よくこうした本が出版できたものだと不思議に思ったのだが、おそらく初版本の内容にほとんど手を入れずにそのまま重版したのだろう。

●――最初の「贈る言葉」というのは、初版に載ったままのものだと思われるが、そこには、結婚して家庭を持ったばかりの女性たちに贈る言葉として、「主婦之友社では、このたび花嫁講座の一つとしてこの本を発行するに当り、一人の花嫁さんと膝を突き合せて相談しながら、お惣菜料理についての一切の知識をお授けするつもりで著しました」というように書かれている。初々しい花嫁たちに対する先輩からの暖かいエール、というものが感じられる。

●――だが、やはり戦時下であることを伝える文章もあった。巻末に載っている次の文章は、昭和一六年頃の版になってから、書き加えられたものなのではないか。初版本を調べたわけではないので、あくまでも推測だが……。

> 全日本の婦人に告ぐ!!
>
> 『主婦之友花嫁講座』正続全廿巻は、国防国家体制下の日本婦人に必要欠くべからざる知識一切を網羅した大全集です。
>
> これからの日本婦人の最大任務は街頭に進出することでもなければ、職場の第一線に活躍することでもありません。まづ『完全なる主婦』となることです。優秀な家庭婦人となつて、健全明朗な国民生活の母胎を築くことです。強く賢い母となつて、健やかな第二国民の育成に当ることであります。なんといふ輝かしい使命ではありませんか。(以下略)

●――「贈る言葉」と「全日本の婦人に告ぐ!!」の

メッセージの違いに驚かされる。同じ一冊の本に書かれている文章とはとても思えない。こうして国家総動員体制がつくられていくわけで、重苦しいものを感じずにはいられない。（二〇〇五年七月四日）［161←・→195］

191 澤田美喜とフランス貴族の関係

ヨランダ・ド・オルムッソン著、澤田美喜子訳・装幀
『子供の国から』（伸展社、昭和一五年六月初版）

●——先週の「和洋会」でふと手にしたのがこの本。百科事典かと思うほど分厚い表紙がついた造本に目がとまり、普通の本とは異なる文字組にも興味を惹かれた。本を横長に置き、綴じた部分を上にしてページを開いていくのである。開くと、上のページにはフランス語が横組で、下のページには訳した日本語が縦組で収録されている。普通、こうした日欧二カ国語併記の場合には、全体を横組にすることが多いが、この本ではすべての日本語の文章は縦組にしている。そのこだわりから、この形を採用したのだろう。

●——値段は一〇〇〇円だったが、装幀と翻訳をした人の名前が「澤田美喜子」と書かれているのを見て、慌てて購入した。彼女に興味を持っていたからである。今は澤田美喜の名前で知られているが、彼女は三菱財閥をつくった岩崎弥太郎の長男の岩崎久弥男爵の娘で、外交官の澤田廉三と結婚し、戦後は戦争孤児たちを保護する施設として、大磯にエリザベスサンダースホームを開いたことで有名だ。

●——この本の発行日は昭和一五（一九四〇）年六月三〇日で、太平洋戦争開戦前である。しかし、書名の『子供の国から』を見ても、澤田美喜が早い時期から、子供たちに深い愛情を抱いていたことを想像させる。

●——澤田美喜は、採算を度外視してこの本を出したのではないか。見開きには金粉と銀粉を散らした美しい和紙が使われ、最初の数ページにはモノクロの写真が掲げられている。本文中に挿入されている多数のカットは澤田美喜が自分で描いたものだ。絵は玄人はだし……というほどのレベルではないが（失礼！）、子供たちを

喜ばせようとして、こういう絵をいつも描いていたのだろう。彼女の人柄がよく表れているような可愛い絵だ。

●——原著者のヨランダ・ド・オルムッソンは、オルムッソン伯爵家に生まれ、フランス大使夫人として来日して日本で暮らしていた。一方、澤田美喜はそのときフランス駐在日本大使の夫人で、二人の大使夫人は無二の親友になったという。原著は前年にフランス語で書かれ、それを澤田美喜が翻訳したのだった。

●——ヨランダ・ド・オルムッソンが育ったのは、パリから一五キロ離れた場所に立つオルムッソン城である。その城の全景が口絵に載っているが、彼女はまさしくフランス貴族出身のセレブだったわけだ。本書は、このお城の中で、彼女が多くの幼い姪や甥たちに囲まれていたころに書き取った物語だという。その姪や甥たちの写真も載っている。〝天使のように無邪気で可愛い〟と決まり文句のようにいいたくなる子供たちである。

●——だが、世界史年表を見ると、この本が出た一九四〇年六月はフランス共和国がナチスドイツに降伏して、ヴィシー政府が成立した時期とぴったり一致している。この浮世離れした（ように見える）フランス貴族の一族は、その後いったいどんな運命をたどったのだろうか。そして、奇しくも六月にでき上がったこの本を、澤田美喜はヨランダ・ド・オルムッソンにどんな思いで手渡したのだろうか……。

●——原著者が育ったフランスのオルムッソン城は深い森と池に囲まれ、白鳥が舞い降りる美しい場所だという。（二〇〇九年七月三一日）［187←・→201］

192 真珠湾攻撃五日前の情報宣伝

情報局編集『写真週報』第一九七号
（内閣印刷局、昭和一六年一二月三日）

●——昭和一六（一九四一）年一二月三日発行とは、まさしく、あの真珠湾攻撃の五日前の日付である。この少し前の号が三〇ページなのに対して、この号は二四ページに減っている。この頃からすでに、紙の生産が減っていたのだろうか。表

紙は、割烹着を着た笑顔の婦人の写真（〝肝っ玉かあさん〟という感じ）で、戦争色はうかがえない雰囲気だが、彼女が子供たちに手渡している四角い紙は「支那事変国債」だ。まさか、こんな年端も行かない子供でも戦時国債を買いに来ている、といいたいのだろうか。

●——中を開いてみると、「一億の愛国心を示す」という見出しで、戦費のために国債を買おう！　とさかんに謳われている。

皆さんが既に十分御承知の通り大東亜共栄圏確立のため今日本が行つてゐる大戦争の戦費は、大部分が国債と租税によつて賄はれてゐます。聖戦を目的通り有効に終らせるためには政府はどん〳〵国債を出さねばなりません。私たちが国債を買ふことによつて、国防国家の建設に直接お役に立つことになります。

●——別のところには、「どんなに消費生活を切りつめても」という文字もある。「お国のために」ということを金科玉条に、とにかく戦争を継続させるためなら、国民が飢えに苦しんでもかまわず、どんなに不条理なことでも通ってしまう時代が、すぐそこまで来ていたのだった。

●——今、七〇年近く前のことをふり返ってみて、当時の世相を伝える写真を見ると、軍国主義がここまで浸透していたのか、と愕然とする。しかし、同時代に生き、その時代の空気を吸っていた人々は——とくに愛国心のある真面目な人々ほど、ほとんど疑問も抱かずに国を信じ、自分たちが崇高な目的のために尽している、国家のために役立っているのだ、と胸を熱くしていたのではないか。私自身、もし昭和一六年の時点で一〇代の少女だったら何を考えていたことか。想像すると、心底恐ろしくなる。

●——本文中には、日清戦争から支那事変（日中戦争）までの「戦費と国債比較」のグラフが載っている。単位はどちらも「百万円」だ。一目瞭然、日中戦争の戦費と戦時国債が、他を圧倒して突出しているのがわかる。日清戦争の戦費が二億五千万円、日露戦争が一五億円、満州事変が一九億円になっているが、日中戦争ではすでに二六一億円も戦費を費やしたというのだ（やや少なめに書かれている気もする。日露戦争の戦費は、およそ二〇億円といわれている）。そのうち、国債が一九四億六千万円。国民から搾り取ったお金で、泥沼化した戦争が遂行されているわけだ。

●——しかも、当然のことながら、この号では、五日後に何が計画されているか、ということは一切報道していない。ここからさらに三年半余り、国民は極限までの耐久生活、窮乏生活を強いられていく。そればかりか、本土も空襲で焼かれ、多くの一般市民が犠牲になる。このとき、どうして止められなかったのか、と痛恨の思いを抱くのは、私だけではないと思うのだが……。

（二〇〇六年六月一五日）［189←・→194］

193 なぜ戦時下で戯曲版を出したか？

武者小路実篤著、河野通勢挿画『金色夜叉』
（坂上書院、昭和一七年一月初版）

●——この前の東京古書会館の「城南展」では、明治の本や雑誌は買えず、数冊買ったのは白っぽい本ばかり。ただし、この一冊を見つけたことで欲求不満は解消。発行年は昭和一七（一九四二）年一月だが、尾崎紅葉原作の『金色夜叉』を武者小路実篤が戯曲にしたものである。函入りの薄い本で、何気なく手に取ると、挿画が河野通勢と函に書かれているではないか。期待して函から本体を取り出すと、梅と百人一首をモチーフにした表紙、巻頭には折り込みの口絵、本文中にも八葉の挿画がある。いかにも河野通勢らしい。本文は八六ページで二色刷り。値段は一〇〇〇円だったが、納得して購入。奥付には「一千部限定版」とある。

●——これまでも何度か紹介した『金色夜叉』だが、尾崎紅葉が未完のまま亡くなってしまったので、武者小路実篤が創作した結末（ハッピーエンド）になっている。ラストに近い部分で、荒尾譲介のこんなセリフがあるのが面白い。

荒尾　それについては、中々ながい話があるのさ。それで今日君達に来てもらつたのは、その話に終りをつけたいからだが、之が中々むづかしいのだ。これをうまくおさめることが出来たら、一国の政治なぞもさうむづかしいことではあるまいと思はれるやうな厄介な問題だが、幸ひ君達の助けをかりて、今日この問題を立派に解決してみせやうと云ふのだ。何しろこの問題は我等の尊敬する紅葉先生が生きてゐられたらうまくまとまるわけだが、紅葉先生が、君達も知つてゐる通り、まだお若いうちになくなられたので、僕達はどうしていゝかわからなかつたのだが、不意にこの問題が解決がつきさうになつてきた。

●――巻末には「演劇書専門の坂上書院刊行書」とあって、書籍広告の中に他にも武者小路実篤著『木龍忠臣蔵』『運命のたはむれ』『武者小路実篤戯曲集』の三冊が載っていた。それにしても、昭和一七年などという時期に、なぜ『金色夜叉』の戯曲を発行したのだろう。上演することを前提にして書かれたとは思えないのだが……。それに、昭和もこの頃になると、さすがに明治の人気小説『金色夜叉』も、読者にとってはずいぶん古めかしい感じがしたのではないか。この本が生まれた背景が気になる。（二〇〇八年一〇月一九日）[133←・→015]

194 戦争派遣画家肖像写真集

『新美術』（春鳥会、昭和一八年二月）

●――この『新美術』（『みづゑ』の後継誌）は、少し前に東京古書会館で買い求めたもので、五〇〇円。発行時期からして当然かもしれないが、この号の目次を見ると、まさしく「戦争画」の特集といってもいい内容である。ちょうど、日露戦争の頃の従軍画家について調べていたので、何か参考になるかと思って買ったのだった。

●――真珠湾攻撃によって太平洋戦争に突入してから一年余り。美術雑誌も検閲のためにこうした内容でしか発行できなかったのか、あるいは、そうともいえず、〝好戦的な〟読者がこうした内容を望んでいて、そのために発行が継続できたのか、当時の美術界についてよく知らない私には判断ができない。ただし、ページをめくっているうちに、なんとも落ちつかない気分を味わうことになった。

●――近藤史人著『藤田嗣治――「異邦人」の生涯』（講談社）によれば、この『新美術』の前身の『みづゑ』の昭和一六（一九四一）年一月号に「国防国家と美術」という座談会が掲載されていて、陸軍情報部の鈴木庫三が「言うことを聞かなければ絵の具とカンバスは思想戦の弾薬なりといって配給を止めてしまう。そうして展覧会を押えてしまえばそれっきりです」と発言しているという。この『新美術』昭和一八年二月号の目次の横には、「本紙掲載の写真並に図版はすべて陸軍省報道部検閲許可済」の文字がある。

●——藤田嗣治は興味を惹かれる人物だが、この号にはやはり、藤田に関係する記事や写真が大きく載っていた。原色版の絵画が九点のうち一点が藤田による「シンガポール最後の日」で、さらにオフセット版四色刷のスケッチ四点のうちの一点も、藤田の「インド兵の顔」だ。『藤田嗣治——「異邦人」の生涯』では、藤田は昭和一七(一九四二)年三月に陸軍省からシンガポール派遣の命を受け、五月に海軍省から東南アジア各地に派遣、七月には満州国を訪問し、「文字通り戦地を駆けめぐっての藤田の戦争画制作がはじまった」という。その時期に描かれたのが「シンガポール最後の日」で、同年冬に開催された第一回大東亜戦争美術展に出品されたうちの一点。ほかの画家の作品に比べて臨場感や迫力に満ち、際立った存在だった、と同書には書かれている。

●——さらに、この二月号で目を惹いたのは、「派遣画家肖像写真集」が一六ページも収録されていることだ。その筆頭が藤田嗣治の写真である。この写真は撮影者名が明記されていないが、その他の写真は、大竹省二、小石清、濱谷浩、伊藤幸男などだった。『藤田嗣治——「異邦人」の生涯』によると、この少し前には、土門拳が藤田のアトリエに日参して戦争画制作中の藤田を撮影していたらしい。それにヒントを得て、藤田も含めて、何人かの高名な画家たちが戦争画を描いている場面を、数人の写真家が分担して撮影したのだろう。

●——この一連の写真で興味深いのは、さまざまなポーズを取る画家の背景に、制作途中の戦争画の一部がはっきり見えていること。別のページに、それと一致する戦争画の完成図が掲載されている場合があり、それに気づくと、本当にその画家が手がけたものだと納得させられる。画家たちの顔の表情から、どんな気持ちで描いていたのか、と想像もかきたてられる。

●——「派遣画家肖像写真集」の川端龍子、吉岡堅二の撮影者はどちらも濱谷浩。濱谷は、対外宣伝機関として設立された東方社（『FRONT』を刊行した）の宣伝写真を嫌って退社し、戦後は優れたドキュメンタリー写真を撮影した有名な写真家だが、この時期にはこうした写真も撮っていたことになる。おそらく、戦争宣伝、という意図は濱谷にはなかったのだろうが……。ちなみに、濱谷の兄は写真評論家の田中雅夫で、その兄弟が住む東京下谷の隣家に住んでいたのが、写真家・評論家の桑原甲子雄である。

●——「派遣画家肖像写真集」の清水登之、中山巍の撮影者は伊藤幸男。中山は手に銃を持っていて、自分で絵の中の兵士のポーズを確認しているように見える。足元にも、兵士の水筒や短銃など、戦地での所持品らしいものが見える。

●——こういう写真を見ていると、まるで自分自身に銃を突きつけられているような気がしてくる。画家たちは当時、戦意昂揚のための戦争画をカンバスに描くことを命じられた。文筆家もそうだった。自分がそうした状況に置かれたとき、はたしてどう対応するだろうか。断乎として戦争宣伝には絶対に従わないと拒絶し、筆を折って収入の道を絶たれて貧窮し、非国民と非難されるか、この際、仕方がないことだと妥協して、本心は違うのだ、と自分に言い訳しながら戦争讃美の筆をとるのか……。（二〇〇七年一月二三日）［192←・→196］

195 独歩創刊誌の戦時下の変貌

『婦人画報 改題 戦時女性』

（東京社、昭和一九年五月）

●——先日の古書展で見つけて、アッと思った一冊。国木田独歩が明治三八年に創刊し、それから一〇〇年余り続いて来た『婦人画報』には興味があるものの、同誌が太平洋戦争末期にどういう状態だったのかは調べたことがなかった。それを教えてくれたのが、この昭和一九（一九四四）年五月号である。なんと、タイトルが『婦人画報 改題 戦時女性』になっていた！ 表紙画は、工場で働く女子挺身隊の学生だ。あまりにわかりやすいこの変化……。時局に合わせて、あのセンスのよかった『婦人画報』が『戦時女性』となり、表紙も変身をとげていたのである。

【昭和一九（一九四四）年】――名古屋鉄道局に初の女性車掌勤務。

●――扉ページには、「婦人画報の改題発足に際して」という厚生省勤務局長・中村敬之進の言葉が載っている。一部だけ引用しておこう。時代は変わっても、戦争というような事態になれば、政治家は平然と、これと同じような発言をするにちがいない。当時はまさに「産めよ殖やせよ」だったはずだが、さすがに、同誌の読者に若い未婚女性が多いことを配慮して、子づくりに励めとはいっていない。その代わり、文字通り「あらゆる生産の分野」で活躍する〝機械〟たることを要求しているわけだ。

（前略）緒戦の戦果によつて、すでに戦争資源の宝庫を確保した我国は、戦勝の鍵は専ら勤労の質量にかゝり、特に若い女性の挺身に期待するところ実に大なるものがあるのです。この戦局の要請に奮起した日本の女性は、一人残らず真に戦ふ女性となり、あらゆる生産の分野に、繊手よく強大な戦力を生み出しつつあることは、誠に頼もしいかぎりです。（中略）

こゝに、若き女性のため、親切な助言者として、思慮深い指導者として、唯一の雑誌「戦時女性」が誕生したことは、誠に時宜に適したものと言ふべく、本誌の重き使命が完全に遂行され、皇国の勝利に強力な貢献をもたらすことを期待してやまぬ次第であります。

●――『戦時女性』の写真ページを見ると、前号までタイトルが『婦人画報』だった雑誌のページだとは、とても思えない。また、本文ページには、西条八十作詞、古関裕而作曲の「女子挺身隊の歌」が、楽譜付きで掲載されていた。西条八十もこうした詩を書いていたのか……。（二〇〇七年二月四日）［190←・→198］

一箱古本市で古本オーラ――[二〇〇九]

●――三日、四日の二日連続で、不忍通り一箱古本市の出店スポットをほぼ歩き通した結果、情けないことに、翌日は疲労で完全にダウン。今日もまだ身体があちこち痛い。やはり、このイベントは若者主体のものだ、と実感。いろいろな人に声をかけていただいたが、最近なかなか人の顔を覚えられず、どなただったのか思い出せないことが多くてスミマセン。三日、谷中銀座の雑踏で名前を呼ばれたので、「この人混みでよく気がつきましたね」というと、「古本のオーラが出ていますから」とのこと。それって、どんなオーラなのでしょうか。単に、古本みたいに年を経ている、ということかも……。

●――四日は審査員を仰せつかったので、これは大変だ、と一一時の開始直後から回り始めた。終了は一六時なので五時間しかなく、目玉商品などが売れてしまった後の箱を見て審査するのも気の毒だし、できれば早めに回って公平な目で見たい、と思ったからだ。とはいえ、回った順番が大きく影響している。あちこちで立ち止まって店主の人と話をしたので、最後の店にたどりついたのはすでに一三時半。かなりの本が売れてしまったあとだったと思う。当然、最初に回ったお店が有利だということになる。当日の朝まで、根津教会側から歩き始めるか、映画保存協会からのルートにするか迷っていて、根津教会から回っていたら、たぶん、その周辺の店に賞を差し上げていただろう。教会と協会の紙一重の差だった。

●――何かを選ぶというのは責任を感じるので、ただ楽しく本を見て歩く、というわけにはいかなかったが、結構たくさんの本を買った。その本がどうしても欲しい、ということよりは、店主さんと会話をしているうちに、せっかくだから記念に一冊……という気持ちになってしまうのだ。でも、それは「お祭り」では不可欠な部分で、その場で買ったことに意味がある。同じ本がどこかのブックオフでもっと安く売られていたとしても、買ったときの気持ちはまったく違うだろう。四日は表彰式のあとの打ち上げにも参加させていただき、大勢のスタッフの力でこのイベントが支えられている、ということを実感した。(二〇〇九年五月六日)

第8章

『旋風二十年』から『音のない記憶』まで――昭和二〇～平成二一(一九四五～二〇〇九)年

196 新聞には戦争加担責任はないか？

森正蔵『旋風二十年　上下巻』（鱒書房、上：昭和二〇年一二月初版、二一年四月再版／下：昭和二一年二月初版）

●——いろいろショックなことが続いている。先月分のレシートや領収証を整理した。もちろん、確定申告用だ。フリーランスは自分で確定申告をしなければならないが、三月はいつも異常に忙しくて、とても一年分を整理することなどできない。そのため、面倒くさいが、月が変わるごとに整理するようにしている。

●——これで明らかになるのが書籍購入代だ。それ以外には、たいしてお金を使っていないのだから……。電卓を叩きながら、次第にドキドキしてくる。

●——今回は深刻だ。以前も、古書購入に使った金額が家計に占める割合が異常に高いので、エンゲル係数ならぬ「UB係数（＝Used Book係数）」などと書いたことがあったが、最高金額を記録してしまった。九月はネットで、一万円の本と一万五〇〇〇円の本を買ってしまったから……。二カ月間封印していた古書展めぐりを再開して以来、よし本を買うぞ、という勢いが止まらない！　その結果、九月はついに古書購入金額が七万四〇〇〇円を超えた。いくらなんでも買い過ぎ、と思う一方で、シャネルのバッグを買う人はどうなの？　とか、毎年海外旅行へ行く人は？　と言い訳してみる。一〇月は少し控えめに、などといいつつ、月末に神田古本まつりがあるし……。あまり禁欲的な生活を送れそうにはない。

●——先日、三冊五〇〇〇円で買ったうちの二冊が、この森正蔵『旋風二十年』だった。上巻の初版は昭和二〇（一九四五）年一二月一五日に出ている。まだ敗戦から四カ月後の大混乱の最中だ。そのため、紙はザラ紙だし、製本も印刷も品質は悪い。しかし、「解禁昭和裏面史」と銘打たれているように、この敗戦にいたるまで、軍と政府が秘密にしてきたことを、二〇年前からさかのぼって暴露したこの本は、大ベストセラーになったらしい。

●——著者は毎日新聞社の社会部長で、版元の鱒書房社長から依頼を受けて、部下の社会部記者たちに手分けして書かせたという。七人の名前が挙げられているが、その中の嶌信正というのは、元毎日新聞記者でフリーのジャーナリストである嶌信彦氏の父親だろう。

●――敗戦直後にこうした本を書くのは、どんな気持ちがするものだろうか。戦時中、新聞は統合され、用紙の配給を切り札にされて、大本営発表をそのまま報道することしかできなかった。かつての『毎日新聞』は「報道の毎日」で売っていたくらいだから、書きたくても書けないジレンマに苦しんでいた記者もいたことだろう。たとえ記者が書いても、デスクが握りつぶすことも多かったにちがいない。とはいえ、戦争に負けるという衝撃的な状況の中で、年内刊行をめざして原稿を執筆するというのも、相当なエネルギーを要することだったと思う。

●――社会が混乱して日本の明日がどうなるかさえわからない中で、この本を書いたことには敬意を表したい。だが、あとがきに、敗戦によってようやく「虚偽を虚偽として指摘し、暴虐を暴虐として糾弾し、正しからざる者の総てに対して、臆するところなく咎を加へ得る時がきた」と書かれ、「心からなる歓びを感じる」と記されているのを読むと、気持ちはわかるものの、それでいいのか、という複雑な思いも抱いてしまう。

●――新聞人はつねに正義の味方に立とうとする。この戦争で、これまでずっと自分たちも被害者だったが、これからは存分に悪を糾弾するぞ、といっているように聞こえてしまうのだ。まるで、軍に協力して国民を戦争に駆り立ててきた新聞には、戦争に加担した責任などないかのように……。

●――拙著『日露戦争　勝利のあとの誤算』(文春新書)でも、そこのところをチクリチクリと書いたつもりだが……。自分自身も含めて、文章を書く者はよくよく肝に銘じなければならないと思う。(二〇〇五年一〇月三日)〔194←・→022〕

197 戦後英語教育への志

小川芳男編『アメリカンカード』（新世界社、昭和二一年五月一日初版）

●——古書展で何か〝変わったもの〟を見つけると、とりあえず買ってしまう。そのため、こうした本ではないカード形式のものも、手元にはいろいろある。これは五〇〇円。ビニール袋に入っていたので、中身がどうなっているのか、どんなカードがあるのかさえ確認せずに買ったのだが、帰宅してから中を開けてみて驚いた。敗戦の翌年に発行されたものだったからだ。そんなに前のものとは思わなかったのである。

●——丸い穴があいた外袋から取り出してみると、A4サイズの一〇枚のカードと、ザラ紙と呼ぶにふさわしい粗末な紙に印刷された三二ページの解説書が出てきた。その解説書が残っていたおかげで、発行日も編者の名前も全部わかった。発行日は昭和二一（一九四六）年五月一日。編者は東京外事専門学校教授の小川芳男である。小川芳男は、英和辞典や英語教育の本などを多数出している人だった。敗戦から間もないこの時期に、こうしたゲームのような形で、子供たちに英語を教えようと考えたらしい。

●——「第一集」とあるので、「第二集」以降も発行されたのかもしれない。でも、これは未使用状態で残っていたが、普通、こうしたものは図書館には所蔵されないだろう。国際こども図書館で検索してみたが、小川芳男の名前では八件ヒットするものの、この『アメリカンカード』はなかった。

●——泣かせられたのは、解説書に書かれている小川芳男による「前がき」を読んだとき。

> アメリカンカードを、編むにあたつて、私は何よりも、自分が六人の子供の父親であるといふ立場を忘れ得なかつた。今日の荒廃しきつた子供の世界は、あまりにもいたいたしく、単なる敗戦の結果としてあきらめてゐることは、父親としての感情が許さない。何か子供の生活にうるほひをあたへるやうな楽しい贈りもの

がありはしまいか。こんな気持ちから、せめて自分の子供たちにだけもと《ママ》、昨秋から、簡単な英語の絵カードをつくつてあたへてみた。（以下略）

●——昭和二一年五月という時期を考えれば、カードにはかなり上質の紙が使われているし、カラー印刷もきれいだといえるだろう。印刷は大日本印刷である。残念ながら、絵を描いた画家の名前はない。各カードの裏側には、その英単語と、英語の読み方（カタカナ）と、日本語（ローマ字表記）が表記されている。アクセントもわかるように、文字の大きさや太さを変えるなど、工夫されている。

●——カードを使うときには、A４サイズのカードを一〇枚の小カードに切り分けて使う。「full」のカードが満員の路面電車の絵になっているあたりは、当時の世相を想像させる。（二〇〇七年六月二〇日）［188←・→003］

198 どん底からはい上がるたくましさ

『婦人朝日』（朝日新聞社、昭和二二年七月）

●——この前の五反田の古書展で、『婦人朝日』という雑誌を二〇〇円で見つけた。創刊は戦前の昭和一二（一九三七）年だが、この号は敗戦の翌年に復刊された五号目に当たるらしい。朝日新聞社が『週刊朝日』ではなく、こうした婦人雑誌を出していたことをこれまで知らなかった。残念ながらその後、長続きはせず、昭和三三（一九五八）年一二月で廃刊したようだ。

●——この号の特集は「家」。目次を見ると、巻頭に座談会が掲載されていて、そのテーマは「お米はどうすれば出るか」だ。庶民にとっては切実だった食糧問題をめぐって、五人の政治家が話し合っている。日本共産党からは伊藤律が出席している。さらに、東大教授らが住居に関する記事を寄稿し、それ以外の執筆者も今日出海、平野謙、河上徹太郎、林健太郎、高群逸枝など錚々たるメンバーである。連載小説は高見順の「今ひとたびの」で、挿絵は三岸節子。特約漫画として、シーク・ヤング作「ブロンディ」が載っているのもなつかしい。山路真護の淡いピンクの表紙もなかなかいい。

●――こういう雑誌を見ていると、戦後一年もたたないこの時期に――国がひっくり返るかもしれないほどの大変化と、どん底生活を体験しながらも、日本人は結構たくましく生きていたのだなあ、とつくづく感じてしまった。もし、自分が三〇代や四〇代であの時代に生きていたとしたら、いったい何をしていただろう。物書きなどをしようと思っただろうか。言葉など無力だと絶望してしまって、書くのをやめていたのではないか。今、戦争がない平和な国に生きているという幸せに、これほど鈍感になっているとは呆れてしまう。

●――センターページを開いて、アッと驚いた。東郷青児の女性のイラストが載っていたのである。戦後間もない時期に描かれたとは、とても想像もできない明るさだ。輝くように美しい女性たち。見ていて、心が自由になり、解放されるような感じがする。（二〇〇六年五月三一日）〔195←・→205〕

199 焼け跡の風雲児が出した雑誌

『女性』（新生社、昭和二一年八月）

●――これは、表紙画が佐野繁次郎だったのですぐに目についた。佐野は昭和一三（一九三八）年に渡仏してマチスに師事し、本の装画や挿絵なども手がけている。そして、舟橋聖一の小説『花の素顔』のモデルとされるマダム・マサコとのゴシップでも話題になった。二〇〇円で購入。

●――この号で佐野繁次郎は、表紙画のほかに巻頭の三ページに「墨のデッサン」と題して三点の絵を描いている。さらに、菊池寛の連載小説の挿絵も描いていた。この雑誌の執筆者や挿画家の顔ぶれの豪華さには、目を奪われてしまった。長編小説五篇は次の通りである。

『瓶中の処女』……菊池寛・佐野繁次郎画

『無産党』……正宗白鳥・中山巍画

『君に告げん』……藤澤桓夫・宮田重雄画
『六月雪』……小島政二郎・岩田専太郎画
『旅役者』……川口松太郎・清水三重三画

●——それ以外にも、西条八十、田中千代、山本安英、加藤静枝、杉山平助、亀倉雄策……。小さな文字で「カット」と書かれているのが、東郷青児、野口弥太郎、花森安次、宮脇公実、清水三重三だ。たしかに、目次回りのカットを描いているのは、見間違えようのない花森安次——と書いて気がついた。今は「花森安治」である。戦後まもないこの時期、花森は自分の名前に「安治」ではなく「安次」を使っていたらしい。

●——『女性』という雑誌は知らなかったが、発行者と発行所の名前を見てなるほどと納得。発行者は青山虎之助、発行所は新生社である。青山は敗戦直後に新生社を設立し、同年一一月に『新生』を創刊している。『新生』はあっという間に売り切れて増刷となり、青山の名は焼け跡に出現した風雲児として、一躍有名になった。そのとき彼は三一歳。ブレーンは室伏高信だったという。『女性』の他にも『花』『東京』という雑誌を創刊したが、新生社は昭和二三(一九四八)年には倒産したらしい。そうしてみると、この『女性』も、青山が出版界の伝説となった時代の証言者、といえるだろう。(二〇〇六年四月四日)

[186←・→020]

200 なぜ日本では伝記が読まれないか

『伝記』創刊号(菁柿堂、昭和二一年四月)

●——こんな雑誌もあったのか、ということで買ったもの。五反田の古書展で二〇〇円だった。表紙の絵は、あの有名すぎる「モナ・リザ」で、タイトルが『伝記』、サブには「国民雑誌」とある。これはいったいどんな雑誌だったのだろう、と気になっても不思議ではないだろう。タイトルの『伝記』という言葉に惹かれる。伝記を読むのは大好きだし……(これも古書を購入する言い訳の一つだが)。

●——手にしてまず気がつくのは、紙質と印刷状態の悪さ。ところどころ、ページには穴が開いている。当時は、まだこんな紙しか使えなかったのだ。巻末の「後記」に編集人の小暮杢太郎という人が次のように書いていた。

終戦以来、雑誌は創刊に復刊におびたゞしい多産を続けて来た。――最早や雑誌過多の声さへする時、この伝記はおくれて恐らく末つ子として、生まれ出た。しかし御らんの通り、ちがつた性格をもつて呱々《ここ》の声をあげたのである。

日本には総合雑誌をはじめとし娯楽雑誌に至るまで種々雑多の雑誌はあるが、伝記雑誌は絶無と云つてよい。たゞ過去に二三あつただけである。単行本にしても伝記は欧米に比べると遥かに少い。これには如何なる理由があるか等と、こゝでは論文めいたことを述べることは差控へておくが、要するに類例のない、独得の雑誌を作つたことを喜んでいたゞきたい。しかし、まだ生れたばかりで、不備の点が多い。幸に読者諸賢の愛育によつて健全なる発育をとげたいと思ふ。

復興日本、日本はこれから出直さうといふ時、まやかしでない本物が、すべての人に親しみ深く読まれる雑誌を作りたいといふのが私達の念願である。その意味に於てリンカーン、ガリレオ及び福沢諭吉を取上げ、また虚子、菊五郎及び白楽天を扱つた。(後略)

●――ここに書かれているように、日本では欧米に比べて伝記の刊行部数がはるかに少なく、読者が少ないのは今も同じだ。以前、イギリスの年間のベストセラーの上位一〇位までに、伝記や評伝が八冊も入ったことがある、と書かれているのを読んだことがあった。記憶違いかもしれないが、驚くほどの数字だったのは間違いないので、八冊かそれに近い数だったと思う。そのとき、なぜ日本では伝記があまり読まれないのだろう、と疑問を抱かずにはいられなかったのである。

●――敗戦後、間もなく『伝記』という雑誌が登場するというのは、「歴史上の偉人たちに学び、新しい日本を築こう」という意図がいかにもあからさま(!)で、ちょっと素直には受け取れないところもある。自分たちのことは棚上げにして、福沢諭吉などを持ち出してきて、「過去の日本人はこんなに素晴らしかった」と懐古趣味にひたる、という感じがしないでもないからだ。結局、この雑誌は長くは続かず、昭和二五（一九五〇）年四月号で廃刊したらしい。

●――目次を見ると、高浜虚子の「虚子自伝」が目を惹く（口述筆記だった）。「白楽天」を書いているのは佐藤春夫だ。そのほか、中島健蔵、本間久雄、杉浦明平などの名前が見える。目次には名前が載っていないが、「伝記新著解題」で、ルーズベルト米大統領の伝記について書いているのが植草甚一である。ここで植草甚一も「アメリカの新刊書目をみて何時も印象づけられることは、伝記類や自伝風のものや歴史小説が非常に多いことである」と書き始めている。

●――これまでに私は評伝を二冊書いているが、できればまた評伝を書きたい、という気持ちがある。しかし、それには百万円単位の赤字を出す覚悟が必要だ。ページ数の多い分厚い評伝など、今喜んで出版しようという出版社は、まず存在しないからだ。出版しても評伝の場合は「売れない」ので、初版部数は数千部だろう。そうすると、一冊が五〇〇〇円近い値段になってしまう。これは自分の本のことだが……。

●――二〇〇四年に上梓した村井弦斎の評伝は、資料代に使った金額のほうが印税をはるかに上回って赤字になったが、その話をすると、いろいろな出版社の編集者から同情された。でも、「うちは喜んでこういう評伝を出します」とは誰もいってくれなかった……。（二〇〇五年一二月九日）［202←・→220］

201 翻訳者・坂西志保の経歴

石川啄木著、坂西志保訳『A Handful of Sand』
（読書展望社、昭和二三年一二月初版）

●――古書展の魅力は、「こんな本があったのか！」という驚きにある。図書館へ行くのと違って、目当ての本があるわけではない。たまたま出会った本に〝惚れ込んで〟財布のひもをゆるめてしまう、という次第。村井弦斎の評伝を書いたとき、明治期の作家の作品で、翻訳されて海外へ紹介されたものを調べた。そのときは「同時代」に刊行されたもの、つまり明治期にお

ける日本の〝現代作家〟の翻訳本にしぼって調べたのだが、その後も、日本人作家の名前が表紙にある外国語の本を見つけると、刊行年にかかわらず、必ず手に取ってみるようにしている。

●——この本は表紙が破れていて、三〇〇円だった。石川啄木の『一握の砂』の英訳本で、訳者は坂西志保。前半に英訳詩、後半には日本語の原文も収録されていた。昭和二二(一九四七)年ということで、紙質は粗悪だ。表紙の絵はカニ。啄木のことをよく知らないという人でも、この詩の一節を聞いたことがない人は、日本人ならおそらくいないだろう。

東海の小島の磯の白砂に
われ泣きぬれて
蟹とたはむる

●——そう、やはり『一握の砂』といえばカニだ。この本の装幀は「SOHACHI KIMURA」と書かれているので、木村荘八だろう。薄い本ではあるが、巻頭には啄木についての解説・年譜もあり、海外の文学者にきちんとこの日本の天才詩人を紹介しよう、という意図がうかがえる。

●——では、このカニの一節は、英語でどのように訳されているのか。

On the white sandy shore of a small island,
Far in the Eastern Sea,
Weary of weeping,
I play with crabs.

●——なるほど、わかりやすい。これを訳した坂西志保は著書・訳書も多く、国会図書館で検索してみると九七件もヒットした。『講談社 日本人名大辞典』には、次のように書かれている。

坂西志保(一八九六—一九七六) 昭和時代後期の評論家。戦前、アメリカ議会図書館日本部長。戦後GHQ(連合国軍総司令部)に勤務し、のち国家公安委員などをつとめる。またアメリカ通の評論家として幅ひろく活躍。アメリカのホイートン大卒。著作に『狂言の研究』『生きて学ぶ』など。

●——この紹介では、無味乾燥すぎてよく輪郭が浮かばないが、インターネットで検索してみると、思いがけず多くの記述が出てきた。大変な猫好きだったらしいし、エッセイも面白そうだ。庄野潤三の『ガンビア滞在記』(みすず書房)の解説も彼女が書いている。「紀伊國屋書店BookWeb」では、「教職を経て一九二二年渡米、ミシガン大大学院卒」となっていて、前述の人名辞典の記述とは異なっている。さらに別のサイトでくわしく坂西志保を紹介していたが、そこでは、ホイートン大学を卒業した後にミシガン大大学院で美学を修め、哲学博士となった、とある。明治生まれの女性としてはすごい学歴だ。

●――しかも、「ミシガン大学大学院哲学部助教授、ホリンス大学哲学部助教授、アメリカ議会図書館日本部部長をつとめたが、日米開戦に伴い交換船浅間丸で一七年(一九四二)に帰国した」という。戦前、日本人女性がアメリカで助教授として教えていたとは……。知らなかった自分を恥じるしかない。こうしたいろいろなことを、偶然出会った一冊の古書が教えてくれる。だから、古書の森めぐりはやめられない。(二〇〇五年一一月一日)[191←・→008]

202

この本はそんなに売れない……

『暮しの手帖』創刊号(衣裳研究所、昭和二三年九月)

●――古書展に行ったものの、珍しく、買いたいと思う本があまりなかった。それで、何か面白い雑誌でもないものか、と思っていると合本を発見。個人が製本屋さんに出してつくったものらしく、背にも表紙にも文字が何もないので、抜き出すまで中身がわからなかった。それが『暮しの手帖』の創刊第一号から第五号までの合本だった。発行所は衣裳研究所となっている。五冊で二〇〇〇円。決して安くないとは思ったが、創刊号から五号までを揃いで入手できる機会はあまりないだろうと思って購入。

●――創刊号は昭和二三(一九四八)年九月、第二号は翌年一月、第三号は四月、第四号は七月、第五号は一〇月というように、最初は季刊誌としてスタートしている。毎号、奥付ページに長いあとがきが載っているが、(S)というイニシャルが入っているので、編集人の大橋鎮子さんが書いたものだろう。創刊号のあとがきはこんな感じ。ひらがなが多い。

（前略）この本は、けれども、きつとそんなに売れないだろうと思います。私たちは貧乏ですから、売れないと困りますけれど、それどころか、何十万も、何百万も売れたら、どんなにうれしいだろうと思いますけれど、いまの世の中に、何十万も売れるためには、私たちの、したくないこと、いやなことをしなければならないのです。この雑誌を、はじめるについては、どうすれば売れるかということについて、いろいろのひとにいろいろのことを教えていただきました。私たちには出来ないこと、どうしても、したくないことばかりでした。いいじやないの、数はすくないかも知れないけれど、きつと私たちの、この気持ちをわかつてもらえるひとはある。決して、まけおしみでなく、みんな、こころから、そう思つて作りはじめました。でも、ほんとは、売れなくて、どの号も、どの号も損ばかりしていては、つぶれてしまうでしよう。おねがいします、どうか一冊でも、よけいに、お友だちにも、すすめて下さいませ。（後略）

●――一読して、思わずため息。ここに書かれていることは、私自身がいつも思っていることと同じではないか。『暮しの手帖』創刊号は、一万部刷って、八千部売れて二千部残ったそうだ。お金が入るのは一ヵ月後なので、その年の暮れの支払いはあちこちからお金をかき集めて、やっとのことで払ったという。そのため、印刷所や紙屋は、この雑誌は二号でつぶれるだろう、と思っていたらしい。

●――参考までに、創刊号の執筆陣をあげておこう。花森安治、佐多稲子、小堀杏奴、扇谷正造、中里恒子、兼常清佐、森田たま、田宮虎彦、草加やす子、片山廣子、川端康成、宇野智子、坂西志保、土岐善麿、和田實枝子、山本嘉次郎、川島四郎、中原淳一、P・キャリッシア、戸板康二、吉田謙吉、川村冬子、中村敏郎、高柳登美、牛山喜久子、戸袋タマ、秋山初枝、大畑嘉一郎、山岸美代、大橋鎮子、根本進(漫画)。表紙画はもちろん花森安治である。(二〇〇六年五月二二日)[206←・→200]

203 足もとから鳥が立つ勢いも……

国木田独歩・田山花袋『近代小説珠玉撰 女難・蒲団』(日本文京出版社、昭和二三年一〇月初版)

●——古書展では相変わらず、国木田独歩の名前が目に入ると、とりあえず内容を確認するようにしている。独歩について書かれた本は、漱石などに比べれば全然少ないといえるが、それでもまだ未見のものが出てくる。少し前に見つけて驚いたのがこの本。一〇〇〇円と書かれていたので一瞬迷ったが(古書展では五〇〇円以下の本を買うことが多いので)、これまでこんな本が出ていることをまったく知らなかったので購入。というのも、扉を見ると、「近代小説珠玉撰 論評 柳田泉」と書かれていたのである。収録作品は独歩の「女難」「運命論者」と田山花袋の「蒲団」の三篇。そして、はしがきの四ページに加えて、巻末には柳田泉による「独歩と花袋」という論評が、八八ページにもわたって掲載されていた! 本文三一〇ページのうち、三割近くが柳田泉の論評なのだ。これは、独歩についての本を書く前に読んでおきたかった……。

●——後で調べてみると、日本文京出版社から昭和二三(一九四八)年一〇月に初版が発行されているこの本は、国会図書館にも所蔵がなく、大学図書館でも一件もヒットしない。

●——柳田泉のはしがきの最後の部分には、こう書かれていた。

　足もとから鳥が立つやうな日本文京出版社の元気のよい計画につられて、それもさうだなと、私が一役背負ひ込んだのは、ほゞ以上のやうな次第からである。この叢書は第一期、第二期から第何期と、案が分れてゐるらしいが、出来得べくんば、第一期第二期はもちろん、第何期の最後まで、折角の若い計画者達の案を成功さしたいと、心からいのつてゐる。

　昭和廿三年一月

●——戦後間もない時期でもあり、叢書を出す計画は、結局、うまくいかずに頓挫してしまったらしい。「日本文京出版社」で検索してみても、この本以外に出版物は存在しないようだ。国木田独歩も、自分が興した独歩社を破産させてしまうわけだが、出版事業というのは、やはり、そう簡単なことではないのだ……。（二〇〇八年二月一二日）［155←・→080］

204 渡辺一夫が装幀を手がけた本

ル・サージュ著、杉捷夫訳『ジル・ブラース物語 第一巻・第二巻』（高桐書院、昭和二三年一一月、二四年一月）

［扉］

●——また、装幀のことでひとつ教えられた。ル・サージュの『ジル・ブラース物語』は、村井弦斎との関係から読んだ小説である。村井弦斎は明治二九（一八九六）年に、この『ジル・ブラース物語』の中の一章を翻案して小説『沖の小島』（巻頭口絵参照）を書いているのだ。この『ジル・ブラース物語』がル・サージュによって発表された当時の人気はものすごく、セルバンテスの『ドン・キホーテ』と並び称されるほどだったというが、日本で今、その名前を知る人はあまりいない。『ジル・ブラース物語』は現在、杉捷夫の訳で岩波文庫から四巻に分かれて全文が刊行されている。興味がある方はご覧になっていただければ幸いである。長編だが、それなりに面白く読める。

●——その岩波文庫版『ジル・ブラース物語』のはしがきに、杉捷夫がなぜこれを翻訳することになったのかを自分で書いている。それによれば、渡辺一夫が熱心に薦めたからだという。杉捷夫が訳した『ジル・ブラース物語』が出たのは、戦前の昭和一七（一九四二）年に河出書房の『新世界文学全集』の中の上下二巻が最初だった。その後、高桐書院がぜひ出したいということで、戦後間もない昭和二三（一九四八）年と二四年に、第一巻、第二巻が刊行される。この時は、『ジル・ブラース物語』の原書の初版の形と同じように、全四巻で刊行されるはずだったという。

●——ところが、版元の高桐書院が経営難に陥ったため、二冊まで出たところで刊行中止になってしまった。私はこの二冊を一冊ずつ別の古書展で見つけて、五〇〇円と二〇〇円で購入した。中扉には「渡邊一夫學兄に捧ぐ」という献辞がある。刊行時期が時期だけに、紙質はよくないが、背文字の書き文字といい、表紙のデザインといい、なかなか洗練されている。装幀者の名前を見ると、第一巻のほうにだけ「故六隅許六」とあった。

●——変な名前の人だなあと思い、「故」がついているとは珍しいと思っていたところ、実は、「六隅許六」というのは渡辺一夫が装幀をする時などに使った別名だった。しかも、この本が出たときは、もちろん、まだ渡辺一夫は健在であり(一九七五年没)、「故六隅許六」とわざわざ「故」をつけて名乗るときもあったようだ。

●——本や装幀にくわしい人にとっては旧知の事実なのだろうが、全然知らなかった。わずか数百円の古書に、また教えられた。(二〇〇五年五月一五日)[103←・→211]

205 婦人誌のスキャンダルの扱い方

『婦人画報』(婦人画報社、昭和二四年三月)

●——戦時下の昭和一九(一九四四)年五月から九月まで『戦時女性』と改題して刊行されていた『婦人画報』は、戦後に出版社が変わり、再出発した。この号の表紙画は高井貞二が描いていて、可愛らしい女性像。特集が「『結婚準備』と『結婚生活』の新様式」なので、ウェディングドレスを着た花嫁なのだろう。

●——古書展初日にやってくる大半の人たちは、こうした婦人誌には見向きもしない。この『婦人画報』と一緒に、表紙は同じように女性の絵で、中身はちょっとエロっぽい雑誌がたくさん出ていて、そちらを手にする人はいたようだが……。これは三〇〇円で入手。

●——ドレスの写真やデザイン画はセンスが素晴らしい。つい目を惹き寄せられてしまう。最初に載っているのは、田中千代デザインのドレス。これなど、現代でもそのまま通用しそうだ。また、特集記事では、新婚生活のための家の間取り案や、揃えるべき家具や台所用具がイラストで描かれているページがあった。これも、当時の時代の空気が感じられて面白い。台所用具のイラストは、亀倉雄策が描いていた。

●――愉快なのが「そむかれた夫の架空座談会」。実在の作家や有名な小説の中の登場人物を一二人挙げて（妻や恋人に裏切られたり、逃げられた人たちばかり）、架空の座談会を展開しているのだ。たとえば、近松秋江、高見順、ドストエフスキーなど。

●――司会の編集者が、「皆様の立場からみた女性のエゴイズム、あるいはロマンティシズム、リアリズムなどについて、忌憚ない意見を開陳していただければ幸いと存じます。もっとも、本誌は婦人雑誌でありますから、売れ行きに影響のない範囲でお願いしたいのでして……」と口火を切っているのが笑える。この企画は、そのまま現代版をつくれそうだ。

●――さらに「地ごくの生活から逃れて（手記）」を書いているのが、マダム・マサコ。最初に編集部がその事情を説明している。朝日新聞に連載された舟橋聖一の小説『花の素顔』のモデルが、銀座の洋裁店「マダム・マサコ」の主人、西亀泰三・正子《まさこ》夫妻だといわれていて、それだけなら問題はなかったが、小説と並行するように、この夫妻が小説の筋とあまりに似たトラブルを起こして世間の注目を引くことになったという。ヒロインのモデルである正子は家出をして、離婚訴訟を起こしている。その正子の恋人が佐野繁次郎だというのだが、佐野のほうにも妻がいる（しかも、結婚生活二三年）。それに対して西亀泰三は、二人が共謀して夫権を侵害したと主張。正子は沈黙を守り、ジャーナリズムをにぎわせているのは夫の泰三の側だけ――という状況になった。その最中に同誌の記者が正子を訪ねて心境を聞いたのが、この手記だ。

●――昔も今も変わらず、スキャンダルは世間の人々の関心を惹く。（二〇〇六年四月二日）［198←・］

［→016］

206 続けていればいいこともある

『暮しの手帖』第五号(衣裳研究所、昭和二四年一〇月)

●——前出の『暮しの手帖』の第五号。花森安治の表紙画がとてもお洒落な感じだ。描かれている本棚に並んでいるのは、洋書らしい。特徴のある色使いなので、外国の文献に身近にふれている人が見れば、この装幀は何の本、とか、何のシリーズ、とかわかるのではないか。

●——それにしても、この表紙画に描かれたような光景が、敗戦からまもない日本の女性たちに、どれほど夢を与えたことだろう。表紙はお洒落だが、中身は非常に実用的な記事、という点も、人気を集めた理由だ。そして、各界の人々による暮らしにまつわるエッセイ。これも四〇人以上も並ぶと、相当な読み応えがある。

●——第五号の執筆陣は、東久邇成子、牧野富太郎、小宮豊隆、山内リエ、壽岳文章、佐佐木信綱、阿部静枝、石川欣一、成瀬無極、伊吹壽美子、鈴木文史朗、河村幸次郎、森田たま、森於菟、芹澤光治良、村岡花子、住田正一、山内義雄、寺尾新、深澤紅子、柳宗悦、川田順、吉岡弥生、和田伝、長崎次郎、東山千栄子、長谷川如是閑、戸板康二、津守健二、小城君子、中江百合、小田あさ子、平野重平、土屋健、松本明男、廣瀬君子、坂村博、平山蘆江、内田あい子、逸見愛子、井上静子、千葉千代吉、近藤とし子、花森安治。

●——そして、最後のあとがきも泣かせる。

> やつと、ここまで来ました。初めて、この雑誌を出してから、やつと一年たちました。雑誌のいのちから言つて、一年は短いものでしようけれど、私たちには、苦しい長い一年でございました。(中略)
>
> 第一号は赤字でした。第二号も赤字でした。今だから申せるのですが、そのために昨年の暮は、正直に申して生れて初めて、私たち、お餅をつくことも出来ませんでした。どうぞ、つぶれないで下さい、というお手紙を、あんなに毎日いただくのでなかつたら、どんなに私たちが

意地を張つても、やはり第三号は出せなかつたことでしよう。（中略）
　毎日の明け暮れは、決して夜空に花火を上げるような、いつとき花花しく、はかなく消えてゆくものではなく、あるかなきかに見えて、消えることのない、つつましいけれど、分秒の狂いなく燃えてゆくものとすれば、そのつつましさの中から生まれる原稿を、ありがたく、とうといものに思います。（後略）

●――続けていればいいこともある――という気持ちで、私もできるだけ毎日書き続けようと思う。（二〇〇六年五月二六日）［209←・→202］

207 歌舞伎座とシュークリーム

三嶋良蔵監修『歌舞伎座復興記念 歌舞伎座』（歌舞伎座出版部、昭和二六年一月初版）

●――「東急東横店 渋谷大古本市」をのぞいてみた。初日だったので、古書展で見かける人も少し交じっていたが、全体にはデパートの客層で女性が多かった。毎年思うことだが、この古本市は会場が広くて、歩き回るとかなり疲れる。でも、明治の古い雑誌などからごく最近出た本まで、幅広く出品されているので、見て歩く分には飽きない。ただし、今回は買いたい本があまり見つからず、結局一冊五〇〇円のものを二冊購入したのみ。その一冊が昭和二六（一九五一）年発行の『歌舞伎座復興記念 歌舞伎座』である。非売品で、発行所は歌舞伎座出版部だ。

●――あとで紙のカバーを外してみると、下から美しい木版画で彩られた表紙が現れて驚いた。このカバーのおかげで表紙はほとんど汚れていない。「清方」とあるように、目次を見ると、表紙、見返し、扉絵がすべて鏑木清方である。巻頭の写真ページには、復興した歌舞伎座の写真や名優たちの顔写真などが並ぶ。後半には一三〇ページほどの「歌舞伎座興行略年表」があり、これだけでも貴重な資料になる。本文中にも写真が多数あり、五〇〇円は安い。

●――歌舞伎座といえば、私はすぐに村井弦斎がここで『食道楽』を興行したことを思い出すのだが、そのことも本文中に書かれていた。日露戦争の最中、明治三八（一九〇五）年のことである。

　何分、この時代は新派の隆盛時代で、東京座の芝翫でさへ、『乳姉妹』や『不如帰』や『魔風恋風』を演じている仕末に、歌舞伎座でも、三月には村井弦斎の『食道楽』を出し、梅幸が毎日シュークリームを拵《こしら》へて見物に配つたり致しました。

●――これは村井弦斎が勤めていた『報知新聞』一万号発刊記念のイベントの一環で、報知社が歌舞伎座を借り受け、弦斎が中心になって行った興行だった。尾上梅幸がシュークリームを配ったのは、観客全員ではなく一等と二等のみだったが、そのほかにも、『台所土産』という小冊子を観客に配布するなどいろいろな工夫をしている。舞台自体は不評だったとはいえ、歌舞伎座とシュークリームというのは、かなり異色の組み合わせで、当時も話題を呼んだことは間違いない。（二〇〇九年八月一七日）[176←・→210]

208 デコちゃんのサイン入り

高峰秀子『巴里ひとりある記』（映画世界社、昭和二八年二月初版）

［口絵］

●――古書展へ行ったとき、一〇冊買っても二〇冊買っても満足できないこともある。これという本に一冊も出逢えなかったときだ。その意味で、先日の東京古書会館の「書窓展」では、この一冊を見つけただけで大満足だった。四〇〇円の掘り出し物。開場から一時間遅れくらいに出かけたにもかかわらず、会場内は駅のラッシュアワーなみの混雑だった。その中でも、値段が安い書店の棚にはなかなか近づけない。初日の金曜日の朝一番に駆けつけている人は、だいたい七〇代以上で、しかもほとんどが男性。古書展の常連さんばかりである。

●――ようやく棚に近づくことができて、この本は何だろう、と手に取ってみると、信じられないことに高峰秀子さんの署名入りの本！しかも、彼女が出した初めてのエッセイ集らしい。意外にも、函はただの段ボールをホチキスで留めただけで何も文字が入っていない上、ボロボロだった。しかし、口絵のカラーの「高峰秀子像」は梅原龍三郎、ポートレート写真は早田雄二、扉の文字は渡辺一夫、巻末には徳川夢声との対談まで入っている。そして、「装幀・装画 著者」とあるではないか！ そうなると、このシンプルな表紙や何の飾り気もない函も、本人の強い意向だったにちがいないと思えてくる。人気女優の初のエッセイ集らしく豪華に飾り立てる——なんてことは、高峰さんは恥ずかしくて、絶対に避けたかったのではないか。

●——私はあまり女優や俳優という職業の人に興味がない。けれども、高峰秀子さんについては、斎藤明美著『高峰秀子の捨てられない荷物』（文藝春秋）を読んで、華やかに見える有名女優が、実はこうしたしがらみを抱えていたのか、と愕然としたことがあった。毅然とした彼女のすがたにエールを送りたい、と心から思った。大女優でありながらざっくばらんで、その一本芯が通った発言には、清々しさを感じた。

●——女優が書いた本、と聞いただけでふつうは腰が引けてしまうのだが、この本を見つけた瞬間、思わず周囲を見回し、誰にも取られてなるものか、といわんばかりにしっかり抱え込んだのは、そういうわけである。しかも高峰さんのサイン入りだ！ よく誰にも見つからずに残っていたものだ。

●——中を開いてみるとさすがに多少汚れもあり、紙も焼けて茶色になっている。でも、写真点数が多いことと、合間に目を楽しませてくれるイラストが本人の手によるものだということに感激してしまう。このパリ旅行は、不本意な女優の仕事をして消耗し切った高峰さんが、日本から逃げ出すようにして行ったものだったらしい。そして、この本が出た二年後に、彼女は松山善三氏との結婚を発表して世間をあっと驚かせるのである。なんという快挙！ 女でもこういう人には「惚れてしまう」。

●——この本は後に、別のタイトルで復刊されているらしいが、やはり初めての本の実物ということで、入手できた喜びは大きかった。しかも、信じられない安さ。この一冊を見つけたことで、私にとって先日の古書展は最高だった。

（二〇〇五年一二月一五日）［170←・→214］

209 『スタイル』の名の由来

『スタイル』二〇周年記念号（スタイル社、昭和三〇年四月）

●——この『スタイル』は、五反田の古書展で五〇〇円で見つけた。表紙を見て、なつかしいような気持ちになったが、私が生まれる前の号だ。最近の女性誌は、表紙を女優やモデルの写真が飾っていることがほとんどなので、このように表紙の女性がイラストだと、かえって新鮮な印象を受ける。描いたのは高野三三男《こうのみさお》。ネットで検索してみると、東京美術学校中退後、渡仏してパリで個展なども開き、帰国後は二科会会友として活動していた画家だという。こうしたファッショナブルな女性像を多く描いたらしい。

●——『スタイル』は、作家の宇野千代が昭和一一（一九三六）年に創刊したファッション誌として有名だ。その協力者が北原武夫。宇野は北原と再婚し、編集兼発行人として『スタイル』誌を刊行していたが、戦争によって休刊せざるをえなくなる。戦後に復刊したが、北原とは離婚した。日本のファッション誌の草分けであり、方向性を決めた雑誌ともいわれるだけに、執筆者、写真家、デザイナー、モデル、どれをとっても有名人ばかりである。口絵グラビアを見ると、「スタイルと私」を語る木暮実千代のポートレートは、早田雄二撮影。田中千代デザインのスーツを着て、ポーズを取っているモデルは久我美子で、秋山庄太郎撮影だ。

●——目次を見ると、「パリ通信」は朝吹登水子、「私のお化粧人生史」は宇野千代、「聖書とともに」は串田孫一、「若い女性の都会生活について」は壷井栄、「随筆　猫と異邦人」は広津和郎である。連載小説は「麓の景色」芹沢光治良、「花嫁の学校」田中澄江、「女のアルバム」若杉慧。さらに、人気絶頂だった女優高峰秀子を「特集　高峰秀子のすべて——ついにデコちゃん婚約す」と八ページ特集している。彼女が松山善三（「無名の青年」と書かれている）と婚約するまでの歩みを追ったものだ。ここに掲載されている写真は、早田雄二、秋山庄太郎、大竹省二が撮影している。なんという豪華版！

●——この『スタイル』を手にとったとき、買おうかどうしようか、と少し迷って目次を見ると、そこに「村井米子」という文字があったので購入を決めた。村井米子は、村井弦斎の長女で、登山家・エッセイストにして、ＮＨＫで働くキャリアウーマンでもあった。ここでは、短い「食味随想」というコラムを書いている。偶然とはいえ、こういうことがあるとうれしくなって、きっと雑誌のほうで私を呼んでいたにちがいない……とつい思ってしまうのである。

●――また、この号は「二〇周年記念号」ということで、宇野千代、田中千代、木暮実千代、村井八寿子の四人が「スタイルと私」というコメントを寄せている。同誌編集兼発行人の宇野千代が、次のように語っているのが面白い。

「スタイルと私」

　スタイルつて好い名前ですね、どうしてお考えになつたのですか、とよく訊かれます。実はあれは、あの頃はやつていた「スタイル」と言う眼薬の名前をもじつたものでした。いまから二十年前、社員はみんなで六人で、月給はみんなお揃いに30円でした。お午になると私は、露路の奥で、その六人のために、紙屑をもしては筍ご飯を炊いたりしました。

　それだのにいつの間にか、こんな大雑誌になつて、と思いますと、ほんとに夢のような気がします。

●――題号が、目薬に由来するとは！　しかし、その後、読者の方から次のようなご指摘をいただいた。宇野千代は『スタイル』創刊と同じ頃に、文芸誌『文体』を創刊している。「スタイル」には「文体」の意味もあるので、そちらと掛けていたのではないか。「目薬の名前をもじった」というのは、宇野千代流の韜晦《とうかい》ではないか……ということだった。

●――今調べてみると、『文体』は昭和一三（一九三八）年一一月の創刊で、七号で廃刊した後、戦後に復刊したが、四号で廃刊している。『スタイル』は昭和一一（一九三六）年に創刊しているので、『文体』より二年以上早い。彼女は、ファッション誌と文芸誌を同時に出す計画を持っていて、先に出すことができたファッション誌に、先行して『スタイル』と名づけたのだろうか。そのあたりの事情はこれだけではよくわからないが、目薬というのは、さすがにどうも……。そういえば、「スタイル」ではないが、「スマイル」という目薬はあったな、と思い出す。今私が使っている目薬のラベルを見ると、「アイリス」だったが……。（二〇〇五年一一月八日）

［218←・→206］

210 食欲そそる昭和版『食道楽』

獅子文六『バナナ』（中央公論社、昭和三四年二月初版）

［函］

●——この本は京王百貨店の古書市で八〇〇〇円で購入。「装釘板画・棟方志功」とあり、その強烈な印象は、ひと目見れば忘れられない。といっても、函はおとなしく、表紙も無地だ。見返しと扉ページを開いて、ああ、たしかに棟方志功だ、とホッとする。少しでも似た画風のほかの版画家を、すべて二番煎じに感じさせてしまうのだから、さすが棟方志功、というほかはない。創作の世界で強烈な個性を持つということが、いかに大事かを痛感する。

●——獅子文六は食物に関する随筆をたくさん書いていて、造詣も深い。村井弦斎にもあちこちで言及しているので、随筆は少し読んでいたが、この『バナナ』という小説は、いつか読みたいと思いながら、今まで手にする機会がなかった。実は、獅子文六自身が、『バナナ』を弦斎の『食道楽』と対比させて語っている。どちらも新聞に連載された小説で、『バナナ』の主人公は食いしん坊の呉天童、『食道楽』の主人公は大食漢の大原満で、さまざまな料理がこれでもかというほど登場するのだ。呉天童は台湾人だが、日本国籍を得ているという設定になっている。

●——この本が出たのは、日本が高度成長を続ける昭和三四（一九五九）年だが、すでに日本の首都・東京は次のように描写されている。

　彼は少年時代から東京で暮らしている間に、すっかり食いしん坊になってしまったのである。うまいものを食う時ほど、人の世に生れた甲斐を感ずることはなく、それも、食通といわれるような味覚の批評家ではなくて、自分の好きなものを、ガキのように、むさぼり食うのが、無上の愉しみだった。そして、生国の中国料理は勿論のこと、日本料理も懐石料理からウナギ、てんぷら、すし、おでんに至るまで、どんなものでも好きであり、また、フランス料理も、日本式洋食も、トンカツまで大好物で、要するに、何でもござれの食いしん坊なのだが、自分でウマいと感じた店のものでなければ、見向きもしない見識は持っていた。だから、なまなかの日本人より、彼は東京の和洋料理店を知っている。そして、世界中の都で、東京ほど、食うことに恵まれたところはないと、思ってる。洋食だって、洋行する必要がないほど、各国の料理が食べられるし、日本食は関西料理、長崎料理、秋田料理まである。そして、大小の料理店の数の多いことといったら、これまた世界一で、銀座、新宿、渋谷へ行くと、食べもの屋でない店を探す方が、骨が折れる。

●——敗戦から一四年後にして、東京はこれほど〝食都〟だったのだろうか。右の記述を読むと、これが書かれた半世紀後、現在の東京を舞台にしているのではないか、と思ってしまうほどだ。それにしても、料理がたくさん出てくる小説は、読者を途中で困惑させる。小説の登場人物があまりに美味しそうに食べるので、空腹感を我慢できなくなるからだ……。その意味でも『バナナ』はまさしく、昭和版『食道楽』と呼んでもいいだろう。（二〇〇六年一月一〇日）[207←・→212]

211 弦斎に関する新発見

瀬沼茂樹『日本文学世界周遊紀行 一 アメリカ編』（角川書店、昭和三七年三月初版）

●——何度も書くが、古書展の魅力は、やはり思いがけない本との出会いだろう。これも古書展で五〇〇円で買った一冊。巻末に人名索引が「日本」と「外国」に分かれてついていて村井弦斎の名前もあり、引いてみると、彼の顔写真入りで四ページにわたって記述があった。

●――著者の瀬沼茂樹は、弦斎の長女の村井米子と交友があったらしく、弦斎に関する記述は、米子から借りた資料に基づいていることを自ら断っていた。その資料は現在、遺族の手で神奈川近代文学館に寄贈されていて、私は瀬沼茂樹が目を通したのと同じ資料を読んでいる。

●――瀬沼がこの『日本文学世界周遊紀行』で「新発見」と述べていることがあった。それは、弦斎がアメリカの友人フェリックス・コーンに宛てて、明治二一（一八八八）年に出した手紙の写しがノート（村井米子から借りたもの）にあって、その文中に『郵便報知新聞』の編集局で勤務している、とはっきり書かれていたことだ。

●――従来の村井米子が作成した弦斎の年譜では、『報知』入社はその一年後とされていた。ただし、瀬沼は触れていないが、その明治二一年に弦斎がすでに報知社で『内外百事便覧』という年鑑の編集に携わっていて、名前もはっきり掲載されていることを、私は弦斎の評伝執筆の際に確認している。

●――瀬沼はまた、この本の中で「弦斎の研究家に蛯原八郎があり、今日まで最も信憑できるものである」としながら、その『弦斎小伝』に弦斎がシベリアへ渡ったと書かれていることは誤りだ、と米子から聞かされ、「北海道にいったことの誤伝かもしれない」と述べている。

●――実は、蛯原八郎の『弦斎小伝』は、私も最初に目を通した文献だが、正直なところ、読んであまり気分のいいものではなかった。それは、取り上げた対象である村井弦斎を、書き手の蛯原があまり評価していないからだ。なぜ、自分が貴重な時間を使って、こんな通俗作家をあえて取り上げる気持ちになったのか、という言い訳から書き起こしているのである。調べてみると、この中には事実と異なる記述や思い込みもかなりあったので、評伝を書くときの資料としては、ほとんど使わなかった。

●――とはいえ、従来の村井弦斎研究がほとんどこの『弦斎小伝』からスタートし、そこに書かれている文章から受ける印象を、研究者たちが先入観として抱いてしまっていたとすれば、蛯原八郎の罪は大きく、弦斎にとっては同情すべきことだと思わずにはいられない。

●――ところで、この瀬沼茂樹の本は、函入り五八〇ページ以上の浩瀚《こうかん》なもので、帯には伊藤整が次のように賛辞を寄せている。

わが友瀬沼茂樹の「日本文学世界周遊紀行」は、日本の文芸批評界にかつて見なかった新しい仕事である。このような書物はこれまで日本で企てられたことはなかったたし、外国にもその例があるのを聞かない。明治以来の日本の文士や学者が、世界各国を訪れて学び、遊んだ折の見聞と体験のあとを総合的にまとめたものである。（後略）

●――たしかに、この「アメリカ編」を見ても、錚々たる人物の名前が目白押しだ。プロローグとして、漂流者中浜万次郎と浜田彦蔵から書き起こし、「海を渡る最初の武士外交官」から「太平洋戦争の前夜」まで一九章にわたっている。

●――巻末には「日本文学世界周遊紀行　全六巻 内容予告」として、「一アメリカ篇（既刊）、二イギリス篇（次回配本）、三フランス篇、四ドイツ篇、五イタリア篇（南欧篇）、六ロシア篇（北欧篇）」とあって、その主要な項目まで書かれている。その国を訪ねている作家や学者の名前もいくつか具体的に記されていることから、おそらく全六巻の構成はほぼできていたのだろう。

●――それにしては、このシリーズを見たことがないが、と思って国会図書館の所蔵図書を検索してみると、意外にもこの「アメリカ篇」しか出てこない。シリーズ名を途中で変更したとは思えないので、おそらく一巻が出ただけで、後の五冊は幻の書となったのだろう。

●――瀬沼茂樹が没したのは昭和六三（一九八八）年だ。彼は、友人である伊藤整の死後、その遺志を継いで『日本文壇史』を完成させているが、この「日本文学世界周遊紀行」シリーズを断念したのは、それで時間がなかったためだろうか。どんな事情があったのかわからないが、幻の書となると、読んでみたかったという気がしてならない。ちなみに、購入した本は瀬沼茂樹の署名入りだった。（二〇〇五年五月二五日）[204↑・↓019]

212 洋食屋「おとわ亭」の消息

小林勇『惜櫟荘主人――一つの岩波茂雄伝』（岩波書店、昭和三八年三月初版／講談社文芸文庫、平成五年）

●――小林勇著『惜櫟荘主人――一つの岩波茂雄伝』（岩波書店）を三〇〇〇円で見つけ、読み始めると、序に続く本文の二ページ目に「おとわ亭」の文字が出てきたので、びっくりした。灯台下暗し、とはまさにこのことだ。

●——「おとわ亭」は、明治期から昭和の戦前までは神保町に存在していた店なのだから、調べるなら、大正二（一九一三）年に神保町に古書店を出した岩波書店の関係者の回想録に、まず当たってみるべきだった。

●——「おとわ亭」といっても、何のことかわからない人も多いだろう。二〇〇八年に、毎日新聞社から刊行された毎日ムック『神田神保町古書街二〇〇九』に、「神保町にあった『食道楽』ゆかりの洋食屋——おとわ亭」というエッセイを二ページ書かせていただいた。

●——村井弦斎の代表作『食道楽』のヒロインの名前は「お登和」。その『食道楽』のブームに便乗して、明治三〇年代後半に、それにちなんだ名称をつけた店や雑誌がいろいろ登場した。その中でも有名だったのが、神保町にできた洋食屋「おとわ亭」である。

●——正式な店名は「三銭均一食道楽おとわ亭」。当時、誰もが知っていた市街電車の運賃「三銭均一」と、ベストセラーになっていた小説『食道楽』と、そのヒロインの名前の「おとわ」の三つを寄せ集めた、という欲張りなネーミング。しかも、三銭均一を謳っているように、とにかく値段が安かった。

●——約百年前の「おとわ亭」の店主の戦略は見事に当たり、珍しもの好きな客が押しかけ、店は大いに繁盛したという。「おとわ亭」について懐古している作家も多く、獅子文六、水原秋桜子、広津和郎、宇野浩二などは学生時代によく通って食べていたそうで、秋田雨雀の日記にも出てくる。

●——そして、岩波書店創業者の岩波茂雄の娘婿で、岩波文庫や岩波新書の創刊にたずさわり、岩波書店会長となった小林勇が書いたのが『惜櫟荘主人——一つの岩波茂雄伝』だ。

●——小林が兄に連れられて紹介もなしに岩波書店を訪れ、岩波茂雄と初めて対面したのは、大正九（一九二〇）年四月二一日だったという。岩波は小林を気に入ったらしく、その場ですぐに「明日から来て貰いましょう」といってくれた。〝入社面接〟を無事に終えた後の記述に「おとわ亭」が出てくる。

最早、午《ひる》に近くなっていた。兄と私とは東京堂の裏の方へ路地を入ってゆき、おとわ亭という洋食屋へ入った。窓に近いテーブルに坐って兄は「まずはお前の奉公口もきまった」といい、牡蠣フライと酒を注文した。酒は二合のガラス瓶に入っており、牡蠣は大きな皿に山盛りのようにあった。数え年十八歳の私は、奉公口がきまったのだからというわけで、兄にすすめられて昼酒をのんだ。

●――小林勇の脳裏に、岩波書店で働けることになったこの日の記憶は、鮮明に残っていたのだろう。神保町の洋食屋に初めて入って、山盛りの牡蠣フライを食べたときの一七歳の少年の高揚した気分が、伝わってくるようだ。（二〇〇九年一月二九日）[210←・→215]

213 自筆原稿に書かれていたこと

柴田宵曲『煉瓦塔』五〇〇部限定版（日本古書通信社、昭和四一年九月）

［函］

●――この前の東京古書会館の「趣味展」で見つけて、目を疑ったのがこの本。柴田宵曲の五〇〇部限定の『煉瓦塔』である。日本古書通信社から昭和四一（一九六六）年に刊行されたもので、私が買う本にしてはかなり新しい。でも、著者は柴田宵曲で、サブタイトルは「近代文学覚え書」。

●――文庫本サイズだが、驚いたのは外箱・函付き、天金で、装幀が川上澄生だったこと。表紙・扉絵は川上澄生の木版自刻と書かれている。五〇〇部中三八一番だった。これだけではない。帰宅してから取り出してよく見ると、本だけではなく、一通の封筒が入っていた。その中身を見てビックリ！　思いがけず、著者の柴田宵曲の自筆原稿が一枚入っていたのだ。これまでに、古書展でずいぶん古本を買ってきたが、物故作家の生原稿がついてきた、なんてことは一度もなかった！　これで一〇〇〇円は安い。

●——柴田宵曲の自筆原稿は「日本古書通信社原稿用紙」と印刷された原稿用紙に、万年筆で書かれている。この用紙は一行が一五文字で二〇行。一般の四〇〇字詰めではなく三〇〇字詰めだ。原稿の見出しは「世辞屋」で、『煉瓦塔』には収録されていない。封筒には「柴田宵曲氏原稿在中」とあり、以下のように説明が書かれている。

「煉瓦塔」に著者の署名が入る筈のところ、御病気のためそれが出来なくなりました。

「煉瓦塔」「紙人形」「漱石覚え書」の著者自筆原稿一篇を添付して署名に替えさせて頂きます。

●——普通、こうした限定本は、著者が一冊ずつ署名を入れて、予約した人に頒布することが多い。「御病気のため」とあるが、柴田宵曲は昭和四一年八月二三日に亡くなっていて、これは奥付の本の発行日(九月一〇日)より前である。本は早く完成していたが、署名をする時間を考えて、少し先の日付にしたのかもしれない。

●——本の巻頭には柴田宵曲の「はしがき」があり、その日付は七月一五日である。川上澄生氏の明治色ゆたかな装幀により、明治百年に当たる出版物を飾り得たのは感謝に堪えない、ということを書いているので、本の装幀も見ていたようだ。ということは、病状が突然悪化したのだろうか。ともかく、この本が柴田宵曲の生前最後の本であることは間違いないだろう。(二〇〇九年九月一八日)[121←・→146]

214 プラハ侵攻直前の観光土産

Ann Tučková『Souvenir From Czehoslovakia』
(ORBIS PRAGUE, 1966)

[はさみ込み]

●——先日の「和洋会」では一冊八〇〇〇円、五〇〇〇〇円、二〇〇〇〇円などという本を買い込んで大散財してしまったのだが、三〇〇〇円で思いがけないものも掘り出した。今机のすぐ横に置いて、飽きずに眺めているのがこれ。一九六六年に当時のチェコスロバキア（現在はチェコとスロバキアに分離）でつくられた観光客向けのお土産だ。

●――本文は英語。最初はカレンダーかな、と思って手に取ったのだが、「Souvenir」の文字が目に入った。チェコスロバキアを旅行した日本人が、お土産に買って来たものなのだろう。本のケースはストライプの布張りに紐がついていて、ぶら下げられる。可愛い！

●――チェコスロバキアというと、東京オリンピックのベラ・チャスラフスカ選手を思い出す……といっても、若い世代の人はわからないだろう。東京オリンピックは一九六四年。この本は、その二年後につくられたことになるが、さらに二年後の一九六八年にワルシャワ軍事機構による軍事介入、ソ連軍等によるプラハ侵攻が起こっている。以後のチェコスロバキアは困難な状態に陥り、チャスラフスカ選手も苦難の道を歩んだという。おそらく一九六八年以降は、こうした本が発行されることもなかっただろうし、その意味でも興味深い。ちなみに、海外の古書店で相場を調べてみたら、五九ドルで出ていたのでビックリ！　アマゾンにもその価格で出品されていた。約七〇〇〇円のものが三〇〇円で買えたりするのが、古書展の面白さだ。

●――函に当たる部分を開くと、左側にペン入れがついていて、右側には大小ふたつのポケットがあり、そこにガイドブックの本体の裏表紙を差し込む形になっている。いわば、システム手帳のような仕様体裁だ。大きさもファイロファックスなど、一般のシステム手帳サイズ。

●――最初は気づかなかったのだが、ペン入れがついている左の部分には、三つ折りになったチェコスロバキアの地図が張り付けてあった。本体のガイドブックも厚さ一・八cm、英文、写真満載、巻末にはイエローページ付きと充実している。このデザインセンスは、チェコのマッチラベルなどと共通するものだろうか。独得の面白さがある。さらに、よく見るとオマケが付いていた。チェコの民族衣装の着せ替え人形だ。ふたつ折りにして、本文中にはさみ込まれていた。これもとても可愛らしい。

●――感動的だったのは絵葉書四枚。ポケットにはさんであるのは見えたが、三〇〇円で絵葉書までついているとは安い、と思って取り出して確認せずに買ったのだった。すると、四枚中一枚はカラースライド付きだった。プラハで一九六五年に撮影されたものだという。四枚とも葉書として使えるようになっているが、スライド付き絵葉書というのは初めて見た。お土産としては、ずいぶん凝っている。本文に使われている写真も素晴らしい。古い美しい建築物が残り、自然にも恵まれ、人々の表情は明るい。だが、この本が出たわずか二年後にプラハ侵攻が起こるとは……。ひとつの国がたどった運命を思うと、なんともいえない気持ちになる。（二〇〇七年四月四日）〔208←・→128〕

215 獅子文六、『食道楽』を語る

獅子文六『食味歳時記』
（文藝春秋、昭和四三年二月初版、四四年二月三版）

●――『食道楽』がベストセラーになると、村井弦斎は美食家として一躍有名になった。そのため、味の素をはじめ当時のさまざまな食品会社が、弦斎の推薦の言葉を自社の商品広告に載せるようになる。また、「食道楽ブーム」にあやかろうとする商店や料理屋も続出し、「〇道楽」という名前の店ができたり、前述したように、『食道楽』のヒロインの名前を取った「おとわ亭」なる料理屋も、あちこちに出現した。

●――獅子文六は『食味歳時記』の中で、弦斎の『食道楽』についてあれこれ語っている。

　日露戦争直前に、村井弦斎の『食道楽』という小説が書かれ、ブームを起したが、私の母や姉が夢中になって、読んでたのを、目撃してる。私も当時この小説の一部分を覗いたことがあるが、筋は至って単純で、お登和さんという美人の令嬢が、結婚するだけのことだったと思うが、彼女は料理の名手で、小説の随所に食物の講釈と料理法が、明細に出てくる。従って少年の私にとって、何の興味もない小説だった。

　しかし、昨年、私はこの小説の全巻を、入手することができた。正続八巻の厖大なる小説である。そして、幼時の記憶は誤らず、これは世界に珍しい、料理小説であり、これだけのものが、あの頃に書かれた事実に、驚嘆し、更めて、明治文化の実質を、考えたくなった。

●——獅子文六はこの後も、『食道楽』に登場する料理を取り上げて検証している。そして、この章の最後に、「おとわ亭」の話が出てくる。

大正期に、神田の学生街に、おとわ亭という洋食屋があった。無論、お登和さんの名を用いたのだが、べつにウマい洋食を食わせる店ではなく、ただ、安いのが看板だった。カツレツでも、シチュウでも、八銭ぐらいだった。その頃、三田の学生だった私は、ただ安いがために、神田へ出張して、おとわ亭の料理を飽食したが、『食道楽』の余勢は、まだ、その時まで続いていた、証拠になる。

●——昔も今も、便乗商法というものが存在したことがよくわかる。そして、「食道楽ブーム」がいかにすごかったかも想像できるだろう。（二〇〇四年一一月七日）［212←・→219］

216 愛妻家の鳩への仕打ち

東京農業大学伝書鳩研究会編『伝書鳩の飼い方』（金園社、昭和四四年四月二〇日初版、五月一日八版）

●——あるとき伝書鳩の話をしていて、相手に「鳩ってすごいですね。でも、どうして住所がわかるんですか？」と聞かれて、言葉につまったことがあった。その人は、伝書鳩がまるで郵便配達人のように、手紙をあちこちに届けてくれるもの、と信じていたのだった。もし、そう思っている人がいたら、この場ではっきりさせておきたい。「伝書鳩に住所はわかりません！」

●——伝書鳩は自分の巣の位置を覚えていて、遠くに連れて行っても戻ってくる。この「帰巣本能」を利用して、古くから通信に利用されてきたのだった。自分の巣からあちこちの友人の家まで飛んで行って手紙を届けてくれるわけではないので、誤解のなきように。そうだとしたら、もっとロマンチックで楽しいだろうが……。

●——ただし、「往復通信」といって、二カ所の巣の位置を覚え込ませて、その二点を往復させる通信方法はある。これは訓練が大変で、伝書鳩通信の中では高度なものだ。かつて新聞社などが使っていた伝書鳩は、一番単純な「片道通信」である。つまり、離島や山岳地帯など、通信手段がないような場所に取材に行くとき、新聞記者はカゴに数羽の伝書鳩（新聞社では通信鳩と呼んでいた）を入れて提げて行く。そして、現地で写真を撮って、そのフィルムを感光しないように巻いて通信筒に入れて、鳩の背中に背負わせる。あるいは、原稿を書いて信書管に入れて鳩の足に取り付ける。その鳩を空に放すと、鳩たちは自分の巣がある本社へと飛んで行く、というわけである。何羽か一緒に放すのは、距離が遠い場合は帰巣率が低くなることと、途中で鷹やハヤブサに襲われて命を失うこともあるからだ。伝書鳩も命がけで働いていたのである。

●——『伝書鳩の飼い方』は、ちょうど、鳩レースの黄金期といえる頃に書かれた本で、巻末には全国の伝書鳩愛好家の団体名と所在地が二七ページにもわたって掲載されている（昭和三五年現在、と書かれている）。鳩ブームがいかにすごかったかが想像できる。この本は五〇〇円で入手。東京農業大学伝書鳩研究会編となっているが、同大学の伝書鳩研究会も〝鳩の名門クラブ〟として知られていた。

●——この本も、鳩を飼いたいという人向けの実用書として、非常によくまとまっている。当時はこういう本がペットコーナーにたくさん並んでいたのだろう。現在、書店で伝書鳩の飼い方について書かれた実用書を買おうと思っても、まず見つけることはできない。

●——余談ながら、手元の資料の中に『鳩の飼い方』というパンフレットがある。社団法人日本鳩レース協会が作成した三六ページの小冊子で、取材にうかがった際にいただいたものだ。

●——目次には「はじめに／鳩舎の作り方／鳩の選び方／系統について／作出について／飼料について／馴致と訓練／鳩レースのしくみ／レースへの準備／ナチュラル・システムとW・システム」という項目が並んでいて、伝書鳩（レース鳩）の飼い方がコンパクトにわかるようになっている。

●——この中で、「ナチュラル・システムとW・システム」というのは、たぶん、ほとんどの人には初耳だろう。せっかくなので、その項目を引いておこう（ただし、これを知っていても、何かの役に立つというわけではないので、誤解のなきように）。

レースへ参加するシステムとして、大別してこの二方法があります。賞金レースの盛んなベルギーなどではW・システムが専ら用いられていますが、我国では一部で試用されているのみで、主にナチュラル・システムで飛ばされています。

ナチュラル・システムとは、字義の通り、自然に飼育したままレースに参加する方式で、一つの鳩舎に雌雄とも飼育し、配合された状態でレースに出場させるので、配合の時期、産卵の調節等に注意をしなければなりません。例えば、雌鳩は産卵前後の一週間はレースに参加するのは不適当です。また雄鳩は余り発情している時は精神的に不安定ですので、注意しなければなりません。抱卵や育雛が鳩に及ぼす影響をよく考え、その鳩に適合した飛ばし方をすることです。

他方、W・システムは、やもめ方式とも呼ばれる方式で、主に雄鳩を一つの鳩舎に入れ、雌から隔離して飼育し、レース直前に雌に会わせ、雄鳩の愛情や営巣本能を刺激して、帰巣本能を高め、よりスピードを出させる様にする方式です。

そのためには種々特殊なテクニックや、特別の鳩舎構造などを要しますので、興味のある方は、鳩専門誌で御研究下さい。

●——ここに書かれているように、W・システムは「やもめ方式」とも呼ばれている。早い話が、鳩に〝別居結婚〟を強いて、長い間会えずにいる妻に会いたいという愛妻家（！）の鳩の感情を利用することでレースに勝とうというのだ。人間とはなんと罪深いことをするのだろう！（二〇〇五年八月一二・二五日）［185←・→218］

217
記憶を蘇らせてくれた図録

東京都庭園美術館編『写真展 パリ・街・人——アジェとカルティエ＝ブレッソン』図録（東京都文化振興会、昭和六三年）

●——五反田での古書展で、昔の恋人に出会ったような気持ちになって買ってしまったのが、この図録だった。五〇〇円。昭和六三（一九八八）

【昭和六三（一九八八）年】——竹下内閣下で消費税法成立。

年六月四日から七月二四日まで東京都庭園美術館で開催されたもので、「パリ・街・人——アジェとカルティエ＝ブレッソン」とタイトルにあるように、フランスを撮った写真家としては最も有名なウジェーヌ・アジェとアンリ・カルティエ＝ブレッソンの二人の写真展である。

●——この図録は、アジェとカルティエ＝ブレッソンと解説篇との三分冊になっていて、箱に入っている。最近、展覧会へ行っても、図録を買うのは、よほど気に入ったときだけにしている。何しろ図録は重くてかさばるので、書棚がすぐ埋まってしまうのだ。

●——それでも、この二人の写真展の図録は、これまでにも買ってきた。アジェの古いパリの街並や人々の写真を見ていると、本当になんともいえない気持ちになってくる。日本でいえば「明治」の頃だ。「ふらんすへ行きたしと思へども、ふらんすはあまりに遠し」と歌ったのは、たしか萩原朔太郎だったか。明治の人々が憧れたフランスか……と思うと、明治人の目でアジェの写真を見たくなってくる。

●——カルティエ＝ブレッソンといえば「決定的瞬間」。彼は写真が下手だ、という評があるのだけれど（撮影技術的に、という意味だろう）、なぜか一枚一枚の写真に物語を感じさせられる。この図録から、なつかしい記憶がいろいろ蘇ってきてしまった。写真というのは、まさに〝過去への窓〟でもある……。

●——私が写真展を見に行き、写真関係の本を読み漁っていたのは、もう一〇年近く前のことだ。一九九九年に初めての本『音のない記憶——ろうあの天才写真家 井上孝治の生涯』（文藝春秋）を出した。この本は私に、素晴らしい出会いを運んできてくれた。こうして今、私が曲がりなりにも書く仕事を続けていられるのも、あの本が存在するからだといえるだろう。

●——ほとんど無名のアマチュア写真家だった井上孝治さんが、フランスのアルルで開催された「アルル国際写真フェスティバル」の招待作家となり、その直前に肺がんで亡くなったことは、『音のない記憶』を読んでいただければわかる。予期せず遺作展になったが、亡き井上さんには、アルル市長からアルル名誉市民章が贈られた。さらに、フランスの写真評論家に、井上さんは〝日本のカルティエ＝ブレッソン〟だと絶賛される。それ以来、カルティエ＝ブレッソンの名前は、私にとって特別なものになった。

●——そのカルティエ＝ブレッソンも二〇〇四年に亡くなった。九五歳だったという。けれども、こうして彼が撮った写真は残る。本もそうだが、多くのものがすぐに忘れられ、消えていく中で、百年経っても色あせず、人々を感動させるようなものに出会いたいと思うし、そういうものを書いていけたら——と心から願わずにはいられない。（二〇〇五年六月二七日）[220←・→154]

218 名門の血統を誇る鳩たち

吉原謙以知編『The World Champions '94 Edition』（チャンピオン商事、平成六年）

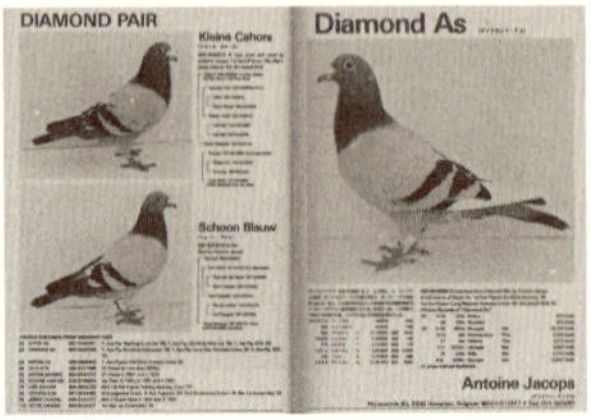

［本文］

●——伝書鳩が軍隊で軍用鳩として働いたり、新聞社の通信鳩として働いていた時代は終わった。現在は、趣味の鳩レースに飛ばすために、一部の愛鳩家たちに飼われているだけで、レース鳩と呼ばれている。鳩にとっては幸せな時代になったともいえるだろう。それでも、レースの距離は二〇〇㎞でも短いほうで、五〇〇㎞とか一〇〇〇㎞レースというのもある。世界で最も距離が長いレースとして、過去にアメリカで二〇〇〇マイル（三二一九㎞）が行われたことがあったというが、これはもうサバイバルレースで、無事に戻ってきた鳩はそれほど多くはなかっただろうと思う。

●——鳩レースの場合、途中で迷い鳩になってしまい、自分の鳩舎に戻って来ない鳩もかなりいる。とはいえ、未知の場所に連れて行かれて、目印もなにもない大空をひたすら何百㎞も飛んで、自分の鳩舎まで戻ってくるというのだから、鳩の帰巣能力には驚嘆するしかない。鳩が飛ぶスピードもかなりのもので、天候や地形に大きく左右されるものの、平均して時速六〇㎞、レースで優勝するような優秀な鳩になると、時速一〇〇㎞以上で飛ぶらしい。風に乗れば時速一五〇㎞以上ということもある。

●——鳩レースはゴールがそれぞれの鳩舎で、飛行距離が鳩によって異なるため、分速を比較して順位を出す。競馬などと違って、空には観客もいないので、飼い主がそれぞれ自分の鳩が帰還した時刻を申請するのだ。伝書鳩は脚環をつけて協会に登録しているが、レースのときにはレース用のゴム環をつけて飛ばす。飼い主は自分の鳩が帰還するとそのゴム環を外して、ピジョンタイマーと呼ばれる記録時計に到着時刻を刻む。どの鳩が優勝したのかは後でわかるのである。そう聞くと、なんだ、つまらない、と思う人もいるかもしれない。しかし、鳩を飼っている人たちは、鳩が遠く離れた場所から自分の鳩舎の方角を見極めて戻ってくる、というところに醍醐味を感じているわけだ。

●――鳩は一度飛び立つと、普通は飲まず食わずひたすら飛び続ける。そのため、鳩舎にたどり着く頃には疲れきっている。鳩が帰って来た瞬間が、愛鳩家にとっては最高にうれしいときなのだという。とはいえ、鳩にしてみれば、自分のいとしい妻（あるいは夫）と子供がいるわが家へ帰りたい一心で、長い旅路を必死で飛んで帰ってくるわけだ。しかも、途中でハヤブサなど空のハンターの餌食になることもあれば、悪天候に巻き込まれてしまうこともある。実に危険が多いレースなのだ。もしかすると、鳩のほうではレースを楽しむどころか、「いい迷惑だ」と思っているかもしれない。

●――『The World Champions '94 Edition』は、レース鳩について取材をしていたときにいただいたもの。世界の有名な鳩舎と、そこで飼われている〝有名な鳩〟の日英併記の写真集である。鳩レースは血統のスポーツで、競馬に出走するサラブレッドと同じように、名門の血を引く鳩を訓練してスピードと帰巣能力を磨くことで、レースに勝てるのだという。「鳩王国」として知られているのはベルギーとオランダだ。この写真集には、アメリカ、ベルギー、カナダ、台湾、オランダ、ドイツ、日本、イギリス各国の名門鳩舎と、そこで飼われている鳩の写真が載っている。中には、一羽で数百万円クラスの鳩もいるが、バブルの頃には、なんと一羽二〇〇〇万円以上で鳩が輸入されたこともあったという。鳩レースのことを知らない人にとっては、驚きの一冊であることは間違いない。

●――頁をめくると、どの鳩も、名門の血統を誇っているかのように堂々としている。外見はドバトとそんなに変わらない、などと書くと、愛鳩家からは絶対に非難されるだろう。たしかに、伝書鳩は毎日のエサも飼い主が工夫を凝らしたものを食べているため、栄養状態がよく、羽の色もつやつやしていてきれいだ。ドバトよりひと回り大きい感じで、とくに両方のつばさがたくましい。何百㎞も飛ぶためにはそれだけの飛翔力が必要だが、ドバトはほとんど住み着いている場所から動かないので、長距離を飛ぶことはないらしい。試しに、ドバトを捕まえて、何十㎞か離れた場所に連れていって放しても、元の場所にはまず戻れないという。

●――それでも、レース鳩がドバトと外見がほとんど同じ、というのは致命的な気がする。「ナーンダ、ドバトと同じじゃない！」と普通の人は片付けてしまうにちがいないからだ。まったく違う外見、たとえば羽の色が七色だったりしたら、数万羽が同時に飛び立つ鳩レースは、さぞかし美しくて壮観だろう。そういう鳩が飛ぶレースだったら、話題になり、もっと人気が出ているかもしれないのに――。（二〇〇五年八月一六日・八月一七日）[216←・→209]

219 『食道楽』と阿川家の食卓

阿川弘之『食味風々録』（新潮社、平成一三年一月初版）

●――村井弦斎の『食道楽』が刊行された当時の宣伝文には、「嫁入道具の中には必ず此書無かるべからず。故に婚礼の祝物として最も適当に御座候」というものもある。それを裏付ける記述が、阿川弘之氏の『食味風々録』の中にあった。本書は、食通として知られる阿川氏の食べ物エッセイで、非常に面白い。「牛の尾のシチュー」という章は、次のように書き始められている。

世の中が万事未だ不自由だつた敗戦後四年目に結婚したので、家内は嫁入道具らしい嫁入道具、殆ど何も持つて来なかつた。私の方も、手狭な新居へ大きな調度類が運び込まれることなぞ望まなかつたし、もともと輿入れ荷物の内容にあんまり関心が無かつたのだけれど、「おや、これは」と思つた品が一つだけある。村井弦斎著「食道楽」春夏秋冬の巻全四冊、書名は知つてゐたが、実物を見るのは初めてであつた。爾来此の本は、わが家の書棚の隅へ腰を落ちつけてしまひ、度々の引越しにも処分されるのを免れて、五十年近く経つた今尚、表紙が破れかけのまま居据つている。

　表向きは文学作品、小説「食道楽」で、健啖家の文学士大原満君と、その友人の妹、料理上手な中川お登和嬢を主人公女主人公に仕立てた長い物語だが、あちこち拾い読みする度、

「此のへんのところ、お前よく勉強しといてくれよ」

　女房に言つたのは、これを私が実用書と見做してゐたからで、「小説」と銘打つた著者弦斎も、内心、厨房の役に立ててもらひたい気が充分あつたたらう。

●——こうして阿川家では以後、『食道楽』に登場する料理のレシピを参考にして、さまざまな料理がつくられることになった。とくに興味深いのが、この章の表題にもなっている「牛の尾のシチュー」だ。牛の尾のシチュー、すなわちオックステール・シチューだが、『食道楽』は明治三六(一九〇三)年時点で、牛の臓物はもとより、尾や舌や脳味噌(!)の料理まで取り上げている。阿川氏の『食味風々録』によれば、次の通り。

　清潔好きで淡泊な国民性が原因か、獣肉を忌み嫌った古い慣習の名残か、日本では、戦争に負けて食糧難の状態がつづいてゐても、牛の舌や牛の尻つぽ、犢《こうし》の脳味噌のやうな物は、人があまり食はうとしなかつた。と言ふより、食ふことを知らなかつた。したがつて、これが大変安く手に入る。明治の昔も同じだつたらしく、お登和譲が、「次は直段《ねだん》の廉くつて味の美味《おいし》い牛の尾のシチューに致しませう、牛の尾は一本十二銭位ですから十人前に二本使ふとして二十四銭です」と言つてゐる。

●——この話にはオチがある。ある日、阿川氏の奥方が『食道楽』を参考にして犢の脳味噌のフライをつくっていると、阿川氏は台所をのぞいて「悪戦苦闘中の、女房の解剖現場を目撃したら、むらッとなつた」。そして、せっかく美味

しそうに完成したフライを口にすることができず、ほとんどお隣りの友人宅に届けて食べてもらったそうだ。この『食味風々録』は文庫にもなったので、ぜひお勧めしたい。（二〇〇四年一一月七日）［215←・→106］

220 すべての始まりの本

黒岩比佐子 角川ソフィア文庫版『音のない記憶――ろうあの写真家 井上孝治』（角川学芸出版、平成二二年五月）

●――まだ宣伝するには早いのですが、文庫版『音のない記憶――ろうあの写真家 井上孝治』がもうすぐ書店に並びます（二〇〇九年五月一九日執筆時）。でき上がった見本を見ながら、この一〇年の激動の日々を思い出しているところです。

●――というのは、この『音のない記憶』は私にとって文字通りのデビュー作なのです。一〇年前の一九九九年一〇月に、ハードカバーの単行本で文藝春秋から出版されました。重版したものの、数年前に絶版になっていて、現在は古書市場でしか入手できない状態でした。その本が今回、角川ソフィア文庫から出ることになって、亡くなった子供が生き返ったような気分です。しかも、私にとっては初めての文庫なので、このサイズがとても新鮮に感じられます。

●――井上孝治さんをご存じない人も多いと思うので、ぜひこの文庫で彼の撮った写真を知ってください。フランスのアルル国際写真フェスティバルの招待作家になったとき、アンリ・カルティエ＝ブレッソンを思わせると賞讃された写真です。表紙の氷柱をなめる少年の写真は、アルル国際写真フェスティバルでポスターになったものです。これらの写真については――言葉による説明は不要でしょう。見ていただければ、彼の写真がなぜ多くの人々を感動させたのかが、きっとわかっていただけるはずです。

●――この『音のない記憶』は、九州・沖縄・アメリカまで自費で取材に行って原稿を書いたものの、持ち込んだ三社の出版社から本にすることを断られて、一年間ずっと日の目を見ずに眠っていました。挫折と絶望にうちのめされていたとき、思いがけず文藝春秋から出せることになり、夢ではないかと思いました。それだけに、この本への思い入れも強いのです。
●――原稿を書き上げたのは一二年くらい前なので、今から思えばずいぶん若い頃の作品です。しかし、今書いているものとは違って、亡くなってから間もない人の評伝だったので、周囲の人たちにはかなり取材をしていますし、「足を使って原稿を書く」というノンフィクションの基本に忠実に従って書いています。一〇〇人近くの人にコンタクトを取ったはずです。取材費はもちろん印税をはるかに上回り、大赤字でした。正直にいえば、今だったらとてもここまではできないかもしれない、という気もします。そういう意味では、読み返しながら、苦笑せざるをえませんでした。
●――一〇年も経ったのに、ほとんど進歩していないではないか、と叱責する声も感じました。デビュー作がこれまでで一番いいといわれたら、立つ瀬がありません。とはいえ、出版を断られ続けたため、当時は時間だけはたっぷりあり、文章はしつこいほどリライトしています。それくらい手を入れていかないとダメだ、ということなのでしょう。おかしな話ですが、自分でも久しぶりに読み返したので、他人の本を読んでいるような感じで、最後の井上孝治さんがガンで亡くなるあたりでは、泣きそうになってしまいました。
●――書店で『音のない記憶』を見かけたら、写真ページだけでもぜひご覧ください。そして、できれば序章も読んでください。この一〇年間、私が書き続けることができたのは、あの井上さんとの衝撃的な出会いがあったからだ、とつくづく感じています。最後に、この本を書くために協力してくださった大勢の方々に、この場を借りて改めて御礼申し上げます。

❖

●――一度、過去の記憶の扉を開いてしまうと、いろいろなことが次々に蘇ってきて、圧倒されるような思いでここ数日を過ごしています。あまりプライベートなことは書かないつもりだったのですが、もう一度だけ『音のない記憶』について……。
●――この文庫の元本が出たのが一〇年前、一九九九年だったことは前回述べた通りです。私は二七歳のときにフリーランスのライターになって、何冊かゴーストライターで本も書きましたが、自分の本をせめて一冊でも書きたい、できれば四〇代になる前に本を出したい、と思い始めたのが三〇代半ばでした。井上孝治さんのことを書こうと決意して取材を始め、原稿が完成したのは一九九八年五月です。ちょうど四〇歳になったばかりのときでした。

●――それからつてを頼って、〝無名のライターが書いた無名の人物の評伝〟(!)を出版しようという出版社を探したのですが、現実はそんなに甘くはありませんでした。原稿を渡してから、しばらくすると返却されてくる、ということを三回くり返すうちに、次第に断られるのが当然、という気持ちになってしまっていました。何をやってもダメだ、と思い始めて、しばらく原稿を封印することすら考えていたのです。取材をした一〇〇人近い方々には本当に申し訳ない、と思いながら。

●――文藝春秋に原稿を持ち込んだのは、私ではなく友人です。原稿のコピーを一部ほしいといわれて渡していたのですが、知らないうちにそういうことになっていたのです。それまでの三社と違ってすぐに電話がかかってきて、「本にしたいと思うので、一度お会いしたい」。それまで紀尾井町の文藝春秋ビルにさえ一度も行ったことがなかった私には、奇跡が起こったとしか思えませんでした。なにしろ三回連続して「残念ながら……」という返事しか聞いていなかったのですから。それが一九九九年春のことでした。

●――では、原稿を書き上げてからの空白の一年間、いったい何をしていたかというと、毎日新聞社の出版局で編集者兼ライターとして働いていたのです。もちろん、正社員ではなく臨時雇いです。『音のない記憶』の取材でお会いした一人が、元『カメラ毎日』編集長の西井一夫さんでした。当時、西井さんは毎日新聞社出版局クロニクル編集部の編集長でした。

●――その後、西井さんから突然連絡があり、部下の編集者が二人辞めてしまったので助っ人に来てほしい、といわれて驚きました。戸惑いましたが、せっかく井上孝治さんの原稿を書いたものの、本になる見込みは全くないし、フリーの気楽さで、仕事を変えようと思えばいつでも変えられるので、そのお話を受けることにしました。こうして、毎日新聞社出版局クロニクル編集部で、毎日ムック『二〇世紀の記憶』シリーズの制作にかかわることになりました。

●――それからというもの、思いがけないことが次々に起こりました。西井さんのことも――何しろ隣の席で一年余り働いていたので――思い出せばきりがありません。『二〇世紀の記憶』では、著名人へのインタビューもずいぶんやらせてもらいました。人生が大きく変わるきっかけになった出会いもありましたし、亡くなられた草森紳一さんの本に埋まったマンションにも、何度か原稿を取りにうかがいました。仕事は楽ではなく、すさまじいスケジュールで原稿を書き、企画を立て、編集しなければならなかったので、近くに来た友人がランチに誘ってくれたとき、あまりに顔色が悪いので死ぬんじゃないかと思った、といわれたこともあります。

●――そのなかで、『音のない記憶』が文藝春秋から出版されることが決まり、八年前に脳卒中で倒れた父親の具合がいよいよ悪くなってきたので、毎日新聞での仕事を辞めて、病院で付き添う時間を増やしました。一〇月についに本が出てからは、思いがけない反響で、新聞・雑誌でも紹介され、ＮＨＫ教育テレビの聴覚障害者の時間やラジオのトーク番組にも出演し、これは夢ではないのか、と思うほどでした。一二月には重版が決定し、その知らせを受けて間もなく父が世を去りました。あとわずかで二〇〇〇年になるときで、世の中はＹ２Ｋ問題で騒然としている最中だったことを覚えています。

●――その後――『音のない記憶』のために取材をした元朝日新聞社のカメラマンから、昔の新聞社では写真を運ぶのに伝書鳩を使っていた、という話を聴いたのがきっかけで、二〇〇〇年に二冊目の『伝書鳩――もうひとつのＩＴ』（文春新書）を書き、そのときの調査で明治時代に『伝書鳩』という小説を書いていた村井弦斎のことを知り、二〇〇四年に三冊目の村井弦斎の評伝『「食道楽」の人 村井弦斎』（岩波書店）を出す、とつながっていきました。このように、『音のない記憶』を書かなければ、何も始まらなかった、すべては起こらなかった、といえるでしょう。それが、今でも不思議でなりません。（二〇〇九年五月一九日・二〇日）[200←・→217]

「みちくさ市」で――［二〇〇九］

●――昨日は五反田と神保町の二カ所の古書展を回ったが、雨に降られ、五反田では一部ブルーのシートがかぶせてあって、本を見ることができなかった。しかも、出遅れたため、もう第一陣が買い漁って立ち去ったあと。いつもの半分くらいしか買えなかった。東京古書会館では、古書展会場に着いたとたんにライターの岡崎武志さんに出会い、ざっと一周見た後でお茶。フリーのライターにとっての厳しい現状が話題になる。たしかに、本は出してもなかなか売れないが、それ以外の仕事を細々とやっていられるだけでも、恵まれているのだろうと思う。

●――もし、「お金のために書いているのか？」と聞かれたら、「違う」と答えるだろうし、「それは趣味であって、仕事ではないだろう。収入につながらなくても当然ではないか」といわれても仕方がない。世の中には、自費出版で本を出したい、という人も大勢いるのだから。商業ベースに乗らない本を書いている自分が悪いのだ。でも、これからもやはり時流には乗らず、頑固に自分の意志を貫いていくことになるだろう。二番煎じや人の真似をするのはいやなので、誰もやりそうにないことや、儲からないのに労力はかかりそうなことを、できるだけやっていきたいのだ。実に困った性格である。だが、フリーで長く書き続けていくとしたら、活路はそこにしかないような気がする。

●――雨天中止も心配された雑司が谷の古本イベント「みちくさ市」、いったい誰のせい（？）なのか、雨どころかカンカン照りの猛暑となった！ 午後一時からのスタートだったが、ほんの少し見て歩いただけで、暑さでぐったり。でも、一箱古本市の常連さんなど、たくさんの方々とお会いできたので、本当に楽しかった。このイベントを仕掛けたのは「わめぞ」というグループだが、若い人たちの企画でこうした古本イベントが定着していくのを見ていると、とても励まされる。これからも客の一人として見守っていきたい。

●――それにしても暑い。さあ、これからまた原稿を書かねば……。（二〇〇九年七月二五日）

あとがき

●——私がブログ「古書の森日記」(http://blog.livedoor.jp/hisako9618/)を書き始めたのは、二〇〇四年の九月のことだった。その三カ月前に上梓したのが『「食道楽」の人 村井弦斎』(岩波書店)。この評伝を執筆するために膨大な資料を収集したものの、使ったのは一部のみで、原稿には書けなかったことが山ほどあった。それが心残りだったので、記憶が薄れないうちにどこかに書いておきたい、と考えていたとき、ブログで毎日少しずつ書いていけばいいのではないか、と閃いたのである。

●——それから六年も続けることができたのは、ひとえに魅力的な古書との出会いがあり、発見があり、驚きがあり、どうしても記録しておきたい、と思わずにはいられなかったからだ。読者の方々からいただくコメントも励みになり、一人でも読者がいてくれるならその一人のために書こう、と思うことができた。

●——なにしろ、この七、八年は毎週のように古書展に通って古書を買い漁っている。次第に、購入した古書を写真付きで紹介することが、ブログを書く目的になっていった。とはいえ、私のブログに高価な稀覯書などは登場しない。もちろん、それはお金の問題が大きいが、むしろ一〇〇円や二〇〇円で投げ売りされている雑本たちを見ると、いとおしくてたまらず、つい拾い上げてレジに持っていってしまうのである。いま、私の部屋を埋めつくしている本の大半は、マニアが見向きもしない雑書・雑本のたぐいだ。

●——そんなある日、〈古書を古読せず、雑書を雑読せず。〉という忘れがたい言葉に出会った。これは、明治・大正の実業家で社会事業・公共事業に尽くした金原明善《きんぱらめいぜん》の言葉だが、まさに我が意を得た思いだった。雑本とはいえ、その中には驚くほど面白いものがある。以後は胸を張って雑書好きを通している。

●――工作舎の石原剛一郎さんから、「古書の森日記」をまとめた本を出版したい、という大変うれしいお話をいただいたとき、ネットから「本」へと変換させるとどうなるだろう、と興味津々だった。二〇〇九年末までにブログで取り上げた本と雑誌は、ざっと数えて約七七〇冊。そこから石原さんが二二〇冊を抜粋し、さらに発行年の古い順に並べ替え、リンク・コードをつけ、索引も作成してくださったのが本書である。

●――そのおかげで、「写真」『伝書鳩』『村井弦斎』『国木田独歩』『グラフ誌』『戦争とジャーナリズム』『食と健康』『明治の女性』など、私がこれまで興味を抱いて執筆してきたテーマが鮮やかに浮かび上がってきた。この本は著者以上に、編集者の熱意によって誕生したというべきだろう。本書を手に取った方々が、一緒に楽しく〝古書の森〟を逍遙してくだされば、これほどうれしいことはない。

●――なお、本書の元になったブログ「古書の森日記」は、やむをえない事情で昨年末から闘病記になってしまったが、そのうちにまた古書ブログとして復活させたいと願っている。

●――最後に、この本の生みの親である工作舎の石原剛一郎さんと編集の葛生知栄さん、素敵なデザインをしてくださった宮城安総さんと小沼宏之さんに心から御礼申し上げます。そして、本書の陰の主役ともいえるのは、私にたくさんの古書を売ってくださった古書店の方々と、ブログを通じて応援してくださった方々です。このブログのおかげで、多くのことを学ばせていただきました。皆様、本当にありがとうございました。

黒岩比佐子

二〇一〇年五月

や

ら

わ

ま

は

た

な

さ

か

本文人名索引

あ

●著者紹介

黒岩比佐子　くろいわひさこ

一九五八年、東京都生まれ。慶應義塾大学文学部卒業（国文学専攻）。大学卒業後、ＰＲ会社勤務を経てフリーのライター・編集者となる。『音のない記憶――ろうあの天才写真家　井上孝治の生涯』（文藝春秋、一九九九／角川ソフィア文庫、二〇〇九）でノンフィクション作家としてデビュー。二〇〇四年、本書の原型となる明治・大正・昭和の魅力的な古書との出会いを綴るブログ「古書の森日記」（http://blog.livedoor.jp/hisako9618/）を始める。現在は近代日本史を掘り起こすノンフィクション作品を執筆するほか、多彩な紙誌に寄稿し、新聞書評委員なども務める。著書に『伝書鳩――もうひとつのＩＴ』（文春新書、二〇〇〇）、『「食道楽」の人　村井弦斎』（岩波書店、二〇〇四・サントリー学芸賞受賞）、『日露戦争　勝利のあとの誤算』（文春新書、二〇〇五）、『編集者　国木田独歩の時代』（角川選書、二〇〇七・角川財団学芸賞受賞）、『食育のススメ』（文春新書、二〇〇七）、『歴史のかげにグルメあり』（文春新書、二〇〇八）、『明治のお嬢さま』（角川選書、二〇〇八）、聞き手を務めた『戦争絶滅へ、人間復活へ――九三歳・ジャーナリストの発言』（むのたけじ著、岩波新書、二〇〇八）がある。

古書の森 逍遥――明治・大正・昭和の愛しき雑書たち

発行日――二〇一〇年六月二〇日
著者――黒岩比佐子
編集――石原剛一郎＋葛生知栄
エディトリアル・デザイン――宮城安総＋小沼宏之
巻頭口絵スタジオ撮影――望月 研
印刷・製本――三美印刷株式会社
発行者――十川治江
発行――工作舎 editorial corporation for human becoming
〒104-0052 東京都中央区月島1-14-7-4F
phone: 03-3533-7051 fax: 03-3533-7054
URL: http://www.kousakusha.co.jp
e-mail: saturn@kousakusha.co.jp
ISBN978-4-87502-430-9

本の美術誌

◆中川素子

中世キリスト教絵画から現代美術、マルチメディアまで、美術の視点から「本とは何か?」をたどる書物論。古今東西の美術家の本にまつわる30作品余を収録。朝日「天声人語」でも紹介。

●四六判上製●220頁●本体2500円+税

雑誌のカタチ

◆山崎浩一

雑誌が時代を先導し、扇動できたのはなぜか? 『POPEYE』『少年マガジン』『ぴあ』など、「雑誌の黄金時代」を彩る編集者・デザイナーたちの「雑誌のカタチ」をめぐるドラマに迫る。

●A5変型●180頁●本体1800円+税

歳月の鉛

◆四方田犬彦

『ハイスクール1968』の続編、1970年代の大学時代を綴る自伝的エッセイ。内ゲバが横行するキャンパスで、由良君美や阿部良雄らの講義から、宗教ゼミ、映画への情熱、修士論文執筆まで。

●四六変型●344頁●本体2400円+税

新・文學入門

◆岡崎武志+山本善行

人気古本ライターと関西古本業界の雄の痛快な文学談義。絶版文庫、随筆、詩集…埋もれた名作を古本めぐりで発見する楽しみ。架空の日本文学全集企画全60巻構想付き。

●四六判●456頁●本体2300円+税

気まぐれ古書店紀行

◆岡崎武志

古本的なるものを求めて北へ南へ。『彷書月刊』人気連載8年分を集大成。全国漫遊の日々には、家族のため息、古本界の動向も浮かび上がる。著者による書き込みも大好評。

●四六判●432頁●本体2300円+税

本読みまぼろし堂目録

◆荒俣 宏

まぼろし堂店主アラマタが20年余にわたって書き綴った本読みの極意と書物の魔術。ビジネス書、博物誌、魔術書まで、古今東西の名著、怪本、奇書、傑作を紹介する大ブックガイド。

●四六判上製●520頁●本体2500円+税